全国计算机技术与软件专业技术资格(水平)考试指定用书

系统规划与管理师教程

崔静 主编　贾璐 谭志彬 彭晓楠 副主编

清华大学出版社
北京

内 容 简 介

本书是全国计算机技术与软件专业技术资格（水平）考试办公室组织编写的考试指定用书。本书根据系统规划与管理师考试大纲编写，借鉴了国际上先进的 ITSM 管理体系，依据国内 ITSS 标准，涵盖了信息系统综合知识、信息技术知识、信息技术服务相关学科知识等，结合国内外 IT 服务行业的最佳实践，对于系统规划与管理师考试具有重要的指导意义。

本书主要内容包括信息系统综合知识、信息技术知识、信息技术服务知识、IT 服务规划设计、IT 服务部署实施、IT 服务运营管理、IT 服务持续改进、监督管理、IT 服务营销、团队建设与管理、标准化知识与 IT 服务相关标准、职业素养与法律法规以及专业英语。

本书是参加系统规划与管理师考试应试者的必读教材，也可以作为系统规划与管理师培训和辅助用书，还可以作为高等院校相关专业的教学和参考用书。

本书扉页为防伪页，封面贴有清华大学出版社防伪标签，无标签者不得销售。
版权所有，侵权必究。举报：010-62782989，beiqinquan@tup.tsinghua.edu.cn。

图书在版编目（CIP）数据

系统规划与管理师教程/崔静主编. —北京：清华大学出版社，2017（2024.9重印）
（全国计算机技术与软件专业技术资格（水平）考试指定用书）
ISBN 978-7-302-47616-0

Ⅰ.①系… Ⅱ.①崔… Ⅲ.①信息系统–项目管理–资格考试–自学参考资料 Ⅳ.①G203

中国版本图书馆 CIP 数据核字（2017）第 134673 号

责任编辑：杨如林　柴文强
封面设计：常雪影
责任校对：胡伟民
责任印制：刘海龙

出版发行：清华大学出版社
网　　址：https://www.tup.com.cn, https://www.wqxuetang.com
地　　址：北京清华大学学研大厦 A 座　　　邮　编：100084
社 总 机：010-83470000　　　　　　　　　邮　购：010-62786544
投稿与读者服务：010-62776969，c-service@tup.tsinghua.edu.cn
质量反馈：010-62772015，zhiliang@tup.tsinghua.edu.cn

印 装 者：三河市天利华印刷装订有限公司
经　　销：全国新华书店
开　　本：185mm×230mm　　印　张：21.5　防伪页：1　字　数：530 千字
版　　次：2017 年 8 月第 1 版　　　　　　　　　　　印　次：2024 年 9 月第22次印刷
定　　价：59.00 元

产品编号：075351-01

前　言

近年来，我国信息技术服务（本书简称：IT服务）产业快速增长。根据统计数据显示，2016年1—12月IT服务收入累计25114亿元，同比增长16%，占软件和信息技术服务业总收入的比重52%，信息技术服务已迎来持续的高速发展时期。2015年3月以来，国务院先后出台了《中国制造2025》《积极推进"互联网+"行动的指导意见》《国家信息化发展战略纲要》等重大政策文件，为各行各业的信息化建设提出了更高的要求，同时，也为信息技术服务的发展提供了更好的发展契机。

随着信息技术服务产业的发展，整个产业出现了人才资源匮乏的现象。与此同时，以云计算、大数据、移动互联网、物联网等为代表的新一轮信息技术革新也在迅速发展，并随着技术的不断突破成熟得到日益广泛的应用和普及，整个产业在新技术的驱动下，对于信息系统规划与管理的需求越来越明显。

一直以来，各个行业和企业在系统规划与管理方面的人才培养做了许多有益的探索和尝试，但大多都是根据自身的实际情况，自行制定岗位职责方案来吸引、保留、培养、评价和激励人才。但在国家层面尚未有相关的岗位职责分类、职业技能等级的划分方案，特别是缺乏一套权威的人才评定方法，这种状态很不利于相关岗位人才的迅速成长及合理流动，而且会加剧系统规划与管理人才资源的匮乏和不合理使用，不利于从全局角度整合协调各地人力资源，并将持续影响软件和信息技术服务行业的整体发展。

为了形成一套权威的人才评价方法，从而促进企业间人才培养与评价体系间的信息对等与互认，降低企业人才的流失过程中的人力资源成本，全国计算机技术与软件专业技术资格（水平）考试办公室委托中国电子技术标准化研究院组织专家制定《系统规划与管理师考试大纲》，并依据大纲开发本教材。

全国计算机技术与软件专业技术资格（水平）考试（简称"软考"）从计算机软件、计算机网络、计算机应用技术、信息系统以及信息服务五个专业领域将专业技术人员考试划分为初级资格考试、中级资格考试以及高级资格考试，而系统规划与管理师属于信息服务专业领域的高级资格考试，这门考试的设立，不仅顺应当前我国信息技术服务行业的发展，也成功填补了软考在信息技术服务专业领域从业人员考试的空缺，完善了软考体系。

系统规划与管理师是指在组织中承担：参与组织的IT战略规划；策划组织的IT服务目标和内容；确定服务成本，配置服务资源；评估、分析信息系统的运营成本和效益；制定IT服务计划和IT服务方案；制定组织的IT服务标准和制度；监控IT服务计划和方案的执行；提升IT服务能力和服务质量；管理IT服务团队等职责的高级管理人员。

本书借鉴了国际上先进的 ITSM 管理体系，依据国内 ITSS 标准，涵盖了信息系统综合知识、信息技术知识、信息技术服务相关学科知识等，结合国内外 IT 服务行业的最佳实践，对于系统规划与管理师考试具有重要的指导意义。

本书具有以下特点：

（1）针对性强。通过运用现代管理理念对 IT 服务管理的各环节进行详细分析，并以较大篇幅叙述了成功的系统规划与管理的具体做法，结合理论和实际，提供了相应的案例和模板。

（2）内容全面。贯穿 IT 服务生命周期，从 IT 服务规划设计开始，进行全方位介绍，始于服务分析，落脚于管理。

本书共 13 章。第 1 章信息系统综合知识由谭志彬、崔静、王安、张树玲、职亮亮、刘瑞慧编写，第 2 章信息技术知识由张树玲、职亮亮、刘瑞慧、杨南、宋丹编写，第 3 章信息技术服务知识由张旭、白璐、刘玲、郭鑫伟、崔静编写，第 4 章 IT 服务规划设计由江毅、张旭、贾璐编写，第 5 章 IT 服务部署实施由江毅、张旭、贾璐编写，第 6 章 IT 服务运营管理由江毅、张旭、贾璐、崔静编写，第 7 章 IT 服务持续改进由江毅、张旭、贾璐编写，第 8 章监督管理由江毅、张旭、贾璐编写，第 9 章 IT 服务营销由贾璐编写，第 10 章团队建设与管理由贾璐编写，第 11 章标准化知识与 IT 服务相关标准由崔静编写，第 12 章职业素养与法律法规由崔静编写，第 13 章专业英语由张树玲编写。前言由中国电子技术标准化研究院崔静编写。中国电子技术标准化研究院崔静、贾璐、董靓对本书进行了修订，并负责最后的统校工作。

编　者

致 谢

本书在编写和出版过程中，工业和信息化部教育与考试中心及中国电子技术标准化研究院，分别作为牵头主导机构和项目管理执行机构为本书的编写工作投入了巨大的人力、物力和财力，业内众多单位和个人给予我们的支持尤为珍贵。在本书付梓之时，特表示最诚挚的感谢。

特别感谢工业和信息化部教育与考试中心的关键指导，感谢谭志彬处长和彭晓楠教授对本书的编写工作给予的指导与支持。

特别感谢 ITSS 首席架构师周平先生、中国电子技术标准化研究院林平老师对本书的编写工作给予的纲领性的指导与关怀。

感谢为本书做出贡献的所有编委，并特别感谢中国电子技术标准化研究院的崔静作为本书主编对本书的编写及组织工作所作出的突出贡献。

目 录

第 1 章 信息系统综合知识 ··· 1
1.1 信息的定义和属性 ··· 1
1.1.1 信息的基本概念 ··· 1
1.1.2 信息的定量描述 ··· 2
1.1.3 信息的传输模型 ··· 3
1.1.4 信息的质量属性 ··· 4
1.2 信息化 ·· 4
1.2.1 信息化的含义 ·· 4
1.2.2 我国信息化发展现状 ··· 6
1.2.3 国家信息化发展战略纲要 ··· 6
1.2.4 两化融合 ·· 7
1.2.5 电子政务 ·· 9
1.2.6 电子商务 ·· 11
1.2.7 企业信息化 ··· 19
1.3 信息系统 ·· 23
1.3.1 信息系统定义 ·· 23
1.3.2 信息系统的生命周期 ··· 24
1.3.3 信息系统常用的开发方法 ··· 25
1.3.4 信息系统总体规划 ·· 27
1.4 IT 战略 ··· 30
1.4.1 IT 战略的内涵 ··· 30
1.4.2 IT 战略的意义 ··· 31
1.4.3 IT 战略规划方法 ··· 32

第 2 章 信息技术知识 ··· 34
2.1 软件工程 ·· 34
2.1.1 软件需求分析与定义 ··· 34
2.1.2 软件设计、测试与维护 ··· 34
2.1.3 软件质量保证及质量评价 ··· 35
2.1.4 软件配置管理 ·· 35
2.1.5 软件过程管理 ·· 36

2.1.6 软件开发工具 ... 36
2.1.7 软件复用 ... 36
2.2 面向对象系统分析与设计 ... 37
2.2.1 面向对象的基本概念 ... 37
2.2.2 统一建模语言与可视化建模 ... 39
2.2.3 面向对象系统分析 ... 40
2.2.4 面向对象系统设计 ... 40
2.3 应用集成技术 ... 40
2.3.1 数据库与数据仓库技术 ... 40
2.3.2 Web Services 技术 ... 41
2.3.3 JavaEE 架构 ... 41
2.3.4 NET 架构 ... 42
2.3.5 软件中间件 ... 42
2.4 计算机网络技术 ... 43
2.4.1 网络技术标准、协议与应用 ... 43
2.4.2 网络分类、组网和接入技术 ... 47
2.4.3 网络服务器和网络存储技术 ... 50
2.4.4 综合布线和机房工程 ... 51
2.4.5 网络规划、设计与实施 ... 52
2.4.6 网络安全及其防范技术 ... 53
2.4.7 网络管理 ... 54
2.5 新一代信息技术 ... 55
2.5.1 大数据 ... 55
2.5.2 云计算 ... 58
2.5.3 物联网 ... 61
2.5.4 移动互联网 ... 64

第 3 章 信息技术服务知识 ... 69
3.1 产品、服务和信息技术服务 ... 69
3.1.1 产品 ... 69
3.1.2 服务 ... 70
3.1.3 信息技术服务 ... 70
3.2 运维、运营和经营 ... 71
3.2.1 运维 ... 71
3.2.2 运营 ... 73
3.2.3 经营 ... 74

3.3 IT 治理 ·· 78
3.4 IT 服务管理 ··· 80
　　3.4.1 传统管理方式 ·· 80
　　3.4.2 体系化管理方式 ·· 80
3.5 项目管理 ·· 83
　　3.5.1 单项目管理 ·· 84
　　3.5.2 项目群管理 ·· 86
3.6 质量管理理论 ··· 90
　　3.6.1 质量管理发展历史 ·· 90
　　3.6.2 质量管理常见理论方法 ··· 92
　　3.6.3 质量管理过程 ·· 94
　　3.6.4 质量管理工具 ·· 98
3.7 信息安全管理 ··· 102
　　3.7.1 信息安全管理体系、知识和活动 ···································· 102
　　3.7.2 信息安全等级保护知识 ··· 104

第 4 章　IT 服务规划设计 ··· 107

4.1 概述 ··· 107
4.2 IT 服务规划设计活动 ·· 108
　　4.2.1 规划设计的活动 ··· 108
　　4.2.2 关键成功因素 ·· 109
4.3 服务目录管理 ·· 109
　　4.3.1 设计服务目录的目的 ·· 110
　　4.3.2 服务目录设计活动 ··· 111
　　4.3.3 关键成功因素 ·· 112
　　4.3.4 参考实例 ·· 112
4.4 服务级别协议 ·· 113
　　4.4.1 服务级别协议介绍 ··· 113
　　4.4.2 服务级别协议内容 ··· 114
4.5 服务需求识别 ·· 116
　　4.5.1 服务需求识别的目的 ·· 117
　　4.5.2 服务需求识别的活动 ·· 117
　　4.5.3 关键成功因素 ·· 119
4.6 服务方案设计 ·· 119
　　4.6.1 服务模式设定 ·· 120
　　4.6.2 服务级别设定 ·· 121

	4.6.3	人员要素设计	123
	4.6.4	资源要素设计	128
	4.6.5	技术要素设计	132
	4.6.6	过程要素设计	134

第 5 章 IT 服务部署实施 ... 148

5.1 概述 ... 148
- 5.1.1 目标与定位 ... 148
- 5.1.2 作用与收益 ... 149

5.2 IT 服务部署实施要素 ... 150
- 5.2.1 人员要素部署实施 ... 150
- 5.2.2 资源要素部署实施 ... 150
- 5.2.3 技术要素部署实施 ... 152
- 5.2.4 过程要素部署实施 ... 157

5.3 IT 服务部署实施方法 ... 158
- 5.3.1 IT 服务部署实施计划 ... 158
- 5.3.2 IT 服务部署实施执行 ... 163
- 5.3.3 IT 服务部署实施验收 ... 174

第 6 章 IT 服务运营管理 ... 179

6.1 概述 ... 179

6.2 人员要素管理 ... 179
- 6.2.1 人员储备与连续性管理 ... 180
- 6.2.2 人员能力评价与管理 ... 181
- 6.2.3 人员绩效管理 ... 182
- 6.2.4 人员培训计划执行 ... 184

6.3 资源要素管理 ... 185
- 6.3.1 工具管理 ... 185
- 6.3.2 知识管理 ... 186
- 6.3.3 服务台管理与评价 ... 189
- 6.3.4 备品备件管理 ... 191

6.4 技术要素管理 ... 191
- 6.4.1 技术研发规划 ... 191
- 6.4.2 技术研发预算 ... 192
- 6.4.3 技术成果的运行与改进 ... 192

6.5 过程要素管理 ... 194
- 6.5.1 服务级别管理 ... 194

	6.5.2　服务报告管理	195
	6.5.3　事件管理	196
	6.5.4　问题管理	197
	6.5.5　配置管理	198
	6.5.6　变更管理	198
	6.5.7　发布管理	198
	6.5.8　安全管理	199
	6.5.9　连续性和可用性管理	199
	6.5.10　容量管理	200
6.6	常见运营管理关键考核指标	200
6.7	常见监控内容	201

第 7 章　IT 服务持续改进 205

7.1	概述	205
7.2	服务测量	207
	7.2.1　服务测量的目标	207
	7.2.2　服务测量的活动	207
	7.2.3　服务测量的关键成功因素	211
7.3	服务回顾	211
	7.3.1　服务回顾目标	211
	7.3.2　服务回顾活动	211
	7.3.3　服务回顾关键成功因素	213
7.4	服务改进	213
	7.4.1　服务改进目标	213
	7.4.2　服务改进活动	213
	7.4.3　关键成功因素	216

第 8 章　监督管理 219

8.1	概述	219
8.2	IT 服务质量管理	219
	8.2.1　IT 服务质量评价模型	219
	8.2.2　IT 服务评价指标	220
	8.2.3　常见运维服务质量管理活动	232
8.3	IT 服务风险管理	234
	8.3.1　风险管理计划	235
	8.3.2　风险识别	235
	8.3.3　风险定性分析	237

8.3.4　风险定量分析 · 238
　　　8.3.5　风险处置计划 · 238
　　　8.3.6　风险监控 · 239
　　　8.3.7　风险跟踪 · 240

第 9 章　IT 服务营销 · 243
9.1　业务关系管理 · 243
　　9.1.1　客户关系管理 · 243
　　9.1.2　供应商关系管理 · 245
　　9.1.3　第三方关系管理 · 247
9.2　IT 服务营销过程 · 248
9.3　IT 服务项目预算、核算和结算 · 253
　　9.3.1　IT 服务项目预算 · 253
　　9.3.2　IT 服务项目的核算 · 255
　　9.3.3　IT 服务项目结算 · 257
　　9.3.4　衡量项目效益的指标 · 257
9.4　IT 服务外包收益 · 258

第 10 章　团队建设与管理 · 261
10.1　IT 服务团队的特征 · 261
10.2　IT 服务团队建设周期 · 261
　　10.2.1　组建期 · 262
　　10.2.2　风暴期 · 264
　　10.2.3　规范期 · 266
　　10.2.4　表现期 · 267
10.3　IT 服务团队管理 · 268
　　10.3.1　目标管理 · 269
　　10.3.2　激励管理 · 273
　　10.3.3　执行管理 · 275
　　10.3.4　人员发展管理 · 276

第 11 章　标准化知识与 IT 服务相关标准 · 285
11.1　标准化知识 · 285
　　11.1.1　标准相关概念 · 285
　　11.1.2　标准的分类 · 286
　　11.1.3　国家标准制定阶段和流程 · 288
11.2　IT 服务国际标准 · 289
　　11.2.1　ISO/IEC20000 系列标准 · 289

- 11.2.2 ISO/IEC27000 系列标准 290
- 11.2.3 ISO9000 系列标准 291
- 11.2.4 ISO/IEC38500 标准 291
- 11.2.5 ISO 22301 292
- 11.2.6 ITIL 294
- 11.2.7 COBIT 295
- 11.3 IT 服务国家标准及行业标准 297
  - 11.3.1 ITSS 标准体系 297
  - 11.3.2 GB/T29264-2012 300
  - 11.3.3 GB/T28827.1-2012 304
  - 11.3.4 GB/T28827.2-2012 305
  - 11.3.5 GB/T28827.3-2012 306
  - 11.3.6 SJ/T11564.4-2015 307
  - 11.3.7 SJ/T11445.2-2012 309
  - 11.3.8 SJ/T11565.1-2015 310
  - 11.3.9 SJ/T11435-2016 311
  - 11.3.10 SJ/T11623-2016 313
  - 11.3.11 ITSS 运维能力成熟度模型 317

第 12 章 职业素养与法律法规 319
- 12.1 职业素养 319
  - 12.1.1 职业道德 319
  - 12.1.2 行为规范 319
- 12.2 法律法规 320
  - 12.2.1 法律概念 320
  - 12.2.2 法律体系 320
  - 12.2.3 诉讼时效 320
  - 12.2.4 常用的法律法规 321
  - 12.2.5 刑法修正案（七） 322

第 13 章 专业英语 324
- 13.1 服务（Service） 324
- 13.2 信息技术（Information Technology） 324
- 13.3 信息技术服务（Information Technology Service） 324
- 13.4 信息系统（Information System） 325
- 13.5 业务流程（Business Process） 325
- 13.6 面向信息技术的服务（IT-Oriented Service） 325

- 13.7 基于信息技术的服务（IT-Driven Service） ········· 326
- 13.8 信息系统集成服务（Information System Integration Service） ········· 326
- 13.9 集成实施服务（Integration Implementation Service） ········· 326
- 13.10 运行维护服务（Operation Maintenance Service） ········· 326
- 13.11 运营服务（Operation Service） ········· 326
- 13.12 信息技术服务管理（Information Technology Service Management(ITSM)） ········· 327
- 13.13 信息技术治理（Information Technology Governance） ········· 327
- 13.14 过程 Process ········· 327

参考文献 ········· 329

第 1 章　信息系统综合知识

本章主要介绍信息系统综合知识，介绍信息、信息系统的基本概念，概述两化融合和国家信息化战略，讲解电子政务、电子商务的典型应用，描述信息化整体总体规划以及 IT 战略的主要内容。

1.1　信息的定义和属性

1.1.1　信息的基本概念

信息（information）是客观事物状态和运动特征的一种普遍形式，客观世界中大量地存在、产生和传递着以这些方式表示出来的各种各样的信息。

各种文献中有许多对于信息的不同理解和表述，其中最值得注意的是以下几种。

控制论的创始人维纳（Norbert Wiener）认为：信息就是信息，既不是物质也不是能量。这个论述第一次把信息与物质和能量相提并论。

信息论的奠基者香农（Claude E. Shannon）认为：信息就是能够用来消除不确定性的东西。这个论述第一次阐明了信息的功能和用途。比较流行的另一种说法认为：信息是事先不知道的报导。还有，哲学界认为：信息是事物普遍联系的方式。

不难发现，以上这些说法不完全一致。维纳的说法和哲学界的说法是从客观的角度给出的表述，香农的说法和另一种流行说法是从信息接收者主观的角度给出的判断。

总的来说，信息的概念存在两个基本的层次，即本体论层次和认识论层次。前者是纯客观的层次，只与客体本身的因素有关，与主体的因素无关；后者则是从主体立场来考察的信息层次，既与客体因素有关，也与主体因素有关。本体论层次的信息概念因为它的纯客观性而成为最基本的概念，认识论层次的信息概念则因为考虑了主体因素而成为最适用的概念。

1. 本体论信息概念

事物的本体论信息，就是事物的运动状态和状态变化方式的自我表述。按照这个定义，所谓得到了某个事物的本体论信息，就是知道了这个事物处在什么样的运动状态，以及这个运动状态会按照什么方式发生变化。

这里所说的"事物"既可以是外部世界的物质客体，也可以是主观领域的精神现象；"运动"是泛指一切意义上的变化或过程；"状态"是指事物运动过程中呈现出来的相对稳定的形态；"状态变化方式"是指事物运动的动态变化情形。由此可见，哪里有事物和事物的运动，哪里就必然有本体论信息的存在。世间事物无处不在，本体论信息无处不有，本体论信息是取之不尽用之不竭的信息源泉。

2．认识论信息概念

主体关于某个事物的认识论信息，就是主体对于该事物的运动状态以及状态变化方式的具体描述，包括对于它的"状态和方式"的形式、含义和价值的描述。由于引入了主体的因素，认识论信息的内涵变得比本体论信息更丰富了。按照这个定义，所谓得到了某个事物的认识论信息，就是不仅知道了这个事物的运动状态和状态变化方式的表现形式，而且知道了这种"状态和方式"的含义以及它们对主体的价值。

因此，如果获得了足够的认识论信息，就可以根据它的形式、含义和价值做出恰当的判断和决策。反之，没有充分的认识论信息，人们的决策就可能带上盲目性。这就是认识论信息在认识论意义上的巨大作用。

从上面给出的定义可以看出，认识论信息与本体论信息是相通的，它们共同的核心都是"事物运动的状态和状态变化的方式"。不仅如此，两者之间还可以相互转化。转化的基本条件就是主体因素：引入主体因素，本体论信息就转化为认识论信息；去除主体因素，认识论信息就转化为本体论信息。人类认识世界的任务和先决条件之一，就是要把本体论信息恰如其分地转化为认识论信息，为其后的决策提供依据。

1.1.2 信息的定量描述

香农被称为是"信息论之父"。人们通常将香农于 1948 年 10 月发表的论文《通信的数学理论》（A Mathematical Theory of Communication）作为现代信息论研究的开端。香农用概率来定量描述信息，给出了如下公式：

$$H(X) = -\sum_i p_i \log p_i$$

$H(X)$ 表示事件 X 的信息熵，p_i 是事件出现第 i 种状态的概率，在二进制的情况下，对数的底是 2，此时信息熵可以作为信息的度量，称为信息量，单位是比特（bit）。在没有任何先验知识的基础上，人们对明天是否刮风，风力最大是多少是完全未知的，假如风力定义为从 0 级一直到 7 级，那么明天刮风这一事件的信息量是多大呢？由于没有先验知识，所以明天刮风出现最大风力为任何一个风力级别的概率是一样的，都是 1/8，根据上述公式可以计算出明天刮风这一事件的信息量是 3bit。为便于计算机处理，可以用 3 位二进制数来表示，即可用 000，001，010，011，100，101，110，111 来描述明天的刮风事件。当明天没有来临时，刮风事件具有不确定性，这个不确定性定义为信息，而明天刮风事件一旦发生了，这种不确定性就消除了，因此信息还可以理解为消除不确定性的一种度量。

1.1.3 信息的传输模型

信息是有价值的一种客观存在。信息技术主要为解决信息的采集、加工、存储、传输、处理、计算、转换、表现等问题而不断繁荣发展。信息只有流动起来,才能体现其价值,因此信息的传输技术(通常指通信、网络等)是信息技术的核心。信息的传输模型如图 1.1 所示。

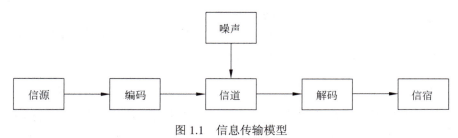

图 1.1　信息传输模型

(1)信源:产生信息的实体,信息产生后,由这个实体向外传播。如 QQ 使用者,他通过键盘录入的文字(如:你好!)是需要传播的信息。

(2)信宿:信息的归宿或接收者,如使用 QQ 的另一方(当然这一方也是信源),他透过电脑屏幕接收 QQ 使用者发送的文字(如:你好!)。

(3)信道:传送信息的通道,如 TCP/IP 网络。信道可以从逻辑上理解为抽象信道,也可以是具有物理意义的实际传送通道。TCP/IP 网络是一个逻辑上的概念,这个网络的物理通道可以是光纤、铜轴电缆、双绞线,也可以是 4G 网络,甚至是卫星或者微波。

(4)编码器:在信息论中是泛指所有变换信号的设备,实际上就是终端机的发送部分。它包括从信源到信道的所有设备,如量化器、压缩编码器、调制器等,使信源输出的信号转换成适于信道传送的信号。在 QQ 应用中,键盘敲击会使键盘的由不确定状态转换为某种确定状态,此时信息产生了,通过一系列的信号采集、加工、转换、编码,信息最终被封装为 TCP/IP 包,推入 TCP/IP 网络,开始传播之旅。从信息安全的角度出发,编码器还可以包括加密设备,加密设备利用密码学的知识,对编码信息进行加密再编码。

(5)译码器:译码器是编码器的逆变换设备,把信道上送来的信号(原始信息与噪声的叠加)转换成信宿能接收的信号,可包括解调器、译码器、数模转换器等。在上述 QQ 应用中,TCP/IP 包被解析,信息将显示在信宿的计算机屏幕上,发送者传送信息的不确定性消除了。

(6)噪声:噪声可以理解为干扰,干扰可以来自于信息系统分层结构的任何一层,当噪声携带的信息大到一定程度的时候,在信道中传输的信息可以被噪声淹没导致传输失败。

当信源和信宿已给定、信道也已选定后,决定信息系统性能就在于编码器和译码器。设计一个信息系统时,除了选择信道和设计其附属设施外,主要工作也就是设计编、译码器。一般情况下,信息系统的主要性能指标是它的有效性和可靠性。有效性就是在系统中传送尽可能多的信息;而可靠性是要求信宿收到的信息尽可能地与信源发出的信息一致,或者说失真尽可能小。为了提高可靠性,在信息编码时,可以增加冗余编码,犹如"重要的话说三遍",恰当的冗余编码可以在信息受到噪声侵扰时被恢复,而过量的冗余编码将降低信道的有效性和信息传输速率。

概括起来,信息系统的基本规律应包括信息的度量、信源特性和信源编码、信道特性和信道编码、检测理论、估计理论以及密码学。

1.1.4 信息的质量属性

信息反映的是事物或者事件确定的状态,具有客观性、普遍性等特点,由于获取信息满足了人们消除不确定性的需求,因此信息具有价值,而价值的大小决定于信息的质量,这就要求信息满足一定的质量属性,包括:

精确性:对事物状态描述的精准程度。
完整性:对事物状态描述的全面程度,完整信息应包括所有重要事实。
可靠性:指信息的来源、采集方法、传输过程是可以信任的,符合预期。
及时性:指获得信息的时刻与事件发生时刻的间隔长短。昨天的天气信息不论怎样精确、完整,对指导明天的穿衣并无帮助,从这个角度出发,这个信息的价值为零。
经济性:指信息获取、传输带来的成本在可以接受的范围之内。
可验证性:指信息的主要质量属性可以被证实或者证伪的程度。
安全性:指在信息的生命周期中,信息可以被非授权访问的可能性,可能性越低,安全性越高。

1.2 信息化

1.2.1 信息化的含义

所谓信息化(Informatization)在不同的语境中有不同的含义。用作名词,通常指现代信息技术应用,特别是促成应用对象或领域(比如政府、企业或社会)发生转变的过程。例如,"企业信息化"不仅指在企业中应用信息技术,更重要的是通过深入应用信息技术,促成企业的业务模式、组织架构乃至经营战略发生革新或转变。"信息化"用作形容词时,常指对象或领域因信息技术的深入应用所达成的新形态或状态。例如,"信息化社会"指信息技术应用到一定程度后达成的社会形态,它包含许多只有在充分应用现代信息技术才能达成的新特征。

信息化是推动经济社会发展转型的一个历史性过程。在这个过程中，综合利用各种信息技术，改造、支撑人类的各项政治、经济、社会活动，并把贯穿于这些活动中的各种数据有效、可靠地进行管理，经过符合业务需求的数据处理，形成信息资源，通过信息资源的整合、融合，促进信息交流和知识共享，形成新的经济形态，提高经济增长质量。

信息化从"小"到"大"分成以下5个层次：

（1）产品信息化。产品信息化是信息化的基础，有两个含义。一是指传统产品中越来越多地融合了计算机化（智能化）器件，使产品具有处理信息的能力，如智能电视、智能灯具等；另一个含义是产品携带了更多的信息，这些信息是数字化的，便于被计算机设备识别读取或被信息系统管理，如集成了车载电脑系统的小轿车。

（2）企业信息化。企业信息化是指企业在产品的设计、开发、生产、管理、经营等多个环节中广泛利用信息技术，辅助生产制造，优化工作流程，管理客户关系，建设企业信息管理系统，培养信息化人才并建设完善信息化管理制度的过程。企业信息化是国民经济信息化的基础，涉及生产制造系统、ERP、CRM、SCM等。

（3）产业信息化。指农业、工业、交通运输业、生产制造业、服务业等传统产业广泛利用信息技术来完成工艺、产品的信息化，进一步提高生产力水平；建立各种类型的数据库和网络，大力开发和利用信息资源，实现产业内各种资源、要素的优化与重组，从而实现产业的升级。

（4）国民经济信息化。指在经济大系统内实现统一的信息大流动，使金融、贸易、投资、计划、通关、营销等组成一个信息大系统，使生产、流通、分配、消费等经济的4个环节通过信息进一步联成一个整体。

（5）社会生活信息化。指包括商务、教育、政务、公共服务、交通、日常生活等在内的整个社会体系采用先进的信息技术，融合各种信息网络，大力开发有关人们日常生活的信息服务，丰富人们的物质、精神生活，拓展人们的活动时空，提升人们生活、工作的质量。目前正在兴起的智慧城市、互联网金融等是社会生活信息化的体现和重要发展方向。

信息化的核心是要通过全体社会成员的共同努力，在经济和社会各个领域充分应用基于现代信息技术的先进社会生产工具（表现为各种信息系统或软硬件产品），创建信息时代社会生产力，并推动生产关系和上层建筑的改革（表现为法律、法规、制度、规范、标准、组织结构等），使国家的综合实力、社会的文明素质和人民的生活质量全面提升。

信息化的基本内涵启示我们：信息化的主体是全体社会成员，包括政府、企业、事业、团体和个人；它的时域是一个长期的过程；它的空域是政治、经济、文化、军事和社会的一切领域；它的手段是基于现代信息技术的先进社会生产工具；它的途径是创建信息时代的社会生产力，推动社会生产关系及社会上层建筑的改革；它的目标是使国家的综合实力、社会的文明素质和人民的生活质量全面提升。

1.2.2 我国信息化发展现状

我国网民数量达 7 亿，网民规模全球第一，网站总数达 423 万个，域名总数超过 3102 万个，其中.CN 域名数量达 1636 万个，在全球国家顶级域名中排名第一。电子信息产品制造规模全球第一，形成了较为完善的信息产业体系。建成世界上规模最大的宽带网络，固定宽带接入端口数达 4.7 亿，覆盖到全国所有城市、乡镇和 95%的行政村。移动通信产业经历了第一代移动通信（1G）空白、2G 跟随、3G 突破、4G 同步等几个发展阶段，正加快迈向 5G 引领的新阶段。"互联网+"异军突起，经济社会数字化、网络化转型步伐加快，全球互联网公司市值前 30 强中，中国占 10 席。与此同时，中国特色社会主义治网之道不断完善，网络空间正能量进一步汇聚增强，网上生态持续向好，网络空间日益清朗。

我国信息化发展与全面建成小康社会、加快推进社会主义现代化的目标相比还有差距，仍然存在比较突出的问题和短板。主要表现在：

（1）缺乏核心技术，急需构建具有国际竞争力、安全可控的信息技术产业生态。信息技术和产业发展程度决定着信息化发展水平。要抓住自主创新的牛鼻子，努力掌握核心技术，快马加鞭争取主动局面，占据竞争制高点。

（2）信息资源开发利用不够，信息化在促进经济社会发展的潜能还没有充分释放，需要将信息化贯穿我国现代化进程始终，全面提升经济、政治、文化、社会、生态文明和国防等领域信息化水平。

（3）我国信息基础设施普及程度不高，区域和城乡差距比较明显。要围绕人民期待和需求，以信息化促进基本公共服务均等化，以信息化推进精准扶贫、精准脱贫，不断增进人民福祉，提高人民获得感。

（4）当前网络空间面临严峻挑战，网络空间法治建设亟待加强。要树立正确的网络安全观，以网络空间法治化为重点，加强网络生态治理，维护网络空间安全，努力建久安之势、成长治之业。

1.2.3 国家信息化发展战略纲要

2016 年 7 月 27 日，中共中央办公厅、国务院办公厅印发了《国家信息化发展战略纲要》（以下简称《战略纲要》）。《战略纲要》是规范和指导未来 10 年中国信息化发展的纲领性文件，是国家战略体系的重要组成部分，是信息化领域规划、政策制定的重要依据。《战略纲要》编制起草历时两年，由中央网信办会同国家发展改革委、工业和信息化部等有关部门共同制定。

《战略纲要》坚持统筹推进、创新引领、驱动发展、惠及民生、合作共赢、确保安全的基本方针，明确了国家信息化发展"三步走"的战略目标，体现了符合国情、与时俱进、贴近百姓、问题导向的具体要求。

第一步是到 2020 年，也就是"十三五"时期，紧紧围绕全面建成小康社会的奋斗目标，服务重大战略布局，促使信息化成为驱动现代化建设的先导力量，网信事业在践行新发展理念上先行一步。

第二步是到 2025 年，紧紧围绕网络强国建设目标，实现技术先进、产业发达、应用领先、网络安全坚不可摧。

第三步是到 21 世纪中叶，是长期战略目标，定位于信息化全面支撑富强民主文明和谐的社会主义现代化国家建设，网络强国地位日益巩固，在引领全球信息化发展方面有更大作为。

《战略纲要》共 6 个部分，分 3 大板块，部署了 14 项具体工作内容，共 56 项战略任务。

第 1 部分和第 2 部分构成第一板块，主要是系统研判国际国内信息化发展形势，科学分析我国的机遇与挑战，阐述国家信息化发展的指导思想、基本方针，提出未来十年信息化发展的战略目标。

第 3 部分至第 5 部分构成第二板块，围绕大力增强信息化发展能力、着力提升经济社会信息化水平、不断优化信息化发展制度环境 3 方面进行任务部署。其中，第 3 部分讲信息化发展能力，围绕网络强国涉及的技术、基础、内容、人才、国际话语权 5 个基本要素展开，重在加强能力建设。第 4 部分讲信息化应用，主要是发挥信息化在现代化建设全局中的驱动作用，对经济、政治、文化、社会、生态文明和国防军事各领域信息化发展任务作出安排。第 5 部分讲信息化环境，贯彻全面推进依法治国的总要求，从法治建设、网络空间治理、维护网络空间安全 3 个方面展开。在任务部署中，应用是牵引，能力是核心，环境是保障，三者相辅相成，相互促进，共同构成信息化发展的有机整体。

第 6 部分构成第 3 板块，主要阐明《战略纲要》的实施保障，主要包括强化组织领导、健全工作机制、完善配套政策、加强督促落实 4 个方面，强调要加强统筹协调，有力整合资源，形成推进合力。

1.2.4 两化融合

两化融合是指电子信息技术广泛应用到工业生产的各个环节，信息化成为工业企业经营管理的常规手段。信息化进程和工业化进程不再相互独立进行，不再是单方的带动和促进关系，而是两者在技术、产品、管理等各个层面相互交融，彼此不可分割，并催生工业电子、工业软件、工业信息服务业等新产业。两化融合是工业化和信息化发展到一定阶段的必然产物。

工业化与信息化"两化融合"的含义：① 是指信息化与工业化发展战略的融合，即信息化发展战略与工业化发展战略要协调一致，信息化发展模式与工业化发展模式要高度匹配，信息化规划与工业化发展规划、计划要密切配合；② 是指信息资源与材料、能源等工业资源的融合，能极大节约材料、能源等不可再生资源；③ 是指虚拟经济与工业实体经济融合，孕育新一代经济的产生，极大促进信息经济、知识经济的形成与发展；④ 是指信息技术与工业技术、IT 设备与工业装备的融合，产生新的科技成果，形成新的生产力。

当前，发达国家纷纷实施"再工业化"和"制造业回归"战略，着力打造信息化背景下国家制造业竞争的新优势。我国已成为全球制造业第一大国，但工业大而不强，在核心技术、产品附加值、产品质量、生产效率、能源资源利用和环境保护等方面，与发达国家先进水平相比还存在较大的差距。同时，我国经济发展已进入一个新阶段，中高速、优结构、多挑战、新动力成为"新常态"的突出特点。加快转变发展方式、走新型工业化道路，大力推进两化深度融合，推进工业转型升级，已是势在必行。

近年来，两化融合在我国取得了积极成效。但也要看到，两化深度融合推进中还面临不少矛盾和问题。主要是，社会对两化融合必要性、紧迫性、艰巨性以及推动两化深度融合的方向、重点、路径、方法仍存在很多不同认识和看法；产业基础薄弱，标准和知识产权缺失、关键器件依赖进口、集成服务能力弱、核心技术受制于人等问题突出；体制机制障碍较多，促进新技术新应用发展的法律法规亟待完善，政策措施协调配套不足、支持力度不大。对此，我们必须高度重视，积极推动解决。

党的十八大报告指出，要坚持"四化同步发展，两化深度融合"，明确了两化深度融合成为我国工业经济转型和发展的重要举措之一。2013 年，为落实十八大精神，转变经济发展方式，工业和信息化部发布《信息化和工业化深度融合专项行动计划（2013—2018）》以全面提高工业发展质量和效益。

大力推进信息化和工业化深度融合，是党中央准确把握全球新一轮科技革命和产业变革趋势，站在历史和现实的高度，统筹经济社会发展全局作出的重大战略决策，对于新时期推动我国经济转型升级、重塑国际竞争新优势具有重大战略意义。

2015 年 5 月，国务院印发《中国制造 2025》，成为我国实施制造强国战略第一个十年的行动纲领。2016 年 5 月国务院印发《关于深化制造业与互联网融合发展的指导意见》（以下简称《意见》），部署深化制造业与互联网融合发展，协同推进"中国制造 2025"和"互联网+"行动，加快制造强国建设。《意见》指出，制造业是国民经济的主体，是实施"互联网+"行动的主战场。推动制造业与互联网融合，有利于形成叠加效应、聚合效应、倍增效应，加快新旧发展动能和生产体系转换。要以激发制造企业创新活力、发展潜力和转型动力为主线，以建设制造业与互联网融合"双创"平台为抓手，围绕制造业与互联网融合关键环节，积极培育新模式新业态，强化信息技术产业支撑，完善信息安全保障，夯实融合发展基础，营造融合发展新生态，充分释放"互联网+"的力量，发展新经济，加快推动"中国制造"提质增效升级。《意见》提出，组织实施企业管理能力提升工程，加快信息化和工业化融合管理体系标准制定和应用推广，推动业务流程再造和组织方式变革，建立组织管理新模式。

实施"中国制造 2025",促进两化深度融合,加快从制造大国转向制造强国,需要电子信息产业有力支撑,大力发展新一代信息技术,加快发展智能制造和工业互联网;制定"互联网+"行动计划,推动移动互联网、云计算、大数据、物联网等应用,需要产业密切跟踪信息技术变革趋势,探索新技术、新模式、新业态,构建以互联网为基础的产业新生态体系。

1.2.5 电子政务

1．电子政务的概念

电子政务是指政府机构在其管理和服务职能中运用现代信息技术,实现政府组织结构和工作流程的重组优化,超越时间、空间和部门分隔的制约,建成一个精简、高效、廉洁、公平的政府运作模式。电子政务模型可简单概括为两方面:政府部门内部利用先进的网络信息技术实现办公自动化、管理信息化、决策科学化;政府部门与社会各界利用网络信息平台充分进行信息共享与服务、加强群众监督、提高办事效率及促进政务公开,等等。

2．电子政务的内容

电子政务的内容非常广泛,国内外也有不同的内容规范,根据国家政府所规划的项目来看,电子政务主要包括如下 4 个方面:

(1) 政府间的电子政务(G2G)。

(2) 政府对企业的电子政务(G2B)。

(3) 政府对公众的电子政务(G2C)。

(4) 政府对公务员的电子政务(G2E)。

当然,政府部门的内部网络除支持政府内部业务之外,更是电子政务的网络基础。

3．我国电子政务开展的现状

我国电子政务快速发展,电子政务在改善公共服务、加强社会管理、强化综合监管、完善宏观调控等方面发挥了重要作用,促进了政府职能转变,已成为提升党的执政能力和建设服务型政府不可或缺的有效手段。

地方和部门电子政务建设普遍开展,组织体系不断健全,专业技术队伍建设不断加强。推动电子政务发展的政策、制度和标准规范继续完善,许多地方制定了相关法规。围绕经济和社会发展的需要,电子政务应用深入推进,富有成效的典型应用不断涌现。金关、金税、金盾、金审等一批国家电子政务重要业务信息系统应用进一步深化,取得更大的经济和社会效益。宏观经济管理、财政管理、进出口业务管理等宏观调控信息系统在有效应对国际金融危机冲击、保持经济平稳较快发展方面发挥了重要作用。教育、医疗、就业、社会保障、行政审批和电子监察等方面电子政务积极推进,改善和增强了政府为社会公众提供服务的能力和水平。食品药品安全、社会治安、安全生产、环境保护、城市管理、质量监管、人口和法人管理等方面电子政务应用持续普及,加强和提升了社会管理能力和水平。县级以上政务部门普遍建立政府网站，积极开展政府信息公开、网上办事和政民互动等服务。电子政务基础设施建设取得成效，国家电子政务网络初步满足党委、人大、政府、政协、法院、检察院各系统推进业务应用的需要，技术支撑能力明显提高。电子政务信息安全保障系统普遍建立，管理制度规范逐步健全，网络与信息安全保障能力明显提升。

近些年，电子政务依托的信息技术手段发生重大变革，超高速宽带网络、新一代移动通信技术、云计算、物联网等新技术、新产业、新应用不断涌现，深刻改变了电子政务发展技术环境及条件。经济社会发展需求和技术创新为国家电子政务发展提供了难得的历史机遇。

4．电子政务建设的指导思想和发展方针

《国家信息化发展战略纲要》明确指出"深化电子政务，推进国家治理现代化"，具体内容包括：

适应国家现代化发展需要，更好用信息化手段感知社会态势、畅通沟通渠道、辅助科学决策。持续深化电子政务应用，着力解决信息碎片化、应用条块化、服务割裂化等问题，以信息化推进国家治理体系和治理能力现代化。

（1）服务党的执政能力建设。推进党委信息化工作，提升党委决策指挥的信息化保障能力。充分运用信息技术提高党员、干部、人才管理和服务的科学化水平。加强信息公开，畅通民主监督渠道，全面提高廉政风险防控和巡视工作信息化水平，增强权力运行的信息化监督能力。加强党内法规制度建设信息化保障，重视发挥互联网在党内法规制定和宣传中的作用。推进信息资源共享，提升各级党的部门工作信息化水平。

（2）提高政府信息化水平。完善部门信息共享机制，建立国家治理大数据中心。加强经济运行数据交换共享、处理分析和监测预警，增强宏观调控和决策支持能力。深化财政、税务信息化应用，支撑中央和地方财政关系调整，促进税收制度改革。推进人口、企业基础信息共享，有效支撑户籍制度改革和商事制度改革。推进政务公开信息化，加强互联网政务信息数据服务平台和便民服务平台建设，提供更加优质高效的网上政务服务。

（3）服务民主法治建设。建立健全网络信息平台，密切人大代表同人民群众的联系。加快政协信息化建设，推进协商民主广泛多层制度化发展。实施"科技强检"，推进检察工作现代化。建设"智慧法院"，提高案件受理、审判、执行、监督等各环节信息化水平，推动执法司法信息公开，促进司法公平正义。

（4）提高社会治理能力。加快创新立体化社会治安防控体系，提高公共安全智能化水平，全面推进平安中国建设。构建基层综合服务管理平台，推动政府职能下移，支持社区自治。依托网络平台，加强政民互动，保障公民知情权、参与权、表达权、监督权。推行网上受理信访，完善群众利益协调、权益保障机制。

（5）健全市场服务和监管体系。实施"多证合一"、"一照一码"制度，在海关、税务、工商、质检等领域推进便利化服务，加强事中事后监管与服务，实现服务前移、监管后移。以公民身份号码、法人和其他组织统一社会信用代码为基础，建立全国统一信用信息网络平台，构建诚信营商环境。建设食品药品、特种设备等重要产品信息化追溯体系，完善产品售后服务质量监测。加强在线即时监督监测和非现场监管执法，提高监管透明度。

（6）完善一体化公共服务体系。制定在线公共服务指南，支持各级政府整合服务资源，面向企业和公众提供一体化在线公共服务，促进公共行政从独立办事向协同治理转变。各部门要根据基层服务需求，开放业务系统和数据接口，推动电子政务服务向基层延伸。

（7）创新电子政务运行管理体制。建立强有力的国家电子政务统筹协调机制，制定电子政务管理办法，建立涵盖规划、建设、应用、管理、评价的全流程闭环管理机制。大力推进政府采购服务，试点推广政府和社会资本合作模式，鼓励社会力量参与电子政务建设。鼓励应用云计算技术，整合改造已建应用系统。

1.2.6　电子商务

加快发展电子商务，是企业降低成本、提高效率、拓展市场和创新经营模式的有效手段，是提升产业和资源的组织化程度、转变经济发展方式、提高经济运行质量和增强国际竞争力的重要途径，对于优化产业结构、支撑战略性新兴产业发展和形成新的经济增长点具有非常重要的作用，对于满足和提升消费需求、改善民生和带动就业具有十分重要的意义，对于经济和社会可持续发展具有愈加深远的影响。

1．电子商务的概念

对于电子商务至今尚无统一定义，根据电子商务发展历程，电子商务概念可分为原始电子商务与现代电子商务。

（1）原始电子商务概念。使用电子信息技术工具进行商务活动。凡使用了诸如电报、电话、广播、电视、传真以及计算机、计算机网络等手段、工具和技术进行商务活动，都可以称之为电子商务。

（2）现代电子商务概念。电子商务通常是指在网络环境下，买卖双方不需见面，实现网上（线上）交易、在线支付（或者货到付款）、智能配送以及相关综合服务的一切活动，是完全创新的或者在一定程度上模拟传统商务流程的一种以信息化手段应用为典型特征的商业运营模式。可以认为 EDI（电子数据交换）是连接原始电子商务和现代电子商务的纽带。

2．电子商务的功能

电子商务本质上是依靠信息技术，将贸易（交易）中涉及的信息流、资金流、物流、服务评价管理、售后管理、客户管理等整合在网络之上的业务集合。主要功能包括：广告宣传、咨询洽谈、网上订购、网上支付、交易管理、商品推送、商户管理、账户管理、供应链管理等等。

电子商务应该具有以下基本特征：

（1）普遍性。电子商务作为一种新型的交易方式，将生产企业、流通企业、消费者以及金融企业和监管者集成到了数字化的网络经济中。

（2）便利性。参与电子商务的各方不受地域、环境、交易时间的限制，能以非常简洁的方式完成传统上较为繁杂的商务活动。

（3）整体性。电子商务能够规范事务处理的工作流程，将人工操作和电子信息处理集成为一个不可分割的整体，保证交易过程的规范和严谨。

（4）安全性。与传统的商务活动不同，电子商务必须采取诸如加密、身份认证、防入侵、数字签名、防病毒等技术手段确保交易活动的安全性。

（5）协调性。商务活动本身是一种磋商、协调的过程，客户与企业之间、企业与企业之间、客户与金融服务部门之间、企业与金融服务部门之间、企业与配送部门之间等需要有序地协作，共同配合来完成交易。

3．电子商务系统的结构和要点

电子商务不仅包括信息技术，还包括交易规则、法律法规和各种技术规范、电子商务系统的结构如图 1.2 所示。

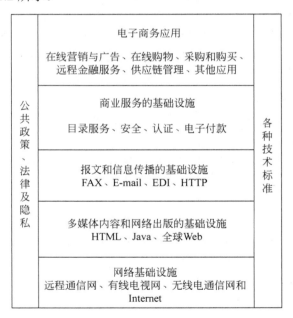

图 1.2　电子商务系统的结构

电子商务的基础设施包括 4 个，即网络基础设施、多媒体内容和网络出版的基础设施、报文和信息传播的基础设施、商业服务的基础设施。此外，技术标准，政策、法律等是电子商务系统的重要保障。

（1）网络基础设施。网络基础设施主要是信息传输平台，这个信息传输平台主要运行 TCP/IP 网络协议，承载在电信通信网、有线电视网、专线网络之上，接入方式除了传统计算机有线网络之外，无线网络（4G 或 WiFi）也是非常便利和普及的接入技术。

（2）多媒体内容和网络出版的基础设施。多媒体内容和网络出版的基础设施主要负责管理电子商务活动涉及的各种信息，包括文字、语音、图像、视频等，采用的信息技术主要包括：

- 数据库及数据库管理系统，负责多媒体信息的存储和管理。
- Web 服务器系统，负责信息的发布和展示，提供客户与电子商务系统交互的接口。
- 搜索工具，便于客户快速准确地找到有关信息。
- 内容和出版管理工具，负责网页内容的编辑和组织。

（3）报文和信息传播的基础设施。报文和信息传播的基础设施负责提供传播信息的工具和方式，包括电子邮件系统、在线交流系统、基于 HTTP 或 HTTPS 的信息传输系统、流媒体播放系统等。

（4）商业服务的基础设施。商业服务的基础设施负责提供实现标准的网上商务活动的服务，包括：价格目录、电子支付网关、安全认证等。

（5）技术标准。技术标准是信息发布和传递的基础，是网上信息一致性的保证。包括：用户接口、传输协议、信息发布标准、安全协议等技术标准。

（6）政策和法律。政策包括围绕电子商务的税收制度、信用管理及收费、隐私问题等由政府制定的规章或制度。

电子商务相关法律包括消费者权益保护、隐私保护、电子商务交易真实性认定、知识产权保护等方面的立法或法规。

电子商务作为一门综合性的新兴商务活动，涉及面相当广泛，包括信息技术、金融、法律和市场等多种领域，这就决定了与电子商务相关的标准体系十分庞杂，几乎涵盖了现代信息技术的全部标准范围及尚待进一步规范的网络环境下的交易规则。安全、认证、支付和接口等标准是有待制定和完善的内容。

4．电子商务的类型

按照依托网络类型来划分，电子商务分为 EDI（电子数据交换）商务、Internet（互联网）商务、Intranet（企业内部网）商务和 Extranet（企业外部网）商务。

按照交易的内容，电子商务可以分为直接电子商务和间接电子商务。直接电子商务向客户提供无形商品和各种服务，如电子书、软件、在线读物、视频、证券、期货、旅游产品等等，这些产品和服务可以直接通过网络向客户交付。间接电子商务包括向客户提供实体商品（有形商品）及有关服务，由于要求在广泛地域和严格时限内送达，一般会将商品和服务交由现代物流配送公司和专业服务机构去完成配送工作。

按照交易对象，电子商务模式包括：企业与企业之间的电子商务（B2B）、商业企业与消费者之间的电子商务（B2C）、消费者与消费者之间的电子商务（C2C），电子商务与线下实体店有机结合向消费者提供商品和服务，称为O2O模式。

（1）B2B模式即Business To Business，就是企业和企业之间通过互联网进行产品、服务及信息的交换，其发展经过了电子数据交换（EDI）、基本的电子商务（Basic e-commerce）、电子交易集市和协同商务等4个阶段。阿里巴巴（alibaba.com）是典型的B2B电子商务企业。

（2）B2C模式即Business To Consumer，就是企业和消费者个人之间的电子商务，一般以零售业为主，企业向消费者提供网上购物环境，消费者通过Internet访问相关网站进行咨询、购买活动。京东、当当、苏宁等是典型的B2C电子商务企业。

（3）C2C模式即Consumer To Consumer，就是消费者和消费者之间通过电子商务交易平台进行交易的一种商务模式，由于是个人与个人的交易，大众化成了C2C的最大特点。诚信在这种模式中对买卖行为影响巨大，并具有很高的商业价值，而假货问题是监管的重点。淘宝、易趣等是典型的C2C电子商务交易平台，电子交易平台不仅提供交易的网络环境，还扮演着管理者的角色。

（4）O2O模式即Online To Offline，含义是线上购买线下的商品和服务，实体店提货或者享受服务。O2O平台在网上把线下实体店的团购、优惠的信息推送给互联网用户，从而将这些用户转换为实体店的线下客户。借助O2O，能够迅速地促进门店销售，特别适合餐饮、院线、会所等服务连锁企业，并且通过网络能够迅速掌控消费者的最新反馈，进行个性化服务和获取高粘度重复消费。

5．电子商务对国民经济和社会发展的意义和作用

（1）推动国民经济增长方式转变。电子商务是国民经济和社会信息化的重要组成部分，已经成为推动国民经济发展的新动力。发展电子商务是以信息化带动工业化、促进我国产业结构调整、推动经济增长方式由粗放型向集约型转变、提高国民经济运行质量和效率、走新型工业化道路的重大举措，对实现全面建设小康社会的宏伟目标具有十分重要的意义。

（2）迎接经济全球化的机遇和挑战。加快电子商务发展是应对经济全球化带来的机遇和挑战、也是把握发展主动权、提高国际竞争力的必然选择，有利于提高我国在全球范围内配置资源的能力，提升我国经济的国际地位。

（3）促进社会主义市场经济体制走向完善。电子商务发展将有力地促进商品和各种生产生活要素的流动，削弱妨碍公平竞争的制约因素，降低交易成本，推动全国统一市场的形成与完善，更好地实现市场对资源的基础性配置作用。

6．我国电子商务现状和特点

近些年，我国电子商务保持了持续快速发展的良好态势，电子商务不断普及和深化，电子商务在我国工业、农业、商贸流通、交通运输、金融、旅游和城乡消费等各个领域的应用不断得到拓展，应用水平不断提高，正在形成与实体经济深度融合的发展态势。

跨境电子商务活动日益频繁，移动电子商务成为发展亮点。大型企业网上采购和销售的比重逐年上升，部分企业的电子商务正在向与研发设计、生产制造和经营管理等业务集成协同的方向发展。电子商务在中小企业中的应用普及率迅速提高，网络交易额迅速增长占社会消费品零售总额比重逐年上升，成为拉动需求、优化消费结构的重要途径。

电子商务支撑水平快速提高，电子商务平台服务、信用服务、电子支付、现代物流和电子认证等支撑体系加快完善。围绕电子商务信息、交易和技术等的服务企业不断涌现。电子商务信息和交易平台正在向专业化和集成化的方向发展。社会信用环境不断改善，为电子商务的诚信交易创造了有利的条件。网上支付、移动支付、电话支付等新兴支付服务发展迅猛。现代物流业快速发展，对电子商务的支撑能力不断增强，特别是网络零售带动了快递服务的迅速发展，2015 年全年，全国快递服务企业业务量累计完成 206.7 亿件，同比增长 48%，业务收入累计完成 2769.6 亿元，同比增长 35.4%。通信运营商、软硬件及服务提供商等纷纷涉足电子商务，为用户提供相关服务。随着电子商务规模的不断扩大，各地政府大力推进电商发展，电子商务对于快递等上下游行业都有很强的带动作用，由此衍生出来的就业市场大幅增加。随之而来的客服、配送、技术等岗位供不应求。根据《国务院关于促进快递业发展的若干意见》，到 2020 年，我国快递市场规模稳居世界首位，快递年业务量达到 500 亿件，年业务收入达到 8000 亿元，年均新增就业岗位约 20 万个，全年支撑网络零售交易额突破 10 万亿元，日均服务用户 2.7 亿人次以上，有效降低商品流通成本。

电子商务发展环境不断改善。网络用户规模快速增长，2015 年互联网普及率达 50.3%，网民规模达到 6.88 亿（数据来源：中国互联网络信息中心），移动电话用户总数达 13.06 亿户，移动电话用户普及率达 95.5 部/百人，其中，4G 移动电话用户总数达 38622.5 万户，在移动电话用户中的渗透率达到 29.6%（工业和信息化部，2015 年通信运营业统计公报。网络服务能力不断提升，资费水平不断降低。全社会电子商务应用意识不断增强，应用技能得到有效提高。电子商务国际交流与合作日益广泛。相关部门协同推进电子商务发展的工作机制初步建立，围绕促进发展电子认证、网络购物、网上交易和支付服务等主题，出台了一系列政策、规章和标准规范，为构建适合国情和发展规律的电子商务制度环境进行了积极探索。

总体而言，中国经济发展"电商化"趋势日益明显，电商交易规模和创新应用再创历史新高，网络交易量直线上升，电子商务的大发展大繁荣，对于中国经济无疑是一个新的增长点。同时，电子商务已经深刻影响传统 IT 市场和传统产业，业务模式和商业模式的变革正在对零售、教育、医疗、汽车、农业、化工、环保、能源等行业产生深刻影响，对传统行业的升级换代起到重要作用。

7．加快电子商务发展的指导思想和基本原则

（1）加快电子商务发展的指导思想。

按照科学发展观的要求，紧紧围绕转变经济增长方式、提高综合竞争力的中心任务，

实行体制创新，着力营造电子商务发展的良好环境，积极推进企业信息化建设，推广电子商务应用，加速国民经济和社会信息化进程，实施跨越式发展战略，走中国特色的电子商务发展道路。

（2）加快电子商务发展的基本原则。

- 企业主体，政府推动。充分发挥企业在电子商务发展中的主体作用，坚持市场导向，运用市场机制优化资源配置。处理好政府与市场的关系，创建更加有利于电子商务发展的制度环境，综合运用政策、服务、资金等多种手段推进电子商务发展。
- 统筹兼顾，虚实结合。坚持网络经济与实体经济紧密结合发展的主流方向，全面拓展电子商务在各领域的应用，提高电子商务及相关服务水平，努力营造全方位的电子商务发展环境，推动区域间电子商务协调发展。
- 着力创新，注重实效。推动电子商务应用、服务、技术和集成创新，着重提高电子商务创新发展能力。立足需求导向，坚持务实创新，选准切入点，注重应用性和实效性，避免盲目跟风和炒作。
- 规范发展，保障安全。正确处理电子商务发展与规范的关系，在发展中求规范，以规范促发展。以网络运行环境安全可靠为基础，促进网络交易主体与客体的真实有效、交易过程的可鉴证，加强对失信行为的惩戒力度，形成电子商务可信环境。

8. 建立和完善电子商务发展的支撑保障体系

（1）法律法规体系。认真贯彻实施《中华人民共和国电子签名法》，抓紧研究电子交易、信用管理、安全认证、在线支付、税收、市场准入、隐私权保护和信息资源管理等方面的法律法规问题，尽快提出制定相关法律法规的意见；积极研究第三方支付服务的相关法规；根据电子商务健康有序发展的要求，抓紧研究并及时修订相关法律法规；加快制订在网上开展相关业务的管理办法；推动网络仲裁、网络公证等法律服务与保障体系建设；打击电子商务领域的非法经营以及危害国家安全、损害人民群众切身利益的违法犯罪活动，保障电子商务的正常秩序。

（2）标准规范体系。建立并完善电子商务国家标准规范体系。提高标准化意识，充分调动各方面积极性，抓紧完善电子商务的国家标准体系；鼓励以企业为主体，联合高校和科研机构研究制定电子商务关键技术标准和规范，参与国际标准的制订和修正，积极推进电子商务标准化进程。

（3）安全认证体系。建立健全安全认证体系。按照有关法律规定，制定电子商务安全认证管理办法，进一步规范密钥、证书、认证机构的管理，注重责任体系建设，发展和采用自主知识产权的加密与认证技术；整合现有资源，完善安全认证基础设施，建立布局合理的安全认证体系，实现行业、地方等安全认证机构的交叉认证，为社会提供可靠的电子商务安全认证服务。

（4）信用体系。加快信用体系建设。加强政府监管、行业自律以及部门间的协调与联合，鼓励企业积极参与，按照完善法规、特许经营、商业运作、专业服务的方向，建立科学、合理、权威、公正的信用服务机构；建立健全相关部门信用信息资源的共享机制，建设在线信用信息服务平台，实现信用数据的动态采集、处理、交换；严格信用监督和失信惩戒机制，逐步形成既符合我国国情又与国际接轨的信用服务体系。

（5）在线支付体系。推进在线支付体系建设。加强制定在线支付业务规范和相关技术标准；引导商业银行、中国银联等机构建设安全、快捷、方便的在线支付平台，大力推广使用银行卡、网上银行等在线支付工具，进一步完善在线资金清算体系，推动在线支付业务规范化、标准化并与国际接轨。

（6）现代物流体系。大力发展现代物流体系。充分利用铁道、交通、民航、邮政、仓储和商业网点等现有物流资源，完善物流基础设施建设；广泛采用先进的物流技术与装备，优化业务流程，提升物流业信息化水平，提高现代物流基础设施与装备的使用效率和经济效益；发挥电子商务与现代物流的整合优势，大力发展第三方物流，有效支撑电子商务的广泛应用。

（7）技术装备体系。发展电子商务相关技术装备和软件。积极引进、消化和吸收国外先进适用的电子商务应用技术，鼓励技术创新，加快具有自主知识产权的电子商务硬件和软件产业化进程，提高电子商务平台软件、应用软件和终端设备等关键产品的自主开发能力和装备能力。

（8）服务体系。推动电子商务服务体系建设。充分利用现有资源，发挥中介机构的作用，加强网络化、系统化、社会化的服务体系建设，开展电子商务工程技术研究、成果转化、咨询服务和工程监理等服务工作。

（9）运行监控体系。研究风险防范措施，加强业务监督和风险控制；逐步建立和完善电子商务统计和评价体系，推动电子商务服务业健康发展。

9. 发展电子商务重点任务

（1）提高大型企业电子商务水平。发挥大型企业电子商务主力军的作用，进一步促进企业电子商务应用系统的规模发展和品牌建设,提高网络集中采购水平和透明化程度，提升企业营销能力。深化大型工业企业电子商务应用，促进实体购销渠道和网络购销渠道互动发展，提高供应链和商务协同水平。推动大型商贸流通企业通过电子商务提高流通效率，扩展流通渠道和市场空间。鼓励有条件的大型企业电子商务平台向行业电子商务平台转化。

（2）推动中小企业普及电子商务。鼓励中小企业应用第三方电子商务平台，开展在线销售、采购等活动，提高生产经营和流通效率。引导中小企业积极融入龙头企业的电子商务购销体系，发挥中小企业在产业链中的专业化生产、协作配套作用。鼓励有条件的中小企业自主发展电子商务，创新经营模式，扩展发展空间，提高市场反应能力。鼓励面向产业集群和区域特色产业的第三方电子商务平台发展，帮助中小企业通过电子商务提高竞争力。稳健推进各类专业市场发展电子商务，促进网上市场与实体市场的互动发展，为中小企业应用电子商务提供良好条件。

（3）促进重点行业电子商务发展。积极发展农业电子商务，促进农资和农产品流通体系的发展，拓宽农民致富渠道。着力推进工业电子商务，促进工业从生产型制造向服务型制造转变。深化商贸流通领域电子商务应用，促进传统商贸流通业转型升级。鼓励综合性和行业性信息服务平台深挖掘产业信息资源，拓展服务功能，创新服务产品，提高信息服务水平。促进大宗商品、电子交易平台规范发展，创新商业模式，形成与实体交易互动发展的服务形式。推动交通运输、铁路、邮政、文化、旅游、教育、医疗和金融等行业应用电子商务，促进服务方式转变。

（4）推动网络零售规模化发展。鼓励生产、流通和服务企业发展网络零售，积极开发适宜的商品和服务。培育一批信誉好、运作规范的网络零售骨干企业。发展交易安全、服务完善、管理规范和竞争有序的网络零售商城。整合社区商业服务资源，发展社区电子商务。促进网络购物群体快速成长。拓展网络零售商品和服务种类，拓宽网络零售渠道，满足不同层次消费需求。发展个人间的电子商务，为开展二手物品交易、获取日常生活服务等提供便利。

（5）提高政府采购电子商务水平。积极推进政府采购信息化建设，加快建设全国统一的电子化政府采购管理交易平台，探索利用政府采购交易平台实现政府采购管理和操作执行各个环节的协调联动，通过实现政府采购业务交易信息共享和全流程电子化操作，进一步规范政府采购行为，提高政府采购资金的使用效率。

（6）促进跨境电子商务协同发展。鼓励有条件的大型企业"走出去"，面向全球资源市场，积极开展跨境电子商务，参与全球市场竞争，促进产品、服务质量提升和品牌建设，更紧密地融入全球产业体系，鼓励国内企业加强区域间电子商务合作，推动区域经济合作向纵深方向发展。鼓励商贸服务企业通过电子商务拓展进出口代理业务，创新服务功能，帮助中小企业提高国际竞争能力。

（7）持续推进移动电子商务发展。鼓励各类主体加强合作，拓展基于新一代移动通信、物联网等新技术的移动电子商务应用。推动移动电子商务应用从生活服务和公共服务领域向工农业生产和生产性服务业领域延伸，积极推动电子商务在"三农"等重点领域的示范和推广。加强移动电子商务技术与装备的研发力度，完善移动电子商务技术体系。加快制定和完善移动电子商务相关技术标准和业务规范。

（8）促进电子商务支撑体系协调发展。探索建立网上网下交易活动的合同履约信用记录，促进在线信用服务的发展。加快建设适应电子商务发展需要的社会化物流体系，优化物流公共配送中心、中转分拣场站、社区集散网点等物流设施的规划布局，积极探索区域性、行业性物流信息平台的发展模式。鼓励支付机构创新支付服务，丰富支付产品，推动移动支付、电话支付、预付卡支付等新兴电子支付健康有序发展，满足电子商务活动中多元化、个性化的支付需求。推动完善电子支付业务规则、技术标准，引导和督促支付机构规范运营。鼓励发展国际结算服务，提高对跨境电子商务发展的支撑能力。鼓励电子商务企业与相关支撑企业加强合作，促进物流、支付、信用、融资、保险、检测和认证等服务协同发展。

（9）提高电子商务的安全保障和技术支撑能力。认真贯彻《电子签名法》，进一步发展可靠的电子签名与认证服务体系，提高认证服务质量，创新服务模式，推动可靠电子签名、电子认证和电子合同在电子商务中的实际应用，在统一的证书策略体系框架下推进电子签名认证证书的互认互操作，发挥电子签名的保障作用，提高电子交易的安全性和效率。鼓励软硬件及系统集成企业通过云服务等模式，为电子商务用户提供硬件、软件、应用安全服务。鼓励通信运营商加强宽带信息基础设施建设，提高新一代通信网络的覆盖范围和服务水平，为电子商务用户提供接入、服务托管及商务应用解决方案等服务。发挥国家科技计划的引领和支撑作用，加大对电子商务基础性研究、关键共性技术研究的支持力度，积极开展成果转化、咨询培训等工作。

1.2.7 企业信息化

《中共中央关于制定国民经济和社会发展第十三个五年规划的建议》（以下简称"建议"）中把"拓展网络经济空间"作为"坚持创新发展，着力提高发展质量和效益"的重要内容之一，建议指出：实施"互联网+"行动计划，发展物联网技术和应用，促进互联网和经济社会融合发展。实施国家大数据战略，推进数据资源开放共享。完善电信普遍服务机制，开展网络提速降费行动，超前布局下一代互联网。推进产业组织、商业模式、供应链、物流链创新，支持基于互联网的各类创新。"建议"在规划"构建产业新体系"中着重指出加快建设制造强国，实施《中国制造 2025》。引导制造业朝着分工细化、协作紧密方向发展，促进信息技术向市场、设计、生产等环节渗透，推动生产方式向柔性、智能、精细转变，实施智能制造工程，构建新型制造体系，促进新一代信息通信技术、高档数控机床和机器人、航空航天装备、海洋工程装备及高技术船舶、先进轨道交通装备、节能与新能源汽车、电力装备、农机装备、新材料、生物医药及高性能医疗器械等产业发展壮大。

企业信息化是产业升级转型的重要举措之一，而以"两化深度融合""智能制造""互联网+"为特点的产业信息化是未来企业信息化继续发展的方向。大力推进企业信息化，对于我国信息化建设，促进"十三五"期间国民经济发展，具有十分重要的现实意义和历史意义。

企业信息化就是用现代信息技术来实现企业经营战略、行为规范和业务流程。企业信息化大大拓宽了企业活动的时空范围，在时间上，企业信息化以客户需求为中心实施敏捷制造；在空间上，企业信息化以虚拟形态将全球聚合在荧屏上。真正实现了运筹帷幄之中，决胜千里之外。

1．企业信息化内涵

从历史唯物主义的视角观察，企业信息化是劳动工具的技术进步。1945年以来，随着电子技术的发展，以计算机、网络、数据库管理为核心的信息技术逐步渗透并彻底改造了企业的产品研发、制造、办公、经营管理和销售，使传统的人工作业工具发展成智能化、自动化作业工具。所以，以60多年的历史为坐标轴观察企业信息化，沿轴是信息技术逐步改造传统生产方式的过程，在某一轴点上是信息技术应用的形态。

2．企业信息化概念

概括地说，企业信息化就是："在企业作业、管理、决策的各个层面，科学计算、过程控制、事务处理、经营管理的各个领域，引进和使用现代信息技术，全面改革管理体制和机制，从而大幅度提高企业工作效率、市场竞争能力和经济效益。"

3．实施企业信息化的意义

（1）有利于形成现代企业制度和 WTO 形势下提高企业竞争力。现代企业制度的主要内涵是产权清晰、权责明确、政企分开、管理科学、健全决策、执行和监督体系，使企业成为自主经营、自负盈亏的法人实体和市场主体。企业信息化和建立现代企业制度是互动关系，彼此相辅相成，互为促进，没有企业信息化就没有企业现代化，也不可能建立现代企业制度。

WTO 是一柄双刃剑，一方面，中国加入 WTO，可以享受多边贸易体制协议框架下的各种权利和最惠国待遇，平等地参与国际商贸合作。另一方面，国外跨国公司将进入国内市场，我国企业将直接面对国外跨国公司在国内外市场上的激烈竞争。推行企业信息化，可以提高企业在市场竞争中的快速反应能力，进而提高市场生存能力和市场竞争能力，在激烈的市场竞争中立于不败之地。

（2）有利于形成规模生产和供应链的完善。企业信息化建设的重要作用之一是能够促进企业的规模化生产。一方面，企业通过应用 CAD、CAM 和 CMS 等先进电子信息技术，大幅度提升企业在产品设计、制造、检测、销售、物流供应等方面的自动化水平和生产能力，生产效率明显提高，从而实现规模化生产。另一方面，企业通过信息化网络建设，增强了企业与客户、企业与市场的信息沟通，客户的需求和市场的波动起伏能迅速反馈到企业，使企业能够争取到更多的订单，提高企业的市场应变能力。

推行企业信息化，企业可以把经营过程中的各有关方面供应商、制造工厂、分销网络和客户等纳入一个紧密的供应链中，可以有效地安排企业的产、供、销活动，满足企业利用全社会一切资源快速高效地进行生产经营的需求。因此，过去单一企业间的竞争已转变为企业供应链之间的竞争，供应链管理已成为企业管理的一个重要内容。企业通过 ERP、CRM 等系统的开发与应用，实现了产品的整个营销过程的管理，包括市场活动、营销过程与售后服务三大环节的管理，促进企业信息流、资金流和物流的快速流动，有利于完善企业供应链。

（3）有利于企业面向市场和更好地服务于市场在经济全球化的环境中，企业竞争中的"大"吃"小"正在转向"快"吃"慢"。传统的企业组织结构存在多等级、多层次、机构臃肿、横向沟通困难、信息传递失真、缺乏活力、对外界变化反应迟钝等弊端。而信息技术的飞速发展，从根本上改变了组织收集、处理、利用信息的方式，从而导致组织形式的巨大变革，推动了业务流程再造（Business Process Reengineering，BPR）乃至组织结构的重构。原有的塔型结构被精良、敏捷、具有创新精神的扁平化"动态网络"结构所取代，使信息沟通畅通、及时，使市场和周围的信息同决策层的反馈更为迅速，提高企业对市场的快速反应能力。

（4）有利于加速工业化进程。推行企业信息化，用信息化带动工业化，是我国国民经济发展的重要步骤之一。我国在现阶段推行企业信息化是一种跳跃式的发展，是一个具有中国特色的战略举措。与西方发达国家相比，我国的情况呈现出极大不相同的特征，主要表现在前者为先工业化后信息化，而我国的企业是工业化与信息化并进发展，在信息化的同时完成工业化进程。这种两步并作一步的举措，能使企业获得更多的内在发展动力，对企业完成工业化，实现现代化将产生积极的推动作用。

（5）加快工业转型升级。过去二十年，中国电子信息产业实现了持续快速发展，产业规模稳步扩大，关键技术不断取得突破，骨干企业实力逐步壮大，国际地位显著增长。电子信息产业已经成为国民经济的战略性、基础性和先导性支柱产业，对于促进社会就业、拉动经济增长、调整产业结构、转变发展方式具有重要作用。但应该注意到，我国电子信息产业核心技术受制于人、自主创新能力较弱、产业结构不合理等深层次问题仍很突出，为产业可持续发展以及支撑服务"中国制造2025"造成较大压力。强化自主创新，加快突破核心技术环节，构建现代信息技术体系，对加快工业转型升级，实现"中国制造2025"的战略目标，具有重要的战略意义。

4. 我国企业信息化发展的战略要点

（1）以信息化带动工业化在推进企业信息化时，把工业化与信息化密切结合，注重以信息化带动工业化，发挥后发优势，坚持将信息化与工业化融为一体，相互促进，共同发展，加速产业升级和产业结构调整，实现经济结构的战略性转变，使国民经济健康发展。

（2）信息化与企业业务全过程的融合、渗透，注重信息技术的高渗透性，使信息技术渗透到企业生产、经营和管理的各个方面，并与企业的整个业务流程高度融合，甚至就成为业务本身。

（3）信息产业发展与企业信息化良性互动。企业信息化不可能从国外买来，必须主要依靠我们自己的信息产业，包括信息产品制造业、软件业、信息服务业的强有力的支撑；同时企业信息化的全面推进，又为信息产业创造了巨大的市场需求，带来了新的发展机遇。因此，推进企业信息化，要与我国信息产业互相促进、共同发展。

（4）充分发挥政府的引导作用。企业信息化面临着诸多政策环境问题，政府必须采取措施加以改善和解决。应发挥政府的指导、扶植及宏观调控作用，通过政策的制定、统筹规划及协调、资金投向的引导、重点项目的支持、规范市场竞争等，营造企业信息化的良好环境。

（5）高度重视信息安全。信息化程度越高，信息安全问题越是重要和突出。信息化社会信息安全问题关系国家安全与稳定，关系到每一个企业切身利益。企业信息化必须高度重视信息安全问题。

（6）企业信息化与企业的改组改造和形成现代企业制度有机结合。信息技术作为当代的先进生产力，必然要求与之相适应的生产关系。现代企业制度和科学管理是信息技术得以开花结果的肥沃土壤。失去了它们，信息化建设内在动力不足，容易出现投资浪费、利用率低，甚至系统闲置的现象。

要充分认识企业信息化建设只是企业现代化建设的一种手段和工具，它的主要作用就是对企业各种信息实行高度集成和快速处理，为企业供应链管理、产品设计制造和科学决策等提供重要支持。因此，企业信息化建设必须纳入企业现代化建设总体规划之中，从企业整体优化、系统工程和信息集成的角度出发，统筹兼顾，相辅相成，互为作用。

（7）"因地制宜"推进企业信息化。我国的企业信息化要注意充分发挥后发优势和比较优势，不盲目效仿发达国家的发展道路和发展模式。充分考虑各区域、行业以及企业间发展的不平衡和各自特点，分类指导有效推进企业信息化进程，企业信息化推进的速度不能强求一致，信息化不仅要与本区域和领域的自身发展相协调，互为促进，而且要与国家信息化进程协调发展。

根据中央西部大开发的战略部署，西部地区企业信息化建设要服务并促进西部的经济和社会发展与进步。

5．推进企业信息化的指导思想和原则

（1）推进企业信息化的指导思想。政府推动，统筹规划，企业行为，政策支持，分步实施。以信息资源的开发利用和提高信息资源的共享程度为重点，以重点企业信息化示范工程为龙头，扩大信息技术在企业经营中的应用和服务，提高企业管理水平和增强竞争实力。

通过政府引导，明确企业信息化的方针目标，帮助企业管理者转变观念、树立信息化意识，增强信息化建设的紧迫感和责任感。

（2）推进企业信息化发展过程中应遵循以下原则。

- 效益原则。企业信息化应该以提高企业的经济效益和竞争力为目标。在社会主义市场经济条件下，企业以追求利润最大化为目的，企业信息化是政府推动下的企业行为，只有坚持以经济效益和提高竞争力为目标，企业才会有动力，才能推动企业信息化工作的全面开展。
- "一把手"原则。企业信息化实施过程中必须坚持企业最高负责人负责制，就是坚持企业信息化建设过程中的"一把手"亲自抓的原则，成立有企业高层领导参加的信息化建设机构，负责总体设计及日常事务处理。企业信息化过程中的业务流程重组，不可避免地涉及到企业内部利益再分配问题，是一个深层次的管理问题，没有企业高层领导的参与，单靠信息技术部门推进信息化将是很困难的。
- 中长期与短期建设相结合原则。企业信息化系统建设周期长、见效慢、投资大，是企业一项长期发展的任务。企业要近期、中远期目标相结合，针对企业信息化的关键环节和制约企业发展的关键因素，合理运用资金，逐步进行建设和完善。
- 规范化和标准化原则。信息和信息处理的规范和标准是企业信息化的一个重要方面，信息流程规范化，数据标准化，是关系到企业信息化发展的重要环节，对此企业在信息化建设中要给予足够重视，要为企业信息化的进一步推进奠定良好的基础。
- 以人为本的原则。以人为本在企业信息化建设过程中显得尤为重要，企业信息化成功与否，最终取决于人的素质，取决于企业是否建立了一支稳定的高水平的信息化人才队伍，是否具备运用现代信息技术的本领和能力，是否能够运用信息技术来为企业现代生产、管理和经营服务。企业在信息化过程中，要形成高水平、稳定的信息化人才队伍，建立和完善信息化人才激励机制。

1.3 信息系统

1.3.1 信息系统定义

信息系统是一种以处理信息为目的的专门的系统类型。信息系统可以是手工的，也可以是计算机化的，本书中讨论的信息系统是计算机化的信息系统。信息系统的组成部件包括硬件、软件、数据库、网络、存储设备、感知设备、外设、人员以及把数据处理成信息的规程等。

硬件由执行输入、处理和输出行为的计算机设备组成。输入设备包括键盘、自动扫描设备、语音识别设备等。

软件由管理计算机运行的程序构成。包括设备驱动程序、系统软件、数据库管理系统、中间件、应用软件等。

数据库是经过结构化、规范化组织后的事实和信息的集合。数据库是信息系统中最有价值和最重要的部分之一。

网络负责信息在信息系统中各个部件之间有序流动、负责信息在信息系统之间有序流动。有时候把网络中的链路层（信息用比特表达）和物理层（信息以电气状态存在）又称为通信子系统。连接信息系统内部主要部件的网络称为内部网（Intranet），连接不同信息系统的网络称为网间网（Internet）。系统的开放性特点要求信息系统互联要遵从一致的协议、统一的命名规则和地址空间，而互联网（Internet）就是目前连接全球绝大数商用信息系统的网间网，遵从的网络协议是 TCP/IP。

人是信息系统中最重要的因素。信息系统人员中包括所有管理、运行、编写和维护系统的人。

规程包括战略、政策、方法、制度和使用信息系统的规则。

从用途类型来划分，信息系统一般包括电子商务系统、事务处理系统、管理信息系统、生产制造系统、电子政务系统、决策支持系统等。

采用现代管理理论（例如，软件工程、项目管理等）作为计划、设计、控制的方法论，将硬件、软件、数据库、网络等部件按照规划的结构和秩序，有机地整合到一个有清晰边界的信息系统中，以到达既定系统的目标，这个过程称为信息系统集成。

1.3.2 信息系统的生命周期

信息系统是面向现实世界人类生产、生活中的具体应用的，是为了提高人类活动的质量、效率而存在的。信息系统的目的、性能、内部结构和秩序、外部接口、部件组成等由人来规划，它的产生、建设、运行、完善构成一个循环的过程，这个过程遵循一定的规律，为了工程化的需要，有必要把这个过程划分为一些具有典型特点的阶段，每个阶段有不同的目标、工作方法，阶段中的任务也由不同类型的人员来负责。这个过程称为信息系统的生命周期。

软件在信息系统中属于较复杂的部件，可以借用软件的生命周期来表示信息系统的生命周期，软件的生命周期通常包括：可行性分析与项目开发计划、需求分析、概要设计、详细设计、编码、测试、维护等阶段，信息系统的生命周期可以简化为系统规划（可行性分析与项目开发计划）、系统分析（需求分析）、系统设计（概要设计、详细设计）、系统实施（编码、测试）、运行维护等阶段，为了便于论述针对信息系统的项目管理，信息系统的生命周期还可以简化为立项（系统规划）、开发（系统分析、系统设计、系统实施）、运维及消亡 4 个阶段，在开发阶段不仅包括系统分析、系统设计、系统实施，还包括系统验收等工作。

（1）立项阶段：即概念阶段或需求阶段，这一阶段根据用户业务发展和经营管理的需要，提出建设信息系统的初步构想，然后对企业信息系统的需求进行深入调研和分析，形成《需求规格说明书》并确定立项。

（2）开发阶段：以立项阶段所做的需求分析为基础，进行总体规划。之后，通过系统分析、系统设计、系统实施、系统验收等工作实现并交付系统。

（3）运维阶段：信息系统通过验收，正式移交给用户以后，进入运维阶段。要保障系统正常运行，系统维护是一项必要的工作。系统的运维可分为更正性维护、适应性维护、完善性维护、预防性维护等类型。

（4）消亡阶段：信息系统不可避免地会遇到系统更新改造、功能扩展，甚至废弃重建等情况。对此，在信息系统建设的初期就应该注意系统消亡条件和时机，以及由此而花费的成本。

1.3.3 信息系统常用的开发方法

信息系统的开发需要大量的人力、物力、财力和时间的投入。在系统开发时,为了更好地控制时间、质量、成本,并使用户满意,除了技术、管理等因素外,系统开发方法也起着很重要的作用。

系统常用的开发方法包括结构化方法、原型法、面向对象方法、敏捷开发等。

1. 结构化方法

结构化方法是应用最为广泛的一种开发方法。应用结构化系统开发方法,把整个系统的开发过程分为若干阶段,然后依次进行,前一阶段是后一阶段的工作依据,按顺序完成。每个阶段和主要步骤都有明确详尽的文档编制要求,并对其进行有效控制。

优点:理论基础严密,它的指导思想是用户需求在系统建立之前就能被充分了解和理解。由此可见,结构化方法注重开发过程的整体性和全局性。

缺点:开发周期长;文档、设计说明烦琐,工作效率低;要求在开发之初全面认识系统的信息需求,充分预料各种可能发生的变化,但这并不十分现实;若用户参与系统开发的积极性没有充分调动,造成系统交接过程不平稳,系统运行与维护管理难度加大。

2. 原型法

原型法的基本思想与结构化方法不同,原型法认为在很难一下子全面准确地提出用户需求的情况下,首先不要求一定要对系统做全面、详细的调查、分析,而是本着开发人员对用户需求的初步理解,先快速开发一个原型系统,然后通过反复修改来实现用户的最终系统需求。原型应当具备的特点如下:

(1) 实际可行。
(2) 具有最终系统的基本特征。
(3) 构造方便、快速,造价低。

原型法的特点在于原型法对用户的需求是动态响应、逐步纳入的,系统分析、设计与实现都是随着对一个工作模型的不断修改而同时完成的,相互之间并无明显界限,也没有明确分工。系统开发计划就是一个反复修改的过程。适于用户需求开始时定义不清、管理决策方法结构化程度不高的系统开发,开发方法更易被用户接受;但如果用户配合不好,盲目修改,就会拖延开发过程。

可以将原型分类如下:

(1) 抛弃型原型:此类原型在系统真正实现以后就放弃不用了。
(2) 进化型原型:此类原型的构造从目标系统的一个或几个基本需求出发,通过修改和追加功能的过程逐渐丰富,演化成最终系统。

3. 面向对象方法

对象模型表示了静态的、结构化的系统数据性质,描述了系统的静态结构,它是从客观世界实体的对象关系角度来描述，表现了对象的相互关系。面向对象的信息系统开发，其关键点是能否建立一个全面、合理、统一的模型，它既能反映问题域，也能被计算机系统求解域所接受。

面向对象方法的基本思想如下：

（1）客观事物是由对象组成的，对象是在原事物基础上抽象的结果。

（2）对象是由属性和操作组成的，其属性反映了对象的数据信息特征，而操作则用来定义改变对象属性状态的各种操作方式。

（3）对象之间的联系通过消息传递机制来实现。

（4）对象可以按其属性来归类。

（5）对象具有封装的特性，可达到软件（程序和模块）复用的目的。

4．敏捷开发

敏捷开发以用户的需求进化为核心，采用迭代、循序渐进的方法进行软件开发。在敏捷开发中，软件项目在构建初期被切分成多个子项目，各个子项目的成果都经过测试，具备可视、可集成和可运行使用的特征。换言之，就是把一个大项目分为多个相互联系，但也可独立运行的小项目，并分别完成，在此过程中软件一直处于可使用状态。

敏捷开发的原则包括如下：

（1）快速迭代：相对那种半年一次的大版本发布来说，小版本的需求、开发和测试更加简单快速。一些公司，一年仅发布2~3个版本，发布流程缓慢，它们仍采用瀑布开发模式，更严重的是对敏捷开发模式存在误解。

（2）让测试人员和开发者参与需求讨论：需求讨论以研讨组的形式展开最有效率。研讨组，需要包括测试人员和开发者，这样可以更加轻松定义可测试的需求，将需求分组并确定优先级。同时，该种方式也可以充分利用团队成员间的互补特性。如此确定的需求往往比开需求讨论大会的形式效率更高，大家更活跃，参与感更强。

（3）编写可测试的需求文档：开始就要用"用户故事"（User Story）的方法来编写需求文档。这种方法，可以让我们将注意力放在需求上，而不是解决方法和实施技术上。过早提及技术实施方案，会降低对需求的注意力。

（4）多沟通，尽量减少文档：任何项目中，沟通都是一个常见的问题。好的沟通，是敏捷开发的先决条件。在圈子里面混得越久，越会强调良好高效的沟通的重要性。团队要确保日常的交流，面对面沟通比邮件强得多。

（5）做好产品原型：建议使用草图和模型来阐明用户界面。并不是所有人都可以理解一份复杂的文档，但人人都会看图。

（6）及早考虑测试：及早地考虑测试在敏捷开发中很重要。传统的软件开发，测试用例很晚才开始写，这导致过晚发现需求中存在的问题，使得改进成本过高。较早地开始编写测试用例，当需求完成时，可以接受的测试用例也基本一块完成了。

在系统开发的实际工作中，往往根据需要将多种开发方法进行组合应用，最终完成系统开发的全部任务。

1.3.4 信息系统总体规划

1. 信息系统总体规划的概念和作用

一个组织或一个区域的信息系统建设，都要经历由初始到成熟的发展过程。诺兰总结了信息系统发展的规律，在 1973 年提出了信息系统发展的阶段理论，并在 1980 年完善了这一理论，人们称之为诺兰模型，又称为成长阶段模型（Stages of Growth Model）。

诺兰认为，任何组织由手工信息系统向以计算机为基础的信息系统发展时，都存在着一条客观的发展道路和规律。数据处理的发展涉及到技术的进步、应用的拓展、计划和控制策略的变化以及用户的状况 4 个方面。诺兰将计算机信息系统的发展道路划分为 6 个阶段：初始期、普及期、控制期、整合期、数据管理期和成熟期。诺兰强调，任何组织在实现以计算机为基础的信息系统时都必须从一个阶段发展到下一个阶段，不能实现跳跃式发展。如图 1.3 所示。

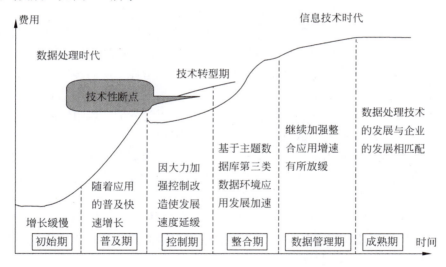

图 1.3 诺兰模型

诺兰阶段模型同时还指明了信息系统发展过程中的 6 种增长要素：
（1）计算机硬软资源：从早期的磁带向最新的分布式计算机发展。
（2）应用方式：从批处理方式到联机方式。
（3）计划控制：从短期的、随机的计划到长期的、战略的计划。
（4）MIS 在组织中的地位：从附属于别的部门发展为独立的部门。
（5）领导模式：开始时，技术领导是主要的，随着用户和上层管理人员越来越了解

MIS，上层管理部门开始与 MIS 部门一起决定发展战略。

（6）用户意识：从作业管理级的用户发展到中、上层管理级。

"凡事预则立，不预则废"——科学地规划，对于企业信息化建设具有非常重要的意义。调查统计结果显示，信息系统建设失败的案例中，有 70%是因为规划不当造成的。因此，信息系统建设的首要工作就是要进行顶层设计和系统规划。

2．信息系统总体规划内容

总体规划要在总结前一时期所取得的成绩和经验的基础上，客观分析存在的困难和问题，深入研究信息化建设的指导思想、发展思路、目标任务、技术架构，全面梳理行业/集团、企业/公司两个层面的要求和需求。在规划中应处理好以下关系：① 是处理好行业/集团规划和企业/公司规划的关系，要在统一技术标准和技术规范下形成一个相互联系的完整体系，做到统筹规划；② 是处理好共性和个性的关系，在坚持行业共性的前提下，尊重企业的个性，做到上下兼顾；③ 是处理好规划制订和执行的关系，加强规划的约束力，维护好规划的权威性、严肃性，做到规划落地。

总体规划应满足如下要求：

（1）要具有指导性、针对性，能够引领和指导企业信息化的发展。

（2）内容应包括（但不限于）企业战略和信息化战略说明、现状分析评估、信息化目标任务、信息化架构、信息化重点建设项目、实施路径和保障措施。

（3）要依据信息化水平评价体系对信息化规划进行考评，从而实现持续改进。

规划报告，通常包括如下内容：

（1）现状分析与诊断。现状分析以需求调研的结果为基础，以组织的信息化现状、业务发展为重点，进行业务和信息化现状分析、诊断和梳理。

- 信息化现状。规划需对信息化建设的现状进行需求调研，如业务应用服务、信息公开和信息服务、业务应用系统建设、信息资源建设、信息化基础设施、信息安全、运维、管理和技术的标准规范等情况。
- 业务发展。规划根据收集的企业业务发展相关材料，并组织开展高层访谈和部门业务访谈，明确未来一定时期本单位的总体发展思路、战略目标任务、主要战略措施和关键业务发展目标等。
- 业务分析。根据本单位的业务战略和业务目标，结合当前业务现状进行分析和总结。
- 差距分析。根据行业/集团信息化总体要求、企业战略、信息化需求以及业务分析结果，分析信息化存在的主要差距，明确规划的关键内容。

（2）组织/企业战略描述。以收集的企业战略、高层访谈结果为基础，系统地分析行业的总体发展趋势、未来的业务模式、企业的战略目标和战略措施，并对信息化建设提出的要求。

企业战略分析需充分考虑如下方面：

- 行业变革趋势分析。需收集行业/集团发展趋势相关的材料,并运用系统科学的方法,对行业的管控模式、生产方式、协作方式以及未来一定时期可能的变革进行分析和梳理。
- 企业发展战略分析。需收集企业总体发展战略相关材料,组织高层访谈,分析行业发展变革对本单位的影响,并明确企业战略对本单位的业务运营、综合管控和指挥决策所带来的影响。
- 信息化战略影响分析。需分析行业变革、企业战略对信息化工作的总体影响,包括信息化的战略定位、信息化的基本能力和基本要求等。

(3) 信息化战略描述。应以企业战略分析和现状分析诊断的结果为依据,分析并明确本企业信息化建设的指导思想、目标任务、基本原则和技术路线等。

信息化战略分析需充分考虑如下方面:

- 指导思想。需明确信息化工作的总体指导思想,包括总体思路、所遵循的原则和方法等。
- 目标任务。需紧扣行业/集团信息化的总体要求、企业战略对信息化的总体要求,制定清晰明确的信息化战略目标。
- 技术路线。要依据信息技术发展趋势、行业信息化标准规范、企业信息化战略目标,确定企业信息化建设所遵循的技术路线。

(4) 业务架构。以信息化规划需求调研、现状分析为基础,一般包括方针政策、业务目标、业务组织、业务分类、业务事项、业务流程、业务规则等,采取从上至下的方式,建立本企业业务架构。

业务架构需充分考虑如下方面:

- 业务建模。需对当前业务要素进行建模和说明。
- 业务优化。需对业务建模优化内容及过程进行说明和描述。
- 业务蓝图。需构建和描绘业务未来发展的架构和蓝图。

(5) 应用架构。以业务架构为依据,对应用体系的结构和相互关系进行说明。应用架构包括应用现状、应用要素和应用体系设计的描述,为创建一体化的信息系统奠定基础。

应用架构需充分考虑如下方面:

- 应用现状。应对现有应用系统情况进行描述。
- 应用要素。应包括对服务域、服务类、服务组件的说明。
- 应用体系设计。应按照信息化建设要求,规划设计主要业务和相关领域的应用系统。

(6) 数据架构。通过分析数据资源现状,系统地梳理关键数据要素,并对数据存储、加工、数据集成交换、数据资源开发利用等进行总体设计。

数据架构需充分考虑如下方面:

- 数据现状。分析现有数据库及相关关系、数据内容、数据的地理空间分布、数据交换和数据资源开发利用现状。
- 数据要素。数据要素包括元数据、主数据、数据分类编码、主要交易数据、分析数据等。
- 数据架构体系设计。主要内容应包括数据资源综合管理体系、数据加工存储体系、数据集成交换体系、数据资源开发利用体系的总体规划设计。

（7）技术架构。通过信息技术现状的分析，对基础设施、应用集成、信息安全等架构进行总体设计。

技术架构需充分考虑如下方面：

- 技术现状。对现有信息技术应用现状进行描述。
- 架构设计。对机房环境、网络通信、计算存储、数据库、中间件、应用集成、信息安全等技术架构进行总体设计，并明确关键的技术要求。

（8）治理架构。通过对信息化管理体系的组织机构、权责配置、管理机制、运作流程进行梳理分析，编制 IT 治理架构。

治理架构需充分考虑如下方面：

- 治理架构。主要内容应包括（但不限于）IT 组织结构治理、IT 投资治理、IT 项目治理、IT 运维治理、IT 绩效治理等。
- 组织机构。应从决策机制、信息化投资管理、项目管理、安全管理、标准规范管理、运维管理等方面，明确机构和权责的分配。
- 工作流程。应遵从国际、国家和行业的质量管理体系和标准，制定 IT 治理所涉及的 IT 规划、IT 建设、IT 运维和 IT 监控等领域的流程，并按流程规范执行。
- 监控机制。应对 IT 规划实施、IT 资产运行、业务连续性和稳定性、IT 与业务要求的一致性、资源分配效率、IT 服务和业务创新能力等方面进行监控，并持续改进治理架构。

（9）规划实施。确定待建项目以及项目优先级、实施计划、投资预算、保障措施、实施策略等相关内容，并制定分年度的实施计划。

1.4 IT 战略

1.4.1 IT 战略的内涵

IT 战略（IT Strategy，ITS）是在诊断和评估企业信息化现状的基础上，制定和调整企业信息化的指导纲领，争取企业以最适合的规模，最适合的成本，去做最适合的信息化工作。首先是根据本企业的战略需求，明确企业信息化的远景和使命，定义企业信息化的发展方向和企业信息化在实现企业战略过程中应起的作用。其次是起草企业信息化指导纲领。它代表着信息技术部门在管理和实施工作中要遵循的企业条例。是有效完成信息化使命的保证。然后是制定信息化目标。它是企业在未来几年为了实现远景和使命而要完成的各项任务。

通常而言，IT 战略规划（IT Strategic Planning）包括两个部分：IT 战略（IT Strategy）的制定和信息技术行动计划（IT Action Plan）的制定。前者偏重战略方向，后者具体行动计划。

1. IT 战略

IT 战略（IT Strategy）是企业经营战略的有机组成部分，和财务战略、人力资源战略、运作战略等一样，是公司的职能战略。它是关于企业信息技术职能的目标及其实现的总体谋划。对于大的集团公司而言，子公司或大的业务单元（Business Unit）也会有其相对独立的信息技术战略。

IT 战略由以下部分组成：

（1）使命（Mission）：阐述信息技术存在的理由、目的以及在企业中的作用。

（2）远景目标（Vision）：信息技术的发展方向和结果。

（3）中长期目标（Medium to Long-term Objectives）：远景目标的具体化，即企业未来 2~3 年信息技术发展的具体目标。

（4）策略路线/战略要点（Strategy Point）：实现上述中长期目标的途径或路线。主要围绕信息技术内涵的 4 个方面展开：即应用（Application）、数据（Data）、技术（Technology）和组织（Organization）。

2. 信息技术行动计划（IT Action Plan）

信息技术行动计划（IT Action Plan）是落实 IT 战略（IT Strategy）而制订的中长期的详细行动计划，它包括：

- 信息化项目进程：未来 2~3 年信息化项目的投资进程及项目之间的逻辑关系。
- 项目描述和投资分析：每个项目的具体描述和 ROI（投资回报率分析）。
- 信息化核心能力发展计划：为实现上述信息化进程，企业应相应具备的核心能力及其培养计划，同时也会涉及公司的 IT 资源策略：如外包策略、自主开发等。

1.4.2 IT 战略的意义

企业信息化过程中的 3 个重要影响因素：经营战略、业务流程与组织、信息架构，而 IT 战略是连接 3 个因素的重要工具和方法。通过 IT 战略的制定，可以达到以下效果：

（1）确保公司 IT 的投资支持公司的业务流程优化，进而实现公司的经营战略。

（2）确保公司投资的各 IT 系统的信息架构可以整体集成。

（3）确保公司整体的信息架构在经营战略的指导下，应对业务流程和组织的变化。

（4）避免公司在 IT 项目上的错误投资和重复投资，保证整体的投资回报。

1.4.3　IT 战略规划方法

根据战略规划的一般理论，IT 战略规划始于对信息技术内外部环境（现状）的分析，核心是构建 IT 发展战略（未来状态），终极任务是搞清现状与未来状态之间的差距并制定实施策略或解决方案（从现状到未来状态的路径）。

现状分析、战略分析、差距分析和路径分析是 IT 战略规划的核心组成要素。就企业业务规划与信息技术规划的关联而言，IT 战略规划始于对未来企业业务运作理念和目标的理解，这些业务运作理念和目标随后将构成信息技术使命、长远目标、战略和信息技术基础结构的基础，而业务运作理念和目标、信息技术使命、长远目标、战略和信息技术基础结构等都是信息技术战略规划的要素。

IT 战略规划包括如下几个主要步骤：

（1）业务分析，主要内容是理解业务部门的现在与未来，理解业务部门的政策，定义目标和优先权。

（2）评估现行系统，主要检查当前的信息技术系统和信息技术体系结构，重点是评估信息系统支持业务部门的程度、信息系统计划是否适合业务部门、信息系统供应的效能与效率、指出信息系统能够提供的潜在业务机会。

（3）识别机会，重点是定义通过信息系统改进业务的机会、消除那些不能够带来投资回报或对业务目标贡献较小的信息系统。

（4）选择方案，主要任务是寻找和确定内在一致的机会和方案。

【练习题】

1. 我国提出的两化融合是指（　　）。
   A．工业化和信息化　　　　　　B．工业化和自动化
   C．工业化和城镇化　　　　　　D．工业化和农业现代化
2. 信息系统的生命周期可分为（　　）4 个阶段。
   A．设计、开发、运维及消亡　　B．立项、开发、运维及消亡
   C．立项、设计、实施、运维　　D．设计、研发、上线、运维
3. 下列（　　）不是原型法的显著特点。
   A．实际可行
   B．具有最终系统的基本特征
   C．构造方便、快速，造价低
   D．在构建初期被切分成多个子项目，各个子项目的成果都经过测试，具备可视、

可集成和可运行使用的特征

4．利用 Intranet 建立起有效的行政办公和员工管理体系，提高政府工作效率和公务员管理水平服务，是下列的（　　）电子政务的模式。

A．G2G　　　　B．G2B　　　　C．G2E　　　　D．G2C

5．平台在网上把线下实体店的团购、优惠的信息推送给互联网用户，从而将这些用户转换为实体店的线下客户，是电子商务（　　）类型。

A．B2B　　　　B．B2C　　　　C．C2C　　　　D．O2O

6．下列（　　）不是电子商务应该具有的特征。

A．便利性　　　B．整体性　　　C．安全性　　　D．生活性

【参考答案】：A B D C D D

第 2 章 信息技术知识

本章简要叙述了信息技术相关基础知识，包含软件工程、面向对象系统分析与设计、应用集成技术、计算机网络技术和新一代信息技术内容。

2.1 软件工程

随着所开发软件的规模越来越大、复杂度越来越高，加之用户需求又并不十分明确，且缺乏软件开发方法和工具方面的有效支持，使得软件成本日益增长、开发进度难以控制、软件质量无法保证、软件维护困难等问题日益突出。人们开始用工程的方法进行软件的开发、管理和维护，即"软件工程"。

2.1.1 软件需求分析与定义

软件需求是针对待解决问题的特性的描述。所定义的需求必须可以被验证。在资源有限时，可以通过优先级对需求进行权衡。

通过需求分析，可以检测和解决需求之间的冲突、发现系统的边界、并详细描述出系统需求。

2.1.2 软件设计、测试与维护

软件设计：根据软件需求，产生一个软件内部结构的描述，并将其作为软件构造的基础。通过软件设计，描述出软件架构及相关组件之间的接口；然后，进一步详细地描述组件，以便能构成这些组件。

通过软件设计得到要实现的各种不同模型，并确定最终方案。其可以划分为软件架构设计（也叫作高层设计）和软件详细设计两个阶段。

软件测试：测试是为了评价和改进产品质量、识别产品的缺陷和问题而进行的活动。软件测试是针对一个程序的行为，在有限测试用例集合上，动态验证是否达到预期的行为。

测试不再只是一种仅在编码阶段完成后才开始的活动。现在的软件测试被认为是一种应该包括在整个开发和维护过程中的活动，它本身是实际产品构造的一个重要部分。

软件测试伴随开发和维护过程，通常可以在概念上划分为单元测试、集成测试和系统测试 3 个阶段。

软件维护：将软件维护定义为需要提供软件支持的全部活动。这些活动包括在交付前完成的活动，以及交付后完成的活动。交付前要完成的活动包括交付后的运行计划和维护计划等。交付后的活动包括软件修改、培训、帮助资料等。

软件维护有如下类型：① 更正性维护——更正交付后发现的错误；② 适应性维护——使软件产品能够在变化后或变化中的环境中继续使用；③ 完善性维护——改进交付后产品的性能和可维护性；④ 预防性维护——在软件产品中的潜在错误成为实际错误前，检测并更正它们。

2.1.3　软件质量保证及质量评价

软件质量指的是软件特性的总和，是软件满足用户需求的能力，即遵从用户需求，达到用户满意。软件质量包括"内部质量""外部质量"和"使用质量"三部分。软件需求定义了软件质量特性，及确认这些特性的方法和原则。

软件质量管理过程由许多活动组成，一些活动可以直接发现缺陷，另一些活动则检查活动的价值。其中包括质量保证过程、验证过程、确认过程、评审过程、审计过程等。

软件质量保证：通过制订计划、实施和完成等活动保证项目生命周期中的软件产品和过程符合其规定的要求。

验证与确认：确定某一活动的产品是否符合活动的需求，最终的软件产品是否达到其意图并满足用户需求。

验证过程试图确保活动的输出产品构造正确，即活动的输出产品满足活动的规范说明；确认过程则试图确保构造了正确的产品，即产品满足其特定的目的。

评审与审计：包括管理评审、技术评审、检查、走查、审计等。

管理评审的目的是监控进展，决定计划和进度的状态，或评价用于达到目标所用管理方法的有效性。技术评审的目的是评价软件产品，以确定其对使用意图的适合性。

软件审计的目的是提供软件产品和过程对于可应用的规则、标准、指南、计划和流程的遵从性的独立评价。审计是正式组织的活动，识别违例情况，并要生成审计报告，采取更正性行动。

2.1.4　软件配置管理

软件配置管理通过标识产品的组成元素、管理和控制变更、验证、记录和报告配置信息，来控制产品的进化和完整性。软件配置管理与软件质量保证活动密切相关，可以帮助达成软件质量保证目标。

软件配置管理活动包括软件配置管理计划、软件配置标识、软件配置控制、软件配置状态记录、软件配置审计、软件发布管理与交付等活动。

软件配置管理计划的制定需要了解组织结构环境和组织单元之间的联系，明确软件配置控制任务。软件配置标识活动识别要控制的配置项，并为这些配置项及其版本建立基线。软件配置控制关注的是管理软件生命周期中的变更。软件配置状态记录标识、收集、维护并报告配置管理的配置状态信息。软件配置审计是独立评价软件产品和过程是否遵从已有的规则、标准、指南、计划和流程而进行的活动。软件发布管理和交付通常需要创建特定的交付版本，完成此任务的关键是软件库。

2.1.5 软件过程管理

软件过程管理涉及技术过程和管理过程，通常包括以下几个方面：
（1）项目启动与范围定义：启动项目并确定软件需求。
（2）项目规划：制订计划，其中一个关键点是确定适当的软件生命周期过程，并完成相关的工作。
（3）项目实施：根据计划，并完成相关的工作。
（4）项目监控与评审：确认项目工作是否满足要求，发现问题并解决问题。
（5）项目收尾与关闭：为了项目结束所做的活动。需要项目验收，并在验收后进行归档、事后分析和过程改进等活动。

2.1.6 软件开发工具

软件开发工具是用于辅助软件生命周期过程的基于计算机的工具。通常使用这些工具来支持特定的软件工程方法，减少手工方式管理的负担。工具的种类包括支持单个任务的工具及涵盖整个生命周期的工具。
（1）软件需求工具包括需求建模工具和需求追踪工具。
（2）软件设计工具包括软件设计创建和检查工具。
（3）软件构造工具包括程序编辑器、编译器、代码生成器、解释器、调试器等。
（4）软件测试工具包括测试生成器、测试执行框架、测试评价工具、测试管理工具、性能分析工具。
（5）软件维护工具包括理解工具（如可视化工具）和再造工具（如重构工具）。
（6）软件配置管理工具包括追踪工具、版本管理工具和发布工具。
（7）软件工程管理工具包括项目计划与追踪工具、风险管理工具和度量工具。
（8）软件工程过程工具包括建模工具、管理工具、软件开发环境。
（9）软件质量工具包括检查工具和分析工具。

2.1.7 软件复用

软件复用是指利用已有软件的各种有关知识构造新的软件，以缩减软件开发和维护的费用。复用是提高软件生产力和质量的一种重要技术。

软件复用的主要思想是，将软件看成是由不同功能的"组件"所组成的有机体，每一个组件在设计编写时可以被设计成完成同类工作的通用工具。这样，如果完成各种工作的组件被建立起来以后，编写某一特定软件的工作就变成了将各种不同组件组织连接起来的简单问题，这对于软件产品的最终质量和维护工作都有本质性的改变。

早期的软件复用主要是代码级复用，被复用的知识专指程序，后来扩大到包括领域知识、开发经验、设计决策、架构、需求、设计、代码和文档等一切有关方面。

由于面向对象方法的主要概念及原则与软件复用的要求十分吻合，所以该方法特别有利于软件复用。

2.2 面向对象系统分析与设计

2.2.1 面向对象的基本概念

面向对象的基本概念包括对象、类、抽象、封装、继承、多态、接口、消息、组件、复用和模式等。

（1）对象：由数据及其操作所构成的封装体，是系统中用来描述客观事物的一个模块，是构成系统的基本单位。用计算机语言来描述，对象是由一组属性和对这组属性进行的操作构成的。

对象包含 3 个基本要素，分别是对象标识、对象状态和对象行为。例如，对于姓名（标识）为 Joe 的教师而言，其包含性别、年龄、职位等个人状态信息，同时还具有授课等行为特征，Joe 就是封装后的一个典型对象。

（2）类：现实世界中实体的形式化描述，类将该实体的属性（数据）和操作（函数）封装在一起。

例如，Joe 是一名教师，也就拥有了教师的特征，这些特征就是教师这个类所具有的，如图 2.1 所示。

类和对象的关系可理解为，对象是类的实例，类是对象的模板。如果将对象比作房子，那么类就是房子的设计图纸。

（3）抽象：通过特定的实例抽取共同特征以后形成概念的过程。抽象是一种单一化的描述，强调给出与应用相关的特性，抛弃不相关的特性。对象是现实世界中某个实体的抽象，类是一组对象的抽象。

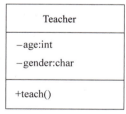

图 2.1 类的构成

（4）封装：将相关的概念组成一个单元模块，并通过一个名称来引用它。面向对象封装是将数据和基于数据的操作封装成一个整体对象，对数据的访问或修改只能通过对象对外提供的接口进行。

（5）继承：表示类之间的层次关系（父类与子类），这种关系使得某类对象可以继承另外一类对象的特征，继承又可分为单继承和多继承。

如图 2.2 所示，Dog 和 Cat 类都是从 Mammal 继承而来，具有父类的 eyeColor 属性特征，因此在子类中就可以不用重复指定 eyeColor 这个属性。

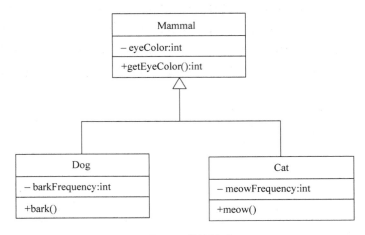

图 2.2　类的继承

（6）多态：使得在多个类中可以定义同一个操作或属性名称，并在每个类中可以有不同的体现。多态使得某个属性或操作在不同的时期可以表示不同类的对象特性。

如图 2.3 所示，Rectangle 和 Circle 都继承于 Shape，对于 Shape 而言，会有 getArea() 的操作。但 Rectangle 和 Circle 的 getArea() 方法的实现是完全不一样的，这就体现了多态的特征。

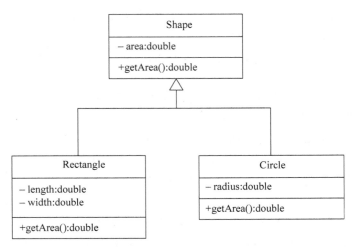

图 2.3　多态

（7）接口：描述对操作规范的说明，其只说明操作应该做什么，并没有定义操作如何做。可以将接口理解成为类的一个特例，它规定了实现此接口的类的操作方法，把真正的实现细节交由实现该接口的类去完成。

（8）消息：体现对象间的交互，通过它向目标对象发送操作请求。

（9）组件：表示软件系统可替换的、物理的组成部分，封装了模块功能的实现。组件应当是内聚的，并具有相对稳定的公开接口。

（10）复用：指将已有的软件及其有效成分用于构造新的软件或系统。组件技术是软件复用实现的关键。

（11）模式：描述了一个不断重复发生的问题，以及该问题的解决方案。其包括特定环境、问题和解决方案 3 个组成部分。应用设计模式可以更加简单和方便地去复用成功的软件设计和架构，从而帮助设计者更快更好地完成系统设计。

2.2.2 统一建模语言与可视化建模

统一建模语言（Unified Modeling Language，UML）用于对软件进行可视化描述、构造和建立软件系统的文档。UML 适用于各种软件开发方法、软件生命周期的各个阶段、各种应用领域以及各种开发工具，是一种总结了以往建模技术的经验并吸收当今优秀成果的标准建模方法。

需要注意的是，UML 是一种可视化的建模语言，而不是编程语言。UML 标准包括相关概念的语义、表示法和说明，提供了静态、动态、系统环境及组织结构的模型。它比较适合用于迭代式的开发过程，是为支持大部分现存的面向对象开发过程而设计的，强调在软件开发中对架构、框架、模式和组件的重用，并与最佳软件工程实践经验进行了集成。

在 UML 中，使用各种不同的符号元素画成图形，用以表示系统的结构和行为。

UML 图提供了对系统进行建模的描述方式，主要包括：用例图（Use Case Diagram）、类图（Class Diagram）、对象图（Object Diagram）、组件图（Component Diagram）、部署图（Deployment Diagram）、状态图（State Diagram）、序列图（Sequence Diagram）、协作图（Collaboration Diagram）、活动图（Activity Diagram）等（注：UML 有不同版本）。

UML 视图用来划分系统中的各种概念和组件，是表达系统某一方面特性的 UML 建模组件的子集。在某类视图中可以使用一种或多种特定的 UML 图来可视化地表示视图中的各种概念。

RUP（Rational Unified Process）是使用面向对象技术进行软件开发的最佳实践之一，是软件工程的过程。它对所有关键开发活动提供了使用准则、模板、工具等。其涵盖的最佳实践经验包括：迭代式开发、需求管理、使用以组件为中心的软件架构、可视化建模、验证软件质量及控制变更等。

2.2.3 面向对象系统分析

面向对象系统分析运用面向对象方法分析问题域，建立基于对象、消息的业务模型，形成对客观世界和业务本身的正确认识。

面向对象系统分析的模型由用例模型、类-对象模型、对象-关系模型和对象-行为模型组成。

2.2.4 面向对象系统设计

面向对象系统设计基于系统分析得出的问题域模型，用面向对象的方法设计出软件基础架构（概要设计）和完整的类结构（详细设计），以实现业务功能。

面向对象系统设计主要包括用例设计、类设计和子系统设计等。

2.3 应用集成技术

2.3.1 数据库与数据仓库技术

传统的数据库技术以单一的数据源即数据库为中心，进行事务处理、批处理、决策分析等各种数据处理工作，主要有操作型处理和分析型处理两类。操作型处理也称事务处理，指的是对联机数据库的日常操作，通常是对数据库中记录的查询和修改，主要为企业的特定应用服务，强调处理的响应时间、数据的安全性和完整性等；分析型处理则用于管理人员的决策分析，经常要访问大量的历史数据。传统数据库系统主要强调的是优化企业的日常事务处理工作，难以实现对数据分析处理要求，无法满足数据处理多样化的要求。操作型处理和分析型处理的分离是必然和必要的。

数据仓库（Data Warehouse）是一个面向主题的（Subject Oriented）、集成的、相对稳定的、反映历史变化的数据集合，用于支持管理决策。数据仓库是对多个异构数据源（包括历史数据）的有效集成，集成后按主题重组，且存放在数据仓库中的数据一般不再修改。

企业数据仓库的建设，是以现有企业业务系统和大量业务数据的积累为基础的。数据仓库不是静态的概念，只有将信息及时地提供给需要这些信息的使用者，供其做出改善自身业务经营的决策，信息才能发挥作用，也才有意义。将信息加以整理归纳和重组，并及时地提供给相应的管理决策人员，是数据仓库的根本任务。数据仓库系统的结构通常包含 4 个层次，如图 2.4 所示。

随着云时代的来临，大数据（Big Data）吸引了越来越多的关注。业界将其特点归纳为 4 个"V"--Volume（数据量大）、Variety（数据类型繁多）、Velocity（处理速度快）、Value（价值密度低）。大数据的意义不在于掌握庞大的数据信息，而在于对这些数据进行专业化处理，实现数据的"增值"。

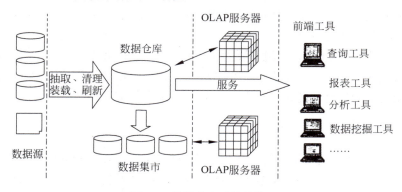

图 2.4　数据仓库系统结构

大数据分析相比于传统的数据仓库应用，具有数据量大、查询分析复杂等特点。在技术上，大数据必须依托云计算的分布式处理、分布式数据库和云存储、虚拟化技术等。

2.3.2　Web Services 技术

随着 Internet 应用逐渐成为 B2B 应用平台，应用集成所面临的问题也日益突出：各种组件之间的"战争"、各种编程语言之间的"战争"、防火墙的阻挡、互操作协议的不一致等。Web 服务（Web Services）定义了一种松散的、粗粒度的分布计算模式，使用标准的 HTTP(S)协议传送 XML 表示及封装的内容。

Web 服务的典型技术包括：用于传递信息的简单对象访问协议（Simple Object Access Protocal，SOAP）、用于描述服务的 Web 服务描述语言（Web Services Description Language，WSDL）、用于 Web 服务注册的统一描述、发现及集成（Universal Description Discovery and Integration，UDDI）、用于数据交换的 XML。

Web 服务的主要目标是跨平台的互操作性，适合使用 Web Services 的情况包括：跨越防火墙、应用程序集成、B2B 集成、软件重用等。同时，在某些情况下，Web 服务也可能会降低应用程序的性能。不适合使用 Web 服务的情况包括：单机应用程序、局域网上的同构应用程序等。

2.3.3　JavaEE 架构

JavaEE（Java Platform Enterprise Edition）是最早由 Sun 公司提出、各厂商共同制定并得到广泛认可的企业标准。业界各主要中间件厂商如 IBM、Oracle 都积极地促进该标准的推广和应用。

JavaEE 应用将开发工作分成两类：业务逻辑开发和表示逻辑开发，其余的系统资源则由应用服务器负责处理，不必为中间层的资源和运行管理进行编码。这样就可以将更多的开发精力集中在应用程序的业务逻辑和表示逻辑上，从而缩短企业应用开发周期、有效地保护企业的投资。

JavaEE 应用服务器运行环境主要包括组件（Component）、容器（Container）及服务（Services）3 部分。组件是表示应用逻辑的代码；容器是组件的运行环境；服务则是应用服务器提供的各种功能接口，可以同系统资源进行交互。

2.3.4 NET 架构

.NET 开发框架在通用语言运行环境（Common Language Runtime）基础上，给开发人员提供了完善的基础类库、数据库访问技术及网络开发技术，开发者可以使用多种语言快速构建网络应用。

通用语言运行环境处于 .NET 开发框架的最低层，是该框架的基础，它为多种语言提供了统一的运行环境、统一的编程模型，大大简化了应用程序的发布和升级、多种语言之间的交互、内存和资源的自动管理等等。

JavaEE 与 .NET 都可以用来设计、开发企业级应用。JavaEE 平台是业界标准，有多家厂商实现了这些标准（工具、应用服务器等）。

2.3.5 软件中间件

中间件（Middleware）是位于硬件、操作系统等平台和应用之间的通用服务。借由中间件，解决了分布系统的异构问题。

如图 2.5 所示，中间件服务具有标准的程序接口和协议。不同的应用、硬件及操作系统平台，可以提供符合接口和协议规范的多种实现，其主要目的是实现应用与平台的无关性。借助中间件，屏蔽操作系统和网络协议的差异，为应用程序提供多种通信机制，满足不同领域的应用需要。

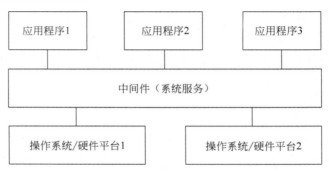

图 2.5 中间件的应用结构

中间件包括的范围十分广泛，针对不同的应用需求有各种不同的中间件产品。从不同角度对中间件的分类也会有所不同。通常将中间件分为数据库访问中间件、远程过程调用中间件、面向消息中间件、事务中间件、分布式对象中间件等。

数据库访问中间件：通过一个抽象层访问数据库，从而允许使用相同或相似的代码访问不同的数据库资源。典型技术如 Windows 平台的 ODBC 和 Java 平台的 JDBC 等。

远程过程调用中间件（Remote Procedure Call，RPC）：这是一种分布式应用程序的处理方法。一个应用程序可以使用 RPC 来"远程"执行一个位于不同地址空间内的过程，从效果上看和执行本地调用相同。

一个 RPC 应用分为服务器和客户两个部分。服务器提供一个或多个远程操作过程；客户向服务器发出远程调用。服务器和客户可以位于同一台计算机，也可以位于不同的计算机，甚至可以运行在不同的操作系统之上。客户和服务器之间的网络通信和数据转换通过代理程序（Stub 与 Skeleton）完成，从而屏蔽了不同的操作系统和网络协议。

面向消息中间件（Message-Oriented Middleware，MOM）：利用高效可靠的消息传递机制进行平台无关的数据传递，并可基于数据通信进行分布系统的集成。通过提供消息传递和消息队列模型，可在分布环境下扩展进程间的通信，并支持多种通信协议、语言、应用程序、硬件和软件平台。

分布式对象中间件：是建立对象之间客户/服务器关系的中间件，结合了对象技术与分布式计算技术。该技术提供了一个通信框架，可以在异构分布计算环境中透明地传递对象请求。

事务中间件：也称事务处理监控器（Transaction Processing Monitor，TPM），提供支持大规模事务处理的可靠运行环境。TPM 位于客户和服务器之间，完成事务管理与协调、负载平衡、失效恢复等任务，以提高系统的整体性能。结合对象技术的对象事务监控器（Object Transaction Monitor，OTM）如支持 EJB 的 JavaEE 应用服务器等。

2.4 计算机网络技术

计算机网络，是指将地理位置不同的具有独立功能的多台计算机及其外部设备，通过通信线路连接起来，在网络操作系统、网络管理软件及网络通信协议的管理和协调下，实现资源共享和信息传递的计算机系统。

2.4.1 网络技术标准、协议与应用

1. OSI 七层协议

国际标准化组织（ISO）和国际电报电话咨询委员会（CCITT）联合制定的开放系统互连参考模型（Open System Interconnect 简称 OSI），其目的是为异种计算机互连提供一个共同的基础和标准框架，并为保持相关标准的一致性和兼容性提供共同的参考。

OSI 采用了分层的结构化技术，从下到上共分七层：

（1）物理层：该层包括物理连网媒介，如电缆连线连接器。该层的协议产生并检测电压以便发送和接收携带数据的信号。具体标准有 RS232、V.35、RJ-45、FDDI。

（2）数据链路层：它控制网络层与物理层之间的通信。它的主要功能是将从网络层接收到的数据分割成特定的可被物理层传输的帧。常见的协议有 IEEE802.3/.2、HDLC、PPP、ATM。

（3）网络层：其主要功能是将网络地址（IP 地址）翻译成对应的物理地址（网卡地址），并决定如何将数据从发送方路由到接收方。具体协议有 IP、ICMP、IGMP、IPX、ARP 等。

（4）传输层：主要负责确保数据可靠、顺序、无错地从 A 点传输到 B 点。如提供建立、维护和拆除传送连接的功能；选择网络层提供最合适的服务；在系统之间提供可靠的透明的数据传送，提供端到端的错误恢复和流量控制。具体协议有 TCP、UDP、SPX。

（5）会话层：负责在网络中的两节点之间建立和维持通信，以及提供交互会话的管理功能，如 3 种数据流方向的控制，即一路交互、两路交替和两路同时会话模式。常见的协议有 RPC、SQL、NFS。

（6）表示层：如同应用程序和网络之间的翻译官，在表示层，数据将按照网络能理解的方案进行格式化；这种格式化也因所使用网络的类型不同而不同。表示层管理数据的解密加密、数据转换、格式化和文本压缩。常见的协议有 JPEG、ASCII、GIF、DES、MPEG。

（7）应用层：负责对软件提供接口以使程序能使用网络服务，如事务处理程序、文件传送协议和网络管理等。常见的协议有 HTTP、Telnet、FTP、SMTP、NFS。

2．网络协议和标准

IEEE 802 规范定义了网卡如何访问传输介质（如光缆、双绞线、无线等），以及如何在传输介质上传输数据的方法，还定义了传输信息的网络设备之间连接建立、维护和拆除的途径。遵循 IEEE 802 标准的产品包括网卡、桥接器、路由器以及其他一些用来建立局域网络的组件。IEEE802 规范包括：802.1（802 协议概论）、802.2（逻辑链路控制层 LLC 协议）、802.3（以太网的 CSMA/CD 载波监听多路访问/冲突检测协议）、802.4（令牌总线 Token Bus 协议）、802.5（令牌环（Token Ring）协议）、802.6（城域网 MAN 协议）、802.7（FDDI 宽带技术协议）、802.8（光纤技术协议）、802.9（局域网上的语音/数据集成规范）、802.10（局域网安全互操作标准）、802.11（无线局域网 WLAN 标准协议）。

以太网规范 IEEE802.3 是重要的局域网协议，内容包括：

（1）IEEE802.3 标准以太网 10Mb/s 传输介质为细同轴电缆。

（2）IEEE802.3u 快速以太网 100Mb/s 双绞线。

（3）IEEE802.3z 千兆以太网 1000Mb/s 光纤或双绞线。

FDDI/光纤分布式数据接口是于 80 年代中期发展起来的一项局域网技术，它提供的高速数据通信能力要高于当时的以太网（10Mbps）和令牌网（4 或 16Mbps）的能力。

广域网协议包括：PPP 点对点协议、ISDN 综合业务数字网、xDSL（DSL 数字用户线路的统称：HDSL、SDSL、MVL、ADSL）DDN 数字专线、x.25、FR 帧中继、ATM 异步传输模式。

3．Internet 技术及应用

Internet 又称互联网、网间网，是一个囊括全球数十亿电脑和移动终端的巨大的计算机网络体系，它把全球数百万计算机网络和大型主机连接起来进行交互。Internet 是一个不受政府管理和控制的、包括成千上万相互协作的组织和网络的集合体。Internet 有如下特点：

- TCP/IP 协议是 Internet 的核心。
- Internet 实现了与公用电话交换网的互连。
- Internet 是一个用户自己的网络。
- 由众多的计算机网络互联组成，是一个世界性的网络。
- 采用分组交换技术。
- 由众多的路由器连接而成。
- 是一个信息资源网。

如何解决庞大数量的终端之间互联互通呢？Internet 采用了 TCP/IP 和标识技术。

（1）TCP/IP 技术。TCP/IP 是 Internet 的核心，利用 TCP/IP 协议可以方便地实现多个网络的无缝连接。通常所谓某台主机在 Internet 上，就是指该主机具有一个 Internet 地址（即 IP 地址），并运行 TCP/IP 协议，可以向 Internet 上的所有其他主机发送 IP 分组。

TCP/IP 的层次模型分为 4 层，其最高层相当于 OSI 的 5~7 层，该层中包括了所有的高层协议，如常见的文件传输协议 FTP、电子邮件协议 SMTP、域名系统 DNS、网络管理协议 SNMP、访问 WWW 的超文本传输协议 HTTP 等。

TCP/IP 的次高层相当于 OSI 的传输层，该层负责在源主机和目的主机之间提供端-端的数据传输服务。这一层上主要定义了两个协议：面向连接的传输控制协议 TCP 和无连接的用户数据报协议 UDP。

TCP/IP 的第 2 层相当于 OSI 的网络层，该层负责将分组独立地从信源传送到信宿，主要解决路由选择、阻塞控制及网际互联问题。这一层上定义了互联网协议 IP、地址转换协议 ARP、反向地址转换协议队 RP 和互联网控制报文协议 ICMP 等协议。

TCP/IP 的最底层为网络接口层，该层负责将 IP 分组封装成适合在物理网络上传输的帧格式并发送出去，或将从物理网络接收到的帧卸装并取出 IP 分组递交给高层。这一层与物理网络的具体实现有关，自身并无专用的协议。事实上，任何能传输 IP 分组的协议都可以运行。虽然该层一般不需要专门的 TCP/IP 协议，各物理网络可使用自己

的数据链路层协议和物理层协议,但使用串行线路进行连接时仍需要运行 SLIP 或 PPP 协议。

(2)标识技术。

① 主机 IP 地址。为了确保通信时能相互识别,在 Internet 上的每台主机都必须有一个唯一的标识,即主机的 IP 地址。IP 协议就是根据 IP 地址实现信息传递的。

IP 地址分为 IPv4 和 IPv6 两个版本。IPv4 由 32 位(即 4 字节)二进制数组成,将每个字节作为一段并以十进制数来表示,每段间用"."分隔。例如,202.96.209.5 就是一个合法的 IP 地址。IP 地址由网络标识和主机标识两部分组成。常用的 IP 地址有 A、B、C 三类,每类均规定了网络标识和主机标识在 32 位中所占的位数。

A 类地址一般分配给具有大量主机的网络使用,B 类地址通常分配给规模中等的网络使用,C 类地址通常分配给小型局域网使用。为了确保唯一性,IP 地址由世界各大地区的权威机构 InterNIC(Internet Network Information Center)管理和分配。

在 IP 地址的某个网络标识中,可以包含大量的主机(如 A 类地址的主机标识域为 24 位、B 类地址的主机标识域为 16 位),而在实际应用中不可能将这么多的主机连接到单一的网络中,这将给网络寻址和管理带来不便。为解决这个问题,可以在网络中引入"子网"的概念。将主机标识域进一步划分为子网标识和子网主机标识,通过灵活定义子网标识域的位数,可以控制每个子网的规模。将一个大型网络划分为若干个既相对独立又相互联系的子网后,网络内部各子网便可独立寻址和管理,各子网间通过跨子网的路由器连接,这样也提高了网络的安全性。利用子网掩码可以判断两台主机是否在同一子网中。子网掩码与 IP 地址一样也是 32 位二进制数,不同的是它的子网主机标识部分为全"."。若两台主机的 IP 地址分别与它们的子网掩码相"与"后的结果相同,则说明这两台主机在同一子网中。

IPv6 也被称作下一代互联网协议,它是由 IETF 小组(Internet Engineering Task Force,Internet 工程任务组)设计的用来替代现行的 IPv4(现行的 IP)协议的一种新的 IP 协议。

我们知道,Internet 的主机都有一个唯一的 IP 地址,IP 地址用一个 32 位二进制的数表示一个主机号码,但 32 位地址资源有限,已经不能满足用户的需求了,因此 Internet 研究组织发布新的主机标识方法,即 IPv6。在 RFC1884 中(RFC 是 Request for Comments document 的缩写。RFC 实际上就是 Internet 有关服务的一些标准说明文档),规定的标准语法建议把 IPv6 地址的 128 位(16 个字节)写成 8 个 16 位的无符号整数,每个整数用 4 个十六进制位表示,这些数之间用英文冒号(:)分开,例如:3ffe:3201:1401:1280:c8ff:fe4d:db39:5ab7。IPv6 具有以下显著优点:

- 提供更大的地址空间,能够实现 plug and play 和灵活的重新编址。
- 更简单的头信息,能够使路由器提供更有效率的路由转发。
- 与 mobile ip 和 ip sec 保持兼容的移动性和安全性。

- 提供丰富的从 IPv4 到 IPv6 的转换和互操作的方法，ipsec 在 IPv6 中是强制性的。

② 域名系统和统一资源定位器。32 位二进制数的 IP 地址对计算机来说十分有效，但用户使用和记忆都很不方便。为此，Internet 引进了字符形式的 IP 地址，即域名。域名采用层次结构的基于"域"的命名方案，每一层由一个子域名组成，子域名间用"."分隔，其格式为：机器名.网络名.机构名.最高域名。

Internet 上的域名由域名系统 DNS（Domain Nam System）统一管理。DNS 是一个分布式数据库系统，由域名空间、域名服务器和地址转换请求程序 3 部分组成。有了 DNS，凡域名空间中有定义的域名都可以有效地转换为对应的 IP 地址，同样，IP 地址也可通过 DNS 转换成域名。

WWW 上的每一个网页都有一个独立的地址，这些地址称为统一资源定位器（URL），只要知道某网页的 URL，便可直接打开该网页。

③ 用户 E-mail 地址。用户 E-mail 地址的格式为：用户名@主机域名。其中用户名是用户在邮件服务器上的信箱名，通常为用户的注册名、姓名或其他代号，主机域名则是邮件服务器的域名。用户名和主机域名之间用"@"分隔。例如，tmchang@online-sh.cn 即表示域名为"online-s11.cn"的邮件服务。由于主机域名在 Internet 上的唯一性，所以只要 E-mail 地址中的用户名在该邮件服务器中是唯一的，则这个 E-mail 地址在整个 Internet 上也是唯一的。

Internet 技术在生产和生活中有着广泛的应用，如：
- 电子商务：B2B、B2C、C2C。
- 电子政务：政府信息化应用。
- 互联网金融：P2P。
- 网络教育：e-Learning。
- 网络传媒：网媒、综合门户、富媒体等。
- 产业应用：在线行业应用。
- 个人应用：地区门户、论坛、搜索引擎、SNS 等。
- 主题应用：各细分主题网站，比如旅游等。

随着移动终端（手机、平板电脑、穿戴设备）的不断普及，Internet 又衍生出了移动互联网这一丰富应用的分支。

2.4.2 网络分类、组网和接入技术

1. 网络分类

（1）根据计算机网络覆盖的地理范围分类。按照计算机网络所覆盖的地理范围的大小进行分类，计算机网络可分为：局域网、城域网和广域网。了解一个计算机网络所覆盖的地理范围的大小，可以使人们能一目了然地了解该网络的规模和主要技术。局域网（LAN）的覆盖范围一般在方圆几十米到几千米。典型的是一个办公室、一个办公楼、

一个园区范围内的网络。当网络的覆盖范围达到一个城市的大小时，被称为城域网。网络覆盖到多个城市甚至全球的时候，就属于广域网的范畴了。我国著名的公共广域网是 ChinaNet、ChinaPAC、ChinaFrame、ChinaDDN 等。大型企业、院校、政府机关通过租用公共广域网的线路，可以构成自己的广域网。

（2）根据链路传输控制技术分类。链路传输控制技术是指如何分配网络传输线路、网络交换设备资源，以便避免网络通信链路资源冲突，同时为所有网络终端和服务器进行数据传输。典型的网络链路传输控制技术有：总线争用技术、令牌技术、FDDI 技术、ATM 技术、帧中继技术和 ISDN 技术。对应上述技术的网络分别是以太网、令牌网、FDDI 网、ATM 网、帧中继网和 ISDN 网。总线争用技术是以太网的标志。总线争用顾名思义，即需要使用网络通信的计算机需要抢占通信线路。如果争用线路失败，就需要等待下一次的争用，直到占得通信链路。这种技术的实现简单，介质使用效率非常高。进入 21 世纪以来，使用总线争用技术的以太网成为了计算机网络中占主导地位的网络。令牌环网和 FDDI 网一度是以太网的挑战者。它们分配网络传输线路和网络交换设备资源的方法是在网络中下发一个令牌报文包，轮流交给网络中的计算机。需要通信的计算机只有得到令牌的时候才能发送数据。令牌环网和 FDDI 网的思路是需要通信的计算机轮流使用网络资源，避免冲突。但是，令牌技术相对以太网技术过于复杂，在千兆以太网出现后，令牌环网和 FDDI 网不再具有竞争力，淡出了网络技术。ATM 是英文 Asynchronous Transter Mode 的缩写，称为异步传输模式。ATM 采用光纤作为传输介质，传输以 53 个字节为单位的超小数据单元（称为信元）。ATM 网络的最大吸引力之一是具有特别的灵活性，用户只要通过 ATM 交换机建立交换虚电路，就可以提供突发性、宽频带传输的支持，适应包括多媒体在内的各种数据传输，传输速度高达 622Mbps。

ISDN 是综合业务数据网的缩写，建设的宗旨是在传统的电话线路上传输数字数据信号。ISDN 通过时分多路复用技术，可以在一条电话线上同时传输多路信号。ISDN 可以提供从 144kbps 到 30Mbps 的传输带宽，但是由于其仍然属于电话技术的线路交换，租用价格较高，并没有成为计算机网络的主要通信网络。

（3）根据网络拓扑结构分类。网络拓扑结构分为物理拓扑和逻辑拓扑。物理拓扑结构描述网络中由网络终端、网络设备组成的网络结点之间的几何关系，反映出网络设备之间以及网络终端是如何连接的。网络按照拓扑结构划分有：总线型结构、环型结构、星型结构、树型结构和网状结构。

2．网络交换技术

网络交换是指通过一定的设备，如交换机等，将不同的信号或者信号形式转换为对方可识别的信号类型从而达到通信目的的一种交换形式，常见的有数据交换、线路交换、报文交换和分组交换。

在计算机网络中，按照交换层次的不同，网络交换可以分为物理层交换（如电话网)、链路层交换（二层交换，对 MAC 地址进行变更）、网络层交换（三层交换，对 IP 地址进行变更）、传输层交换（四层交换，对端口进行变更，比较少见）和应用层交换（似乎可以理解为 Web 网关等）。

网络中的数据交换可以分为电路交换、分组交换（数据包交换）、ATM 交换、全光交换和标记交换。其中电路交换有预留，且分配一定空间，提供专用的网络资源，提供有保证的服务，应用于电话网；而分组交换无预留，且不分配空间，存在网络资源争用，提供无保证的服务。分组交换可用于数据报网络和虚电路网络。我们常用的 Internet 就是数据报网络，单位是 Bit，而 ATM 则用的是虚电路网络，单位是码元。

3. 网络接入技术

网络接入技术分为光纤接入、同轴接入、铜线接入、无线接入。

（1）光纤接入。光纤是目前传输速率最高的传输介质，在主干网中已大量的采用了光纤。如果将光纤应用到用户环路中，就能满足用户将来各种宽带业务的要求。可以说，光纤接入是宽带接入网的最终形式，但目前要完全抛弃现有的用户网络而全部重新铺设光纤，对于大多数国家和地区来说还是不经济、不现实的。

（2）同轴接入。同轴电缆也是传输带宽比较大的一种传输介质，目前的 CATV 网就是一种混合光纤铜轴网络，主干部分采用光纤，用同轴电缆经分支器介入各家各户。混合光纤/铜轴（HFC）接入技术的一大优点是可以利用现有的 CATV 网，从而降低网络接入成本。

（3）铜线接入。铜线接入是指以现有的电话线为传输介质，利用各种先进的调制技术和编码技术、数字信号处理技术来提高铜线的传输速率和传输距离。但是铜线的传输带宽毕竟有限，铜线接入方式的传输速率和传输距离一直是一对难以调和的矛盾，从长远的观点来看，铜线接入方式很难适应将来宽带业务发展的需要。

（4）无线接入。无线用户环路是指利用无线技术为固定用户或移动用户提供电信业务，因此无线接入可分为固定无线接入和移动无线接入，采用的无线技术有微波、卫星等。无线接入的优点有：初期投入小，能迅速提供业务，不需要铺设线路，因而可以省去铺线的大量费用和时间；比较灵活，可以随时按照需要进行变更、扩容，抗灾难性比较强。

4. 光网络技术

光网络技术通常可分为光传输技术、光节点技术和光接入技术，它们之间有交叉和融合。

全光网（AON）是指信息从源节点到目的节点完全在光域进行，即全部采用光波技术完成信息的传输和交换的宽带网络。它包括光传输、光放大、光再生、光选路、光交换、光存储、光信息处理等先进的全光技术。全光网络以光结点取代电结点，并用光纤将光结点互连在一起，实现信息完全在光域的传送和交换，是未来信息网的核心。全光网络最突出的优点是它的开放性。全光网络本质上是完全透明的，即对不同速率、协议、调制频率和制式的信号兼容，并允许几代设备（PHD/SDH/ATM）共存于同一个光纤基础设施。全光网的结构非常灵活，因此可以随时增加一些新结点，包括增加一些无源分路/合路器和短光纤，而不必安装另外的交换结点或者光缆。全光网络与光电混合网络的显著不同之处在于它具有最少量的电光和光电转换，没有一个结点为其他结点传输和处理信息服务。

5．无线网络技术

无线网络是指以无线电波作为信息传输媒介。无线网络既包括允许用户建立远距离无线连接的全球语音和数据网络，也包括为近距离无线连接进行优化的红外线技术及射频技术，与有线网络的用途十分类似，最大的不同在于传输媒介的不同，利用无线电技术取代网线，可以和有线网络互为备份。

（1）无线通信网络根据应用领域可分为：无线个域网（WPAN）、无线局域网（WLAN）、无线城域网（WMAN）、蜂房移动通信网（WWAN）。

（2）从无线网络的应用角度看，还可以划分出无线传感器网络、无线 Mesh 网络、无线穿戴网络、无线体域网等，这些网络一般是基于已有的无线网络技术，针对具体的应用而构建的无线网络。

在无线通信领域，通常叫第几代（Generation，简称 G）通信技术，现在主流应用的是第四代（4G）。第一代（1G）为模拟制式手机，第二代（2G）为 GSM、CDMA 等数字手机；从第三代（3G）开始，手机就能处理图像、音乐、视频流等多种媒体，提供包括网页浏览、电话会议、电子商务等多种信息服务。3G 的主流制式为 CDMA2000、WCDMA、TD-SCDMA，其理论下载速率可达到 2.6Mbps（兆比特/每秒）。4G 包括 TD-LTE 和 FDD-LTE 两种制式，是集 3G 与 WLAN 于一体，并能够快速传输数据、高质量、音频、视频和图像等，理论下载速率达到 100Mbps，比通常家用宽带 ADSL 快 25 倍，并且可以在 DSL 和有线电视调制解调器没有覆盖的地方部署，能够满足几乎所有用户对于无线服务的要求。5G 正在研发中，计划到 2020 年推出成熟的标准，理论上可在 28GHz 超高频段以 1Gbps 的速度传送数据，且最长传送距离可达 2 公里。

2.4.3 网络服务器和网络存储技术

1．网络服务器

网络服务器是指在网络环境下运行相应的应用软件，为网上用户提供共享信息资源和各种服务的一种高性能计算机，英文名称叫作 Server。

服务器既然是一种高性能的计算机，它的构成肯定就与我们平常所用的计算机（PC）有很多相似之处，诸如有 CPU（中央处理器）、内存、硬盘、各种总线等等，只不过它是能够提供各种共享服务（网络、Web 应用、数据库、文件、打印等）以及其他方面的高性能应用，它的高性能主要体现在高速度的运算能力、长时间的可靠运行、强大的外部数据吞吐能力等方面，是网络的中枢和信息化的核心。由于服务器是针对具体的网络应用特别制定的，因而服务器又与普通 PC 在处理能力、稳定性、可靠性、安全性、可扩展性、可管理性等方面存在很大的区别。而最大的差异就是在多用户多任务环境下的可靠性上。用 PC 机当作服务器的用户一定都曾经历过突然的停机、意外的网络中断、不时的丢失存储数据等事件，这都是因为 PC 机的设计制造从来没有保证过多用户多任务环境下的可靠性，而一旦发生严重故障，其所带来的经济损失将是难以预料的。但一台服务器所面对的是整个网络的用户，需要 7×24 小时不间断工作，所以它必须具有极高的稳定性，另一方面，为了实现高速以满足众多用户的需求，服务器通过采用对称多处理器（SMP）安装、插入大量的高速内存来保证工作。它的主板可以同时安装几个甚至几十、上百个 CPU（服务器所用 CPU 也不是普通的 CPU，是厂商专门为服务器开发生产的）。内存方面当然也不一样，无论在内存容量，还是性能、技术等方面都有根本的不同。另外，服务器为了保证足够的安全性，还采用了大量普通电脑没有的技术，如冗余技术、系统备份、在线诊断技术、故障预报警技术、内存纠错技术、热插拔技术和远程诊断技术等，使绝大多数故障能够在不停机的情况下得到及时的修复，具有极强的可管理性（manageability）。

2．网络存储技术

网络存储技术（Network Storage Technologies）是基于数据存储的一种通用网络术语。网络存储结构大致分为 3 种：直连式存储（DAS：Direct Attached Storage）、网络存储设备（NAS：Network Attached Storage）和存储网络（SAN：Storage Area Network）。

2.4.4 综合布线和机房工程

机房是系统集成工程中服务器和网络设备的"家"，通常分为以下 3 类：

（1）智能建筑弱电总控机房，工作包括布线、监控、消防、计算机机房、楼宇自控等。

（2）电信间、弱电间和竖井。

（3）数据中心机房，包括企业自用数据中心、运营商托管或互联网数据中心，大型的数据中心，可达数万台服务器。

机房布线设计需要重点考虑以下几点：

（1）考虑机房环境的节能、环保、安全。

（2）适应冷热通道布置设备。

（3）列头柜的设置。

（4）敞开布线与线缆防火。

（5）长跳线短链路与性能测试。

（6）网络构架与外部网络，多运营商之间的网络互通。

（7）高端产品应用的特殊情况。
（8）机房与布线系统接地。

2.4.5 网络规划、设计与实施

网络工程是一项复杂的系统工程，涉及技术问题、管理问题等，必须遵守一定的系统分析和设计方法。网络总体设计就是根据网络规划中提出的各种技术规范和系统性能要求，以及网络需求分析的要求，制订出一个总体计划和方案。网络设计工作包括如下几个方面。

1. 网络拓扑结构设计

网络的拓扑结构主要是指园区网络的物理拓扑结构，因为如今的局域网技术首选的是交换以太网技术。采用以太网交换机，从物理连接看拓扑结构可以是星型、扩展星型或树型等结构，从逻辑连接看拓扑结构只能是总线结构。对于大中型网络考虑链路传输的可靠性，可采用冗余结构。确立网络的物理拓扑结构是整个网络方案规划的基础，物理拓扑结构的选择往往和地理环境分布、传输介质与距离、网络传输可靠性等因素紧密相关。选择拓扑结构时，应该考虑的主要因素有：地理环境、传输介质与距离以及可靠性。

2. 主干网络（核心层）设计

主干网技术的选择，要根据以上需求分析中用户方网络规模大小、网上传输信息的种类和用户方可投入的资金等因素来考虑。一般而言，主干网用来连接建筑群和服务器群，可能会容纳网络上 50%～80% 的信息流，是网络大动脉。连接建筑群的主干网一般以光缆做传输介质，典型的主干网技术主要有 100Mbps-FX 以太网、l000Mbps 以太网、ATM 等。

3. 汇聚层和接入层设计

汇聚层的存在与否，取决于网络规模的大小。当建筑楼内信息点较多（比如大于22个点）超出一台交换机的端口密度，而不得不增加交换机扩充端口时，就需要有汇聚交换机。交换机间如果采用级联方式，则将一组固定端口交换机上联到一台背板带宽和性能较好的汇聚交换机上，再由汇聚交换机上联到主干网的核心交换机。如果采用多台交换机堆叠方式扩充端口密度，其中一台交换机上联，则网络中就只有接入层。

4. 广域网连接与远程访问设计

根据网络规模的大小、网络用户的数量，来选择对外连接通道的带宽。如果网络用户没有www、E-mail 等具有 Internet 功能的服务器，用户可以采用 ISDN 或 ADSL 等技术连接外网。如果用户有 WWW、E-mail 等具有 Internet 功能的服务器，用户可采用 DDN（或 E1）专线连接、ATM 交换及永久虚电路连接外网。如果用户与网络接入运营商在同一个城市，也可以采用光纤 10Mbps/100Mbps 的速率连接 Internet。

5. 无线网络设计

无线网络的出现就是为了解决有线网络无法克服的困难。无线网络首先适用于难以布线的地方（比如受保护的建筑物、机场等）或者经常需要变动布线结构的地方（如展览馆等）。学校也是一个很重要的应用领域，一个无线网络系统可以使教师、学生在校园内的任何地方接入网络。另外，因为无线网络支持十几千米的区域，因此对于城市范围的网络接入也能适用，可以设想一个采用无线网络的 ISP 可以为一个城市的任何角落提供高达 10Mbps 的互联网接入。

6. 网络通信设备选型

网络通信设备选型包括核心交换机选型、汇聚层/接入层交换机选型、远程接入与访问设备选型。

2.4.6　网络安全及其防范技术

网络安全是指网络系统的硬件、软件及其系统中的数据受到保护，不因偶然的或者恶意的原因而遭受到破坏、更改、泄露，系统连续可靠正常地运行，网络服务不中断。信息安全的基本要素有：

- 机密性：确保信息不暴露给未授权的实体或进程。
- 完整性：只有得到允许的人才能修改数据，并且能够判别出数据是否已被篡改。
- 可用性：得到授权的实体在需要时可访问数据，即攻击者不能占用所有的资源而阻碍授权者的工作。
- 可控性：可以控制授权范围内的信息流向及行为方式。
- 可审查性：对出现的网络安全问题提供调查的依据和手段。

为了达成上述目标，需要做的工作有：制定安全策略、用户验证、加密、访问控制、审计和管理。网络安全分为内部安全和外部安全。外部安全主要指防范来自于互联网的外部网络攻击。

典型的网络攻击步骤一般为：信息收集、试探寻找突破口、实施攻击、消除记录、保留访问权限。攻击者一般在攻破安全防护后，进入主机窃取或破坏核心数据。除了对数据的攻击外，还有一种叫"拒绝服务"攻击，即通过控制网络上的其他机器，对目标主机所在网络服务不断进行干扰，改变其正常的作业流程，执行无关程序使系统响应减慢甚至瘫痪，影响正常用户的使用，甚至使合法用户被排斥而不能进入计算机网络系统或不能得到相应的服务。

国家在信息系统安全方面也出台了相应的安全标准。2001 年 1 月 1 日起由公安部组织制定、国家技术标准局发布的中华人民共和国国家标准 GB17895-1999《计算机信息系统安全保护等级划分准则》开始实施。该准则将信息系统安全分为 5 个等级，分别是：

自主保护级、系统审计保护级、安全标记保护级、结构化保护级、访问验证保护级。

除了标准之外，还需要相应的网络安全工具，包括安全操作系统、应用系统、防火墙、网络监控、安全扫描、信息审计、通信加密、灾难恢复、网络反病毒等多个安全组件共同组成的，每一个单独的组件只能完成其中部分功能，而不能完成全部功能。下面对主要的网络和信息安全产品加以说明。

（1）防火墙。防火墙通常被比喻为网络安全的大门，用来鉴别什么样的数据包可以进出企业内部网。在应对黑客入侵方面，可以阻止基于 IP 包头的攻击和非信任地址的访问。但传统防火墙无法阻止和检测基于数据内容的黑客攻击和病毒入侵，同时也无法控制内部网络之间的违规行为。

（2）扫描器。扫描器可以说是入侵检测的一种，主要用来发现网络服务、网络设备和主机的漏洞，通过定期的检测与比较，发现入侵或违规行为留下的痕迹。当然，扫描器无法发现正在进行的入侵行为，而且它还有可能成为攻击者的工具。

（3）防毒软件。防毒软件是最为人熟悉的安全工具，可以检测、清除各种文件型病毒、宏病毒和邮件病毒等。在应对黑客入侵方面，它可以查杀特洛伊木马和蠕虫等病毒程序，但对于基于网络的攻击行为（如扫描、针对漏洞的攻击）却无能为力。

（4）安全审计系统。安全审计系统通过独立的、对网络行为和主机操作提供全面与忠实的记录，方便用户分析与审查事故原因，很像飞机上的黑匣子。由于数据量和分析量比较大，目前市场上鲜见特别成熟的产品，即使存在冠以审计名义的产品，也更多的是从事入侵检测的工作。

2.4.7 网络管理

网络管理包括对硬件、软件和人力的使用、综合与协调，以便对网络资源进行监视、测试、配置、分析、评价和控制，这样就能以合理的价格满足网络的一些需求，如实时运行性能、服务质量等。另外，当网络出现故障时能及时报告和处理，并协调、保持网络系统的高效运行等。网络管理中一个重要的工作就是备份，需要备份的数据一般包括：

- 工作文档类文件。
- E-mail、QQ 记录类文件。
- 设置类文件。
- 系统类文件。
- 数据库的备份。
- 重要光盘。
- 其他重要文件。

2.5 新一代信息技术

2.5.1 大数据

1. 大数据概念及关键技术

（1）大数据的概念。早在 20 世纪的 1980 年，著名未来学家阿尔文·托夫勒便在《第三次浪潮》一书中，将"大数据"热情地赞颂为"第三次浪潮的华彩乐章"。2008 年 9 月《科学》（Science）杂志发表了一篇文章"BigData: Science in the Petabyte Era"。"大数据"这个词开始被广泛传播。目前国内外的专家学者对大数据只是在数据规模上达成共识："超大规模"表示的是 GB 级别的数据，"海量"表示的是 TB 级的数据，而"大数据"则是 PB 级别及其以上的数据。

2011 年 5 月，在"云计算相遇大数据"为主题的 EMC World 2011 会议中，EMC 抛出了大数据（Big Data）概念。

大数据的来源包括网站浏览轨迹、各种文档和媒体、社交媒体信息、物联网传感信息、各种程序和 App 的日志文件等。大数据是指无法在一定时间内用传统数据库软件工具对其内容进行抓取、管理和处理的数据集合，其具有 4V 特性：体量大（Volume）、多样性（Variety）、价值密度低（Value）、快速化（Velocity）的显著特征。

- 体量大（Volume）。体量大指数据量巨大，而且非结构化数据的超大规模和增长快速，非结构化数据占总数据量的 80%~90%，其增长比结构化数据快 10 倍到 50 倍。大数据处理的数据量是传统数据仓库的 10 倍到 50 倍。
- 多样性（Variety）。多样性指数据类型包括结构化数据、半结构化数据和非结构化数据，具有很多不同形式（文本、图像、视频、机器数据），这些数据无模式或者模式不明显，并且属于不连贯的语法或句义。
- 价值密度低（Value）。价值密度低指类似沙里淘金，从海量的数据里面获得对自己有用的数据，要处理大量的不相关信息。大数据同时也意味深度复杂分析，比如机器学习和人工智能，甚至可以对未来趋势与模式进行预测分析。
- 快速化（Velocity）。大数据处理的数据通常指实时获取需要的信息，进行实时分析而非批量式分析，数据处理通常立竿见影而非事后见效。

（2）大数据关键技术。大数据所涉及的技术很多，主要包括数据采集、数据存储、数据管理、数据分析与挖掘 4 个环节。在数据采集阶段主要使用的技术是数据抽取工具 ETL。在数据存储环节主要有结构化数据、非结构化数据和半结构化数据的存储与访问。结构化数据一般存放在关系数据库，通过数据查询语言（SQL）来访问；非结构化

（如图片、视频、doc 文件等）和半结构化数据一般通过分布式文件系统的 NoSQL（Not Only SQL）进行存储。大数据管理主要使用了分布式并行处理技术，比较常用的有 MapReduce，借助 MapReduce 编程人员在不会分布式并行编程的情况下，将自己的程序运行在分布式系统上。数据分析与挖掘是根据业务需求对大数据进行关联、聚类、分类等钻取和分析，并利用图形、表格加以展示，与 ETL 一样，数据分析和挖掘是以前数据仓库的范畴，只是在大数据中得以更好的利用。

- HDFS。Hadoop 分布式文件系统（HDFS）是适合运行在通用硬件上的分布式文件系统，是一个高度容错性的系统，适合部署在廉价的机器上。HDFS 能提供高吞吐量的数据访问，非常适合大规模数据集上的应用。
- HBase。HBase 是一个分布式的、面向列的开源数据库，该技术来源于论文"Bigtable：一个结构化数据的分布式存储系统"，HBase 在 Hadoop 之上提供了类似于 Bigtable 的能力。利用 HBase 技术可在廉价 PC Server 上搭建起大规模结构化存储集群。HBase 不同于一般的关系数据库，它是一个适合于非结构化数据存储的数据库。另一个不同的是 Hbase 是基于列的而不是基于行的模式。
- MapReduce。MapReduce 是一种编程模型，用于大规模数据集（大于 1TB）的并行运算。概念"Map（映射）"和"Reduce（归约）"，以及它们的主要思想，都是从函数式编程语言里借来的。它极大地方便了编程人员在不会分布式并行编程的情况下，将自己的程序运行在分布式系统上，从而实现对 HDFS 和 HBase 上的海量数据分析。
- Chukwa。Chukwa 是一个开源的用于监控大型分布式系统的数据收集系统。这是构建在 hadoop 的 hdfs 和 map/reduce 框架之上的，继承了 hadoop 的可伸缩性和鲁棒性。Chukwa 还包含了一个强大和灵活的工具集，可用于展示、监控和分析已收集的数据。

2. 大数据应用

大数据受到越来越多行业巨头们的关注，使得大数据渗透到更广阔的领域，除了电商、电信、金融这些传统数据丰富、信息系统发达的行业之外，在政府、医疗、制造和零售行业都有其巨大的社会价值和产业空间。各行业在大数据应用上的契合度如图 2.6 所示。

（1）互联网和电子商务行业。应用最多的是用户行为分析，主要研究对象用户在互联网、移动互联网上的访问日志、用户主体信息和外景环境信息，从而挖掘潜在客户，进行精准广告或营销。例如某电商通过用户对产品浏览信息的分析，得到大约 10%的用户会在浏览该产品一周后下单，从而在该城市的物流中心进行备货，大大提高发货速度，降低仓库成本。用户日志一般包括下列几类数据：

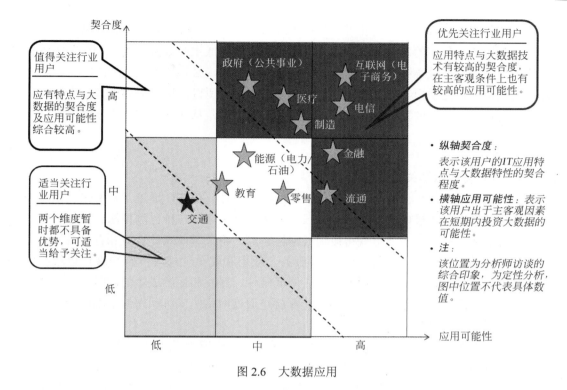

图 2.6 大数据应用

- 网站日志：用户在访问某个目标网站时，网站记录的用户相关行为信息；
- 搜索引擎日志：记录用户在该搜索引擎上的相关行为信息；
- 用户浏览日志：通过特定的工具和途径记录用户所浏览过的所有页面的相关信息，如浏览器日志、代理日志等；
- 用户主体数据：如用户群的年龄、受教育程度、兴趣爱好等；
- 外界环境数据：如移动互联网流量、手机上网用户增长、自费套餐等。

(2) 电信/金融。通过对用户的通信、流量、消费等信息进行分析，判断用户的消费习惯和信用能力，可以给用户设计更贴合的产品，提升产品竞争力。

(3) 政府。首先政府通过对大数据的挖掘和实时分析，可有效提高政府决策的科学性和时效性，并且能帮助政府有效削减预算开支。其次借助大数据可以使政府变得更加开放、透明和智慧。大数据可以使政府更清楚地了解公民的意愿和想法，可以提升公民的价值，还可以通过引导社会的舆论，为社会公众提供更好的服务，树立更好的政府形象。

(4) 医疗。例如，某互联网公司"流感趋势"项目深受相关研究人员的欢迎，它依据网民搜索内容分析全球范围内流感等病疫传播状况，与美国疾病控制和预防中心提供的报告进行比对，事实证明两者有很大关联。社交网络为许多患者提供临床症状交流和诊治经验分享的平台，医生借此可获得在医院通常得不到的临床效果统计数据。

（5）制造。从前的制造业通常以产品为导向，以降低生产成本来决定制造业的生存和发展。而如今如果继续以这种理念来维持企业的发展，必将导致制造业的暗淡。越来越多的制造业早已明白，个性化定制将是发展的趋势，所以制造业需要处理好大数据，通过对海量数据的获取，挖掘和分析，把握客户的需求，从而交付客户喜欢的产品。

2.5.2 云计算

1. 云计算概念及关键技术

（1）云计算概念。云计算是指基于互联网的超级计算模式，通过互联网来提供大型计算能力和动态易扩展的虚拟化资源。云是网络、互联网的一种比喻说法。云计算是一种大集中的服务模式：服务器端可以通过网格计算，将大量低端计算机和存储资源整合在一起，提供高性能的计算能力、存储服务、应用和安全管理等；客户端可以根据需要，动态申请计算、存储和应用服务，在降低硬件、开发和运维成本的同时，大大拓展了客户端的处理能力。用一句话概括云计算就是通过网络提供可动态伸缩的廉价计算能力，其通常具有下列特点：

- 超大规模。"云"具有相当的规模，企业私有云一般拥有数百上千台服务器。
- 虚拟化。云计算支持用户在任意位置、使用各种终端获取应用服务。所请求的资源来自"云"，而不是固定的有形的实体。应用在"云"中某处运行，但实际上用户无需了解、也不用担心应用运行的具体位置。只需要一台笔记本或者一个手机，就可以通过网络服务来实现我们需要的一切，甚至包括超级计算这样的任务。
- 高可靠性。"云"使用了数据多副本容错、计算节点同构可互换等措施来保障服务的高可靠性，使用云计算比使用本地计算机可靠。
- 通用性。云计算不针对特定的应用，在"云"的支撑下可以构造出千变万化的应用，同一个"云"可以同时支撑不同的应用运行。
- 高可扩展性。"云"的规模可以动态伸缩，满足应用和用户规模增长的需要。
- 按需服务。"云"是一个庞大的资源池，用户按需购买；云可以像自来水、电、煤气那样计费。
- 极其廉价。由于"云"的特殊容错措施可以采用极其廉价的节点来构成云，"云"的自动化集中式管理使大量企业无需负担日益高昂的数据中心管理成本，"云"的通用性使资源的利用率较之传统系统大幅提升，因此用户可以充分享受"云"的低成本优势，经常只要花费几百美元、几天时间就能完成以前需要数万美元、数月时间才能完成的任务。
- 潜在的危险性。云计算服务除了提供计算服务外，还必然提供了存储服务。但是云计算服务当前垄断在私人机构（企业）手中，而他们仅仅能够提供商业信用。对于政府机构、商业机构（特别像银行这样持有敏感数据的商业机构）对于选择云计算服务、特别是国外机构提供的云计算服务时，不得不考虑的一个重要的前提。

（2）云计算架构。从对外提供的服务能力来看，云计算的架构可以分为3个层次：基础设施即服务（IaaS），平台即服务（PaaS）和软件即服务（SaaS）。

- 基础设施即服务（IaaS）。英文为 Infrastructure as a Service，指消费者通过 Internet 可以从云计算中心获得完善的计算机基础设施服务，例如虚拟主机、存储服务等。如果把云计算比作一台计算机，IaaS 就相当于计算机的主机等硬件。
- 平台即服务（PaaS）。英文为 Platform as a Service，指为云计算上各种应用软件提供服务的平台应用，其作用类似于个人计算机的操作系统，也包括一些增强应用开发的"开发包"。
- 软件即服务（SaaS）。英文为 Software as a Service，是一种通过 Internet 提供软件的模式，用户无须购买软件，而是向提供商租用基于 Web 的软件，来管理企业经营活动。类似于个人计算机中各种各样的应用软件。

从云计算的核心，及大型数据中心的内部结构来看，其结构包括资源池、云操作系统和云平台接口，如图2.7所示。

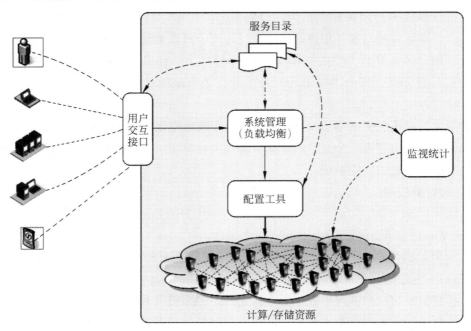

图 2.7　云计算核心结构图

资源池：指集群管理的各种基础硬件资源，如 CPU、存储和网络带宽等。

云操作系统：通过虚拟化技术对资源池中的各种资源进行统一调度管理。

云平台接口：用户应用调用云计算资源的接口。

（3）云计算关键技术。云计算关键技术包括网格计算和虚拟化两种。

网格计算是一种计算能力提升的方式，其原理是依据并行计算理论，通过任务分解，将子任务分布式提交到其他服务器上运行，以获得更强大计算能力。网格计算的基础技术就是 Web Services。云计算的平台技术，主要依赖于 SOA，而我们知道 SOA 的主要实现技术体系也就是 Web Services，因此云计算和网格计算的核心技术基础是相似的，但也有所不同，如表 2.1 所示。

表 2.1 云计算和网络计算机的对比

网 格 计 算	云 计 算
应用场景：科学计算、天气预报、地震分析等	应用场景：企业管理、电子政务、电子商务等
任务特色：重计算、弱流程、少交互；需要消耗大量的 CPU 计算，对网络流量不大，存储和硬盘访问量不大	任务特色：弱计算、强流程、多交互；频繁的人机交互，CPU 消耗不大，但存储和硬盘访问量很大，网络的访问流量也很大
计算模式：任务通过服务分解，分布式计算	任务模式：资源的虚拟提供更强大的计算能力

虚拟化，即基础设施的虚拟化，核心是传统已经成熟的集群计算和分区计算的结合。集群计算将多台服务器虚拟为一台服务器的技术，目的是提高计算能力和提升设备的容错、实现负载均衡。集群计算已广泛应用于操作系统、数据库和中间件等系统软件平台。而分区计算是大型主机和 UNIX 小型机上一种成熟的技术，是将一台服务器虚拟为多台服务器，每个虚拟单元叫分区并且之间是相互隔离的，目的是提高资源利用率。

虚拟化目前还包括网络虚拟化（VPN）和存储虚拟化（SAN/NAS）等技术，与服务器虚拟化一起，构建为一个完整的计算资源虚拟化环境，在虚拟化管理系统的控制下，实现动态的可配置的智能系统。

2．云计算应用

从服务层次来看，如前所述，云计算的应用可分为基础设施即服务（IaaS）、平台即服务（PaaS）、软件即服务（SaaS）3 个层次。

从应用范围来看，云计算又可分为公有云、私有云和混合云。公有云通常指第三方提供商用户能够使用的云，公有云一般可通过 Internet 使用，可能是免费或成本低廉。私有云是为一个客户单独使用而构建的，因而提供对数据、安全性和服务质量的最有效控制。该公司拥有基础设施，并可以控制在此基础设施上部署应用程序的方式。混合云就是将公有、私有两种模式结合起来，根据需要提供统一服务的模式。

从行业来看，在国内云计算应用较多的行业包括金融、政府、电子商务、游戏、音视频网站、移动应用、门户和社区等。随着数据安全性增强、网络带宽增长和云计算应用模式的成熟，云计算将在更多行业和领域得到应用。

2.5.3 物联网

1．物联网概念及关键技术

（1）物联网概念。物联网（IoT：Internet of Things）即"物物相联之网"，指通过射频识别（RFID）、红外感应器、全球定位系统、激光扫描器等信息传感设备，按约定的协议，把物与物、人与物进行智能化连接，进行信息交换和通信，以实现智能化识别、定位、跟踪、监控和管理的一种新兴网络。从计算机的协同处理来划分，可分为独立计算、互联网和物联网时代，如图 2.8 所示。

图 2.8　物联网时代的划分图

物联网不是一种物理上独立存在的完整网络，而是架构在现有互联网或下一代公网或专网基础上的联网应用和通信能力，是具有整合感知识别、传输互联和计算处理等能力的智能型应用。

物联网概念的 3 个方面：
- 物：客观世界的物品，主要包括人、商品、地理环境等。
- 联：通过互联网、通信网、电视网以及传感网等实现网络互联。
- 网：首先，应和通信介质无关，有线无线都可。其次，应和通信拓扑结构无关，总线、星型均可。最后，只要能达到数据传输的目的即可。

（2）物联网架构。物联网从架构上面可以分为感知层、网络层和应用层，如图 2.9 所示。

感知层：负责信息采集和物物之间的信息传输，信息采集的技术包括传感器、条码和二维码、RFID 射频技术、音视频等多媒体信息，信息传输包括远近距离数据传输技术、自组织组网技术、协同信息处理技术、信息采集中间件技术等传感器网络。是实现物联网全面感知的核心能力，是物联网中包括关键技术、标准化方面、产业化方面亟待突破的部分，关键在于具备更精确、更全面的感知能力，并解决低功耗、小型化和低成本的问题。

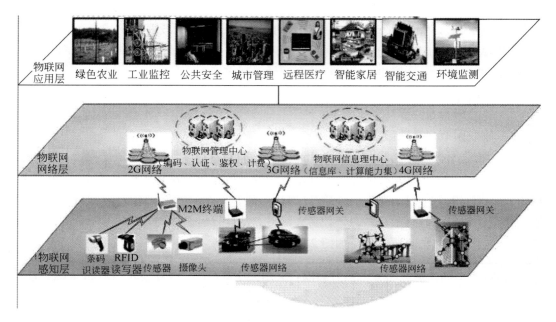

图 2.9 物联网架构

网络层：是利用无线和有线网络对采集的数据进行编码、认证和传输，广泛覆盖的移动通信网络是实现物联网的基础设施，是物联网三层中标准化程度最高、产业化能力最强、最成熟的部分，关键在于为物联网应用特征进行优化和改进，形成协同感知的网络。

应用层：提供丰富的基于物联网的应用，是物联网发展的根本目标，将物联网技术与行业信息化需求相结合，实现广泛智能化应用的解决方案集，关键在于行业融合、信息资源的开发利用、低成本高质量的解决方案、信息安全的保障以及有效的商业模式的开发。

各个层次所用的公共技术包括编码技术、标识技术、解析技术、安全技术和中间件技术。

（3）物联网关键技术。感知层作为物联网架构的基础层面，主要是达到信息采集并将采集到的数据上传的目的，感知层主要包括：自动识别技术产品和传感器（条码、RFID、传感器等），无线传输技术（WLAN、Bluetooth、ZigBee、UWB），自组织组网技术和中间件技术，如图 2.10 所示。

2．物联网应用

物联网的产业链（如图 2.11 所示）包括传感器和芯片、设备、网络运营及服务、软件与应用开发和系统集成。作为物联网"金字塔"的塔座，传感器将是整个链条需求总量最大和最基础的环节。将整体产业链按价值分类，硬件厂商的价值较小，占产业价值大头的公司通常都集多种角色为一体,以系统集成商的角色出现。

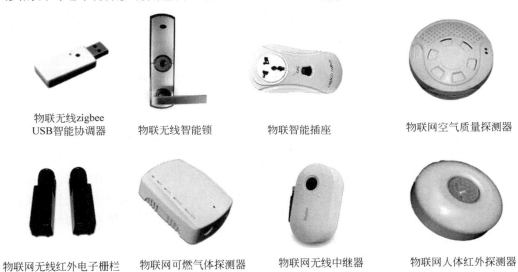

图 2.10 物联网关键技术设备

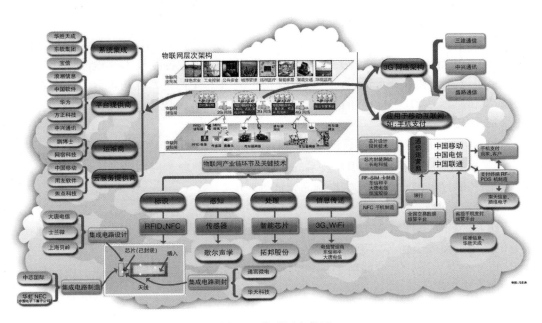

图 2.11 物联网产业链

(1)智能微尘:智能微尘(smart dust)(2001,美国国防部计划)是指具有电脑功能的一种超微型传感器,它可以探测周围诸多环境参数,能够收集大量数据,进行适当计算处理，然后利用双向无线通信装置将这些信息在相距 1000 英尺的微尘器件间往来传送。智能微尘的应用范围很广，除了主要应用于军事领域外，还可用于健康监控、环境监控、医疗等许多方面。

（2）智能电网：物联网技术在传感技术、电网通信整合、安全技术和先进控制方法等关键技术领域助力美国新一代智能电网的建设，使配电系统进入计算机智能化控制的时代，以美国的可再生能源为基础，实现美国发电、输电、配电和用电体系的优化管理。

（3）智慧物流：大型零售企业沃尔玛，拥有全美最大的送货车队，车辆全部安装了综合了 GPS 卫星定位、移动通信网络等功能的车载终端，调度中心可实时掌握车辆及货物的情况高效利用物流资源设施，使沃尔玛的配送成本仅占销售额的 2%，远低于同行高达 10%甚至 20%的物流成本。提高物流效率，实现物流的全供应链流程管理支持。

（4）智能家居：提供基于网络的通信，进行家居和建筑的自动化控制和外部共享信息，应用包括家庭安防类、信息服务类和家电设备管理等应用。

（5）智能交通：瑞典在解决交通拥挤问题时，通过使用 RFID 技术、激光扫描、自动拍照和自由车流路边系统，自动检测标识车辆，向工作进出市中心的车辆收取费用。提供汽车信息服务，支持交通管理，车辆控制和安全系统，公共交通管理，商用车运营管理，交通应急管理以及出行和交通需求管理等领域。

（6）智慧农业：荷兰阿姆斯特丹对城市建筑有另一个层面的应用，即利用城市内废弃建筑的多层结构提高种植面积，并利用物联网的感知与智能技术就地改造建筑内的 LED 照明设备与供水排水管道，形成自动根据天气条件补充光照与水分的城市农业。整合新型传感器技术，全流程的牧业管理和支持精细农业，应用涉及食品安全溯源，环境检测等应用。

（7）环境保护：环境监测、河流区域监控、森林防火、动物监测等应用。

（8）医疗健康：基于 RFID 技术的医疗健康服务管理，应用涉及医疗健康服务管理，药品和医疗器械管理以及生物制品管理等应用。

（9）城市管理：应用物联网支撑城市综合管理，实现智慧城市。

（10）金融服务保险业：依靠物联网支撑金融和保险行业体系，实现便捷和健壮的服务，应用涉及安全监控，手机钱包等。

（11）公共安全：主要应用于机场防入侵，安全防范，城市轨道防控，城市公共安全等方面。

2.5.4 移动互联网

1．移动互联网概念及关键技术

1）移动互联网概念

移动互联网一般是指用户用手机等无线终端，通过 3G（WCDMA、CDMA2000 或者 TD-SCDMA）或者 WLAN 等速率较高的移动网络接入互联网，可以在移动状态下（如在地铁、公交车上等）使用互联网的网络资源。

从技术层面的定义：以宽带 IP 为技术核心，可以同时提供语音、数据、多媒体等业务的开放式基础电信网络。从终端的定义：用户使用手机、上网本、笔记本电脑、平板电脑、智能本等移动终端，通过移动网络获取移动通信网络服务和互联网服务。

移动互联网 = 移动通信网络 + 互联网内容和应用，不仅是互联网的延伸，而且是互联网的发展方向。

移动终端在处理能力、显示效果、开放性等方面则无法和 PC 相提并论，但在个性化、永远在线、位置性等方面强于 PC。移动终端具有的小巧轻便、随身携带的两个特点决定了移动互联网不仅具有传统互联网应用的简单复制和移植，还应具有下列新特征：

- 接入移动性：移动终端的便携性使得用户可以在任意场合接入网络，移动互联网的使用场景是动态变化的。
- 时间碎片性：用户使用移动互联网的时间往往是上下班途中、工作之余、出差等候间隙等碎片时间，数据传输具有不连续性和突发性。
- 生活相关性：移动终端被用户随身携带，具有唯一号码与移动位置关联的特性，使得移动应用可以进入人们的日常生活，满足衣食住行、吃喝玩乐等需求。
- 终端多样性：目前各手机厂商分足鼎立，拥有各自不同的操作系统和类型多样的底层硬件终端，尚未形成统一的标准化接口协议。

2）移动互联网关键技术

移动互联网的关键技术包括架构技术 SOA、页面展示技术 Web2.0 和 HTML5、以及主流开发平台 Android、iOS 和 Windows Phone。

（1）SOA

SOA（Service-Oriented Architecture，面向服务的架构）是一种粗粒度、松耦合服务架构，服务之间通过简单、精确定义接口进行通信，不涉及底层编程接口和通信模型。SOA 可以看作是 B/S 模型、XML（标准通用标记语言的子集）/Web Service 技术之后的自然延伸。

Web Service 是现在实现 SOA 的主要技术，是一个平台独立的，低耦合的，自包含的、基于可编程的 web 应用程序，可使用开放的 XML（标准通用标记语言下的一个子集）标准来描述、发布、发现、协调和配置这些应用程序，用于开发分布式的互操作的应用程序。Web Service 技术，能使得运行在不同机器上的不同应用无须借助附加的、专门的第三方软件或硬件，就可相互交换数据或集成。依据 Web Service 规范实施的应用之间，无论它们所使用的语言、平台或内部协议是什么，都可以相互交换数据。

SOA 支持将业务转换为一组相互链接的服务或可重复业务任务，可以对这些服务进行重新组合，以完成特定的业务任务，从而使业务能够快速适应不断变化的客观条件和需求。

（2）Web 2.0

Web2.0 严格来说不是一种技术，而是提倡众人参与的互联网思维模式，是相对于 Web1.0 的新的时代。Web2.0 指的是一个利用 Web 的平台，由用户主导而生成的内容互联网产品模式，为了区别传统由网站雇员主导生成的内容而定义为第二代互联网，即 Web2.0，是一个新的时代。表 2.2 显示 Web2.0 与 Web1.0 的区别。

表 2.2　Web2.0 与 Web1.0 的区别

项　　目	Web 1.0	Web 2.0
页面风格	结构复杂，页面繁冗	页面简洁，风格流畅
个性化程度	垂直化、大众化	个性化突出自我品牌
用户体验程度	低参与度、被动接受	高参与度、互动接受
通信程度	信息闭塞知识程度低	信息灵通知识程度高
感性程度	追求物质性价值	追求精神性价值
功能性	实用追求功能性利益	体验追求情感性利益

（3）HTML 5

HTML5 在原有 HTML 基础之上扩展了 API，使 WEB 应用成为 RIA（Rich Internet Applications），具有高度互动性、丰富用户体验以及功能强大的客户端。HTML 5 的第一份正式草案已于 2008 年 1 月 22 日公布。HTML5 的设计目的是为了在移动设备上支持多媒体，推动浏览器厂商，使 Web 开发能够跨平台跨设备支持。HTML5 仍处于完善之中。然而，大部分现代浏览器已经具备了某些 HTML5 支持。

HTML5 相对于 HTML4 是一个划时代的改变，新增了很多特性，其中重要的特性包括：

- 支持 WebGL、拖曳、离线应用和桌面提醒，大大增强了浏览器的用户使用体验。
- 支持地理位置定位，更适合移动应用的开发。
- 支持浏览器页面端的本地储存与本地数据库，加快了页面的反应。
- 使用语义化标签，标签结构更清晰，且利于 SEO。
- 摆脱对 Flash 等插件的依赖，使用浏览器的原生接口。
- 使用 CSS3，减少页面对图片的使用。
- 兼容手机、平板电脑等不同尺寸、不同浏览器的浏览。

HTML5 手机应用的最大优势就是可以在网页上直接调试和修改。原有应用的开发人员可能需要花费非常大的力气才能达到 HTML5 的效果，不断地重复编码、调试和运行。因此现在有许多手机杂志客户端是基于 HTML5 标准，开发人员就可以轻松进行调试修改。

（4）Android

Android 一词的本义指"机器人"，是一种基于 Linux 的自由及开放源代码的操作系统，主要使用于移动设备，如智能手机和平板电脑。很多移动重点厂商在标准 Android 基础上封装成自有的操作系统。

在移动终端开发方面，Android 的市场占有率一枝独秀，据 IDC 2014 年底预计，2015 年 Android 市场份额将达到 45.4%，成为全球最大智能手机操作系统。2015 年 Windows Phone 市场份额将从今年的 5.5%增至 20.9%，成为继 Android 之后的第 2 大系统。

相对其他移动终端操作系统，Android 的特点是入门容易，因为 Android 的中间层多以 Java 实现，并且采用特殊的 Dalvik "暂存器型态"Java 虚拟机，变量皆存放于暂存器中，虚拟机的指令相对减少，开发相对简单，而且开发社群活跃，开发资料丰富。

（5）iOS

iOS 是一个非开源的操作系统，其 SDK 本身是可以免费下载的，但为了发布软件，开发人员必须加入某品牌开发者计划，其中有一步需要付款以获得某品牌的批准。加入了之后，开发人员们将会得到一个牌照，他们可以用这个牌照将他们编写的软件发布到某品牌的网上软件商店。

iOS 的开发语言是 Objective-C、C 和 C++，加上其对开发人员和程序的认证，开发资源相对较少，所以其开发难度要大于 Android。

（6）Windows Phone

简称 WP，是一款手机操作系统，Windows Phone 的开发技术有 C、C++、C#等。Windows Phone 的基本控件来自控件 Silverlight 的.NET Framework 类库，而.NET 开发具备快捷、高效、低成本的特点。

2．移动互联网应用

（1）娱乐类：工作之余的休闲及娱乐需求，包括游戏、音乐、旅游、运动、时尚信息等。

（2）交流类：社交需求与情感交流，包括交友、与亲人之间的感情交流。

（3）学习类：提升自身素质需求，包括外语、专业课程、技能培训等。

（4）生活类：包括购物需求（日用品等）和生活需求（健康、热点新闻、理财、饮食等）。

（5）商务类：工作方面的需求，包括求职、行业信息等。

（6）工具类：为了满足以上需求而进行手机优化、搜索等。

【练习题】

1. 在以下软件开发工具中（　　）是软件配置管理工具。
   A. 项目计划与追踪工具　　　　B. 编译器
   C. 发布工具　　　　　　　　　D. 性能分析工具

2. 在 OSI（Open System Interconnect，OSI）7 层协议中，（　　）有 IGMP 协议。
   A. 物理层　　　　　　　　　　B. 数据链路层
   C. 应用层　　　　　　　　　　D. 网络层

3. 以下（　　）不属于网络接入技术。
   A. 无线接入　　　　　　　　　B. 光线接入
   C. 云接入　　　　　　　　　　D. 同轴接入

4. 典型的网络攻击步骤一般为：信息收集、试探寻找突破口、实施攻击、消除记录、（　　）。
   A. 盗取信息　　　　　　　　　B. 保留访问权限
   C. 篡改数据　　　　　　　　　D. 更改作业流程

5. 起由公安部主持制定、国家技术标准局发布的中华人民共和国国家标准 GB17895-1999《计算机信息系统安全保护等级划分准则》于（　　）开始实施。该准则将信息系统安全分为 5 个等级，分别是：自主保护级、系统审计保护级、安全标记保护级、结构化保护级、访问验证保护级。
   A. 2001 年 1 月 1 日　　　　　B. 2001 年 10 月 1 日
   C. 2002 年 1 月 1 日　　　　　D. 2000 年 10 月 1 日

6. 物联网从架构上面可以分为感知层、网络层和应用层。其中（　　）负责信息采集和物物之间的信息传输。
   A. 感知层　　　　　　　　　　B. 网络层
   C. 应用层　　　　　　　　　　D. 以上 3 项都是

7. 移动互联网的关键技术包括架构技术 SOA、页面展示技术 Web2.0 和 HTML5、以及主流开发平台 Android、iOS 和 Windows Phone，其中（　　）是一种粗粒度、松耦合服务架构，服务之间通过简单、精确定义接口进行通信，不涉及底层编程接口和通信模型。
   A. iOS　　　　　　　　　　　 B. Web2.0
   C. Android　　　　　　　　　 D. SOA

【参考答案】：C D C B A A D

第 3 章 信息技术服务知识

本章介绍一些信息技术服务相关的基本知识和概念，包括产品、服务、信息技术服务、运维、运营和经营、IT 治理、IT 服务管理、项目管理、质量管理、信息安全管理、信息技术服务财务管理等。希望读者通过了解和掌握这些基本概念，为今后更深入地学习相关知识打下必要的基础。

3.1 产品、服务和信息技术服务

3.1.1 产品

产品的广义概念是指可以满足人们需求的载体，狭义概念是指被生产出的物品。产品是一组将输入转化为输出的相互关联或相互作用的活动的结果。在经济领域中，通常也可理解为企业或组织制造的任何制品或制品的组合。总体而言，我们通常将产品定义为：人们向市场提供的能满足消费者或用户某种需求的任何有形物品或无形服务。

通常有下述 4 种类别的产品：

（1）服务：服务是为满足客户的需求，供方和需方之间在接触时的活动以及供方内部活动所产生的结果。服务的提供一般涉及：为客户提供的有形产品过程中所完成的活动；为客户提供的无形产品过程中所完成的活动；无形产品的交付；为客户创造氛围等；

（2）软件：软件是一系列按照特定顺序组织的计算机数据和指令的集合，一般来讲软件被划分为编程语言、系统软件、应用软件和介于这两者之间的中间件，是由支持媒体表达的信息所构成的，通常是无形产品，并以方法、记录或程序的形式存在，如计算机程序、字典、信息记录等；

（3）硬件：硬件通常是有形产品，是不连续的具有特定形状的产品；

（4）流程性材料：流程性材料通常是有形产品，是将原材料转化成某一特定状态的有形产品，其状态可能是流体、气体、粒状、带状。其量具有连续的特性，往往用计量特性描述。

一种产品可由两个或多个不同类别的产品构成，产品类别（服务、软件、硬件或流程性材料）的区分取决于其主导成分，例如流程性材料（如燃料、冷却液）、软件（如发动机控制软件、驾驶员手册）和服务（如销售人员所做的操作说明）所组成。

3.1.2 服务

服务是一个社会学名词，但在经济学和管理学中被广泛应用。在《辞海》中服务的解释是"为集体或为别人工作，或不以实物形式而以提供劳动的形式满足他人某种需要的活动"；在《服务标准编写通则》（GB/T 28222-2011）中，定义服务是"服务提供者与顾客接触过程中所产生的一系列活动的过程及其结果，其结果通常是无形的"。在 ITIL V3 中，服务是"为客户提供价值的一种手段，使客户不用承担特定的成本和风险就可方便获得希望的结果"。尽管各方学者对服务概念的表述不同，但对服务本质的认识基本是一致的：服务是一种或多或少具有无形性特征的活动或过程，它是在服务提供者与服务接受者互动过程中完成的。服务行为主体是为了另一个主体对象获得利益，同时，服务也是一个企业或组织实行差异化战略的重要手段。通过服务的差异化，企业可以创造自己长期的竞争优势。

1985 年，英国剑桥大学的 3 位教授，普拉苏拉曼、泽丝曼尔和贝里（Parasuraman，Zeithaml，Berry）整合学者们对服务特性的探讨，归纳出服务不同于一般实体性产品的 4 个特性：无形性（Intangibility）、不可分离性（Inseparability）、异质性（Heterogeneity）、与易消失性（Perishability）。因此，与有形产品相比，服务作为产品表现出多方面独有的特性：

（1）无形性。服务通常是一种行为，无法像有形产品一样展示给客户。客户在购买前很难完全看到服务的产出或成果，也缺乏具体标准以客观判断服务的优劣。因此口碑宣传、企业形象以及客户以往经验等因素对客户选择服务影响很大。

（2）不可分离性。实体产品大都先经过生产、销售，而后消费。但服务则不同，服务不能像有形产品一样能够事先生产，服务的生产与消费往往同时进行而不可分割。在大部分情况下，服务提供者与客户要同时介入服务传递的过程中并进行频繁的互动。

（3）异质性。服务的提供常会因人、因时、因地而发生变化。随着服务提供者的不同或提供服务的时间与地点不同，都会使服务的效果不同。即使同一个服务人员也会因不同的心情、态度、不同的服务对象，难以确保服务的一致。

（4）易消失性。服务不同于一般有形产品可以储存或多生产以备不时之需。服务无法储存，产能缺乏弹性，对于需求变动无法通过存货调节。尽管可以在需求产生前事先规划各项服务设施与人员，但所产生的服务却具有时间效用，若没有及时使用将形成浪费。

3.1.3 信息技术服务

信息技术服务，因信息技术（Information Technology，IT）的特指性，信息技术服务广泛被业界人士称为 IT 服务。IT 服务是服务的一种，因此继承了服务独有的特性。

通常而言，IT 服务是指 IT 服务提供商为其客户提供信息咨询、软件升级、硬件维修等全方位的服务，具体包括产品维护服务、IT 专业服务、集成和开发服务、IT 管理外包服务等。

在《信息技术服务 分类与代码》（GB/T 29264-2012）中，对信息技术服务（Information Technology Service，即 IT 服务）的定义是"供方为需方提供开发、应用信息技术的服务，以及供方以信息技术为手段提供支持需方业务活动的服务"。常见服务内容包括软件服务、硬件服务及其他相关的服务。常见 IT 服务形态有信息技术咨询服务、设计与开发服务、信息系统集成实施服务、运行维护服务、数据处理和存储服务、运营服务、数据内容服务、呼叫中心服务和其他信息技术服务。

3.2 运维、运营和经营

3.2.1 运维

运维是运行维护的简称，是一种 IT 服务形态。在《信息技术服务 分类与代码》（GB/T 29264-2012）中，对运行维护服务（operation maintenance service）给出的定义是"采用信息技术手段及方法，依据需方提出的服务级别要求，对其信息系统的基础环境、硬件、软件及安全等提供的各种技术支持和管理服务"。

运维是信息系统全生命周期中的重要阶段，也是内容最多、最繁杂的部分，是对信息系统提供维护和技术支持以及其他相关的支持和服务。运维服务的主要对象包括基础设施、硬件平台、基础软件、应用软件以及依赖于 IT 基础设施的数据中心、业务应用等信息系统，其范围可以是单个 IT 基础设施的运维，也可以是整体 IT 基础设施和业务应用的总体运维。运维服务交付内容主要包括咨询评估、例行操作、响应支持和优化改善。

在《信息技术服务 分类与代码》（GB/T 29264-2012）中，将运行维护服务分成基础环境运维、硬件运维服务、软件运维服务、安全运维服务、运维管理服务和其他运行维护服务六类，每类运维服务及其说明见表 3.1。

表 3.1 运维服务分类与代码

代 码	类 别 名 称	说 明
04	运行维护服务	不包括：硬件和软件产品保修期内的支持服务
0401	基础环境运维服务	对保证信息系统正常运行所必需的电力、空调、消防、安防等基础环境的运维。包括：机房电力、消防、安防等系统的例行检查及状态监控、响应支持、故障处理、性能优化等服务
0402	硬件运维服务	对硬件设备（网络、主机、存储、桌面设备以及其他相关设备等）及其附带软件的例行检查及状态监控、响应支持、故障处理、性能优化等服务
040201	网络运维服务	面向计算机网络设备的运维服务

续表

代码	类别名称	说明
040202	主机运维服务	面向计算机设备中的巨/大/中型机、小型机、PC服务器等的运维服务
040203	存储运维服务	面向存储设备中的磁盘阵列、存储用光纤交换机、光盘库、磁带机、磁带库、网络存储设备等的运维服务
040204	桌面运维服务	面向台式机、便携式计算机、掌上电脑等计算机设备以及输入输出设备等的运维服务
040299	其他硬件运维服务	面向图像及音视频设备、视频监控设备、会议系统设备、终端设备、硬件设备虚拟化、其他硬件设备的运维服务,以及其他属于0402类而上述各小类未包含的服务
0403	软件运维服务	对软件(包括基础软件、支撑软件、应用软件等)的功能修改完善、性能调优,以及常规的例行检查和状态监控、响应支持等服务
040301	基础软件运维服务	面向操作系统、数据库系统、中间件、语言处理系统和办公软件等基础软件的运维服务
040302	支撑软件运维服务	面向需求分析软件、建模软件、集成开发环境、测试软件、开发管理软件、逆向工程软件和再工程软件等支撑软件的运维服务
040303	应用软件运维服务	面向各种应用软件的运维服务
040399	其他软件运维服务	凡属于0403类而上述各小类未包含的服务内容可纳入此类中
0404	安全运维服务	对信息系统提供的安全巡检、安全加固、脆弱性检查、渗透性测试、安全风险评估、应急保障等服务
0405	运维管理服务	整体承担基础环境、硬件、软件、安全等综合性运维而提供的管理服务
0499	其他运行维护服务	数据迁移服务、应用迁移服务、机房或设备搬迁服务等,以及其他属于04类而上述各类中未包含的服务

  任何组织和个人提供运维服务需要依据需方提出的服务级别要求,并确保提供的运行维护服务符合与需方约定的质量要求。因此,具备相应运维服务能力是服务组织提供服务的必要条件,比如规范和明确运维人员的岗位职责和工作安排、提供绩效考核量化依据、提供解决事故和问题经验、提供知识的积累和共享手段、实现完善的IT运维管理、提高组织经营水平和服务水平等等。在《信息技术服务 运行维护 第1部分:通用要求》(GB/T 28827.1-2012)中给出了供方运维服务的能力模型,该模型定义了运行维护服务能力的四个关键要素:人员、资源、技术和过程,每个要素通过关键指标反映应具备的

条件和能力。模型也给出了供方为持续提升运维能力的管理方法。

3.2.2 运营

运营是对组织经营过程的计划、组织、实施和控制，是与产品生产和服务创造等密切相关的各项管理工作的总称。运营的目的是保证正常的业务开展。现代汉语词典对运营的解释为运行和营业，从其解释可以看出运营一词带有商业色彩。

运营强调以经营为中心，是把投入的资源（生产要素）按照特定要求转换为产出（产品和服务）的过程。运营管理的对象是运营过程和运营系统。运营过程不仅是一个投入、转换、产出的过程，也是一个价值增值的过程，它是运营的第一大对象。运营必须考虑如何对这样的生产运营活动进行计划、组织和控制。运营系统是指上述转换过程得以实现的手段，它的构成与转换过程中的物质转换过程和管理过程相对应。例如有效地把人、机、料、法、环与生产需求信息资源整合起来，有效地通过运营系统把资源的投入、物料的投入变成产品，有效地实现企业对整个运营管理所赋予的期望和结果，即所谓的运营目标等等。举例来说，对于常见的生产制造业（如汽车制造、商品制造）的生产运营系统，输入是原材料、客户需求信息；转换过程是制造，使用的资源有厂房、设备、工人、工艺；输出的是制造出来的商品。而对于非制造行业（如运输、学校、医院等）的生产运营系统的输入、转化、输出均有所不同。如对于医院的生产运营系统，输入的是病人、病人信息；转化过程是诊断、治疗，使用的资源有病房、医疗器械、医生、护士、医术等；输出的是医嘱、治疗结果。对于运输公司的生产运营系统，输入的是出发地的乘客；转化过程是位移，将乘客从出发地送到目的地，使用的资源有运输场所、运输设备、驾驶员、服务员以及相关的服务；输出的是到达目的地的乘客。对于管理咨询公司的生产运营系统，输入的是企业的现状；转化过程是策划、企业诊断，使用的资源是咨询师以及咨询师提供的咨询服务；输出的结果是解决问题的提案。

运营管理指对生产和提供公司主要的产品和服务的系统进行设计、运行、评价和改进。其中设计是根据运营目标，根据企业对运营系统的要求，来设计实现目标的手段，也就是运营系统。运行就是要驱动或推动这个系统的执行，让它真正动起来，通过整个系统的运转来完成运营目标。评价是在执行的过程中，不断地监控和追踪，衡量运营系统，与期望的结果比对分析，其目的是更好地实现运营目标。改进就是要及时纠偏，不断完善和优化系统。

在当今社会，不断发展的生产力使得大量生产要素转移到商业、交通运输、房地产、通信、公共事业、保险、金融、互联网以及其他服务性行业和领域，现代运营的范围也从传统的制造业企业扩大到非制造业。运营管理已不局限于生产过程的计划、组织与控制，而是扩大到包括运营战略的制定、运营系统设计以及运营系统运行等多个层次的内容。它把运营战略、新产品开发、产品设计、采购供应、生产制造、产品配送直至售后服务看作一个完整的"价值链"，对其进行集成管理。特别是近二三十年来，随着现代企业的生产经营规模不断扩大，产品本身的技术和知识密集程度不断提高，产品的生产和服务过程日趋复杂，市场需求日益多样化、多变化，这些因素使运营管理本身也在不断发生变化。

3.2.3 经营

在《现代汉语词典》中，经营的解释包含两个层面：① 是筹划并管理（如企业等）；② 是泛指计划和组织。经营是随着交换的发展而产生的，是商品经济发展的产物。人类的经营活动可以分为两类：一类是对物质资料的经营，其目的是使人类获得更多的物质利益，并使物质的量得到扩大、质得到提高；另一类是人们对人类本身的经营，这种经营活动主要是对人的意识、行为、利益进行调节，其目的是使人的意识、行为规范化，平衡人们之间的利益冲突，保持社会稳定，维持社会公正。前一类经营称为经济，即物质资料经营，后一类经营称为政治，即社会经营。

经营需要有经营者、经营对象、经营权和经营载体，经营者是经营活动的主体，没有经营者就不可能有经营活动。经营对象是经营的客体，经营对象是经营者把自己的经营活动加于其上的东西。经营权是实现经营的手段，是经营者对经营对象的占有、支配、使用和处理或强制、规范并承担经营责任的权力。经营载体是经营活动得以进行的组织。经济的载体被称为经济组织，一般是家庭、企业；政治的载体被称为政治组织，一般是政府。

我们这里谈论的经营是物质资料的经营，泛指企业经营。企业是一个独立的、具有自负盈亏能力、能够开展经营活动的组织。企业经营是根据一个组织的资源状况和所处的市场竞争环境，对组织长期发展进行战略性规划、部署，制定组织的愿景、目标和方针的战略层次活动。它解决的是组织的发展方向、发展战略问题，具有全局性和长远性。它的核心目标是利润，并涉及费用、财务等各个方面的管理。

1. 经营思想

企业的经营思想是指贯穿企业经营活动全过程的指导思想，它是由一系列观念或观点构成的对经营过程中发生的各种关系的认识和态度的总和。具体地表现为六个观念。

（1）市场观念。市场观念是企业处理自身与用户之间关系的经营思想。用户需求是企业经营活动的出发点和归宿，是企业的生存发展之源。企业生产什么、生产多少、什么时候生产是市场观念的基本内涵。

（2）竞争观念。竞争观念是企业处理自身与市场竞争对手之间关系的经营思想，市场竞争是在市场经济的条件下，各企业之间为争夺更有利的生产经营地位，从而获得更多的经济利益的斗争。市场竞争具有客观性、排他性、风险性和公平性。企业对这方面的认识和态度，反映出企业竞争观念的表现方式和强度。

（3）效益观念。效益观念是企业处理自身投入与产出之间关系的经营思想。企业的效益观念涉及到处理好投入、转化和产出的综合平衡。

（4）创新观念。创新观念是企业处理现状和变革之间关系的经营思想。创新是经营者抓住市场的潜在机会，对经营要素、经营条件和经营组织的重新组合，以建立效能更强、效率更高的新的经营体系的变革过程。企业的创新观念主要体现在3个方面：① 是技术创新，包括新产品开发、老产品的改造、新技术和新工艺的采用以及新资源的利用；② 是市场创新，即向新市场的开拓；③ 是组织创新，包括变革原有的组织形式，建立新的经营组织。但变革是有风险的，不变革也是有风险的，对两种风险的认识和态度是创新观念的本质。

（5）长远观念。长远观念是企业处理自身近期利益与长远发展关系的经营思想。近期利益和长远发展是一对矛盾统一体，长远发展需要一定的投入，而投资回收期有长有短；另一方面，投资者和企业员工当期利益又不能不考虑。企业领导者如何兼顾这对矛盾，是长远观念的核心。

（6）社会观念。社会观念是企业处理自身发展之间关系的经营思想。现代企业越来越感到社会责任的重要性。企业的良好生存环境依赖于国家政策的支持，同时企业也为国家和社会做出某些贡献，诸如对国家、生态环境、文化教育事业、社区发展、就业、职工福利和个人发展负有责任。社会观念的本质，就是谋求企业与社会的共同发展。企业的发展为社会做出了贡献，社会的发展又为企业的发展创造了一个良好的外部环境，所以也称为生态平衡观念。推而广之，生态观念是指企业与所有利益相关者互惠互利、共同发展的观念。

2．经营目标

企业的经营目标，是在一定时期企业生产经营活动预期要达到的成果，是企业生产经营活动目的性的反映与体现，是在分析企业外部环境和企业内部环境的基础上确定的企业各项经济活动的发展方向和奋斗目标，是企业经营思想的具体化。

企业经营目标不止一个，其中既有经济目标，又有非经济目标；既有主要目标，又有从属目标，它们之间相互联系，形成一个目标体系。企业经营目标反映了一个组织所追求的价值，为企业各方面活动提供基本方向。它使企业能在一定的时期、一定的范围内适应环境趋势，能使企业的经营活动保持连续性和稳定性。

企业的经营目标包括三个层次：第一层是决定企业长期发展方向、规模、速度的总目标或基本目标。第二层是中间目标，分为对外与对内目标。对外目标包括产品、服务及其对象的选择、定量化，如产品结构、新产品比例、产品市场占有率等；对内目标就是改善企业素质的目标，如设备目标、人员数量、比例目标、材料利用、成本目标等。第三层是具体目标，即生产和市场销售的合理化与效率目标。如劳动生产率、合理库存、费用预算以及质量指标等。

1）经营目标分类

企业的经营目标，按其重要性来说，可分为战略目标和战术目标。

(1) 战略目标

战略目标是对企业战略经营活动预期取得的主要成果的期望值，是企业宗旨中确认的企业经营目的、社会使命的进一步阐明和界定，它反映了企业在一定时期内经营活动的方向和所要达到的水平，既可以是定性的，也可以是定量的，比如竞争地位、业绩水平、发展速度等等。

战略目标是一种宏观目标，它的着眼点是整体而不是局部。它是从宏观角度对企业发展的总体设想。战略目标是一种长期目标。它的着眼点是未来和长远。它所规定的是一种长期的发展方向，它所提出的是一种长期的任务，绝不是一蹴而就的，而是要经过企业职工相当长的努力才能够实现。作为一种总目标、总任务和总要求，战略目标总是可以分解成某些具体目标、具体任务和具体要求的。

战略目标的特点是：

- 实现的时间较长，一般能够分阶段实行。
- 对企业的生存和发展影响大，战略目标的实现，往往标志着企业经营达到了某一个新的境界，与过去比有明显的变化。
- 实现这一目标有较大的难度和风险。
- 对各级经营管理层有很大的激励作用。
- 实现这一目标需要大量的费用开支。

根据企业所处发展的不同时期，通常有三个方面的战略目标：

- 成长性目标。它是表明企业进步和发展水平的目标。这种目标的实现，标志着企业的经营能力有了明显的提高。成长性指标包括销售额及其增长率、利润额及其增长率、资产总额、设备能力、品种、生产量。其中销售额与利润额是最重要的成长性指标。销售额是企业实力地位的象征，而利润额不仅反映了企业的现实经营能力，同时也表明了它的未来发展的潜力。
- 稳定性目标。它表明企业经营状况是否安全，有没有亏损甚至倒闭的危险。

稳定性指标包括经营安全率、利润率、支付能力等。

- 竞争性目标。它表明企业的竞争能力和企业形象。

竞争性目标包括市场占有率、产品质量名次等。

(2) 战术目标

战术目标是企业的短期目标，是战略目标的具体化。战术目标的特点是：

- 实现的期限较短，反映企业的眼前利益。
- 具有渐进性。
- 目标数量较多。
- 其实现有一定的紧迫性。

2）制定经营目标的作用与原则

（1）制定经营目标的作用

突出重点，抓主要矛盾。它能指明企业在各个时期的经营方向和奋斗目标，使企业的全部经营活动突出重点，抓住主要矛盾。而且也为评价企业各个时期经营活动的成果确定了一个标准，以便减少盲目性，使企业的决策层能够保持清醒的头脑，把压力变成动力，引导企业一步一步地前进。

协调各项经营活动。通过总目标、中间目标、具体目标的纵横衔接与平衡，能够以企业总体战略目标为中心，把全部生产经营活动联成一个有机整体，产生出一种"向心力"，使各项生产经营活动达到最有效的协调。有利于提高管理效率和经营效果。

团结全体员工。通过自上而下和自下而上的层层制定目标和组织目标的实施，能够把每个员工的具体工作同实现企业总战略目标联系起来，提高人们的主动性和创造性，开创出"全员经营"的新局面。

（2）制定经营目标的原则

- 目标的关键性原则。这一原则要求企业确定的总体目标必须突出企业经营成败的重要问题和关键性问题，关系到企业全局的问题，切不可把企业的次要目标或小目标列为企业的总体目标，以免滥用资源而因小失大。
- 目标的可行性原则。总体目标的确定必须保证如期能够实现。因此在制定目标时必须全面分析企业各种资源条件和主观努力能够达到的程度，既不能脱离实际凭主观愿望把目标定得过高，也不可妄自菲薄不求进取把目标定得过低。
- 目标的定量化原则。订立目标是为了实现它。因此，目标必须具有可行性，以便检查和评价其实现程度。所以，总体经营目标必须用数量或质量指标来表示，而且最好具有可比性。
- 目标的一致性原则。就是总体目标要与中间目标和具体目标协调一致，形成系统，而不能相互矛盾，相互脱节，以免部门之间各行其是，互相掣肘。
- 目标的激励性原则。经营目标要有激发全体职工积极性的强大力量。因此，目标要非常明确，非常明显，非常突出，具有鼓舞的作用，使每个人对目标的实现都寄予很大的希望，从而愿意把自己的全部力量贡献出来。
- 目标的灵活性原则。经营目标要有刚性。但是，企业经营的外部环境和内部条件是不断变化的，因此，企业的经营目标也不应该是一成不变的，而应根据客观条件的变化，改变不切时宜的目标，根据新形势的要求，及时调整与修正企业的经营目标。

3．经营计划

企业的经营计划，是指在经营决策基础上，根据经营目标对企业的生产经营活动和所需要的各项资源，从时间和空间上进行具体统筹安排所形成的计划体系。事实上，经营计划是企业围绕市场，为实现自身经营目标而进行的具体规划、安排和组织实施的一系列管理活动。企业经营计划是企业经营活动的先导,并始终贯穿于企业经营活动的全过程。

1)经营计划的特点

(1)经营计划具有决策性。它是以企业作为相对独立的商品生产者和经营者为前提,根据企业外部环境和内部实力制定和编制的,它直接关系到企业的生存与发展。

(2)经营计划具有外向性。它与社会、市场和用户有着密切的联系,其基本目的就是实现企业与外部环境的动态平衡。并获得良好的经济效益和社会效益。

(3)经营计划具有综合性。它的基本内容既包括市场调查、预测、生产、销售,也包括技术、财务和后勤,是指导企业全部生产经营活动的纲领。

(4)经营计划具有激励性。它把国家利益、企业利益和职工个人利益有机结合起来,形成一股强大的动力,能激励企业全体职工为之而奋斗。

2)经营计划的任务

(1)把经营目标具体化。

(2)分配各种资源。

(3)协调生产经营活动。

(4)提高经济效益。

4. 经营管理

企业的经营管理,是指对企业整个生产经营活动进行决策,计划、组织、控制、协调,并对企业员工进行激励,以实现其任务和目标一系列工作的总称。

经营管理的主要任务是合理地组织生产力,使供、产、销各个环节相互衔接,密切配合;人、财、物各种要素合理结合,充分利用,以尽量少的劳动消耗和物质消耗,生产出更多的符合社会需要的产品。

经营管理的主要内容包括:需要合理确定企业的经营形式和管理体制,设置管理机构,配备管理人员;搞好市场调查,掌握经济信息,进行经营预测和经营决策,确定经营方针、经营目标和生产结构;编制经营计划,签订经济合同;建立、健全经济责任制和各种管理制度;搞好劳动力资源的利用和管理,做好思想政治工作;加强土地与其他自然资源的开发、利用和管理;搞好机器设备管理、物资管理、生产管理、技术管理和质量管理;合理组织产品销售,搞好销售管理;加强财务管理和成本管理,处理好收益和利润的分配;全面分析评价企业生产经营的经济效益,开展企业经营诊断等。

3.3 IT 治理

关于 IT 治理,中外学者给出了很多的定义。国际信息系统审计与控制协会(ISACA)的定义是:IT 治理是一个由关系和流程所构成的体制,用于指导和控制企业,通过平衡 IT 与 IT 流程的风险与收益来增加企业价值,以确保实现企业的目标。同时 ISACA 指出,

IT 治理是最高管理层（董事会）和执行管理层的责任，是企业治理的一个有机组成部分，它由领导阶层、组织结构和流程组成，确保组织内部的 IT 系统持续支持和拓展组织的战略和目标。这一定义主要是从 IT 治理的应用角度，对治理过程中的要素、方式、目标进行描述，认为 IT 治理是流程的集合，由一系列方法、关系控制要素组成。由此构建 IT 治理的架构，通过这种机制和架构，将信息化的决策、实施、服务、监督等流程以及 IT 相关的资源与企业战略和目标紧密关联，从而最大化提升企业价值，抓住企业信息化赋予的机遇和竞争优势。

美国麻省理工学院的学者彼得·维尔和珍妮·罗斯在其所撰写的《IT 治理》一书中指出，IT 治理就是为鼓励 IT 应用的期望行为，而明确的决策权归属和责任担当框架。他们认为是行为而不是战略创造价值，任何战略的实施都要落实到具体的行为上。

中国 IT 治理研究中心给 IT 治理的定义是，IT 治理是指设计并实施信息化过程中各方利益最大化的制度安排，包括业务与信息化战略融合的机制、权责对等的责任担当框架和问责机制、资源配置的决策机制、组织保障机制、核心 IT 能力发展机制、绩效管理机制以及覆盖信息化全生命周期的风险管控机制。该制度安排的目的是实现组织的业务战略，促进管理创新，合理管控信息化过程的风险，建立信息化可持续发展的长效机制，最终实现 IT 商业价值。

综合这些定义，可以从 IT 治理的内涵表述中得到以下内容：

（1）IT 治理强调信息化目标与企业战略目标保持一致，IT 利用其自身特点，为企业战略规划提供技术或控制方面的支持，以保证信息化建设能够真正落实和贯彻组织业务战略和目标。

（2）IT 治理是企业利益相关者和经营者共同的责任，由董事会或最高管理层负责，从企业全局的高度对企业信息化做出制度上的安排，体现股东、董事会和最高管理层对信息化建设的关注。

（3）IT 治理保护利益相关者的权益，对风险进行有效管理，合理利用 IT 资源，平衡成本和收益，确保信息化应用有效、及时地满足需求，并获得期望的收益，增强企业的核心竞争力。

（4）IT 治理通过构建 IT 治理架构和机制，将信息化的决策、实施、服务、监督等流程以及 IT 相关的资源与企业战略和目标紧密关联，从而最大化提升企业价值。

如果用一句话来概括，IT 治理就是在信息化过程中关于各方利益最大化的制度安排。

与 IT 管理相比，IT 治理规定了整个组织 IT 规划与组织、获得与实施、交付与支持、监控与评价的基本框架，以此监控 IT 的战略制定、机构建立以及组织实施，保证企业信息和信息系统的运营始终处于正确的轨道上。而 IT 管理是企业 IT 部门在 IT 系统运营阶段中在管理方面采用的方法论、手段、技术、制度、流程、文档的统称，是在既定的 IT 治理模式下，管理层为实现企业目标而采取的行动。所以 IT 管理和 IT 治理是相辅相成、缺一不可的。这与企业管理类似，如果没有好的治理（约束和激励）机制，企业管理的好是偶然的，管理不好是必然的；同样，对于 IT，如果存在好的 IT 治理机制，IT 管理的好就是必然的、管理不好是偶然的。因此，IT 治理是 IT 管理的基石，某种意义上可以认为 IT 治理比 IT 管理更重要。

IT 治理的一个关键性问题是，企业的 IT 投资是否与战略目标相一致，从而形成必要的核心竞争力。因为企业目标变化太快，很难保证 IT 与商业目标始终保持一致，因此需要多方面的协调，保证 IT 治理继续沿着正确的方向实施，这也是 IT 投资者真正关心的问题。

对 IT 治理而言，要能体现未来 IT 与企业未来战略的集成。既要尽可能地保持开放性和长远性，以确保系统的稳定性和延续性，同时也要适时调整规划以保证跟上企业环境的变化。IT 治理中一个相对有效的做法是，在信息化规划时，认真分析企业的战略与 IT 支撑之间的影响度，并合理预测环境变化可能给企业战略带来的偏移，在规划时留有适当的余地，从业务战略到信息战略，脚踏实地，不追求大而全。

3.4 IT 服务管理

3.4.1 传统管理方式

IT 服务管理的产生背景与 IT 技术的发展、企业或组织对 IT 的认识和应用密不可分。一方面，信息技术从最初的神秘走向平民化，社会对信息技术从逐步认知到有效利用，另一方面，企业从试图跟上技术的发展，利用 IT 促进业务的技术驱动阶段，走到将 IT 与组织的业务相结合，利用 IT 提高效率、降低成本的业务驱动阶段，最终目标将走向根据企业战略目标制定业务流程，确定业务流程所需要的 IT 服务的战略驱动阶段。企业对 IT 的要求已经与业务和战略绑在了一起，IT 服务管理就是在这种背景下应运而生的。

应该说，早期的 IT 服务管理主要针对于企业内部的 IT 部门，传统的 IT 服务管理都是由企业内部的 IT 部门提供服务，即内部提供服务。它们和其他部门如人事、财务、物流、行政等部门同属于支撑部门，通常作为成本中心存在于企业中，被动地服务于业务。IT 部门是以专业技术为核心来组织服务的，根据专业领域划分为应用系统、系统软硬件平台、网络系统、机房配套等多个专业化服务团队，以专业技术为中心，由专业的服务团队提供专业的服务。传统的 IT 服务管理采用技术专业化分工的模式，能够为用户提供专业的服务，但是当涉及到跨技术方向时，存在由于划分过于清晰而存在各专业都未覆盖到的灰色地带，影响服务的整体质量。

3.4.2 体系化管理方式

IT 服务管理（IT Service Management，ITSM）是一套帮助组织对 IT 系统的规划、

研发、实施和运营进行有效管理的方法，是一套方法论。

专家的研究和大量实践表明，在 IT 项目的生命周期中，大约 80%的时间与 IT 项目运营维护有关，而该阶段的投资仅占整个 IT 投资的 20%，形成了典型的"技术高消费"、"轻服务、重技术"现象。国际 IT 领域的权威研究机构加特纳（Gartner）的调查发现，在经常出现的事件问题中，源自技术或产品（包括硬件、软件、网络、电力失常及天灾等）方面的其实只占了 20%，而流程失误方面的占 40%，人员疏失方面的占 40%。流程失误包括变更管理没有做好、超载、没有测试等导致程序上的错误或不完整，人员疏失包括忘了做某些事情、训练不足、备份错误或安全疏忽等。

由此说明，IT 服务过程方面的问题，更多的不是来自技术，而是来自管理方面。

世界上许多组织和政府部门进行了长期的探索和实践。以这些组织的经验和成果为基础，逐渐形成了一种新的 IT 服务管理方法论，那就是 ITSM。

Gartner 认为，ITSM 是一套通过服务级别协议（SLA）来保证 IT 服务质量的协同流程，它融合了系统管理、网络管理、系统开发管理等管理活动和变更管理、资产管理、问题管理等许多流程的理论和实践。

而 ITSM 领域的国际权威组织 itSMF（国际 IT 服务管理论坛）则认为 ITSM 是一种以流程为导向、以客户为中心的方法，它通过整合 IT 服务与组织业务，提高组织 IT 服务提供和服务支持的能力及其水平。

ITSM 的核心思想是，IT 组织不管是组织内部的还是外部的，都是 IT 服务提供者，其主要工作就是提供低成本、高质量的 IT 服务。而 IT 服务的质量和成本则需从 IT 服务的客户（购买 IT 服务）方和用户（使用 IT 服务）方加以判断。

ITSM 是一种 IT 管理，与传统的 IT 管理不同，它是一种以服务为中心的 IT 管理。我们将传统的 IT 管理和 ITSM 比较如图 3.1 所示。

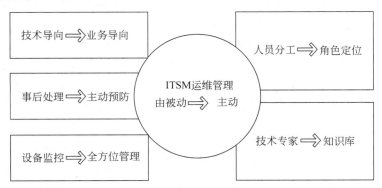

图 3.1 传统 IT 管理和 ITSM 比较

实施 ITSM 的根本目标有 3 个：
（1）以客户为中心提供 IT 服务。

（2）提供高质量、低成本的服务。
（3）提供的服务是可准确计价的。

ITSM 的基本原理可简单地用"二次转换"来概括，第一次是"梳理"，第二次是"打包"，如图 3.2 所示。

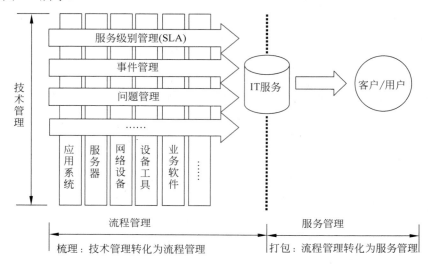

图 3.2　ITSM 的基本原理

首先，将纵向的各种技术管理工作（即传统 IT 管理的重点），如服务器管理、网络管理和系统软件管理等，进行"梳理"，形成典型的流程，比如 ITIL V2 中的 10 个流程，这是第一次转换。然后，将流程进行"打包"，流程主要是 IT 服务提供方内部使用的，客户对他们并不感兴趣，仅有这些流程并不能保证服务质量或客户满意。还需将这些流程按需"打包"成特定的 IT 服务，然后提供给客户，这是第二次转换。

第一次转换将技术管理转化为流程管理，第二次转换将流程管理转化为服务管理。

之所以要进行这样的转换，有多方面的原因。从用户的角度说，IT 只是其运营业务流程的一种手段而不是目的。用户需要的是 IT 所实现的功能，他没有必要也不可能对 IT 有太多的了解。他和 IT 组织之间的交流，应该使用"业务语言"，而不是"技术语言"，IT 技术对客户应该是透明的。为此，我们需要提供 IT 服务。为了灵活、及时和有效地提供这些 IT 服务，并保证服务质量、准确计算有关成本，IT 组织就必须事先对服务进行一定程度上的"分类"和"固化"。流程管理是满足这些要求的一种比较理想的方式。

ITSM 适用于 IT 管理而不是组织的业务管理，清楚这点非常重要，因为它明确划分了 ITSM 与 ERP、CRM 和 SCM 等管理方法和软件之间的界限。这个界限是：前者面向 IT 管理，后者面向业务管理。

ITSM 不是通用的 IT 规划方法。ITSM 的重点是 IT 的运营和管理，而不仅仅是 IT

的战略规划。如果把组织的业务过程比作安排一辆汽车去完成一趟运输任务，那么 IT 规划的任务相当于为这次旅行选定正确的路线、合适的汽车和司机；而 ITSM 的主要任务则是确保汽车行驶过程中司机遵循操作规程和交通规则，对汽车进行必要的维修和保养，尽量避免其出现故障，一旦出现故障也能很快修复，并且当汽车到达目的地时，整个行驶过程中的所有费用都可以准确地计算出来。这便于衡量成本效益，为做出有关调整提供决策依据。简单地说，IT 规划关注的是组织的 IT 方面的战略问题，而 ITSM 是确保 IT 战略得到有效执行的战术性和运营性活动。

虽然技术管理是 ITSM 的重要组成部分，但 ITSM 的主要目标不是管理技术。有关 IT 的技术管理是系统管理和网络管理的任务，ITSM 的主要任务是管理客户和用户的 IT 需求。这有点像营销管理，营销管理的本质是需求管理，其目标在于如何让组织生产的最终产品或提供的服务满足市场（客户）的需求。同样，在 ITSM 中，IT 部门或组织是 IT 服务的提供者，业务部门是 IT 部门或 IT 组织的客户，如何有效地利用 IT 资源，有效地满足业务部门的需求就成了 ITSM 的最终使命。

换个角度说，对客户而言，业务部门只需关心 IT 服务有没有满足其要求，至于 IT 服务本身能不能或者怎样满足要求，业务部门作为客户，不用也没有必要对其关心。

3.5 项目管理

项目是"一组有起止时间的、相互协调的受控活动所组成的特定过程，该过程要达到符合规定要求的目标，包括时间、成本和资源等各方面的要求与约束。"

项目的定义包含 3 层含义：

（1）项目是一项有待完成的任务，且有特定的环境与要求。

（2）在一定的组织机构内，利用有限资源（人力、物力、财力等）在规定的时间内完成任务。

（3）任务要满足一定性能、质量、数量、技术指标等要求。

项目的目标就是平衡和满足供需双方在时间、费用和性能（质量）上的不同要求。项目管理是将知识、技能、工具与技术应用于项目活动，以满足项目的要求。

每个项目的规模和复杂性各不相同，但不论其大小繁简，所有项目都呈现生命周期结构，即：项目启动、项目规划、项目执行与监控、项目收尾。项目生命周期是按顺序排列的，但有时又是互相交叉的各项阶段的集合。项目阶段的名称和数量取决于参与项目的一个或多个组织的管理与控制需要、项目本身的特征及其所在的应用领域。项目管理是通过合理运用和整合项目管理各过程来实现的，是基于被广泛接受的管理原则的一套技术方法，这些技术方法用于计划、评估、控制工作活动，以按时、按预算、依据规范达到理想的最终效果。

中国项目管理研究委员会把项目管理总结为："项目管理"一词具有两种不同的含

义，其一是指一种管理活动，即一种有意识的按照项目的特点和规律，对项目进行组织管理的活动；其二是指一种管理科学，即以项目管理活动为研究对象的一门学科，探求项目活动科学组织管理的理论与方法。前者是一种客观的实践活动，后者是前者的理论总结；前者以后者为指导，后者以前者为基础。

项目管理就是在项目活动中运用专门的知识、技能、工具和方法，使项目达到预期目标的过程；是以项目作为管理对象，通过一个临时性的、专门的组织对项目进行计划、组织、执行和控制，并在时间、费用、性能、质量等方面达到预期目标的一种系统管理方法。项目管理贯穿整个项目的生命周期，是对项目的全过程管理。

不同的项目也许千差万别，但是它们至少都必须具备以下特性：

（1）临时性。所有的项目都是临时的，有明确的开始和结尾，并以实现特定的目标为宗旨，而这个目标也构成了衡量项目成败的客观标准。无论成功还是失败，项目都不应该也不可能无限持续下去。成功的项目会在目标实现之时终止，而失败的项目则在实现目标的必要性和可行性不复存在时终止。临时性并不一定意味着持续时间短。项目所创造的产品、服务或成果一般不具有临时性。项目所产生的社会、经济和环境影响，也往往比项目本身长久得多。

（2）独特性。指项目的可交付成果（产品或服务）具有非重复性的特点。尽管某些项目可交付成果中可能存在重复的元素，但这种重复并不会改变项目工作本质上的独特性。例如每年央视的春节联欢晚会、历届奥运会、客户服务合同续约等等，其内容也不可能完全重复，实施的团队，设计的方案，项目的规模都可能存在差异。

（3）渐进性。项目的实施过程体现为一个向目标推进的逐步完善的过程。这个过程不但涉及到项目可交付成果的逐步完善，同时也涉及到项目组织的经验积累和学习曲线，形成组织的技术资产。

（4）不确定性。导致项目非重复性的主要原因是其外部条件以及实施过程的不确定性，这说明人类对世间事物的认识和控制具有局限性。因此，任何项目都不可避免的具有风险。

综其所述，项目是指一系列独特的、复杂的并相互关联的活动，这些活动有着一个明确的目标或目的，必须在特定的时间、预算、资源限定内，依据规范完成。项目以实现特定的目标为宗旨，但是实现目标的过程中又始终受到时间期限、成本预算和质量标准的约束。达到目标并非难事，难的是在不突破约束的情况下实现目标。

PMBOK（Project Management Body Of Knowledge，项目管理知识体系）是一套公认的项目管理专业知识宝典，其中给出了单个项目管理的 10 大知识领域和 5 个项目管理过程组，构成项目管理最核心的重要内容。

3.5.1 单项目管理

单项目管理就是通常意义的项目管理，主要包括如下管理内容。

（1）项目范围管理：为了实现项目的目标，对项目的工作内容进行控制的管理过程。它包括范围的界定、范围的规划、范围的调整等。

（2）项目时间管理：为了确保项目最终的按时完成一系列管理过程。它包括具体活动界定，活动排序，时间估计，进度安排及时间控制等各项工作。把时间管理引入其中，大幅提高工作效率。

（3）项目成本管理：为了保证完成项目的实际成本、费用不超过预算，对项目成本和费用的管理过程。它包括资源的配置，成本、费用的预算以及费用的控制等各项工作。

（4）项目质量管理：为了确保项目达到客户所规定的质量要求，所实施的一系列管理过程。它包括质量规划、质量控制和质量保证等。

（5）人力资源管理：为了保证所有项目人员的能力和积极性都得到最有效地发挥和利用，所做的一系列管理措施。它包括组织的规划、人员的选聘、团队的建设和项目团队管理等一系列工作。

（6）项目沟通管理：为了确保项目的信息合理的收集和传输，所需要实施的一系列管理措施。它包括沟通规划、信息传输和进度报告等。

（7）项目风险管理：涉及项目可能遇到各种不确定因素，所需要实施的一系列管理措施。它包括风险识别、风险量化、制订对策和风险控制等。

（8）项目采购管理：为了从项目实施组织之外获得所需资源或服务，所采取的一系列管理措施。它包括采购计划、采购与征购、资源的选择以及合同的管理等项目工作。

（9）项目集成管理：这是指为确保项目各项工作能够有机地协调和配合，所展开的综合性和全局性的项目管理工作和过程。它包括项目集成计划的制订、项目集成计划的实施、项目变动的总体控制等。

在传统的项目管理方法中，项目被分成5个阶段：

（1）项目启动：包括发起项目，授权启动项目，任命项目经理，组建项目团队，明确项目干系人。

（2）项目规划：包括制订项目计划，确定项目范围，配置项目人力资源，制订项目风险管理计划，编制项目预算表，确定项目预算表，制订项目质量保证计划，确定项目沟通计划，制订采购计划等。

（3）项目执行：当项目启动和策划中要求的前期条件具备时，项目即开始执行，进行实施项目。

（4）项目监控：跟踪与控制项目，包括项目的跟踪，项目的控制。

（5）项目收尾：包括项目移交评审，项目合同收尾，项目行政收尾工作。

不是每个项目都必须经过以上每一个阶段，因为有些项目可能会在达到完成阶段之前被停止，有些项目不需要策划或者监测，有的项目需要重复多次项目规划、项目执行和项目监测。

项目管理，试图获得对5个变量的控制：时间、成本、质量、范围、风险。

其中有些变量可以由内部或者外部的客户提供，另一些变量则由项目经理基于一些可靠的估计技术和方法来设定。这些变量的最终的值还需要在项目人员与客户的协商过程确定，通常，这些变量将以合同的方式固定下来。

对于项目管理上述知识点的了解，请参考项目管理专业书籍和文献。

3.5.2 项目群管理

项目群管理是指为了实现组织的战略目标和利益，而对一组项目（项目群）进行的统一协调管理。项目群管理需要运用知识和资源，来界定、计划、执行和汇总客户复杂项目的各个方面。项目群管理可以提高 IT 服务项目提供的质量，统一协调资源，降低成本，能更好地实现企业战略目标和客户需求。

与单项目管理相比，项目群管理是为了实现项目群的战略目标与利益，而对一组项目进行的统一协调管理。项目群管理是以项目管理为核心，单个项目上进行日常性的项目管理，项目群管理是对多个项目进行的总体控制和协调。项目群管理通常不直接参与对每个项目的日常管理，所做的工作侧重在整体上进行规划、控制和协调，指导各个项目的具体管理工作。

项目群是一种灵活的临时组织结构，用于协调、指导、监督一系列相关的项目和活动的实施情况，用以交付与组织战略目标相关的成果和收益。项目群管理关注项目群的组织和领导、收益管理、利益干系人管理和沟通、风险管理和问题解决、项目群计划编制与控制、商业论证管理、质量管理等。

项目群也具有其特色的生命周期，包括识别项目群、定义项目群、对项目群综合治理、项目的组合管理、项目群的收益管理、项目群的收尾管理等。通常情况下，项目群办公室是为了配合组织战略目标实现，将一系列业务价值相关的项目进行集中管理，使集中管理的优势超出单一管理项目，它是一个临时性组织。项目群管理团队的主要角色有项目群管理委员会、项目群经理、项目群的支持与保证人员等。

在很多企业或组织的项目群管理中会设有项目管理办公室（Project Management Office，PMO）。PMO 是随着组织并发项目数量增多应运而生的产物，最初的目的是节约成本，提高项目成功率，以及实施标准流程，以应对越来越多的项目管理任务。虽然它在节约成本和提升项目管理质量上目前还很难有一个可量化的指标，但是越来越多的组织在它们的 IT 部门设立集中的 PMO，统管所有 IT 项目。

项目群管理组织结构的基本形式为单类项目群组织结构、多类项目群组织结构、复合式组织结构；根据项目群是以业务为导向（职能型），还是以客户为导向（矩阵型），单类项目群可分为单客户项目群和单业务项目群，多类项目群可分为多客户项目群和多业务项目群。在 IT 行业，IT 服务项目群划分往往以 IT 服务项目的规模进行合并，按项目群进行管理。

项目群分类，如表 3.2 所示。

表 3.2 项目群分类

分类	业务为导向(职能型)	客户为导向(矩阵型)
单类项目群管理	以业务为单位的项目群管理,例如:研发类项目群管理,运维类项目群管理	以客户为单位的项目群管理,例如某客户项目群管理
多类项目群管理	多业务、多项目聚类整合后的项目群管理	多客户多项目聚类整合后的项目群管理
复合式项目群管理	中小客户项目采用业务聚类整合,大客户项目采用客户聚类整合	

1. 单类项目群

(1)单客户项目群管理架构。单客户项目群是指以实现客户目标为导向,对应单独的客户,每个客户有多个 IT 服务业务的项目。

单客户项目往往根据客户的行业进行考虑,因为同行业的往往具有相似性,同时考虑单个子项目大小,进行合并管理。例如,电信行业的多个中小应用运维项目由一位项目经理管理,教育行业的多个中小网络运维服务项目由一位项目经理管理。举例如下。

IT 服务商给某客户提供了研发、咨询和运维 3 种 IT 服务,3 个子项目。因 3 种子项目规模都较小,合并按一项目群进行管理,如图 3.3 所示。

此类项目群典型的组织架构是设置一名项目经理,下面根据服务业务设置不同的小组;由项目经理统一协调,作为与客户统一的沟通接口,如图 3.4 所示。

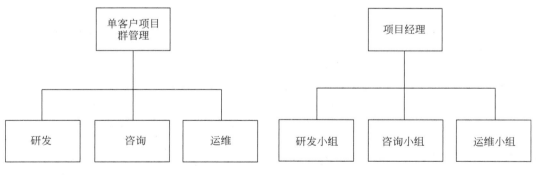

图 3.3 单客户项目群管理架构　　　　图 3.4 单客户项目群组织架构

(2)单业务项目群管理架构。单业务项目群是指以服务为导向,对应单独的 IT 服务,每个 IT 服务有多个客户的项目。

单业务项目群是根据 IT 服务项目类型不同,将同类的项目进行合并,同时考虑单个项目的大小,进行合理的组合,然后由一位 IT 服务项目经理进行管理。例如,多个咨询类的中小项目由一位项目经理管理,多个桌面运维类的中小项目由一位项目经理管理等等。举例如下。

某 IT 服务商提供桌面运维服务,现有 3 家客户都是桌面运维服务,即有 3 个子项目。

现因为 3 家的规模都不大，将其合并为一个项目群进行管理，如图 3.5 所示。

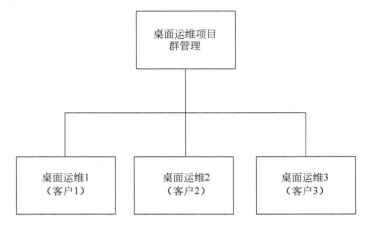

图 3.5　单业务项目群管理框架

此类项目群的典型结构是设置一名项目经理，3 家客户都有驻现场运维小组，建立统一的二线专家团队；由项目经理统一协调，作为与客户统一的沟通接口，如图 3.6 所示。

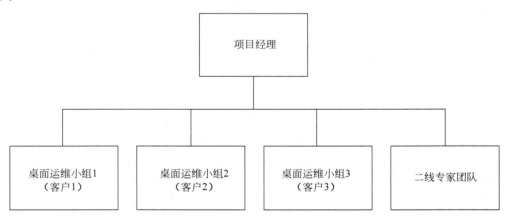

图 3.6　单业务项目群组织架构

2. 多类项目群

多类项目群与单类项目群最大的区别在于项目规模较大，一名项目经理已经难以协调，需要设置 PMO 或者 IT 服务总监在上层进行统一协调管理。比如很多公司或组织按行政地区进行划分，在一个地区设置一位项目总监进行管理，再根据业务或者客户设置多位项目经理进行下层管理。

（1）多客户项目群管理框架。指按客户目标管理，设置有 PMO 或 IT 服务总监，管理多个客户项目,每个客户项目设有项目经理,每个客户都有不同的 IT 服务业务子项目,如图 3.7 所示。

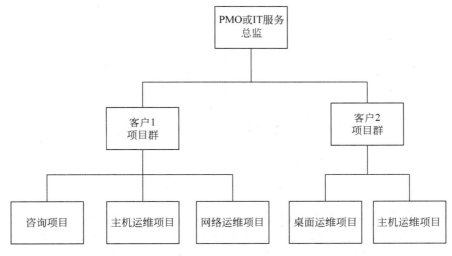

图 3.7　多客户项目群管理框架

（2）多业务项目群管理框架。指按业务目标管理,设置有 PMO 或者 IT 服务总监,分别管理多个 IT 服务业务,每个业务设置有项目经理,每个项目经理分管多个客户,如图 3.8 所示。

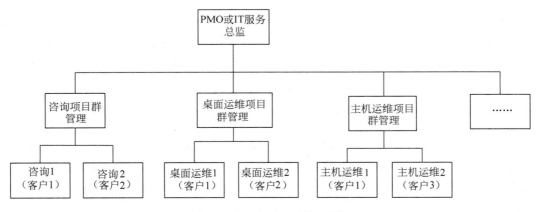

图 3.8　多业务项目群管理框架

3．复合项目群

复合项目群是指单类项目群和多类项目群的组合,往往区分大客户和中小客户。大客户以客户目标管理,每个客户下有多个业务;中小客户以业务目标管理,每个业务下面有多个客户,如图 3.9 所示。

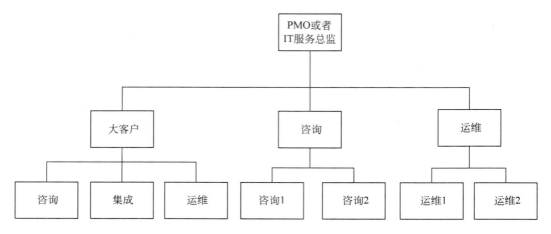

图 3.9 复合项目群管理框架

例如,银行的运维外包项目往往都是大客户,基础设施、网络运维分设一位 IT 服务项目经理,主机、数据库运维分设一位 IT 服务项目经理、业务应用系统根据重要程度和大小设多位 IT 服务项目经理,安全管理分设一位 IT 服务项目经理等等,整个银行设一位 IT 服务总监进行项目群管理。如图 3.10 所示。

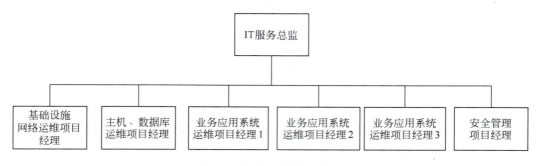

图 3.10 复合项目群组织架构

项目群管理是 IT 服务组织发展到一定阶段之后必然会来用的管理方法和手段。作为系统规划与管理师,了解这些内容对其更好地与上级沟通、配合,包括争取相关资源,非常重要和必要。

3.6 质量管理理论

3.6.1 质量管理发展历史

质量管理的产生和发展过程走过了漫长的道路,可以说是源远流长。人类历史上自有商品生产以来,就开始了以商品的成品检验为主的质量管理方法。按照质量管理所依据的手段和方式,质量管理的发展历史大致划分为以下几个阶段。

1. 质量检验阶段

19 世纪末,美国工程师泰勒根据大工业生产的管理与实践创立了泰勒制度,提倡"科学管理",以生产时间和数量为标准,主张计划和执行必须分开,因而需要"专职检验"这一环节,专职检验以及在此以前的工人检验、工长检验都是生产后检验,成品抽查都是事后检验,挑出不合格品,起事后把关作用。我国的质量管理专家称此阶段为"死后验尸",本阶段的作用是剔除不合格品,防止不合格品流向社会,但此阶段无任何预防作用。

2. 统计的质量控制阶段

1924 年美国贝尔研究所休哈特运用数理统计的原理,提出了控制生产过程中产品质量的概念,把数理统计方法引入了质量管理,即后来发展完善的"质量控制图"和"预防缺陷"的理论。但是由于 19 世纪 30 年代资本主义经济危机频起,统计管理没有发挥应有的作用。

直到第二次世界大战初期,当时军需品生产面临严重的问题,因为军需品大多数属于破坏性检验,事后全检是不可能的,所以导致不合格品无法控制,进而面临不能满足交货期的要求。美国国防部为了解决这一难题,特邀请休哈特道奇、罗未格、华尔特以及美国材料与试验协会,美国标准协会,美国机械工程协会等有关人员对此问题进行研究,并于 1941—1942 年先后制定和公布《美国战时质量标准》,强制要求生产军需品的各公司,企业实行统计质量管理。此方法优点是可以起预防作用,但是要求数理水平较高。

3. 全面质量管理阶段

最早提出全面质量管理概念(Total Quality Management)的是美国通用电器公司质量管理部的部长菲根堡姆(A.V.Feigenbaum)博士。1961 年,他出版了一本著作,该书强调执行质量只能是公司全体人员的责任,应该使全体人员都具有质量的概念和承担质量的责任。因此,全面质量管理的核心思想是在一个企业内各部门中做出质量发展、质量保持、质量改进计划,从而以最为经济的水平进行生产与服务,使用户或消费者获得最大的满意。

1950 年,戴明博士在日本开展质量管理讲座,日本人从中学习到了这种全新的质量管理的思想和方法。当时,全面质量管理的思路和概念并没有像如今一样被完整地提出来,但是它对日本经济的发展起到了极大的促进作用。到 1970 年,质量管理已经逐步渗透到了全日本企业的基层。

从 20 世纪 70 年代开始,日本企业从质量管理中获得巨大的收益,充分认识到了全面质量管理的好处。日本人开始将质量管理当作一门科学来对待,并广泛采用统计技术和计算机技术进行推广和应用,全面质量管理在这一阶段获得了新的发展。

随着全面质量管理理念的普及,越来越多的企业开始采用这种管理方法。1986 年,国际标准化组织 ISO 把全面质量管理的内容和要求进行了标准化，并于 1987 年 3 月正式颁布了 ISO 9000 系列标准，因此，我们通常所熟悉的 ISO 9000 系列标准实际上是对原来全面质量管理研究成果的标准化。

随着质量管理思想和方法往更高层次发展，企业的生产管理和质量管理被提升到经营管理的层次。无论是学术界还是企业界，很多知名学者如朱兰、石川馨、久米均等人，都提出了很多有关这个方面的观念和理论，"质量管理是企业经营的生命线"这种观念逐渐被企业所接受。

3.6.2 质量管理常见理论方法

1. 戴明环

戴明博士最早提出了 PDCA 循环的概念，所以又称其为"戴明环"，PDCA 循环对全面质量管理的发展有着十分重要的意义。

PDCA 循环，又是能使任何一项活动有效进行的一种合乎逻辑的工作程序，特别是在企业的质量管理中得到了广泛的应用。在 PDCA 循环中，"策划（P）—实施（D）—检查（C）—处理（A）"的管理循环是现场质量保证体系运行的基本方式，它反映了不断提高质量应遵循的科学程序。

2. 质量三部曲

在全面质量管理的发展过程中，除了戴明博士，另一个不可忽视的人物是约瑟夫·M·朱兰博士，朱兰博士出生于 1904 年，在工作实践中逐步成长为一位著名的质量大师，他所提出的质量三部曲和质量螺旋是对全面质量管理的最大贡献。

质量三部曲指的是质量策划、质量改进和质量控制，通过识别顾客的要求，开发出让顾客满意的产品，并使产品的特征最优化，同时优化产品的生产过程。这样不但能够满足客户的需求，也能满足企业的需求。

质量螺旋就是要求我们首先去识别顾客的需求，开发出适合顾客需求的产品，然后生产和销售这样的产品，使顾客获得满意。顾客得到满意之后又会产生新的需求，企业可以根据顾客的新需求进行新一轮的循环。

3. 零缺陷

20 世纪 70 年代曾参加美国马丁导弹计划的克劳斯比（1926—2002），在工作的需求下提出"零缺陷（ZD）"的概念，他的名言是："第一次就把事情做对（即差错不一定必须发生）"，"质量是免费的（即提高质量之效益可以大于其花费）"等。如果质量仅仅被当作是一个控制系统，那么它永远不会得到实质性的改进，质量不仅是一个控制系统，它更是一个管理功能（克劳斯比《质量无泪》1984）。克劳斯比的质量改进过程是以下列 4 项质量管理原理为基础的：

- 质量应定义成符合要求，而不是好或优秀。
- 质量保证体系的原则是预防不合格，而不是对不合格进行评估。

- 工作标准应该是零缺陷，而不是差不多就行。
- 以不合格付出的代价来衡量质量，而不是用不合格的百分比来衡量质量。

4. 六西格玛管理

六西格玛（6σ）是一种改善企业质量流程管理的技术，以"零缺陷"的完美商业追求，带动质量成本的大幅度降低，最终实现财务成效的提升与企业竞争力的突破。

6σ 管理既着眼于产品、服务质量，又关注过程的改进。"σ" 是希腊文的一个字母，在统计学上用来表示标准偏差值，用以描述总体中的个体离均值的偏离程度，测量出的 σ 表征着诸如单位缺陷、百万缺陷或错误的概率性，σ 值越大，缺陷或错误就越少。6σ 是一个目标，这个质量水平意味的是所有的过程和结果中，99.99966%是无缺陷的，也就是说，做 100 万件事情，其中只有 3.4 件是有缺陷的，这几乎趋近到人类能够达到的最为完美的境界。6σ 管理关注过程，特别是企业为市场和顾客提供价值的核心过程。因为过程能力用 σ 来度量后，σ 越大，过程的波动越小，过程以最低的成本损失、最短的时间周期、满足顾客要求的能力就越强。6σ 理论认为，大多数企业在 $3\sigma \sim 4\sigma$ 间运转，也就是说每百万次操作失误在 6210～66800 之间，这些缺陷要求经营者以销售额在 15%～30%的资金进行事后的弥补或修正，而如果做到 6σ，事后弥补的资金将降低到约为销售额的 5%。

为了达到 6σ，首先要制定标准，在管理中随时跟踪考核操作与标准的偏差，不断改进，最终达到 6σ。6σ 改进遵循五步循环改进法，即 DMAIC 模式（定义 Define、测量 Measure、分析 Analyze、改进 Improve、控制 Control）。

- 定义：确定需要改进的目标及其进度，企业高层领导就是确定企业的策略目标，中层营运目标可能是提高制造部门的生产量，项目层的目标可能是减少次品和提高效率。界定前，需要辨析并绘制出流程。
- 测量：以灵活有效的衡量标准测量和权衡现存的系统与数据，了解现有质量水平。
- 分析：利用统计学工具对整个系统进行分析，找到影响质量的少数几个关键因素。
- 改进：运用项目管理和其他管理工具，针对关键因素确立最佳改进方案。
- 控制：监控新的系统流程，采取措施以维持改进的结果，以期整个流程充分发挥功效。

6σ 人员包括绿带、黑带和黑带大师。绿带（Green Belt）的工作是兼职的，他们经过培训后，将负责一些难度较小项目小组，或成为其他项目小组的成员。黑带（Black Belt）来源于军事术语，指那些具有精湛技艺和本领的人。黑带是 6σ 变革的中坚力量。对黑带的认证通常由外部咨询公司配合公司内部有关部门来完成。黑带由企业内部选拔出来，全职实施 6σ 管理，在接受培训取得认证之后，被授予黑带称号，担任项目小组负责人，领导项目小组实施流程变革，同时负责培训绿带。黑带大师是 6σ 管理专家的最高级别，其一般是统计方面的专家，负责在 6σ 管理中提供技术指导。他们必须熟悉所有黑带所掌握的知识,深刻理解那些以统计学方法为基础的管理理论和数学计算方法,能够确保黑带在实施应用过程中的正确性。

3.6.3 质量管理过程

1. 质量策划

质量策划是根据质量目标确定工作内容(措施)、职责和权限,然后确定程序和要求,最后才付诸实施的一系列过程。质量管理是指导和控制与质量有关的活动,质量策划是质量管理的一部分,致力于制定质量目标并规定必要的运行过程和相关资源以实现质量目标。

质量策划属于"指导"与质量有关的活动,也就是"指导"质量控制、质量保证和质量改进的活动。质量控制、质量保证和质量改进只有经过质量策划,才可能有明确的对象和目标,才可能有切实的措施和方法。因此,质量策划是质量管理诸多活动中不可或缺的中间环节,是连接质量方针(可能是"虚"的或"软"的质量管理活动)和具体的质量管理活动(常被看作是"实"的或"硬"的工作)之间的桥梁和纽带。

(1)质量策划的输入。质量策划是针对具体的质量管理活动进行的。在进行质量策划时,力求将涉及该项活动的信息全部搜集起来,作为质量策划的输入。其内容包括但不仅限于以下几方面:

- 质量方针或上级质量目标的要求。
- 顾客和其他相关方的需求和期望。
- 与策划内容有关的业绩或成功经历。
- 存在的问题点或难点。
- 过去的经验教训。
- 质量管理体系已明确规定的相关的要求或程序。

在进行质量策划时,必须尽力搜集与策划内容有关的输入,最好能有形成文件的材料。这些材料应尽早交与参与策划的所有人员。

(2)质量策划的内容。

- 设定质量目标。任何一种质量策划,都应根据其输入的质量方针或上一级质量目标的要求,以及顾客和其他相关方的需求和期望,来设定具体的质量目标。
- 确定达到目标的途径。也就是说,确定达到目标所需要的过程。这些过程可能是链式的,从一个过程到另一个过程,直到目标的实现。也可能是并列的,各个过程的结果共同指向目标的实现。还可能是上述两种方式的结合,既有链式的过程,又有并列的过程。事实上,任何一个质量目标的实现,都需要多种过程。因此,在质量策划时,要充分考虑所需要的过程。
- 确定相关的职责和权限。质量策划是对相关的过程进行的一种事先的安排和部署,而任何过程必须由人员来完成。质量策划的难点和重点就是落实质量职责和权限。如果某一个过程所涉及的质量职能未能明确，没有文件给予具体规定（这种情况事实上是常见的），会出现推诿扯皮现象。
- 确定所需的其他资源，包括人员、设施、材料、信息、经费、环境等等。注意，并不是所有的质量策划都需要确定的这些资源。只有那些新增的、特殊的、必不可少的资源，才需要纳入到质量策划中来。
- 确定实现目标的方法和工具。这并不是说所有的质量策划都需要的。一般情况下，具体的方法和工具可以由承担该项质量职能的部门或人员去选择。但如果某项质量职能或某个过程是一种新的工作，或者是一种需要改进的工作，那就需要确定其使用的方法和工具。
- 确定其他的策划需求。包括质量目标和具体措施（也就是已确定的过程）完成的时间，检查或考核的方法，评价其业绩成果的指标，完成后的奖励方法，所需的文件和记录等。一般来说，完成时间是必不可少的，应当确定下来。而其他策划要求则可以根据具体情况来确定。

（3）质量策划的输出。

质量策划都应形成文件输出，也就是说，都应形成质量计划文件。将上述质量策划内容用文字表述出来，就成为质量计划。一般来说，质量策划输出应包括以下内容：
- 为什么要进行质量策划或为什么要制定该项质量计划（将质量策划的输入进行简单表述），适当分析现状（问题点）与质量方针或上一级质量目标要求，以及顾客和相关方的需求和期望之间的差距。
- 通过质量策划设定质量目标。
- 确定下来的各项目具体工作或措施（也即各种过程）以及负责部门或人员（也即职责和权限）。
- 确定下来的资源、方法和工具。
- 确定下来的其他内容（其中质量目标和各项措施的完成时间是必不可少的）。

如果质量计划草案是预先准备好草案，应根据质量策划会议的决定对其进行必要的修改。如果未预先准备好草案，则应委托或指令相关人员根据会议的决定起草。质量计划应经负责该项质量策划的管理者（组织一级综合性的或重大的质量计划应是最高管理者）批准后下发实施。

2. 质量控制

质量控制是保证产品和服务质量、并使产品和服务质量不断提高的一种质量管理方法。它通过研究、分析产品和服务质量数据的分布，揭示质量差异的规律，找出影响质量差异的原因，采取技术组织措施，消除或控制产生不符合现象的因素，使产品在生产的全过程中以及在服务的每一个环节都能正常的、理想的进行，最终使产品和服务能够达到人们需要所具备的自然属性和特性。

在企业内部，质量控制是指为达到和保持质量而进行控制的技术措施和管理措施方面的活动。质量检验、测试等从属于质量控制,是质量控制的重要活动。

质量控制可以使质量管理从单纯的事后检验发展成为对生产全过程中产品质量的控制;可以通过观察记录的管理数据,及时分析生产过程中的质量问题,以便迅速采取措施,消除造成质量问题的隐患,使生产处于稳定状态。

质量控制的要点如下。

(1)质量控制范围包括生产过程和质量管理过程。质量控制是指为达到质量要求,在质量形成的全过程的每一个环节所进行的一系列生产技术过程和质量管理过程的控制。对硬件类产品来说,生产技术过程是指产品实现所需的设计、工艺、制造、检验等;质量管理过程是指管理职责、资源、测量分析、改进以及各种评审活动等。对服务类产品而言,生产技术过程是指具体的服务过程。

(2)质量控制的关键是使所有质量过程和活动始终处于完全受控状态。事先应对受控状态作出安排,并在实施中进行监视和测量,一旦发现问题应及时采取相应措施,恢复受控状态,把过程输出的波动控制在允许的范围内。

(3)质量控制的基础是过程控制。无论生产过程还是管理过程,都需要严格按照程序和规范进行。控制好每个过程,特别是关键过程是达到质量要求的保障。

3. 质量保证

质量保证和质量控制都是质量管理活动的一部分,两者都以满足质量要求为目的,但是,质量保证活动侧重于为满足质量要求提供使对方信任的证据,而质量控制活动侧重于如何满足质量要求。

因此,从某种意义上说质量保证和质量控制是为达到同一目的的两个方面。例如,对供方的评价选择是组织为了使采购产品满足要求的一种质量控制活动,而如果向顾客提供了组织对供方评价的记录,则可认为是一种质量保证活动。

质量保证工作的主要内容包括制定质量保证计划、过程与产品质量检查、编制质量保证工作报告和问题跟踪与持续改进。

(1)制订质量保证计划。质量保证计划是质量保证工作开展的依据,质量保证人员要按照质量保证计划实施质量保证工作。质量保证计划应至少包括如下内容:

- 质量保证的目的
- 质量保证的检查范围
- 质量保证检查的时间或周期
- 质量保证检查的依据
- 质量保证人员的职责和分工
- 过程与产品质量检查

质量保证人员根据质量保证计划对服务质量进行检查,为保证检查工作顺利开展,应提前制定详细的工作检查表,检查过程中客观记录检查发现。

（2）质量保证工作报告。检查完成后，质量保证人员应对检查结果进行总结分析，根据法律法规、标准和公司管理要求等检查依据提出检查发现，并最终形成质量保证工作报告，质量保证工作报告应以从客户角度陈述事实，不带个人主观想法。

（3）问题跟踪与持续改进。对于检查中发现的问题，质量保证人员还有负责跟踪整改情况，直至问题关闭。

4. 质量改进

（1）质量改进和质量控制的区别。质量改进是为了消除系统性或者长期性的质量问题，对现有的质量水平在控制的基础上加以提高，使质量达到一个新水平、新高度。质量改进是企业跨部门人员参加的突破性改进，质量改进是一个变革和突破的过程，该过程也必然遵循 PDCA 循环的规律。

质量改进与质量控制不一样，但两者是紧密相关的，质量控制是质量改进的前提，质量改进是质量控制的发展方向，控制意味着维持其质量水平，改进的效果则是突破或提高。可见，质量控制是面对"今天"的要求，而质量改进是为了"明天"的需要。

质量控制是日常进行的工作，可以纳入"操作规程"中加以贯彻执行。质量改进则是一项阶段性的工作，达到既定目标之后，该项工作就完成了，通常它不能纳入"操作规程"，只能纳入"质量计划"中加以贯彻执行，所以质量改进通常以成立专题改进项目的形式进行。

（2）质量改进对象。质量改进活动涉及到质量管理的全过程，改进的对象既包括产品（或服务）的质量，也包括各部门的工作质量。产品质量改进是指改进产品自身的缺陷，或是改进与之密切相关事项的工作缺陷的过程。

（3）如何选择改进项目。改进项目的选择重点，应是长期性的缺陷，一般来说，应把影响企业质量方针目标实现的主要问题，作为质量改进的选择对象，一般可以从以下几个方面来考虑选择改进项目：

- 市场上质量竞争最敏感的项目。企业应了解用户对产品或者服务的质量项目中最关切的是哪一项，因为它往往会决定产品或服务在市场竞争中的成败。
- 质量指标达不到规定"标准"的项目。所谓规定"标准"是指在产品销售或服务交付过程中，合同中所提出的标准。在国内市场，如果产品质量或服务质量指标达不到这种标准，产品或服务就没有竞争力、很难立足。
- 产品或服务质量低于行业先进水平的项目。有竞争力的企业都执行内部控制的标准，内部标准的质量指标高于公开颁布标准的指标。因此选择改进项目应在立足于与先进企业产品或服务质量对比的基础上，将本企业产品或服务质量项目低于行业先进水平者，均应列入计划，订出改进措施，否则难以占领国内外市场。
- 其他。诸如质量成本高的项目，用户意见集中的项目，索赔与诉讼项目，影响产品信誉的项目等等。

5. 质量改进实施方法

（1）PDCA 实施方法。质量改进是一个变革和突破的过程，该过程也必然遵循 PDCA 循环的规律，具体实施质量改进 PDCA 循环的过程，可以从以下 7 个步骤来实施：

- 明确问题
- 掌握现状
- 分析问题产生的原因
- 拟订对策并实施
- 确认效果
- 防止问题再发生并标准化
- 总结

（2）DMAIC 方法。DMAIC 是 6σ 管理中流程改善的重要工具，DMAIC 是指定义（Define）、测量（Measure）、分析（Analyze）、改进（Improve）、控制（Control）5 个阶段构成的过程改进方法，一般用于对现有流程的改进，包括制造过程、服务过程以及工作过程等等，一个完整的 6 西格玛改进项目应完成"定义 D""测量 M""分析 A""改进 I"和"控制 C"5 个阶段的工作。每个阶段又由若干个工作步骤构成。

DMAIC 实施步骤如下。

- 定义：辨认需改进的产品或过程，确定项目所需的资源。
- 测量：定义缺陷，收集此产品或过程的表现作底线，建立改进目标。
- 分析：分析在测量阶段所收集的数据，以确定一组按重要程度排列的影响质量的变量。
- 改进：优化解决方案，并确认该方案能够满足或超过项目质量改进目标。
- 控制：确保过程改进一旦完成能继续保持下去，而不会返回到先前的状态。

3.6.4 质量管理工具

1. 质量管理旧七工具

（1）统计分析表。统计分析表是利用统计表对数据进行整理和初步原因分析的一种工具，其格式可多种多样，这种方法虽然较简单，但实用有效。

（2）数据分层法。数据分层法就是将性质相同的，在同一条件下收集的数据归纳在一起，以便进行比较分析。因为在实际生产中，影响质量变动的因素很多，如果不把这些因素区别开来，则难以得出变化的规律。数据分层可根据实际情况按多种方式进行，数据分层法经常与上述的统计分析表结合使用。

数据分层法的应用，主要是一种系统概念，即在于要处理相当复杂的资料，就得懂得如何把这些资料有系统、有目的地加以分门别类的归纳及统计。

（3）排列图。排列图又称为帕累托图，由此图的发明者 19 世纪意大利经济学家帕累托图（Pareto）的名字而得名。帕累托图最早用排列图分析社会财富分布的状况，他发现当时意大利80%财富集中在20%的人手里,后来人们发现很多场合都服从这一规律,于是称之为帕累托图定律。后来美国质量管理专家朱兰博士运用帕累托图的统计图加以延伸将其用于质量管理。帕累托图是分析和寻找影响质量主要因素的一种工具，通过对帕累托图的观察分析可抓住影响质量的主要因素。这种方法实际上不仅在质量管理中，在其他许多管理工作中也是十分有用的。

（4）因果分析图。因果分析图是以结果作为特性，以原因作为因素，在它们之间用箭头联系表示因果关系。因果分析图是一种充分发动员工动脑筋，查原因，集思广益的好办法，也特别适合于工作小组中实行质量的民主管理。当出现了某种质量问题，未搞清楚原因时，可针对问题发动大家寻找可能的原因，使每个人都畅所欲言，把所有可能的原因都列出来。

所谓因果分析图，就是将造成某项结果的众多原因，以系统的方式图解，即以图来表达结果（特性）与原因（因素）之间的关系。其形状像鱼骨，又称鱼骨图。

（5）直方图。直方图又称柱状图，它是表示数据变化情况的一种主要工具。用直方图可以将杂乱无章的资料，解析出规则性，比较直观地看出产品和服务质量特性的分布状态，对于资料中心值或分布状况一目了然，便于判断其总体质量分布情况。在制作直方图时，牵涉到一些统计学的概念，首先要对数据进行分组，因此如何合理分组是其中的关键问题。分组通常是按组距相等的原则进行的，两个关键数字是分组数和组距。

（6）散布图。散布图又叫相关图，它是将两个可能相关的变量数据用点画在坐标图上，用来表示一组成对的数据之间是否有相关性。这种成对的数据或许是特性-原因，特性-特性，原因-原因的关系。通过对其观察分析，来判断两个变量之间的相关关系。这种问题在实际生产中也是常见的，例如热处理时淬火温度与工件硬度之间的关系，某种元素在材料中的含量与材料强度的关系等。这种关系虽然存在，但又难以用精确的公式或函数关系表示，在这种情况下用相关图来分析就是很方便的。假定有一对变量 x 和 y，x 表示某一种影响因素，y 表示某一质量特征值，通过实验或收集到的 x 和 y 的数据，可以在坐标图上用点表示出来，根据点的分布特点，就可以判断 x 和 y 的相关情况。

在我们的生活及工作中，许多现象和原因，有些呈规则的关联，有些呈不规则的关联。我们要了解它，就可借助散布图统计手法来判断它们之间的相关关系。

（7）控制图。控制图就是对生产或者服务过程的关键质量特性值进行测定、记录、评估并监测过程是否处于控制状态的一种图形方法。根据假设检验的原理构造一种图，用于监测生产过程是否处于控制状态。它是统计质量管理的一种重要手段和工具。运用控制图的目的之一就是，通过观察控制图上质量特性值的分布状况，分析和判断生产过程是否发生了异常,一旦发现异常就要及时采取必要的措施加以消除,使生产过程恢复稳定状态。也可以应用控制图来使过程达到统计控制的状态。质量特性值的分布是一种统计分布。因此,绘制控制图需要应用概率论的相关理论和知识。

控制图上有 3 条平行于横轴的直线:中心线(CL,Central Line)、上控制线(UCL,Upper Control Line)和下控制线(LCL,Lower Control Line),并有按时间顺序抽取的样本统计量数值的描点序列。UCL、CL、LCL 统称为控制线(Control Line),通常控制界限设定在±3 标准差的位置。中心线是所控制的统计量的平均值,上下控制界限与中心线相距数倍标准差。若控制图中的描点落在 UCL 与 LCL 之外或描点在 UCL 和 LCL 之间的排列不随机,则表明过程异常。

以上概要介绍了七种常用初级统计质量管理七大手法即所谓的"QC 七工具",这些方法集中体现了质量管理的"以事实和数据为基础进行判断和管理"的特点。最后还需指出的是,这些方法看起来都比较简单,但能够在实际工作中正确灵活地应用并不是一件简单的事。

2. 质量管理新七工具

(1)系统图。系统图法,是指系统地分析、探求实现目标的最好手段的方法。

在质量管理中,为了达到某种目的,就需要选择和考虑某一种手段;而为了采取这一手段,又需考虑它下一级的相应的手段。这样,上一级手段就成为下一级手段的行动目的。如此地把要达到的目的和所需要的手段,按照系统来展开,按照顺序来分解,作出图形,就能对问题有一个全貌的认识。然后,从图形中找出问题的重点,提出实现预定目的最理想途径。它是系统工程理论在质量管理中的一种具体运用。

系统图法主要用于以下几方面:
- 在新产品研制开发中,应用于设计方案的展开。
- 在质量保证活动中,应用于质量保证事项和工序质量分析事项的展开。
- 应用于目标、实施项目的展开。
- 应用于价值工程的功能分析的展开。
- 结合因果分析图,使之进一步系统化。

(2)关联图。关联图就是把现象与问题有关系的各种因素串联起来的图形。通过连图可以找出与此问题有关系的一切要图,从而进一步抓住重点问题并寻求解决对策。

关联图可用于以下方面:
- 制定质量管理的目标、方针和计划。
- 产生不合格品的原因分析。
- 制定质量故障的对策。
- 规划质量管理小组活动的展开。
- 用户索赔对象的分析。

（3）亲和图。亲和图也叫KJ法，是指把收集到大量的各种数据、资料，按照其之间的亲和性（相近性）归纳整理，使问题明朗化，从而有利于问题解决的一种方法。

KJ法是日本川喜二郎提出的。"KJ"二字取的是川喜（KAWAJI）英文名字的第一个字母。这一方法是从错综复杂的现象中，用一定的方式来整理思路、抓住思想实质、找出解决问题新途径的方法。

KJ法不同于统计方法，统计方法强调一切用数据说话，而KJ法则主要靠用事实说话、靠"灵感"发现新思想、解决新问题。KJ法认为许多新思想、新理论，往往是灵机一动、突然发现。但应指出，统计方法和KJ法的共同点，都是从事实出发，重视根据事实考虑问题。KJ法和统计方法的不同点如表3.3所示。

表3.3　KJ法与统计方法的不同点

	统 计 方 法	KJ 法
1	验证假设型	发现问题型
2	现象数量化，收集数值性资料（数据）	不需数量化、收集语言、文字类的资料（现象、意见、思想）
3	侧重于分析	侧重于综合
4	用理论分析（即数理统计理论分析）	凭"灵感"归纳问题

KJ法一般用于以下情况：
- 认识新事物（新问题、新办法）。
- 整理归纳思想。
- 从现实出发，采取措施，打破现状。
- 提出新理论，进行根本改造，"脱胎换骨"。
- 促进协调，统一思想。
- 贯彻上级方针，使上级的方针变成下属的主动行为。

（4）矩阵图。矩阵图是指从问题事项中找出成对的因素群，分别排列成行和列，找出其间行与列的相关性或相关程度大小的一种方法。

矩阵图法，是指借助数学上矩阵的形式，把与问题有对应关系的各个因素，列成一个矩阵图；然后，根据矩阵图的特点进行分析，从中确定关键点（或着眼点）的方法。

这种方法，用于多因素分析时，可做到条理清楚、重点突出。它在质量管理中，可用于寻找新产品研制和老产品改进的着眼点，寻找产品质量问题产生的原因等方面。

这种方法，先把要分析问题的因素，分为两大群（如R群和L群），把属于因素群R的因素（R_1，R_2，…，R_m）和属于因素群L的因素（L_1，L_2，…，L_n）分别排列成行和列。在行和列的交点上表示着R和L的各因素之间的关系，这种关系可用不同的记号予以表示（如用"○"表示有关系等）。矩阵图法示意图如图3.11所示（◎密切关系○有关系△像有关系）。

		R					
		R1	R2	R3		Ri	Rm
L	L1		○				
	L2			◎			
	L3	△					
	Li					○	
	Ln	△					

图 3.11　矩阵图法示意图

（5）矩阵数据分析法。矩阵数据分析法，与矩阵图法类似。它区别于矩阵图法的是：不是在矩阵图上填符号，而是填数据，形成一个分析数据的矩阵。

它是一种定量分析问题的方法，在质量管理新七大手法中，矩阵数据分析法是唯一一种利用数据分析问题的方法，应用这种方法，往往需求借助电子计算机来求解。

（6）PDPC 法。PDPC 法是英文原名 Process Decision Program Chart 的缩写，中文称之为过程决策程序图法。它是在制订达到研制目标的计划阶段，对计划执行过程中可能出现的各种障碍及结果，作出预测，并相应地提出多种应变计划的一种方法，这样，在计划执行过程中，遇到不利情况时，仍能有条不紊地按第二、第三或其他计划方案执行。

（7）箭条图法。箭条图法，又称矢线图法。它是计划评审法在质量管理中的具体运用，使质量管理的计划安排具有时间进度内容的一种方法。它有利于从全局出发、统筹安排、抓住关键线路，集中力量，按时和提前完成计划。

这七种新工具是日本科学技术联盟于 1972 年组织一些专家运用运筹学或系统工程的原理和方法，经过多年的研究和现场实践后于 1979 年正式提出用于质量管理的。这新七种工具的提出不是对"旧七种工具"的替代而是对它的补充和丰富。一般说来，"旧七种工具"的特点是强调用数据说话，重视对制造过程的质量控制；而"新七种工具"则基本是整理、分析语言文字资料（非数据）的方法，着重用来解决全面质量管理中 PDCA 循环的 P（计划）阶段的有关问题。

3.7　信息安全管理

3.7.1　信息安全管理体系、知识和活动

1．信息安全管理体系

信息安全管理体系（ISMS）：是整个管理体系的一部分。它是基于业务风险的方法，来建立、实施、运行、监视、评审、保持和改进信息安全的（注：管理体系包括：组织

结构、方针政策、规划活动、职责、实践、程序、过程和资源)。

2. 信息安全管理知识

（1）信息安全的属性。信息安全的基本属性有以下几个方面：

- 完整性：完整性是指信息在存储或传输的过程中保持不被修改、不被破坏、不被插入、不延迟、不乱序和不丢失的特性。
- 可用性：可用性是指信息可被合法用户访问并能按要求顺序使用的特性。即在需要时就可以取用所需的信息。
- 保密性：保密性是指信息不被泄露给非授权的个人和实体，或供其使用的特性。
- 可控性：可控性是指授权机构可以随时控制信息的机密性。
- 可靠性：可靠性是指信息以用户认可的质量连续服务于用户的特性。

（2）信息安全管理。信息安全管理是通过维护信息机密性、完整性和可用性，来管理和保护组织所有信息资产的一项体制，是信息安全治理的主要内容和途径，信息安全治理为信息安全管理提供基础的制度支撑。

信息安全管理的内容包括信息安全政策制定、风险评估、控制目标与方式的选择、制定规范的操作流程、信息安全培训等。涉及安全方针策略、组织安全、资产分类与控制、人员安全、物理与环境安全、通信与运营安全、访问控制、系统开发与维护、业务连续性、法律符合性等领域。

3. 信息安全管理活动

信息安全管理活动主要包括以下几个方面：

（1）定义信息安全策略。信息安全政策是一个机构信息安全的最高方针，必须形成书面文件，散发到组织内所有员工手上，并要对所有相关员工进行培训。

（2）定义信息安全管理体系的范围。即在机构内选定在多大范围内构建信息安全管理体系。在定义信息安全管理体系阶段，应将机构划分成不同的信息安全控制域，以易于对不同需求的领域进行适当的信息安全管理。在定义信息安全管理体系范围时，为了使定义更加完整，应考虑以下几个方面的实际情况：现有部门、处所、资产状况、所采用的技术等。

（3）进行信息安全风险评估。信息安全风险评估的复杂程度取决于风险的复杂程度和受保护资产的敏感程度，所采用的评估措施应该与组织信息资产风险的保护需求相一致。具体有三种评估方法可以选择：基本风险评估、详细风险评估、基本风险评估和详细风险评估相结合。

（4）确定管理目标和选择管理措施。管制目标的确定和管制措施的选择原则是费用不超过风险所造成的损失。但应注意有些风险的后果并不能用金钱来衡量。由于信息安全是一个动态的系统工程，组织应实时对选择的管制目标和管制措施加以校验和调整。

（5）准备信息安全适用性申明。信息安全适用性申明记录了组织内相关的风险管制目标和针对每种风险所采取的各种控制措施。信息安全适用性申明的准备，一方面是为了向组织内的员工申明对信息安全风险的态度,在更大程度上则是为了向外界表明机构的态度和作为,以表明机构已经全面、系统地审视了信息安全系统,并将所有有必要管制的风险控制在能够被接受的范围内。

3.7.2 信息安全等级保护知识

1. 信息安全等级保护基本概念

信息安全等级保护是指对国家秘密信息、法人和其他组织及公民的专有信息以及公开信息和存储、传输、处理这些信息的信息系统分等级实行安全保护,对信息系统中使用信息安全产品实行按等级管理,对信息系统中发生的信息安全事件分等级响应、处置。

这里所说的信息系统是指由计算机及其相关和配套的设备、设施构成的,按照一定的应用目标和规则对信息进行存储、传输、处理的系统或者网络;信息是指在信息系统中存储、传输、处理的数字化信息。

信息安全等级保护(以下简称"等级保护")是我国在信息化推进进程中实施的对信息系统安全保护的基本制度、方法和策略。2004 年,由公安部、国家保密局、国家密码委及国务院信息办联合下发了《关于信息安全等级保护工作的实施意见》(公通字 2004 第 66 号),标志着信息安全等级保护工作在全国全面启动。

2. 信息系统安全保护等级的划分

信息系统的安全保护等级应当根据信息系统在国家安全、经济建设、社会生活中的重要程度,信息系统遭到破坏后对国家安全、社会秩序、公共利益以及公民、法人和其他组织的合法权益的危害程度等因素确定。信息系统的安全保护等级共分为五级:

第一级,信息系统受到破坏后,会对公民、法人和其他组织的合法权益造成损害,但不损害国家安全、社会秩序和公共利益。

第二级,信息系统受到破坏后,会对公民、法人和其他组织的合法权益造成严重损害,或者对社会秩序和公共利益造成损害,但不损害国家安全。

第三级,信息系统受到破坏后,会对社会秩序和公共利益造成严重损害,或者对国家安全造成损害。

第四级,信息系统受到破坏后,会对社会秩序和公共利益造成特别严重损害,或者对国家安全造成严重损害。

第五级,信息系统受到破坏后,会对国家安全造成特别严重损害。

3. 等级保护工作的主要环节

等级保护的主要环节:定级、备案、安全建设整改、等级测评和安全检查。

一是信息系统定级。信息系统定级按照自主定级、专家评审、主管部门审批、公安机关审核的流程进行。信息系统运营使用单位按照《信息安全等级保护管理办法》(共通字【2007】43 号,以下简称"管理办法")和《信息安全等级保护定级指南》(GB/T22240-2008),自主确定信息系统的安全保护等级。为保证信息系统定级准确,可以组织专家进行评审。有上级主管部门的，应当经上级主管部门审批，跨省或全国统一联网运行的信息系统可以有其主管部门统一确定安全保护等级。最后经公安机关审核把关，合理确定信息系统安全保护等级。

二是信息系统备案。第二级以上信息系统，由信息系统运营使用单位到所在地设区的市级以上公安机关网络安全保卫部门办理备案手续。公安机关按照《信息安全等级保护备案实施细则》（公信安【2007】1360号）要求，对备案材料进行审核，定级准确、材料符合要求的颁发由公安部统一监制的备案证明。

三是信息系统安全建设整改。信息系统安全保护等级确定后，运营使用单位按照《管理办法》、《关于开展信息系统等级保护安全建设整改工作的指导意见》（公信安【2009】1429号）等有关管理规范和技术标准，选择《管理办法》要求的信息安全产品，制定并落实安全管理制度。落实安全责任，建设安全设施，落实安全技术措施。

四是等级测评。信息系统建设整改完成后，运营使用单位选择符合要求的测评机构，依据《管理办法》、《信息系统安全等级保护测评要求》和《信息系统安全等级保护测评过程指南》标准，对信息系统安全保护状况开展等级测评，按照《信息系统安全等级测评报告模板（试行）》（公信安【2009】1487号）编写等级测评报告。

五是监督检查。公安机关依据《管理办法》和《公安机关信息安全等级保护检查工作规范（试行）》（公信安【2008】736号），监督检查运营使用单位开展等级保护工作，定期对第三级以上的信息系统进行安全检查。运营使用单位应当接受公安机关的安全监督、检查、指导，如实向公安机关提供有关材料。

【练习题】

1. 产品的广义概念是指可以满足人们需求的载体，狭义概念是指被生产出的物品。产品是一组将输入转化为输出的相互关联或相互作用的活动的结果。通常有四种类别的产品，它们分别是（　　）。
    A．软件、硬件、服务、管理过程产出物
    B．服务、软件、硬件、流程性材料
    C．交换、软件、硬件、流程性材料
    D．软件、硬件、服务、交付材料
2. 以下关于运维、经营和运营的概念描述，不正确的是（　　）。
    A．运维是运行维护的简称，是一种 IT 服务形态。在《信息技术服务 分类与代码》（GB/T 29264-2012）中，对运行维护服务（operation maintenance service）给出的定义是"采用信息技术手段及方法，依据需方提出的服务级别要求，对其信息系统的基础环境、硬件、软件及安全等提供的各种技术支持和管理服务"

B. 运营是对组织经营过程的计划、组织、实施和控制，是与产品生产和服务创造等密切相关的各项管理工作的总称。它的目的是保证正常的业务开展。《现代汉语词典》对运营的解释为运行和营业，从其解释可以看出运营一词带有商业色彩

C. 在《现代汉语词典》中，经营的解释包含两个层面：一是筹划并管理（如企业等）；二是泛指计划和组织。经营是随着交换的发展而产生的，是商品经济发展的产物

D. 运维、运营和经营是三个完全独立的概念，彼此之间不会发生任何关联性和交叉

3. IT 服务管理（IT Service Management，ITSM）是一套帮助组织对 IT 系统的规划、研发、实施和运营进行有效管理的方法，是一套（　　）。

  A．管理理论   B．方法论

  C．技术资源库   D．工具库

4. 项目是"一组有起止时间的、相互协调的受控活动所组成的特定过程，该过程要达到符合规定要求的目标，包括（　　）等各方面的要求与约束。"

  A．时间、人力和资源   B．时间、功能和资源

  C．时间、技术和资源   D．时间、成本和资源

5. 质量管理常见理论方法包括：戴明环、质量三部曲、零缺陷、（　　）。

  A．6σ B．ITIL

  C．客户关系管理   D．CMMI

6. 信息安全的基本属性有以下几个方面：完整性、可用性、（　　）。

  A．不可复制性、不可否认性、鉴权

  B．保密性、可控性、可靠性

  C．校验性、可控性、可靠性

  D．保密性、不可否认性、校验能力

7. 信息系统的安全保护等级应当根据信息系统在国家安全、经济建设、社会生活中的重要程度，信息系统遭到破坏后对国家安全、社会秩序、公共利益以及公民、法人和其他组织的合法权益的危害程度等因素确定。信息系统的安全保护等级共分为（　　）。

  A．三个等级   B．四个等级

  C．五个等级   D．六个等级

【参考答案】：B D B D A B C

第 4 章　IT 服务规划设计

4.1　概述

规划设计处于整个 IT 服务生命周期中的前端，可以帮助 IT 服务供方了解客户的需求，并对其进行全面的需求分析，然后通过对服务要素（包括人员、资源、技术和过程）、服务模式和服务方案的具体设计，最终形成服务级别协议（Service Level Agreement，SLA），包括服务的内容、连续性、可用性、服务能力和服务费用等。

如果未进行有效的规划设计，那么仓促而就的 IT 服务难以满足客户的真正需求，很可能造成客户满意度低下、IT 服务可用性低、预算超支或 IT 系统功能丧失。

规划设计的范围不仅包括新的服务，还包括服务连续性保障、服务水平的满足和对标准、规则的遵从，以及在服务生命周期过程中为了保持和增加服务价值所做的必要变更。

规划设计的主要目的在于：

（1）设计满足业务需求的 IT 服务。
（2）设计 SLA、测量方法和指标。
（3）设计服务过程及其控制方法。
（4）规划服务组织架构、人员编制、岗位及任职要求。
（5）识别风险，并定义风险控制措施和机制。
（6）识别和规划支持服务所需的技术及资源。
（7）评估 IT 服务成本，制订服务预算，控制服务成本。
（8）制订服务质量管理计划，以全面提高 IT 服务质量。

优秀的规划设计会为 IT 运维服务、数据处理和存储服务及运营服务带来如下益处。

（1）减少总体拥有成本（Total Cost of Ownership，TCO）：通过对人员、过程、技术和资源的规划与设计，可实现有效的服务成本控制，并在成本上做出有效的分析。如果没有实现规划设计，那么突发的灾难、意外的资源超标都会造成不可挽回的经济损失。

（2）使新的或变更的服务的实施更便利：在传统的组织中，一旦有了新的服务需求，许多重担便压在系统规划与管理师身上，系统规划与管理师除了对项目本身负责外，还将需要大量的时间去分析与新的或变更的服务相关事宜，包括与其他组织的沟通等。有效的规划设计方法将指导系统规划与管理师从更全面的角度去思考这些规划层面的事宜，提升效率。

（3）改进服务流程：规划设计模块中提供了有效的服务过程设计建议，为服务过程的改进奠定了基础。

（4）服务执行更有效：缘于有效的整体规划设计，服务的执行更明确，也意味着服务执行力更强。

（5）提升 IT 服务管理：指标不仅让服务的执行更明确，对于管理者来说，绩效考核也要有依据。这里不仅包括对人员的管理规划，还包括对过程、技术和资源的管理规划与设计。

（6）服务管理更有效：有了具体的方向和指导，服务管理除了具有明确的目标性外，还具备了可审计、可追溯、可改进、可视性等多重效率性提升。

4.2　IT 服务规划设计活动

4.2.1　规划设计的活动

规划设计流程中的主要活动包括：服务需求识别、服务目录设计、服务方案设计（含服务模式设计、服务级别设计、人员要素设计、过程要素设计、技术要素设计、资源要素设计）、服务成本评估和服务级别协议设计。

整个规划设计流程中的各项主要活动如图 4.1 所示。规划设计从服务需求出发，终点为设计出符合业务需求和成果的服务方案。在需求阶段，客户结合服务目录的定义和自身要求，提出服务级别需求，服务供方根据服务需求，进行服务模式设计、服务级别设计、服务要素设计等关键活动，同时兼顾成本控制和定价，最终形成服务级别协议、运营级别协议和支持合同。

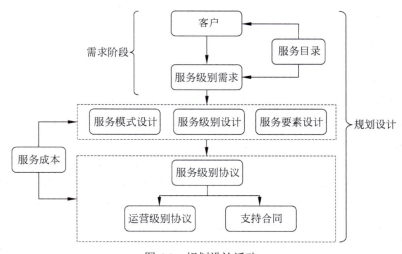

图 4.1　规划设计活动

4.2.2 关键成功因素

要确保规划设计的有效实施,需充分考虑如下内容:

(1)确保规划设计考虑全面,使规划设计包含 IT 服务的所有活动及与业务相关的接口。

(2)当服务变更或补充规划设计的任一独立元素时,都要综合考虑有关职能、管理和运营等层面的问题。

(3)明确重点,充分沟通。

(4)策划、实施、检查和改进(Plan-Do-Check-Act,PDCA)。

规划设计是一个不断循环的过程,服务供方在 IT 服务规划设计过程中应对服务进行整体策划,提供必要的人员、资源、技术和过程支持并实施服务内容,保证交付质量满足 SLA 的要求,对 IT 服务规划设计的过程和结果进行监视、测量、分析和评审,并实施改进,如表 4.1 所示。

表 4.1 规划设计之 PDCA

	目的	内容
策划	对规划设计过程进行整体策划,提供必要的资源支持	根据业务定位和能力,策划针对特定服务对象的服务内容与安全要求,设定服务目标、服务模式、服务目录;对服务资源进行规划,建立相适应的指标体系和服务保障体系;策划如何管理、审核并改进规划设计内容和结果(包括 SLA、OLA 和 UC),并建立内部审核评估机制
实施	设计服务方案,保证交付产品的质量满足服务需求	与客户就服务需求达成共识,明确 SLA 或质量要求;按照服务需求、标准和法律法规的标注进行规划设计,确保规划设计的过程可追溯和结果可计量;提交满足服务需求的交付物
检查	检查规划设计的结果是否符合服务需求和质量目标	按进度安排评审规划设计过程交付物及相关管理体系,以确保其适宜性和有效性
改进	改进规划设计过程和交付方案的不足,以持续提升服务质量	不断总结经验和教训,修改和优化规划设计过程和服务目录;对不符合策划要求的行为进行总结分析;对未达成的服务需求的指标进行调查分析;根据分析结果确定改进措施,制订服务改进计划

在进行规划设计时,只有充分考虑上述内容,才会看到成效——客户满意度的不断提升,IT 服务稳定、实用性强,IT 服务与业务之间便能建立真正的良性循环。

4.3 服务目录管理

服务目录是梳理服务产品和管理客户期望的重要工具,是服务供方为客户提供的 IT 服务集中式的信息来源,以确保业务领域可以准确地看到可用的 IT 服务及服务的细节和状态，如图 4.2 所示。

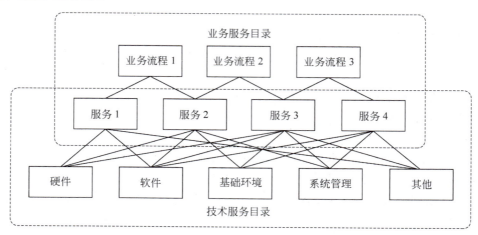

图 4.2　服务目录

服务目录是公开的，不论是客户还是服务供方都应该能方便地查阅这些资料，在某些场合下甚至会由一个专门的内部网站来完成这项任务。服务目录一般会利用一些来自质量控制系统的信息和文档（这些质量信息需要进行定期回顾），及时做出调整，以适应客户或者业务的具体需求。

服务目录定义了服务供方所提供服务的全部种类和服务目标，但是在很多情况下，由于涉及的内容很可能已经在其他文档（如 SLA）中被提及，为了避免文档的重复，服务目录往往不再单独列出。

虽然不同的服务供方的服务目录及相关文档和方式会有所不同，但是有一个大家都应遵守的原则，即服务目录要避免信息处理过程中产生的冗余，要得到妥善管理，而且方便查阅。

服务目录主要有两种：业务服务目录和技术服务目录。业务服务目录包含提交给客户的所有 IT 服务细节，并将其关联到依靠 IT 服务的业务单元和业务流程，是客户视角的服务目录。技术服务目录包含提交给客户的所有 IT 服务细节，并将其关联到提供给业务的必需的支持服务、共享服务、组件和配置项，支撑业务服务目录，是技术视角的服务目录，通常客户不关注技术服务目录。

4.3.1　设计服务目录的目的

服务目录设计的目的是为所有商定的服务提供单一、连贯的信息来源，并且确保所有获准使用相关服务的人能够知道这些信息。服务目录管理中的核心信息的主要输入，来自服务组合和通过业务关系管理（BRM）或服务级别管理（SLM）流程了解到的业务情况。

促使 IT 服务目录制订的原因有很多，其中最重要的一点是，它能促使 IT 部门与客户之间建立起一种长期稳固的关系。实施一套正规 IT 服务目录时，所获取的总体效益会随部门的不同而不同，潜在效益应包括：

（1）促进部门同外部及内部沟通。
（2）对业务要求和挑战有更好的理解。
（3）能有效地把适当的成本分配给某个具体的业务部门、单位。
（4）服务供方能积极、有效地改变终端用户的消费量及其消费行为。
（5）增强客户的需求意识，提高 IT 服务供方的市场可视性。
（6）提高 IT 服务和流程的效率。
（7）把 IT 资源重新分派到核心业务系统中。
（8）降低服务提供的出错率。
（9）降低 IT 部门的操作成本。

4.3.2　服务目录设计活动

设计一套巧妙而有效的 IT 服务目录需经过深思熟虑，因为这样可以确定服务目录应当包含哪些服务及特征，并分出优先级。IT 服务目录的设计一般按照如下步骤进行，这都需要与服务供方的总目标和服务能力相一致。

（1）确定小组成员：参与人员至少应包括需方业务代表、系统规划与管理师、IT 服务工程师，以确保制订服务目录时的视角是全面的。

（2）列举服务清单：小组应当列出一个包括所有 IT 服务在内的清单，不管它们是否真的被包括在现有的 IT 服务内。

（3）服务分类与编码：对服务清单中的内容，按服务对象的技术维度或服务性质维度进行分类，如硬件、软件、环境、响应支持、例行操作、优化改善、调研评估等。

（4）服务项详细描述：详细描述各服务项包括的内容、价值、目标、服务级别指标、技术实现方法等。

（5）评审并发布服务目录：服务目录在经修改、评审、定稿后，就可正式在供方组织内部发布，作为服务交付和服务管理的基准。

（6）完善服务目录：根据客户服务需求或行业要求，继续改进服务目录，包括服务时间、服务方式、服务人员、服务定价等，并保持与需方服务需求或供方服务能力的一致性。

在服务目录使用的过程中，如果服务需方的反馈结果与服务目录有差别，可以有针对性地对服务进行选择性修改，从而制订正规的 SLA。

不同的组织针对 IT 服务目录的制订成本、复杂性及实施难度会有所不同，这完全取决于最终存档的服务目录的服务项数量。因此，只有在服务目录中的服务项逐一实施并被客户认同之后，服务目录的条款才能最终确定。

服务目录包含众多条款和变量，可以为 IT 组织和部门创造更多、更有意义的附加价值。以下是服务目录中可能包含的一些变量及促进因素：

（1）对服务进行统一收费（如针对每个服务传递者、人员或业务单位）。

（2）确定服务使用费或基于服务能力的收费额（如根据服务呼叫数量来确定费用情况）。

（3）增加循环过程中服务消费的数量或单元。

（4）确定相似服务提供时的优先次序。

（5）获取新的服务或添加附加客户的流程及程序。

4.3.3 关键成功因素

（1）确保向需方提供的每个服务都是独立的，而不是某个大服务的一部分。

（2）可以根据客户的需求和内部情况，对服务内容进行控制和衡量。

（3）服务成本可以根据客户需求的不同而进行改变。

（4）客户容易认可和感受对服务成本有较大影响的服务。

4.3.4 参考实例

参考实例如表 4.2 所示。

表 4.2　参考实例

服务代码	服务名称	服务内容	服务描述	服务方式	服务时间	服务级别
4020101	网络设备应急响应服务	包括故障排查服务、设备维修服务、重大事件保障服务。通过该服务能有效地诊断并发现故障情况，及时定位故障位置，对故障进行处理，直到故障解决，快速有效地恢复网络系统的正常运行	故障排查：可提供各类网络设备的故障排查及处理解决服务	现场+远程	5×8 7×9 7×24	响应时间 10/30 分钟，到达现场时间 2/4/8/24 小时，故障解决时间 4/8/24/48 小时
4020102			设备更换：可提供各类网络设备及其配件更换服务	现场	5×8	响应时间 10/30 分钟，到达现场时间 2/4/8/24 小时，故障解决时间 4/8/24/48 小时
4020103			重大事件保障：可提供警卫任务、节假日或其他重大任务时，指派网络系统运维服务工程师到客户指定现场进行值守，保证重大事件活动期间网络系统的正常运行	现场	5×8 7×9 7×24	响应时间 10/30 分钟，到达现场时间 2/4/8/24 小时，故障解决时间 4/8/24/48 小时

续表

服务代码	服务名称	服务内容	服务描述	服务方式	服务时间	服务级别
4020104	网络设备例行维护服务	包括日常工作值守服务、巡检服务、清洁服务。通过该服务能有效预防故障的发生，降低故障发生概率，大幅度提升网络正常稳定运行的平均时间，提供更可靠、更及时的保障，延长设备使用寿命，节约资源成本	巡检：可提供网络类设备告警信息及日志查询和诊断、系统配置参数校对、风扇运行状态检查、设备运行状态检查、基础环境温湿度检查等服务；巡检过程中发现有故障设备，可及时进行备件更换恢复业务	现场+远程	5×8	响应时间 10/30 分钟，到达现场时间 2/4/8/24 小时，故障解决时间 4/8/24/48 小时
4020105			实时监测：可提供网络设备安放基础环境温湿度等指标、设备运行状态指标、传输网络拓扑连通性、出口带宽、数据转发速率、设备温度、设备硬件资源占用情况等性能指标的实时监测服务	驻场+远程	5×8 7×9 7×24	响应时间 10/30 分钟，到达现场时间 2/4/8/24 小时，故障解决时间 4/8/24/48 小时
4020106			清洁保养：各类网络设备的清洁及养护服务	现场	5×8	响应时间 10/30 分钟，到达现场时间 2/4/8/24 小时，故障解决时间 4/8/24/48 小时
4020107	网络设备优化改善服务	包括隐患排查服务、性能优化服务。通过该服务能升级设备软件系统配置功能，精简配置有效发挥网络系统的最佳性能	系统升级：可提供各类网络设备的系统软件版本升级服务	现场+远程	5×8	响应时间 10/30 分钟，到达现场时间 2/4/8/24 小时，故障解决时间 4/8/24/48 小时
4020108			性能调优可提供各类网络设备的系统配置优化服务	现场+远程	5×8	响应时间 10/30 分钟，到达现场时间 2/4/8/24 小时，故障解决时间 4/8/24/48 小时

4.4 服务级别协议

4.4.1 服务级别协议介绍

服务级别协议（Service Level Agreement，SLA）是在一定成本控制下，为保障 IT

服务的性能和可靠性，服务供方与客户间定义的一种双方认可的协定。

一个完整的 SLA 也是一个合法的文档，包括涉及的当事人、协定条款（包含应用程序和支持的服务）、违约的处罚、费用和仲裁机构、政策、修改条款、报告形式和双方的义务等。同样，服务供方可以对客户在工作负荷和资源使用方面进行规定。

运营级别协议（Operational Level Agreement，OLA）是与某个内部 IT 部门就某项 IT 服务所签订的后台协议，OLA 在 IT 内部定义了所有参与方的责任，并将这些参与方联合在一起提供某项特别服务。各方就所提供服务的质量和数量等级达成一致。例如，如果 SLA 中包含了一个针对恢复某个具有高优先事件的总目标，则 OLA 中就应该包括针对整个支持链的每个环节的具体目标（如针对服务台响应呼叫、进行事件升级的目标，针对网络支持人员启动调查和解决网络相关事件的目标等）。OLA 支持 IT 部门提供各种服务。

支持合同（Underpinning Contract，UC）是指组织与外部服务供应商之间签订的有关服务实施的正式合同，是 SLA 中的重要部分。如果 IT 服务不由内部部门提供，而由外部服务供应商提供，那么这一环节相当重要，因为 SLA 只是内部或对客户的协议，不具有法律效力，UC 则是与外部服务供应商或组织签订的合同，是正规的、具备法律效力的协议。从内容上看，UC 主要由依据 SLA 的内容加上法律条文中的责任、权利和义务构成。

4.4.2 服务级别协议内容

服务级别协议框架如表 4.3 所示。

表 4.3 服务级别协议框架

要素	说明和示例
需方	需方单位名称
供方	供方单位名称
第三方	第三方单位名称
项目名称	IT 服务项目全称
生效时间	协议生效时间
终止时间	协议终止时间
服务简介	提供项目的背景，项目的目标和项目的重要性等
服务范围	如设备清单等
服务时间	约定可提供服务的时间，需明确例外时间段以及对例外时间段提供服务的协商方式，如 5×8、7×24 等
服务受理渠道	客服热线电话、客服邮箱、网上问题提交地址等；如有必要可增加非工作时间服务通道及方式等
投诉渠道	投诉热线等
服务交付计划	启动会时间、巡检时间、总结时间等

续表

要素	说明和示例
服务交付方式	现场交付要求，远程交付要求等
服务交付内容	例行操作、响应支持、优化完善、调研评估等具体服务交付内容
供方人员	需明确参与服务的人员岗位、职责、姓名和联系方式等，如客户经理、系统规划与管理师、信息技术支持工程师等
需方接口	需明确接口服务的人员岗位、职责、姓名和联系方式等，如系统规划与管理师、责任工程师等
第三方接口	需明确接口服务的人员岗位、职责、姓名和联系方式等，如系统规划与管理师、责任工程师等
供方服务流程	故障申报流程、巡检流程、升级上报流程等
第三方服务流程	第三方支持流程等
服务交付成果	需明确服务阶段中需要提交的各类交付成果等，如故障报告、总结报告、巡检记录等
保密要求	相关信息严禁透露，服务人员应签署保密协议等要求
服务考核要求	服务质量考核的时间周期、考核的关键要素、考核好坏对应的奖惩条款等
协议变更控制	协议内容变更的流程和要求等
各方代表签字	供需双方代表签字，如需要第三方签字，可增加签字方；需提供姓名、职务和签署时间等

参考示例如下。

本协议经过甲方：　　　　　乙方：　　　　　友好协商达成。			
本协议涉及由乙方向甲方提供和支持的服务（服务名称）。			
本协议自　年　月　日起到　年　月　日止，有效期为　年。			
服务描述	×××服务包括…（全面描述服务包括业务职能、功能、性能、容量和其他相关信息，用于描述该服务及其规模等）		
服务时间	描述议定的服务提供时间方面的描述（如7×24×365或周一至周五09:00~17:30等，如需考虑节假日等根据应用环境适当描述）		
服务可用性	议定服务时间内的可用性目标，通常以百分比表示，应规定计算周期、计算方法，通常采取统计服务不可用数据来计算不可用性，再得出可用性		
服务可靠性	议定计算周期内可容忍的服务中断次数或平均故障间隔时间等，应定义"服务中断"并描述如何对此监控和记录		
服务支持	客户支持	评价指标	特殊情况说明
	描述如何联系服务台、服务台可用时间、可用于提供支持的时间及在这些时间外要获得帮助应该怎么做，定义"响应"的具体方式（如电话反馈、发送响应确认信息等）	议定可接受的响应时间性指标（如5分钟内响应，响应及时率达到90%，2小时内到达现场等）	议定应考虑特殊处理的异常情况时，如恶劣天气、需要借助第三方支持等，应做如何调整
投诉渠道	描述投诉受理方式（如热线、邮件、传真等）、投诉升级流程等		

续表

服务交付	描述服务交付方式(如现场交付、远程交付等)、交付地点(交付地点的详细信息)、交付物(如软件、硬件、文档等)
服务费用	描述收费期、引入的收费方案文档、收费公式、发票开具程序和支付条件等详细信息
责任和义务	描述服务各阶段双方各自应承担的责任、各自责任限制(如甲过错导致损失不应乙方承担责任)、可免除责任(如不可抗力)、应履行的义务等
补偿	描述若服务目标未达到,将支付或返还的经济赔偿的详细信息
服务报告	描述服务报告内应呈报的内容、报送时间、报送频率、报送范围和分发方式等
审查	描述对 SLA 和相关服务目标进行审查、审查频率、修改方法和时间,可能涉及时间、对象、容量等
保密条款	定义保密信息、非保密信息、议定双方保密义务、保密条款的有效期限等
备注	备注其他需要说明的信息
本协议每年将进行审查,如需变更应遵循本协议约定的变更管理流程。	
签署人: 姓名: 职位: 日期: 年 月 日 姓名: 职位: 日期: 年 月 日	

4.5 服务需求识别

考虑提供一个新的 IT 服务时,首先需要了解客户对于 IT 服务的需求。那么,站在客户的角度来看,他们对于 IT 服务究竟会有什么需求呢?通过对客户业务和 IT 服务需求的了解,可以划分为可用性需求、连续性需求、能力需求、信息安全需求和价格需求;然后对 IT 服务进行具体的设计,包括连续性设计、可用性设计、能力设计、收费模式和定价、IT 服务报告设计,最终形成 IT 服务方案。图 4.3 描述了 IT 服务需求与规划设计的关系。

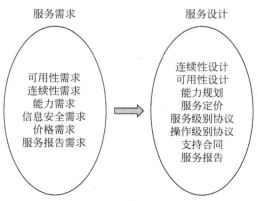

图 4.3 服务需求与规划设计的关系

4.5.1 服务需求识别的目的

（1）了解客户的基本需求，分析潜在客户的不同需求，为 IT 服务方案设计打下基础。
（2）了解客户对系统可用性和连续性的需求。
（3）进行合理的 IT 服务资源配置。
（4）为预算 IT 服务成本、设计定价和收费模式奠定基础。

4.5.2 服务需求识别的活动

1．IT 服务可用性需求识别

在进行可用性需求识别的过程中，要将客户的业务需求转化为 IT 可用性需求，内容如下。

（1）IT 服务不可用对业务的影响，即客户可以承受多长的停机时间。
（2）从业务角度分析，IT 服务不可用（或质量下降）时造成的成本损失。

在 SLA 中明确规定可用性要求，并传递下去，如涉及运营级别协议或支持合同，需要将相关的可用性要求传递下去，以保证客户的可用性需求被满足，如表 4.4 所示。

表 4.4 可用性指标（示例）

可用性指标	标　　杆	备　　注
平均无故障时间	5.0 小时	平均无故障时间＝系统运行时间/系统在运行时间的故障次数 平均无故障时间越长，系统的可靠性越高
平均故障修复时间	0.5 小时	平均故障修复时间＝系统故障耗时/故障次数 平均故障修复时间越短，表示易恢复性越好
平均故障间隔	5.5 小时	平均故障间隔＝平均无故障时间＋平均故障修复时间 平均故障间隔越长，表示可靠性越高

场景 1：在某电子交易平台的 IT 服务规划设计过程中，客户对于该平台的运行时间有明确的要求，要求 7×24 小时不间断运行，任何短暂的系统宕机都会给客户业务带来很大的影响和商业损失。

- 平均无故障时间（Mean Time Between Failures，MTBF）：从一次事件中恢复到下一次事件发生之间的平均间隔时间，也称为正常运行时间。该指标与 IT 服务的可靠性有关。
- 平均修复时间（Mean Time To Repair，MTTR）：故障发生和 IT 服务恢复之间的平均时间，是检测时间与解决时间之和，也称为宕机时间。该指标与 IT 服务的可恢复性和可服务性相关。
- 平均系统事件间隔时间（Mean Time Between System Incidents，MTBSI）：两次相

邻事件之间的间隔时间。平均系统事件间隔时间（MTBSI）等于平均修复时间（MTTR）与平均无故障时间（MTBF）之和。

2. 业务连续性需求识别

组织业务是由多种业务流程和信息系统的支撑组成的，信息系统的连续可用是业务作为整体得以存活的关键。在系统运行过程中，灾难发生比突发事件更严重，因此必须考虑信息系统的连续性需求，并编制灾难恢复计划，以应对灾难发生。

在进行连续性需求识别的过程中，可以通过风险评估找出那些潜在的威胁，然后引入风险降低的措施或恢复等手段达成这个目的，同时为了确保其有效性，必须持续维护恢复能力。

进行风险评估可以确定可能造成信息系统中断、灾难的潜在威胁，包括具有负面影响的事件、存在安全隐患的环境因素等。风险评估可以预测这些威胁可能造成的损失，并且评估控制措施是否能有效防止威胁的发生，是否能有效防止威胁发生后造成的损失。表 4.5 为某信息系统的风险评估表。

表 4.5 风险评估表（示例）

风　　险	服务器硬件	网络设备	系统软件	应用软件	服　　务
断电	高	高	—	—	—
火灾	高	高	—	—	—
水灾	中	中	—	—	—
人为错误	—	—	—	中	—
无法登录	—	—	—	低	高
病毒攻击	—	高	高	—	—

3. IT 服务能力需求识别

IT 服务能力是指保证信息系统的性能和 IT 服务能力可以以最及时、最有效的方式满足服务级别协议（SLA）中所有当前和未来的需求。IT 服务能力需求分析要对客户的业务需求、客户现状和信息系统有清晰的了解，保证所有对能力的需求都以合理的成本加以满足，尤其是对于未来能力需求的把握，从某种程度上来说，这是能力管理对于组织的竞争力产生积极作用的主要体现。

4. 信息安全需求识别

越来越多的组织对于 IT 服务的需求会包含信息安全要求。通常来看，信息安全需求主要包括如下 3 方面。

（1）机密性（或保密性）：信息仅可以被授权的人访问和使用。

（2）完整性：保护信息防止未授权的修改。

（3）可用性：在协议规定的时间内，信息都应该是可获取且可用的。这些信息安全需求的优先级和重要性一般由信息系统的数据和其包含的业务内容所决定。

5．价格需求识别

在考虑 IT 服务需求和相应解决方案时，对成本和价格的考虑是必不可少的一个环节。在价格问题上，双方往往会进行反复沟通和确认。因此，在 IT 服务需求阶段，对 IT 服务内容确认后，估算 IT 服务成本并进行 IT 服务定价会变得尤为重要。从 IT 服务供方的角度来看，IT 服务成本主要包括如下几部分：设备成本、系统与应用、软件成本、人力成本、第三方支持成本、管理成本和其他成本等。

6．IT 服务报告需求识别

为了有效沟通和制定决策，在 IT 服务需求识别过程中需要对 IT 服务过程中提供的各类 IT 服务报告的需求进行识别。

IT 服务报告需求识别要素包括：

（1）需要对客户的具体业务需求和局部情况进行分析和考虑。

（2）在进行服务报告设计时，要明确服务报告产生的前提条件和服务报告内容的要素。

不同环境下的典型服务报告包括如下内容。

（1）按照既定服务水平目标衡量的服务绩效。

（2）主要工作的绩效报告，如定期的服务概况、事件、变更汇报。

（3）工作的特点和工作量信息，如突发事件、问题、变更和任务、分类、位置、客户、季节性趋势、优先级的混合以及要求帮助的数量。

（4）某段时间的趋势信息，如一天、一周、一个月或其他长度的一段时间。

（5）报告中要包含未来计划工作的信息。

4.5.3　关键成功因素

（1）明确服务范围、服务内容和服务目标。

（2）识别客户对于可用性、连续性、信息安全、服务能力、价格和服务报告方面的需求，以便对规划设计进行规划。

（3）与需方进行充分的沟通，全面了解明示的和隐含的服务需求。

4.6　服务方案设计

在识别出需方的 IT 服务需求后，就可以开始设计相应的 IT 服务方案，IT 服务方案的设计需求同时考虑服务模式的选择，服务级别的设定和人员、过程、技术、资源要素的管理策略。IT 服务方案设计是整个规划设计阶段的核心工作，系统规划与管理师需要综合考虑 IT 服务供需双方以及第三方的能力和要求，设计出让各方满意的 IT 服务方案。

4.6.1 服务模式设定

根据用户实际需求，IT 服务供方应提供各类不同模式的 IT 服务，结合 IT 服务需求分析的结果，对 IT 服务模式进行分类设计，根据客户需求和 IT 服务内容，做到随需而变。

目前，常见的 IT 服务模式划分方法如下：① 是将 IT 服务模式划分为远程支持（电话或邮件）、现场服务（上门技术支持、常驻现场）、集中监控等多种技术支持服务模式，如表 4.6 所示；② 是将 IT 服务模式分为 IT 外包（ITO）、业务流程外包（BPO）和知识流程外包（KPO）等外包服务和新兴服务模式，如 SaaS（Software as a Service）、云计算（Cloud Computing）等。

表 4.6　IT 服务模式的分类（示例）

分　类	IT 服务内容
远程支持	通过电话、远程登录，在客户配合下进行 IT 服务请求的处理和系统故障的排除，包括呼叫中心、远程帮助台等技术支持
现场服务（上门技术支持）	远程技术支持不能成功而必须现场服务时，提供上门的技术支持，包括到客户现场进行巡检工作
现场服务（长驻现场）	指派专人常驻客户现场，和客户 IT 人员一起工作，随时响应客户服务请求，处理系统故障
集中监控	通过特定的监控平台，对客户信息系统进行实时监控，如发生任何异常，及时介入处理或告知客户

1. IT 服务模式设计的目的

IT 服务模式设计的目的是为了更好地满足客户需求，提升客户满意度。

2. IT 服务模式设计的活动

IT 服务模式的设计与客户需求的匹配。在 IT 服务模式的设计过程中，需要充分考虑 IT 服务需求识别中客户对于可用性、连续性、安全、能力等方面的需求。

例如，客户对于系统的可用性需求是每天 24 小时不间断运行，提供的 IT 服务模式就可以选择常驻现场的服务。当然，需要考虑的因素还有 IT 服务价格等方面。

（1）根据客户需求和 IT 服务供方的自身业务能力，对客户服务模式进行设计，主要包括 IT 服务的可用性、连续性设计。

（2）可用性设计是 IT 服务模式设计的重要内容之一，它确保 IT 服务的可用性级别可以得到满足。

（3）连续性设计，一般会考虑到风险控制和灾难应对措施。

（4）针对设计的 IT 服务模式与客户进行讨论、改进。

（5）针对不同的 IT 服务模式进行匹配。

3．关键成功因素

（1）选择的 IT 服务模式与客户需求一致。

（2）跟踪客户需求的变化，及时调整 IT 服务模式。

（3）IT 服务供方具备同时提供多种 IT 服务模式的能力。

（4）IT 服务供方人员配置和资源配置与 IT 服务模式匹配。

4.6.2　服务级别设定

服务级别（Service Level）是指服务供方与客户就服务的质量、性能等方面所达成的双方共同认可的级别要求。

服务级别设定是服务供方与需方一起协商适度的目标，经商定后进行文档记录，以便在服务运营期进行监测，把服务交付实际情况和商定的服务级别进行比较，衡量服务质量与价格。服务级别设定的结果在确认后通常会形成服务级别协议，如图 4.4 所示。

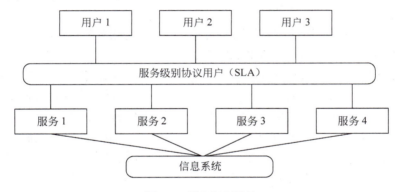

图 4.4　服务级别协议

服务级别设定的目标是确保对服务供方所有运营中的服务及其绩效以专业一致的方式进行衡量，并且服务过程和生成的报告符合业务和客户的需要。

1．服务级别设定的目的

（1）通过对 IT 服务绩效的协商、监控、评价和报告等一整套相对固定的运营流程，来维持和改进 IT 服务的质量，使之既符合业务需求，又满足成本约束的要求。服务级别的设定有助于 IT 服务供方更好地对其服务水平做出正确的决定，还能够通过调整客户对更高服务水平的需求而对成本产生影响，限制用户需求的膨胀。

（2）采取适当的行动来消除或改进不符合级别要求的 IT 服务。设定服务级别的另外一个辅助作用就是避免期望蔓延，即对客户未成文要求的服务进行有效管理和限制。对于用户来说，对现状提出更高要求是很正常的。服务级别协议（Service Level Agreement，SLA）一旦制订，协议将成为文档。虽然用户会不断地提出更高的服务要求，但是协议只能在规定的范围内发挥作用。服务级别中规定承担的义务可以进行变更，但是每次变更都需要重新进行协商。

（3）提高客户满意度，以改善与客户的关系。进行服务级别设定最主要的目的是明确客户的期望、满足客户的需要。首先要在 IT 服务供方和客户之间建立一个对话途径，这就需要服务供方必须了解客户到底需要哪些服务，同样，客户也须阐明其需要或希望得到哪些服务。当 IT 服务供方与客户之间达成某种共识之后，就建立了一个衡量 IT 服务质量的标准，IT 服务供方也就有了明确的目标，以满足客户的需要。

（4）督促 IT 服务供方。只要把服务级别设定得恰当，无论是客户、IT 服务供方，还是与他们相关的组织，都会从中受益。服务级别的设定能够调整用户需求和高水平服务之间的关系；反之，服务级别能够督促 IT 服务供方必须提供承诺的义务，为客户提供目标明确的服务。

2．服务级别设定的活动

（1）了解服务内容：服务供方充分了解自己所能提供的各种服务，以及相关优先权和业务重要程度。

（2）确定服务范围、服务对象和服务内容：可以参考服务目录，但是对于不同用户，具体的服务级别设定又要有针对性和独立性。

（3）定义服务级别目标：在服务级别设定的过程中，服务供方和客户需要仔细地推敲制定合适的服务目标，既要考虑到客户的需求，又要兼顾到经济效益和成本因素，力求服务级别可行。一般来说，SLA 中最关注的是关键服务的关键指标。

（4）明确双方职责：服务本身并不是单方面的工作，服务级别设定后在许多服务实施过程中的失败，其原因就是因为忽略了客户在服务提供过程中的角色，以及相应的权利、义务、职责等。经过双方确认，除了在服务供方任命专人对口客户，在客户方亦需要有专人负责，对服务供方进行监督。

（5）识别风险：充分识别实现服务级别的技术能力、资源配置、信息安全、服务成本等风险。

（6）对服务级别设定的评审和修改：服务级别设定后需要在 IT 服务供方内部进行评审，评审过程除应召集服务过程相关方外，还应有质量管理人员，必要时需邀请法务人员和财务人员进行评审。

（7）服务级别谈判和沟通：在最终形成文档的 SLA 中，每个细节都是经过谈判、双方同意并被记录在案的；及时沟通服务级别设定的每项内容，对整个服务级别管理过程有着重要的作用。

3．关键成功因素

（1）重视服务级别设定，投入足够的资源和时间。

（2）在服务级别设定过程中，服务级别应尽可能地获得多数人的同意和认可，以获得必要的支持。

（3）充分考虑客户需求，服务级别是根据 IT 与业务需求的结合面设定的。

（4）验证服务目标是否可实现，在签约 SLA 前对这些服务目标进行核实。
（5）正确识别供方服务能力，得到足够的运营级别协议或支持合同的支持。
（6）在设定服务级别过程中各方的责任定义明确。

4．参考实例

表 4.7 列举了常规服务级别说明书中所包含的内容。

表 4.7 常规服务级别说明书的内容

服务名称：桌面支持服务	
描述	提供桌面支持服务，包括软件安装、计算机配置、病毒防护、网络配置和硬件支持，提供现场、电话或在线服务
负责人	提供负责服务的负责人姓名
用户	包括客户方的财务部和人力资源部的人员
详 细 细 节	
输入	客户联系信息、全面的问题描述，包括需要的任何错误信息
输出	问题被解决或按照需要升级，结果将关系到客户的满意度，必要时需要提供相关服务报告
服务时间	桌面支持服务时间为：周一～周五，08:00～17:00
性能标准	响应时间 10 分钟到达现场时间 2 小时故障解决时间 4 小时 要求 90%的服务可以在上述时限内完成
启动、变更或终止服务的客户规程	用户可以通过拨打客服电话提出需求，号码为 400-123-4567
费用	支持服务不产生任何费用，如果服务过程中涉及硬件设备更换，则需要另外计费。另外，软件的许可由客户提供

4.6.3 人员要素设计

在规划设计过程中，服务人员配置是必不可少的一个环节。服务供方要根据客户的需求或潜在需求适当地配置服务人员，以最大限度地满足客户需求，提高客户满意度。服务供方在选择人员和配置人员时，需要对人员能力和服务工作量进行评估。首先，IT 服务人员能力评估应结合客户需求和客户特点，选取符合 IT 服务工作要求的评价指标，知识、技能和经验是主要要素。其次，评估 IT 服务人员能力素质现状，用以衡量 IT 服务人员能力素质水平；识别 IT 服务人员能力素质差距，用以指导 IT 服务人员能力素质培养方向。例如，在配置桌面现场服务人员时，需要选取的人员不仅应具备一定的基础知识和技能，面对客户的服务态度和语言表达也是人员配置时要衡量的内容。服务工作量的评估不仅关注 IT 人员的绩效指标，还从服务人员工作岗位的职责等方面进行评估，也会影响成本方面的设计。

1．人员要素设计的目的

（1）确保服务团队组织架构与业务需求和服务模式相适应。

（2）确保配置的服务人员数量能同时满足服务和成本两方面的需求。

（3）确保服务人员的能力持续满足服务的需求。

（4）保持服务人员稳定的工作状态。

（5）保持服务人员的连续性。

2．人员要素设计的活动

（1）人员岗位和职责设计。一个完整的 IT 服务团队应包括管理岗、技术支持岗、操作岗等主要岗位。

管理岗：
- 管理 IT 服务的人员可以是供方的人员或需方相关人员。
- 规划、检查 IT 服务的各过程，负责 IT 服务的策划、实施、检查、改进的范围、过程、信息安全和成果。

技术支持岗：
- 在 IT 服务中负责技术支持的人员，包括网络、操作系统、数据库、中间件、应用开发、硬件、集成、信息安全等方面的专业技术人员。
- 基于专有的对 IT 服务过程中的请求、事件和问题做出响应，保障信息安全并对处理结果负责。

操作岗：
- 在 IT 服务中负责日常操作实施的人员。
- 根据规范和手册，执行 IT 服务各过程，并对其执行结果负责。
- 系统规划与管理师需根据具体服务项目结合客户需求设计相应的人员岗位、职责及工作规范。在职责及工作规范设计上，除要定义各岗位本身的职责和工作规范外，还需定义为配合服务交付需要的流程衔接、信息传递及反馈等工作规范要求。如对于 7×24 小时轮班的工作岗位，工程师须在岗位交接时就未完成工单或需后续跟进的内容进行交接说明；操作岗需要技术支持岗提供技术支持与解决的信息，还需要向技术支持岗提供相应的信息，避免重复询问用户。

（2）人员绩效方案设计。为建立公平、公正、公开的绩效考核文化，应定期对人员绩效进行考核评估，以达到积极高效的工作绩效的目的。

人员绩效设计主要包括以下活动：
- 人员绩效指标的识别及定义：依据 IT 服务人员岗位、工作职责的不同定义不同的绩效管理目标，如一线支持岗位与问题解决专家团队工作职责不同，绩效指标也不相同。因此，人员绩效指标的设定要符合 SMART 原则。
- 明确人员绩效指标的计算考核方法：依据 SMART 原则设立人员绩效指标后，需进一步详细说明指标的计算及考核说明。
- 定义考核信息来源：确定考核信息的采集方式，如系统故障日志、服务系统中记录的客户满意度反馈等。

- 定义人员绩效考核周期：绩效指标的定义要有一定的期限，一般 IT 服务人员的考核周期为每季度 1 次，高级别 IT 服务管理人员可定义为每半年或一年评价 1 次。
- 设计绩效考核策略：针对 IT 服务人员绩效指标及可能的达成情况，设计绩效考核和策略，以确保绩效考核方案能实现人员的正向激励。

【实例】人员绩效指标考核。

公司针对热线工程师设定了服务投诉次数≤1 次/季度的指标，并进一步明确说明了投诉必须是客户通过投诉信箱、投诉热线进行的投诉，其他非直接表达的投诉不计为投诉，且给予热线工程师面向客户投诉进行申诉的机会，如客户同意，可撤销投诉。工程师被投诉次数超过 1 次，就要受到相应的惩罚，且每超 1 次扣除当季奖金的 10%，最高扣除当季奖金的 50%。

SMART 原则：

- 明确的（Specific）：清楚地说明要达成的行为标准。很多团队不成功的重要原因之一就是因为目标定得模棱两可，或没有将目标有效地传达给相关成员。如"增强客户服务意识"的描述就很不明确，有很多增强客户服务意识的方法，且增强客户意识到底要达到什么样的程度，这里都没有具体定义，不明确就没有办法评判、衡量。
- 可以衡量的（Measurable）：指目标是量化的，且验证这些目标的数据或信息是可以获得的，无法量化就无法衡量和考核。如热线服务满意度大于 85%，就是一个可衡量的指标，而将 KPI 定位为服务效率高，就不是合理的指标，其没有具体量化，无法测量和考核。
- 可以达到的（Attainable）：指目标在付出努力的情况下可以实现，避免设立过高或过低的目标。如要求客户满意度为 100%，那么该指标订立得很不现实，虽然服务质量本身是一致的，但不同的客户在不同的情形下，服务感知不同，因而很难达到 100%的满意。
- 可实现的（Relevant）：指在现实条件下是否可行、可操作。如希望将到场时间由 2 小时降低为 30 分钟，这在既定的成本、资源约束上是不现实的，为了达成这个指标，在投入比实际收益要多很多的情况下，KPI 指标订立得就不现实。
- 时限性（Time-bound）：指标的订立要有明确的时间期限说明。如将在 2015 年 5 月 31 日之前完成某事，5 月 31 日就是一个确定的时间限制。没有时间限制的目标没有办法考核，或带来考核的不公正。

无论是制订团队的工作目标还是员工的绩效目标都须符合上述原则，五个原则缺一不可。

（3）人员培训方案设计。为保障服务人员持续具备满足 SLA 要求的服务能力，需要通过培训来辅助 IT 服务人员的技术能力持续满足 IT 技术发展的需要，确保 IT 服务管理能有效实施，并满足 IT 服务人员的成长需求。人员培训方案设计主要包括以下活动。

培训需求分析

- 调查：没有调查就没有发言权，通过各层面的调查获取培训需求，通过内部调查了解各层面员工需要什么培训、什么时候需要、对培训的关切程度、需要什么形式的授课。
- 管理层访谈：通过高层访谈和参与管理层会议的形式，了解管理层所需要收获的知识，如何提高 IT 服务管理水平、开拓管理层事业，如何提高 IT 服务的效益，如何提升管理层自身价值的认可与企业归属感等。
- 数据分析：分析、整理前期人员服务过程数据，培训调研的数据，历次课程、培训考试的数据，最终获取当期培训的真实需求。

培训内容设计

- 管理培训：企业 IT 服务的生存和发展，从一定意义上讲取决于 IT 服务管理人员对于 IT 服务的管理水平和能力，做好管理培训是 IT 服务发展的有力保证。IT 服务中的管理培训主要培养执行 IT 服务过程的管理人员，应该具备优秀的沟通能力、执行能力、合理规划能力、过程管理能力、IT 服务管理过程中良好的承上启下的能力等。
- 技术培训：技术是 IT 服务活动中质量保障的一个重要前提，IT 服务人员技术培训重在学习专业技能尤其是专业领域的技术，要求每位 IT 服务人员有扎实的专业技能，以解决 IT 服务过程中的请求、事件和问题为契机，不断提升其专业技能和实践能力，进而全面提升其 IT 服务能力。
- 工具培训：生产力的提升离不开工具，IT 服务能力的提升更离不开工具的使用。在 IT 服务活动中往往重视各种工具的建立，而忽略工具在改造、升级、人员交接过程中造成的使用和规范性问题。所以，关于 IT 服务工具的培训无论是监控工具、过程管理工具还是专业工具，基本的使用问题是工具培训中必不可少的要素，还应该考虑到工具使用的规范性培训。
- 过程培训：过程管理是 IT 服务能力计划制定后到 IT 服务执行前的一系列管理工作，主要对象是 IT 服务活动中的操作人员以及与之相关的其他人员。过程培训包括 IT 服务活动中各个过程的规范、与 SLA 相关的指标、考核制度等。
- 交付和应急培训：通过对交付岗位人员培训，使交付人员明确交付职责、分工、指标及关键管理节点，减少交付人员错误、提高质量。在交付过程中，为了降低设备在运行维护过程中发生的故障，制订应急预案，并组织应急培训，包括对各环节应急预案的响应规范、故障发生频率和周期性知识、风险意识、应急演习等，使人员能够在 IT 服务过程中领会交付和应急管理的重要性，提升岗位人员的交付、应急素质和处理能力。

设计培训计划
- 培训计划：根据企业一定时期的 IT 服务发展需要，将培训需求进行客观分析并转变为企业 IT 服务培训的总体计划。培训计划和经营计划一样是企业实施经营的必要保证，没有计划的培训会导致培训秩序重叠、效果差、成本高，所以实施培训的前提是需要一份培训计划。例如，结合企业 IT 服务的目标，了解员工知识、技能的现状及未来发展的愿望；将 IT 服务目标分解到培训的指标体系中，确定培训内容及要求；初步制订培训计划，上报审批；执行过程中定期检查发现的问题，及时修正培训计划；阶段性总结，结合培训效果，提出新的要求并及时修正。
- 培训形式：在 IT 服务活动中，培训要想达到好的效果，形式的选择非常重要。根据课程目标的需要选择不同的培训形式，合理利用企业资源优势、员工特点和需求以及培训内容，选择适合所需的培训形式，达到最终的培训目的。通常的培训组织形式有授课式培训、实操示范、研讨会、在线视听学习、讨论等。
- 培训纪律：良好的纪律是培训质量的有力保证，在培训体系建设过程中往往局限于设计好的培训课程，实际培训纪律才是培训本身有序进行的前提。除了从培训设计本身吸引员工注意力，还创造良好的氛围，因为员工的学习习惯各有差异，保证培训质量要从培训纪律规范性上加以管理。

设计培训效果评价方法
- 评价的形式和方法：培训效果评价有助于完善培训制度，改进培训质量，从而提升整个 IT 服务团队的绩效。IT 服务活动中培训的形式一般包括调查问卷、考试、课堂表现和实际操作，如表 4.8 所示。

表 4.8 IT 服务活动中的培训形式

调查问卷	用于评价讲师、课程安排、组织者在对学习过程中的执行情况以及学员的认可度
考试	用于测试对知识的掌握情况，以及叙述技能的操作要点与程序
课堂表现	用于测试对知识或技能的学习情况，以及在互动教学中的技能测试情况
实际操作	用于测试对技能的操作熟练程度，以及实际环境的应变能力

- 评价的内容：主要包括课程内容、课程安排、讲师、个人收益，如表 4.9 所示。

表 4.9 培训评价的内容

课程内容	与岗位业务需求的匹配程度
课程安排	课程的时间、教材、环境、设施、组织以及组织方的工作情况
讲师	讲解思路、表达、积极性、控场能力
个人收益	对培训内容的掌握情况

3．关键成功因素

（1）是否具有成熟的知识管理体系。

（2）岗位培训是否充足且适用。

（3）进行服务意识及沟通能力培训。

（4）团队内人员能力的互备性。

（5）人员考核指标设定是否符合 SMART 原则。

（6）人员考核结果应用是否真正落地有效。

（7）建立良好的沟通协作机制。

（8）设计有效的人员储备管理措施。

（9）引导积极向上的团队文化，举行团队活动或其他方式进行团队建设。

4.6.4 资源要素设计

在规划设计过程中，根据已经识别的服务需求和设定的服务级别，IT 服务供方需要进行服务资源配置，确保服务供方具备提供足够资源的能力，以满足与需方约定的及需方未来的 IT 服务需求，包括对服务工具、服务台、备件库、知识库的设计。

1．资源要素设计的目的

（1）确保服务供方具备提供足够资源的能力，以满足客户的服务需求。

（2）确保服务供方可以使用有效手段和方法受理客户的服务请求，及时跟踪服务请求的处理进展，确保达到 SLA 要求。

（3）分析当前的业务需求并预测将来的业务需求，确保这些需求有足够的服务资源进行保障。

（4）确保当前的服务资源能够发挥最大的效能，提供最佳的服务品质。

2．资源要素设计的活动

1）服务工具选择

随着 IT 资源规模不断增加、业务复杂度的不断深入，IT 服务人员只通过人工手段来维护已不能满足业务的需求，因此需要借助自动化的工具和手段来提高自己工作的有效性和效率。常见 IT 服务工具包括监控类工具、过程管理类工具和其他工具，工具间的关系如图 4.5 所示。

（1）监控类工具：监控对象的状态数据，为过程管理提供数据支撑，在基于硬件/软件平台、虚拟化、业务、用户感知以及基础设施等这些监控对象的基础上，实现诸如事件管理、性能管理、视图管理、告警管理、统计分析、日志管理等功能。通过此类工具，IT 服务人员能够对组织 IT 环境中的资源进行监控，及时了解 IT 资源的基础信息、动态信息、告警信息。

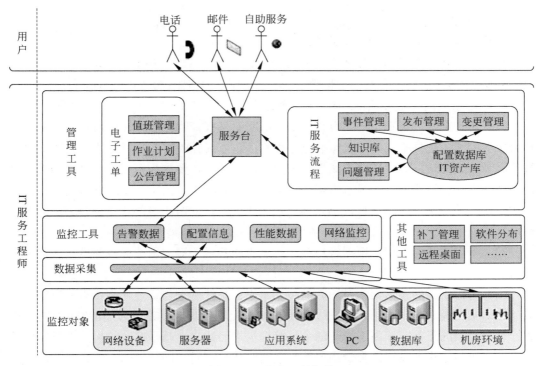

图 4.5 IT 服务工具架构

（2）过程管理类工具：IT 服务过程管理（简称过程管理）实现了从技术管理到服务过程的流程化管理，解决了传统 IT 管理以技术管理为中心的问题。过程管理以"流程"为主线，以标准化为框架，以管理为核心，有机结合了流程、人员和技术三要素。过程管理类工具提供了面向最终用户的服务台及 IT 服务运营层次的流程，即服务级别管理、服务报告管理、事件（故障）管理、问题管理、配置管理、变更管理和发布管理等。

（3）其他工具：通过此类工具，IT 服务人员能够进行重复或批量工作的自动化管理，提高 IT 服务效率和效果。包括应用程序进程管理工具、补丁管理工具、软件分发工具、远程桌面管理工具、网络访问管理工具、接入安全管理工具、桌面设置管理工具、外设管理工具、预警管理工具、知识管理工具和安全管理工具等。

系统规划与管理师应根据实际需求、服务成本等相关因素，判断是否需要服务工具。如果需要，在选择时需注意以下几点。

（1）根据服务内容：所有的 IT 服务项目都需要建设使用一些同类的工具，但不同的 IT 服务项目所需要的工具会稍有差别，IT 服务项目经理应根据项目的特点选择重点建设的内容，如下所示。

- 所有 IT 服务项目：服务台、配置管理平台、过程管理工具、知识管理工具、文档管理工具。
- 咨询项目：知识管理、文档管理。
- 桌面运维服务项目：服务台、配置管理、防病毒管理、补丁管理平台。
- 数据中心场地服务项目：服务台、环境监控、闭路监控、网络监控。
- 应用系统运维服务项目：服务台、网络监控、操作系统监控、业务应用服务监控。

（2）考虑成本：现在市场上有很多的工具可供选择，当由客户出资时，必须根据客户可接受的成本选择不同的工具（不同行业的企业可接受成本不同）。例如，政府、金融行业因为资金充足，会以采购市场上已成熟的产品为主，要求高可用性、高稳定性、良好的技术支持；互联网公司为节省资金，会以采购开源工具为主，要求低费用、可自我二次开发。若是全外包的项目，则需要重点考虑成本，此时工具的投资已是 IT 服务项目本身的成本。

（3）考虑客户的期望：根据客户关注的重点服务或关键应用选择成熟度高、实用性高的工具。

（4）考虑工具的技术架构及团队的技术水平：系统规划与管理师都希望所选择的工具能够切实提高 IT 服务支持的水平，能够持续满足在管理制度建设方面的发展需求，服务管理平台类的工具应该高于当前的项目管理需求而建立。基于 B/S 结构的工具易用性较高，在访问方式上灵活，契合当前的互联网时代，同时在同一界面中包含尽可能多的功能和信息，操作简单。因此，在工具选型中应考虑尽可能选择 B/S 架构的工具。同时，应将 IT 服务团队自身的技术水平列入考虑范围之内，团队技术水平高可选择开源等需要大量维护开发工作的产品。

（5）考虑工具的通用性和集成性：除非一个项目十分特殊，否则一般在工具选择时要考虑工具的通用性。例如，选择过程管理平台时要考虑工具对 IT 服务过程的支持力度，以及对项目现有流程制度体系的支持力度。工具对流程制度体系的支持越高，工具带来的效益越明显。IT 服务管理离不开软件工具的集成性，这种集成性主要体现在：服务管理工具与项目管理工具的集成，服务管理工具与监控预警工具、配置管理工具的集成，以及与项目相关的办公自动化（OA）系统的集成。

2）服务台设计

服务台也称为帮助台（Helpdesk）或呼叫台（Service Desk），其概念起源于传统服务业，当信息技术大规模应用于服务行业后，服务台概念也被引入。

服务台不是一个服务过程，而是一个服务职能，目的是为用户和 IT 服务组织提供一个统一联系点。如一名普通技术支持人员完全可以利用从该系统中获得的信息，协助用户解决简单的数据库问题，而不一定要将用户转交给专门的数据库工程师。

在规划设计阶段，一旦设定了服务级别和服务内容，服务供方就需要在服务台中配置相关的服务信息，包括相关的客户信息、服务内容和服务级别等基础信息，以便于服务提供。图 4.6 描述了服务台在整个 IT 服务过程中的位置。

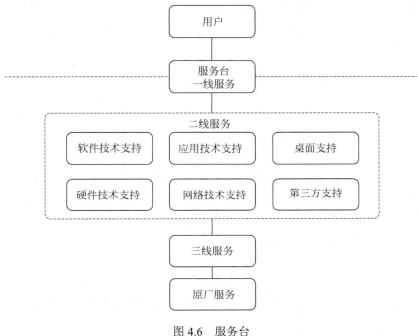

图 4.6　服务台

供方应使用有效手段和方法受理需方的运行维护服务请求，及时跟踪服务请求的处理进展，确保实现服务级别协议要求，包括：

（1）设置专门的沟通渠道作为与需方的联络点，沟通渠道可以是热线电话、传真、网站、电子邮箱等。

（2）设定专人负责服务请求的处理。

（3）针对沟通渠道整合服务过程，建立管理制度，包括服务请求的接收、记录、跟踪和反馈等机制，以及日常工作的监督和考核。

3）备件及备件库设计

备件库主要是为 IT 服务的客户提供设备备件。一般来说，IT 服务供方应具备自己的备件库，或者有外部备件支持方来保证备件资源。

一旦确认 IT 服务需求和服务级别，就需要及时地配置备件资源，主要是配置备件响应方式和级别定义。另外，从 IT 服务供应方整体来看，规范备件采购流程、出入库管理流程也是在备件库配置前期需要考虑的内容。

应具备并有效管理运行维护服务活动所需的备件资源，为所运行维护的设备或系统提供备件服务，按照 SLA 要求恢复设备或系统的正常运行。对备件库的管理设计包括：

(1) 备件响应方式和级别定义，能够满足 SLA 所约定的备件支持。

(2) 备件供应商管理，能够规范备件的采购过程，对供应商进行选择和评价。

(3) 备件出入库管理，能够对入库备件进行标识，规范备件的使用和核销，备件物品的账务管理。

(4) 备件可用性管理，能够定期对备件状态进行检测，以确保其功能满足运行维护需求。

在备件库管理中，要注意以下指标：备件库信息真实性、备件运作管理规范性、备件库出入库账务管理制度完备性、备件可用率。

4) 知识库设计

应具备 IT 服务活动相关的知识积累，以保证在整个组织内收集、共享、重复使用所积累的知识和信息，包括：

(1) 针对常见问题的描述、分析和解决方法建立知识库。

(2) 确保整个组织内的知识是可用的、可共享的。

(3) 选择一种合适的知识管理策略。

(4) 知识库具备知识的添加、更新和查询功能。

(5) 针对知识管理要求制定相关管理制度，并进行知识生命周期管理。

3. 关键成功因素

(1) 服务人员能力达标，能正确使用各种服务工具。

(2) 服务台的职能明确、服务过程规范。

(3) 备件管理规范与 SLA 中的条款相一致。

(4) 有效的监控平台能提高主动发现事故或事件的概率，提前做好预防工作。

(5) 及时根据服务级别和服务需求的变更调整服务资源的配置。

(6) 如备件库由第三方提供，第三方的支持服务级别充分满足服务需求。

4.6.5 技术要素设计

技术是为保证 IT 服务的正常交付所应具备的关键技术，或者提供 IT 服务过程中所必需的分析方法、架构和步骤。

在提供 IT 服务过程中，可能面临各种问题、风险以及新技术和前沿技术应用所提出的新要求，服务供方应根据需方要求或技术发展趋势，具备发现和解决问题、风险控制、技术储备以及研发、应用新技术和前沿技术的能力。

根据服务对象的技术特征和客户的业务特征，识别出服务中需要使用的关键技术，并且根据设计的服务模式识别出服务中的常见活动，对识别出的关键技术和常见活动安排人员研发标准作业程序（Standard Operating Procedure，SOP）、应急预案、监控指标及阈值、解决方案、技术规范等。在部署实施阶段应不断识别新的关键技术或常见活动，持续新增或变更技术研发活动，并积极使用研发成果。

1. 技术要素设计的目的

技术是 IT 服务中的核心要素之一，也是完成 IT 服务的必要条件，任何 IT 服务都有相应的核心技术的支撑，只有掌握了这些核心技术，才可能完成 IT 服务，从而才有可能提供 IT 服务的质量。通过技术管理系统的建立，能够对技术管理的成效进行总体评价，帮助 IT 服务管理层分析技术管理不善的原因，制订改进措施，不断提高 IT 服务的技术水准，从而提高 IT 服务水平。

技术要素的设计在 IT 服务中的目的包括：

（1）提高服务质量。

（2）减少人员流失带来的损失。

（3）提高 IT 服务的效率。

（4）降低服务成本。

（5）对各类 IT 服务所需的技术进行统一管理，可以做到对成熟技术及时进行推广，并随时研发新的技术。

（6）给 IT 服务供方和需方提供一致的技术标准。

（7）对技术和方法进行说明，可根据自身需求挑选 IT 服务项目所需的技术。

2. 技术要素设计的活动

1）技术研发

编制技术研发预算：IT 服务供方要根据业务和市场分析，针对快速发现问题、快速解决问题、提高业务效率的新方法等制订研发规划，并配备与规划相适应的研发环境和相适应的研发队伍。系统规划与管理师应估算技术研发的成本情况，编制技术研发预算，为运营阶段的技术研发活动提供资金方面的保障。

2）发现问题的技术

（1）识别监控对象，制订设备监控指标及阈值表编制计划：根据组织业务和 IT 服务需求识别出各类监控对象的监控指标和阈值，是监控工具能提供有效监控的基本要求，系统规划与管理师应识别出需要被监控的各种设备，为后期能制订和变更设备监控指标及阈值表制订编制计划，并投入资源保障计划的实施。

（2）制订测试环境建设计划：仿真测试环境通过模拟真实应用系统环境中的场景，为各类测试和分析提供必要的条件，以验证技术的可行性和可靠性。系统规划与管理师应根据服务内容，在考虑服务成本和客户期望的前提下制订仿真测试环境建设计划，为 IT 服务运营阶段的问题分析和技术管理提供技术保障，规避 IT 服务的潜在缺陷，增加客户和服务提供方的信心。

3）解决问题的技术

（1）识别常用技术，制订常用技术活动标准操作步骤编制计划：技术活动标准操作步骤就是将某一事件的标准操作步骤和要求以统一的格式描述出来，用来指导和规范日常的工作，系统规划与管理师应识别出 IT 服务可能涉及的技术活动，根据技术活动的频率和影响程度，列出需要标准化操作的技术活动，制订技术活动标准操作步骤编制计划，以保障在 IT 服务实施和运营阶段建立起标准化的技术操作规程，指导 IT 服务人员进行标准化的操作，以降低风险、提高效率。

（2）识别突发事件类型和等级，制订应急预案编制计划：由自然灾害、基础设施故障、核心应用故障、安全事件等引发的重大突发事件，将对 IT 服务的运营产生严重影响，为了避免出现这些事件或出现后及时恢复，应建立相关的应急预案并演练。系统规划与管理师应在 IT 服务规划设计阶段识别出重大突发事件的类型和等级，制订风险评估和应急预案编制计划，并确保在 IT 服务实施和运营阶段有足够的能力实施该计划。

（3）识别知识转移需求，制订知识转移计划：完备的知识可提高 IT 服务技术支撑能力，降低风险，缩减成本，提升效率。系统规划与管理师应识别过往 IT 服务中产生和使用的历史运维资料、基础架构资料、应用系统资料、业务资料等，以便完整地转移到现有的服务团队中，并为实现知识转移提供支持和保障。

3．关键成功因素

（1）服务人员技术能力达到岗位要求。

（2）正确识别服务需方要求或技术发展趋势。

（3）重视技术方面的使用、管理和维护，建立发现和解决问题的技术体系。

4.6.6 过程要素设计

1．过程管理模型

1）过程/规程管理

过程是指为达到某个目的或目标，而以确定的方式执行或发生的一个或一系列有规律的行动或活动。

规程，也称为标准作业程序（Standard Operation Procedure，SOP），是指将某一事件的标准操作步骤和要求以统一的格式描述出来，用来指导和规范日常的工作。简单地说，规程可理解为"规则+过程"。

过程是较宽泛的概念，描述层级相对较高，而 SOP 是过程的细化和落地，除约定活动执行的方式和顺序外，更强调了各活动的具体标准、执行条件、执行规范等。SOP 的精髓是将细节进行量化，即对某一程序中的关键控制点进行细化和量化。一套好的 SOP 是确保产品或服务质量的必要条件。SOP 不仅是一套技术性范本，更重要的是涵盖了管理思想、管理理念和管理手段。

过程管理是指为了使过程活动更有效，对过程采取的测量、考核、计划和控制措施。客户 IT 服务需求是通过一个个过程及相关活动实现的，过程要素是 IT 服务需求实现的保障，过程活动的贯穿使服务更加轨道化、标准化、规范化，进而服务产出更加标准、稳定。

过程的产出是由客户需求决定的，过程产出是否符合约定的客户服务目标表明过程是否有效，过程投入的多少表明过程的工作效率。

2) 过程管理模型

过程通常定义了活动、关系、顺序、产出标准等信息，如图 4.7 所示。

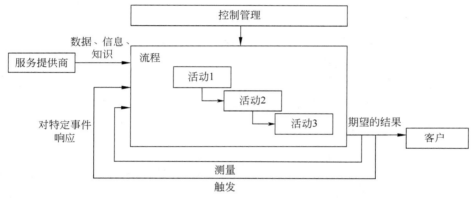

图 4.7　过程模型

过程管理模型包括以下特性。

（1）有明确的目标：过程存在的原因是为了交付特定的结果，结果必须具有独立性和可计量性，如可统计客户支持事件的个数。

（2）可重复性：过程不是一次性的，过程通常为解决具有重复性特征的服务需求而定义，这样可以确保发挥过程持续性的应用效用。

（3）可衡量性：过程除了可依据交付目标衡量外，还可以根据管理控制需求对过程活动的成本、质量、持续时间进行衡量；同时，过程还可以对重复性事件进行统计衡量与评估，如各活动及跨活动持续的平均时间、活动执行的时间方差、过程在特定时间段内的产出率等。

（4）明确的服务提供者和服务对象：过程是为最终客户服务的，没有客户的过程是没有意义的，是对服务组织资源的浪费。过程在为最终客户服务的同时，其每个活动都有自身的客户，活动的客户可能是 IT 服务团队成员，也可能是最终客户，在一定程度上，活动是未进行更细致展开的子过程。

（5）对特定事件的响应：虽然一个过程可能是持续性的或重复性的，但其都有相应的驱动原因，如客户对平台稳定性的要求等。

（6）本身的执行需要相应的信息输入：包括过程执行结果的反馈及既有知识、操作规程、数据信息等。

2．过程识别和定义

过程作为 IT 服务的核心要素之一，与其他要素相比具有一定的独特性，在多数情况下，过程不是显性的，通常看不见、摸不着，甚至说不清、道不明。但在面向客户的服务过程中是实实在在存在的，为了交付特定的 IT 需求，如未明确定义和说明具体过程，服务组织、第三方、客户之间通常会"滋生"相应的过程去实现交付目标。

过程及过程管理的优劣直接关系服务效率和效益。未明确识别定义的过程在服务实践中难以标准化，服务质量难以把控，也无法准确衡量，因此需要对过程进行识别和明确定义。

1）目标

过程识别和定义的目标主要包括：

（1）过程符合可行性、适用性。

（2）过程稳定，可重复使用。

（3）过程符合效率要求。

（4）过程符合效益要求。

（5）过程可被监控和管理。

（6）过程可追溯、可审计。

（7）过程可被衡量和评价。

2）活动

（1）识别客户服务内容、范围、目标、管理要求过程的最终目标是交付合格的服务结果，过程的识别和定义要围绕客户服务内容、范围、目标、管理要求而展开。

（2）识别需要的过程及过程目标常用过程包括需求管理、事件管理、问题管理、变更管理、发布管理等管理过程。不同的服务协议需要配套不同的过程来实现。在具体 IT 服务项目中，应选择合适的过程服务去实现相应的目标。如客户协议中仅需要提供电话方式给予远程技术支持，则只需要建立配套的事件管理过程即可。选择合适的过程，同时要识别出合适的过程衡量标准，这些标准一般在服务协议中有着明确的定义，如热线接通率、热线解决周期、满意度等。

（3）定义角色和职责对应选择的过程定义相应的角色，如服务台支持工程师、现场工程师、二线支持专家、后台工程师等，并对各角色的职责进行详细的职责描述。

（4）识别过程的活动，定义活动的相互关系、顺序、活动目标、活动的资源限制及管理要求，在实践中，应根据客户管理要求和服务协议的不同而进行细致的定义，包括识别过程需要的活动、各过程需要的输入/输出目标、活动间的关系及执行顺序。其中涉及与客户互动的活动环节，需要参考客户的意见来共同定义。

（5）定义相关活动详细操作规程及衡量标准过程活动的定义是相对高级别的操作汇总，为保障过程活动的目标达成，需要选择和定义更细致的操作规程，如服务器系统安装操作规程、服务器重启作业操作规程等。具体操作规程依据服务实践中对风险的管理和接受要求来定义，如在无相关操作规程描述的情况下，风险仍在可控范围，则无须对所有场景都制订出严格的操作规程。最佳的服务实践靠行为模式文化引导，而不是严格的过程和制度，所有的过程都细化到 SOP 是不经济的，也是不可取的。

（6）定义过程的表单及信息记录保存要求。过程定义应包括详细描述过程各活动的信息记录，一是标准化过程的输入、输出及处理，二是确保过程具有可追溯性和可审计性。

（7）定义过程评价、评估及改进机制对过程的评价衡量可结合服务协议约定的报告周期进行。但过程定义后，在服务实践中会因客户需求变化、过程本身设计等原因致使过程不再适用，需要对过程进行重新评估和改进。过程本身需要一定的稳定性，所以评估和改进的周期可以是半年或一年进行一次。

【实例】 桌面系统重置操作规程。

来源：客户热线电话派单、客户现场等。

步骤 1：礼貌问候。

步骤 2：询问客户故障现象，进行故障识别判断，如可通过维护解决，与客户协商直接维护，若客户坚持，则进入系统重置流程。

步骤 3：与客户确认桌面设备外观状态（避免外观有损等现象导致后期出现争议）。

步骤 4：与客户确认备份内容，必须提示用户备份邮件、通信录、常用网址、文档、输入法字库等；如客户需要支持或备份空间，给予备份空间协助；备份确认状态，获取客户签字确认。

步骤 5：与客户确认需要安装的操作系统并签字后，方可进行。

步骤 6：使用 DSL 最新 GHOST 文件恢复系统，重置过程中，按顺序严格填写《桌面系统重置操作进度表》。

步骤 7：系统重置完成后，依据《××装机标准》中相关内容进行配置和检验。

3）参考示例

A 公司为解决日常大量的重复性客户桌面支持问题，将桌面支持服务外包给了 B 服务商。B 在服务实践中，建立了统一标准的 IT 服务台，经与客户的磨合沟通，确立了如图 4.8 所示的三级客户支持体系。

B 公司分别就服务台工程师、二线专家、厂商定义了其角色及职责描述，其中服务台工程师职责定义为：

- 服务呼叫的接受、记录、跟踪和优先级排序。
- 已注册呼叫或投诉的处理状态跟进。

- 及时通知用户事件或请求的状态和处理进展。
- 对用户的请求做出评估，尝试解决或将其指派给合适的人加以解决，保持服务级别。
- 监控客户支持事件并进行事件处理的升级管理全过程必须满足服务协议的要求，才能根据此升级管理全过程来管理用户需求，包括记录、处理、结束和检查；根据实际情况，就服务级别的任何变动及时与用户沟通。
- 与二线人员和第三方支持组织进行合作。
- 服务总结，为服务水平的改进提供参考和建议。
- 为问题管理提供相关的事件信息。
- 安排用户/服务台培训计划。
- 在获得用户的确认后关闭客户支持事件。

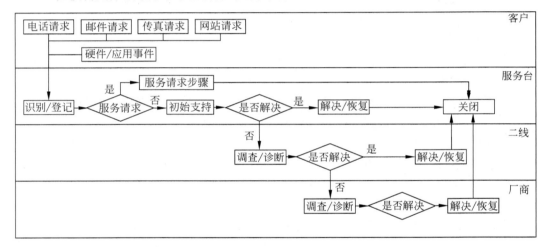

图 4.8 三级客户支持体系

在操作规程方面，对服务台工程师设定了以下要求。

支持前
- 应了解需要支持的内容、支持时间要求、SLA、之前的支持情况及遗留问题，并与需方确认。
- 如果工作较复杂或存在风险，应提前做好预案经过审核后再实施。
- 应确保支持所需的工作条件满足安全、稳定和可用的要求。

支持过程中
- 应严格按照服务台客户用语规范要求。
- 应按照约定的时间要求提供远程支持。

- 应与需方保持沟通。
- 应严格遵守需方的管理制度。
- 应根据交付实施的安全要求提供远程支持服务。
- 应只完成确认的工作内容。
- 如果遇到无法解决的问题或需方提出额外要求,应及时通知上级获取支持,得到授权后再处理。

结束支持前
- 应就遗留问题的处理建议和需方达成共识。
- 应做必要的安全检查,如清除临时账号、避免数据未授权复制等。
- 应在获得需方许可后才能结束远程支持工作。

结束支持后
- 应调查交付服务的规范情况。
- 应调查交付服务的客户满意度。
- 应更新交付服务记录。
- 应就遗留问题寻找解决方案,跟踪解决。

客户支持服务表单及信息记录至少包括以下信息。
- 事件单据号、事件状态。
- 创建人信息:创建人、创建时间、登录账号。
- 申请人信息:申请人、申请人邮箱、联系电话、所在公司、服务级别、办公工位。
- 事件总体信息:事件标题、事件描述、事件来源、事件重要程度、事件紧急程度、解决方案、事件解决人、解决时间、解决方式。
- 事件处理历史信息:转移人、处理人、诊断及补充信息、所采取的支持及操作、开始时间、解决时间。

3. 过程 KPI 设计

1)目的

通过 KPI 的设计,实现对过程及其活动的监控与衡量,进而保障过程目标的达成。
过程 KPI 设计的目标包括:

(1)通过分层细化过程 KPI,确保过程可管理性、可衡量性。
(2)控制风险,消除因未明确定义而引发的潜在风险。
(3)对过程进行定期评价与衡量,改进调整 KPI 设计,保持过程的有效性。

2)原则

过程 KPI 指标应符合 SMART 原则。

3)活动(过程 KPI 设计方法)

过程 KPI 设计通常采用如下过程。

(1) 确定过程 KPI 指标。通常在与客户的服务协议中已有明确的指标说明,在服务实践中,服务团队为了保障服务质量,自身会补充设置更多关联性的 KPI 指标,这些指标未写进服务协议中,但对服务协议各项目标的达成起到了实际的操作级保障,可以采用如图 4.9 所示的分解法进行 KPI 指标设计。

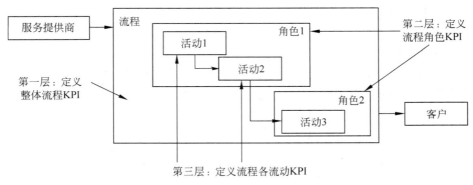

图 4.9　过程 KPI 指标分解法

- 定义整体过程 KPI:可直接将服务协议中的指标作为过程的 KPI 指标进行转换定义,如服务协议中的工作时间、客户满意度、解决周期、稳定率等。
- 定义各过程角色 KPI:如定义一线问题解决率、一线错误转移的事件比率、一线未解决 30 分钟内实现转移比例等。
- 定义活动及子过程 KPI:同角色 KPI 设计,为更有效地保障最终客户服务协议目标的达成,需要在各活动风险点设定相应的 KPI 指标,以确保各环节的风险在可控的范围内。针对活动的指标可定义为:Linux 系统装机周期小于 3 小时,设备送外修时间小于 1 周等。

(2) 明确 KPI 计算方法。KPI 指标的计算方法应明确定义,避免产生争议,如客户满意度计算,客户未填写反馈信息的服务事件是否纳入统计中,是否列入满意范围等,以及客户投诉的界定,是否拨打投诉电话都界定为投诉,是否给予申述机会等。

(3) 明确 KPI 信息来源。KPI 考核指标的衡量需要获得供需双方共同信任的信息来源,如满意度来自于系统平台的客户满意度反馈、故障解决周期基于系统的时间记录等。

(4) 定义 KPI 考核周期。依据 SMART 原则,指标的制订要有明确的时间期限说明,时间期限即 KPI 考核周期,不同过程的 KPI 的考核周期不同,日常监控管理要求越高,统计数量级越大,考核的频度要求越高,如热线平均解决周期可以周为单位进行考核。反之,日常监控管理要求低,且数量级很小,KPI 考核周期相对设置较长,如对投诉,可以季度为单位。

（5）定义过程 KPI 评价、评估及改进机制。按协议约定的报告周期对过程 KPI 进行评价和评估。在服务实践中会因客户需求变化、过程 KPI 本身设计、过程各级活动及子过程的管理控制要求不同等原因，引发过程 KPI 设计的调整，需要对过程 KPI 进行重新评估和改进。

4）参考实例

客户支持过程 KPI（示例）如表 4.8 所示。

表 4.8 客户支持过程 KPI（示例）

服务类别	服务对象	服务内容描述	考核项目		考核标准	考核周期	计算方式	数据来源
客户支持	A公司正式员工	以热线电话、邮件等非直接接触方式面向A公司提供技术支持，需求受理服务	接听时间<10秒		≥95%	月		ITSM系统
			热线接通率		≥98%	月		ITSM系统
			首问解决比例		≥80%	月		ITSM系统
			员工反馈满意度		≥92%	月	客户未反馈不计入统计	ITSM系统
			A公司公开调查满意度		≥82%	季度		ITSM系统
			投诉次数		≤3次	季度		投诉热线受理＋投诉邮箱受理个数 客户明确为投诉事件，且给予工程师申诉沟通机会
			解决周期	VIP客户<2工作小时	≥98%	月		ITSM系统
				重要客户<4工作小时		月		ITSM系统
				普通客户<8工作小时		月		ITSM系统
				最长不超过3工作日	100%	月		ITSM系统

注：VIP 客户：指经 A 公司正式发文任命的总裁、高级副总裁、副总裁、助理总裁人员。

重要客户：指经 A 公司正式发文任命的总经理、副总经理、总监人员。

普通客户：不属于 VIP 及重要客户的 A 公司正式员工。

4．过程监控设计

过程定义完成后，需要在控制管理下才能正常发挥作用，处于良好控制下的过程可以持续发生效用，可管理性更强。没有控制的过程会流于形式、形同虚设，无法真正发挥效用。

1）目标

（1）确保过程执行的规范性、有效性，进而确保服务质量的达成。

（2）及时发现过程执行中的问题，采取应对及改进措施。

(3）对过程本身进行评估，持续改进优化过程。

2）活动

（1）过程监控。监控过程的执行，并及时采取干预应对措施。在办公过程电子化的今天，IT 服务过程 KPI 通常设定到电子流程中，如数据中心核心交换机报警信息在 5 分钟内仍无人处理，将自动短信升级通告到上级主管。

（2）过程审计。通过事后审计的方式也可加强 IT 服务过程执行的约束力，如对于核心应用故障处理流程，可按照核心应用故障处理过程中的约定，面向业务方应用管理员调研、查阅故障处理报告、应用系统日志、邮件及网络发日志等了解是否严格执行了处理过程。

（3）过程 KPI 考核。通过对单一事件或一定周期内事件处理进行综合统计分析，以便确认 KPI 指标是否达成，如服务协议约定事件解决周期不超过 4 小时，但每月有 3 个事件解决周期可超过 4 小时，但最长不能超过 8 小时，通过对当月所有事件的统计分析，可考察整体过程目标是否达成。

5. 常见 IT 服务管理过程设计

1）服务级别管理过程设计

目的：设计服务级别管理过程，明确角色与职责，梳理过程活动和顺序，设计过程管理指标和改进机制，该过程须确保供方通过定义、签订和管理服务级别协议，满足需方对服务质量的要求。

（1）过程中应当充分考虑以下事项。
- 建立服务目录。
- 需方签订服务级别协议。
- 根据需方的考核评估要求，建立 SLA 考核自评估机制，包括 SLA 完成情况、达成率等；在 SLA 评估后制订改进内容及改进措施。

（2）服务级别的关键指标至少应包括以下内容。
- 服务目录定义的完整性。
- 签订服务级别协议文件的规范性。
- SLA 考核评估机制的有效性和完整性。

2）服务报告管理过程设计

目的：设计服务报告管理过程，根据服务需求和项目干系人的需要，设计报告内容和频度，特别是报告中的数据来源和计算公式，以及数据准确性的校验机制。

该过程须确保供方应通过及时、准确、可靠的报告与需方建立有效的信息沟通，为双方管理层提供决策支持。

（1）过程中应充分考虑以下内容。
- 与服务报告过程一致的活动，包括建立、审批、分发、归档等。

- 服务报告计划,包括提交方式、时间、需方接收对象等。
- 服务报告模板,包括格式、提纲等。

(2)服务报告的关键指标至少应包括以下特性。
- 服务报告过程的完整性。
- 服务报告的及时性、准确性。附服务报告分类及模板。

3)事件管理过程设计

目的:设计事件管理过程,根据服务对象的技术特性和工具配备情况设计事件发生分类和分级,设计处理各类事件的活动和顺序(应包括合理的事件升级机制),根据 SLA 的要求设计各类事件的考核指标,设计事件处理情况的定期回顾机制,通过数据分析发现服务改进机会,并为服务报告提供信息支持。该过程须确保供方具有检测事件、尽快解决事件的能力。

(1)供方应根据事件管理的过程要求建立以下活动机制。
- 与事件管理过程一致的活动,包括事件受理、分类和初步支持、调查和诊断、解决、进展监控与跟踪、关闭等。
- 事件分类、分级机制。
- 事件升级机制。
- 满意度调查机制。
- 事件解决评估机制,包括事件解决率、事件平均解决时间等。

(2)事件管理的关键指标至少应包括以下特性。
- 事件管理过程的完整性、有效性。
- 事件解决评估机制的有效性。

4)问题管理过程设计

目的:设计问题管理过程,根据客户业务的特性和服务人员的技能情况,定义什么是问题,什么情况下启动问题处理过程,设计问题分类和分级,重点关注事件与问题转换的处理方式,规划处理问题的人员与工作机制,设计必要问题管理过程和顺序,考核机制,在运营类服务中问题管理与研发、变更和发布的关联关系,考核机制应关注预防措施的实施比例。

该过程须确保供方通过识别引起事件的原因并解决问题,预防同类事件重复发生。

(1)供方应根据问题管理的过程要求建立以下活动机制。
- 与问题管理过程一致的活动,包括问题建立、分类、调查和诊断、解决、错误评估、关闭等。
- 问题分类管理机制,包括问题的影响范围、重要程度、紧急程度并确定优先级。
- 问题导入知识库机制。

- 问题解决评估机制，包括问题解决率、问题平均解决时间等。

（2）问题管理的关键指标至少应包括以下特性。
- 问题管理过程的完整性。
- 问题解决评估机制的有效性。

5）配置管理过程设计

目的：设计配置管理过程，根据提供的 IT 服务特性以及 IT 资产的管理权限，设计配置管理的范围和颗粒度，梳理 IT 资产的分类和分级，设计资产的状态属性和连接关系属性，根据工具的配备情况设计配置信息的收集方式，以及配置信息的增、删、改的活动过程，设计配置信息的考核指标和计算方式。

该过程须确保供方维护运行维护服务对象的必要记录，并保证配置数据的可靠性和时效性，关联支持其他服务过程。

（1）供方应根据配置管理的过程要求建立以下活动机制。
- 与配置管理过程一致的活动，包括识别、记录、更新和审计等。
- 配置数据库管理机制。
- 配置项审计机制。

（2）配置管理的关键指标至少应包括以下特性。
- 配置管理过程的完整性。
- 配置数据的准确、完整、有效、可用、可追溯。
- 配置项审计机制的有效性。

6）变更管理过程设计

目的：设计变更管理过程，根据服务模式的特征，定义变更管理的控制范围，定义变更的分类和分级设计变更控制活动和顺序，特别注意变更控制与事件和问题的关联关系，应与变更控制活动有机结合，关注由变更带来的连锁反应，当产生重大变更时可能要重新做服务规划设计，制订变更管理考核指标，持续优化过程。

该过程须确保供方通过管理、控制变更的过程，确保变更有序实施。

（1）供方应根据变更管理的过程要求建立以下内容。
- 建立与变更管理过程一致的活动，包括请求、评估、审核、实施、确认和回顾等。
- 建立变更类型和范围的管理机制。
- 对变更完成情况进行统计分析，包括未经批准变更数量及占比、不同类型的变更数量及占比、不成功的变更数量及占比、取消的变更数量及占比、变更关联的配置数。

（2）变更管理的关键指标至少应包括以下特性。
- 变更管理过程的完整性。
- 变更记录的完整性。

7）发布管理过程设计

目的：设计发布管理过程，根据变更管理的设计、工具的配置情况（如备件库、专用工具、最终软件库等）和对 IT 资产的管理权限，设计发布过程管理的范围、分类、分级和活动顺序，如需外部资源协同发布的实施时，还需要设计与外部资源的沟通和约束机制，并写入 OLA 或 UC 中，设计发布管理考核指标、计算方式和回顾机制，关注发布管理与事件管理、问题管理、配置管理的关联。

（1）为确保一个或多个变更的成功导入，供方应根据发布管理的过程，要求如下。

- 建立与发布管理过程一致的活动，包括规划、设计、建设、配置和测试等。
- 建立发布类型和范围的管理机制。
- 制订完整的方案，包括发布计划、回退方案、发布记录等。
- 对发布完成情况进行统计分析，包括发布成功率、发布及时率、是否更新配置管理数据库等。

（2）发布管理的关键指标至少应包括以下特性。

- 发布管理过程的完整性。
- 发布过程记录的完整性、准确性。

8）信息安全管理过程设计

目的：设计信息安全管理过程，根据客户业务特征和服务管理要求，识别服务中的信息安全风险，定义信息安全管理范围，定义信息安全事件的特征和等级，分析信息安全风险，制订应对措施，如制度信息安全管理制度、对信息系统做安全加固、采用信息化手段防控、制订应急预案并定期演练等，并文件化、常态化。

（1）为确保供方提供符合信息安全要求的服务，供方应根据安全管理的过程要求建立：

- 建立与安全管理过程一致的活动，包括识别、评估、处置和改进等。
- 建立与运行维护服务要求一致的信息安全策略、方针和措施。

（2）安全管理的关键指标包括以下特性。

- 运行维护服务过程中信息的保密性。
- 运行维护服务过程中信息的可用性。
- 运行维护服务过程中信息的完整性。

【练习题】

一、单项选择题

1. 下列不属于服务规划设计主要目的的是（　　）。

    A．设计满足业务需求的 IT 服务

B. 规划服务组织架构、人员编制、岗位及任职要求
C. 识别和规划支持服务所需的技术及资源
D. 服务方案设计

2. 下列属于服务设计关键成功因素的是（   ）。
   A. 服务成本可以根据客户需求的不同而进行改变
   B. 确定相似服务提供时的优先次序
   C. 获取新的服务或添加附加客户的流程及程序
   D. 把 IT 资源重新分派到核心业务系统中

3. 下列对服务级别协议（SLA）描述不正确的是（   ）。
   A. 要有一定的成本控制
   B. 保障 IT 服务的性能和可靠性
   C. 降低 IT 部门的操作成本
   D. 服务供方与客户间定义的一种双方认可的协定

4. 下列不属于服务需求识别活动的是（   ）。
   A. 服务可用性需求识别
   B. 网络安全需求识别
   C. 价格需求识别
   D. 信息安全需求识别

5. 服务级别设定的目标是（   ）。
   A. 确保对服务供方所有运营中的服务及其绩效以专业一致的方式进行衡量
   B. 对客户未成文要求的服务进行有效管理和限制
   C. 把服务级别设定得恰当，无论是客户、IT 服务供方，还是与他们相关的组织，都会从中受益
   D. 正确识别供方服务能力，得到足够的运营级别协议或支持合同的支持

【参考答案】：D A C B A

二、案例分析题

某银行是中国第一家向社会公众公开发行股票并上市的商业银行。经过 20 年的快速发展，该银行综合实力日益增强，自身规模不断扩大，市场份额与品牌知名度得到不断提升，为公司客户搭建起跨时空、全方位的银行服务体系。

该银行建行以来，始终坚持狠抓信息化建设，大力开发综合业务处理系统，不断创新电子化服务手段，基本实现了业务处理电子化和网络一体化。在系列改革措施的推进下，该银行业务转型稳步进行，风险控制全面加强，资产质量明显提高，资本实力显著增强，使得信息化建设成为该银行自身建设的核心内容。

随着该银行业务的不断壮大与发展，客户服务请求事件数量的不断增多，给该银行 IT 部门带来了极大工作量，由于缺乏统一的运维管理，一旦发生事故，IT 内部人员像"救

火队员"一样四处去"灭火",无法快速定位故障原因,故障不能及时解决,业务部门的意见很大,业务部门往往用影响业务生产与 IT 部门进行交涉,使 IT 服务非常被动。为改变 IT 现在被动局面,经领导决定通过招标的形式确定,"长远科技"为其提供 IT 咨询服务。

问题:

(1)如果你是"长远科技"负责该项目的项目经理,在服务规划设计阶段,服务目录设计应具有哪些活动。

(2)请根据案例介绍简要设计出该项目的服务目录。

(3)请根据案例介绍简要设计该项目的服务级别协议(需列出关键要素)。

(4)请根据案例介绍该项目应采取哪些服务模式,并写明原因和服务范围。

第 5 章　IT 服务部署实施

5.1　概述

IT 服务部署实施是衔接 IT 服务规划设计与 IT 服务运营的中间阶段，负责对服务组件进行客户化，并在充分满足客户要求的前提下，使用标准化的方法管理人员、资源、技术和过程，包括计划、实施和管理生产环境中的服务变更或新服务发布；同时，将规划设计中的所有要素完整地导入生产环境，为服务运营打下稳定的基础。

注意，IT 服务部署实施不能单纯为了满足客户的要求，而不考虑自身的 IT 服务能力或各服务要素（如 IT 服务管理工具）的支撑程度。

5.1.1　目标与定位

IT 服务部署实施的定位是将 IT 服务运营纳入标准化与规范化的管理轨道，主要包括两方面的内容。

1．运作机制

无论是在常规的服务支持或突发事件的处理过程方面，还是服务质量与服务级别的管控方面，以及服务文档的管理方面，IT 服务部署实施都会为其定义详细的运作机制。IT 服务运营阶段必须遵循 IT 服务部署实施阶段定义的运作机制，进行日常的运营管理。

2．持续改进机制

IT 服务部署实施会为 IT 服务运营定义阶段性的服务目标，并定义 IT 服务质量与 IT 服务能力的测量与持续改进的机制，以确保 IT 服务运营能够实现预定的目标并保证 IT 服务质量的不断提升，即 IT 服务部署实施为 IT 服务运营规划了持续提升的轨道。

IT 服务部署实施的目标是服务的标准化和规范化。标准化和规范化是达成既定服务目标的切实可行的方法，会直接影响客户对服务的感知。此处的"标准化"和"规范化"的含义很广泛，不仅指服务请求（如新机安装操作系统）或常见故障的处理方法的标准化与规范化，更重要的是指服务管理的标准化，如标准化的服务验收、标准化的服务回顾机制、标准化的服务质量测量机制、规范化的客户满意度管理机制、规范化的客户投诉处理过程等。

IT 服务部署实施的目标可以进一步分解为如下 7 方面：

（1）协调并组织组成服务的所有要素，包括与之有关的其他个人、部门或组织，使用合适的技术，在满足规划设计环节的要求和限制的前提下，在可接受的时间、成本和质量的标准内，确保服务在生产环境里的顺利发布。

（2）对于复杂的 IT 服务部署实施，标准化部署实施过程，提升新服务或变更服务的交付质量。

（3）在 IT 服务部署实施期间，确保客户、终端用户及服务团队等相关方的满意度。

（4）确保新服务或变更的服务与客户的业务组织、业务过程的顺利衔接。

（5）确保新服务或变更的服务可以正常运转，且可以被有效管理，同时使客户对其有更明确的、合理的期望。

（6）为 IT 服务运营提供标准化与规范化的管理方法，尽可能识别和管理服务运营过程中存在的风险。

（7）为 IT 服务运营提供切实可行的服务质量管理方法和指导，以缩小实际的服务绩效与预期的服务绩效之间的差异。

5.1.2 作用与收益

（1）衔接 IT 服务规划设计阶段与 IT 服务运营阶段，将 IT 服务规划设计中的要点、精华内容完整、有效地导入运营体系，真正使规划设计要素在客户的实际环境中落地。

（2）IT 服务部署实施可视为 IT 服务运营的规划阶段和初始化阶段，依据客户的实际 IT 环境、组织结构与管理策略，进一步细化、修订规划设计中的各要素（人员、技术、资源和过程），搭建起合理的管理框架；在服务的起始阶段就让服务团队深刻地理解客户的实际需求，并据此搭建起合理、有效的管理体系。

（3）由于 IT 服务部署实施可视为 IT 服务运营的初始化阶段，因此在此过程中可将 IT 服务管理体系完整地导入，包括 IT 服务质量管理（安全性、可靠性、响应性、有形性、友好性）、信息安全管理（如账号安全、数据安全、数据交互验证机制等）、业务关系管理（客户满意度、投诉、服务回顾）等方面。

（4）在服务初始化阶段为服务团队定义量化的服务目标，规划目标的发展轨道，并定义目标的测量周期与测量方式；在 IT 服务部署实施的过程中不仅能让服务团队明确其服务目标，也能有效地平衡客户的期望。

（5）IT 服务部署实施为 IT 服务运营过程中不同客户的差异化服务需求提供服务交付基线，使得服务团队可灵活有效地调整服务交付过程，满足不同客户的服务需求及内部管理需求。

（6）IT 服务部署实施阶段会全面考虑 IT 服务运营过程中的风险，提前识别、计划和规避风险的措施，保证提供不间断的、可用的 IT 服务运营服务。

5.2 IT 服务部署实施要素

5.2.1 人员要素部署实施

作为一名系统规划与管理师，保持客户对服务的认可是其需要关注的重点内容之一，而人员是其中重要的组成要素。对人员 IT 服务部署实施过程的管理和控制有利于对服务人员进行有效管理，保证服务交付过程中人员的综合能力满足客户实际的服务需求，确保人员能力跟上客户需求的变化发展。除此之外，参照计划部署实施 IT 服务相关的人员管理体系，也有利于调动人员的积极性，稳定服务团队并保证服务团队成员的连续性，同时体系化服务团队的知识和技能，提升服务团队的能力。

1. 外部招聘和内部调岗

系统规划与管理师协助 HR 采用外部招聘和内部调岗的方式来组建服务团队，在此过程中，系统规划与管理师需参照储备计划，根据岗位说明书中对人员的知识、技能、经验三方面的要求分别进行判断。对于不同岗位补充进来的人员，应根据公司现有绩效考核文化，建立其绩效考核指标。

2. 建立培训教材库及知识转移方法

除了通过招聘和调岗的方式选取合适的人员提供服务以外，系统规划与管理师还需要与 HR 定期组织相关培训，体系化地补充现有服务团队人员的知识。在规划设计阶段中，系统规划与管理师已经编写了培训计划，而在部署实施环节中，需要组织相关人员编写培训教材并完善知识体系，在条件允许的情况下，专门形成培训教材库，定期维护和更新培训教材以保证教材的适用性，培训教材应涵盖技术、管理、工具等方面的内容，包括但不限于：① 技术，如数据库知识、虚拟化技术等。② 管理，如质量管理、领导力等。③ 过程，如 IT 服务管理过程等。④ 资源，如 IT 服务工具、服务台手册等。

5.2.2 资源要素部署实施

1. 知识库内容初始化

知识库设计好后，需要对内容进行初始化，可遵循如图 5.1 所示的流程。

1）来源

（1）由信息技术支持工程师提供。召集有经验的信息技术支持工程师，要求他们提供知识库的内容，知识库的建立并不是某个人智慧的积累，毕竟一个人的知识和经验有限，我们需要在企业中营造这样一种乐意共享自身知识的氛围，能够提供有效知识条目的工程师能够获得奖励。发布一系列奖惩和鼓励措施。

图 5.1 知识库内容初始化流程

（2）从过往的事件和问题的处理日志中提炼。事件与问题的处理过程需要详细记录，能为下一次处理相同事件提供指导和参考。知识库内容可以从这些处理日志中提炼后获得，事件处理步骤的详细记录对于知识库内容的建立有着重要的帮助。

2）审核

依据知识库内容加入的审核标准，由资深技术人员审核内容的正确性和完整性，避免与原有的知识库内容重复或冲突，给出审核意见后提交批准加入知识库中。

3）发布

可以由指定人员如知识库管理员批准接受此条知识内容。管理员依据审核人的意见批准或拒绝此条知识内容，依据建议做出相应的调整后，将被批准的知识条目记录到知识库中。

2．工具部署、使用手册与相关制度

此处提到的工具部署、使用手册与相关制度特指监控工具、过程管理工具与专用工具。

（1）工具部署前做好工具的测试，以测试结果作为重要的部署决策依据。

（2）规划好工具上线后的试运行阶段，包括试运行的周期、试运行的目标和结束标准。

（3）依据风险级别与影响度范围，决策工具部署上线是否采用阶段式部署。

（4）与工具相关的知识应从开发团队或工具厂商处有效转移给工具的 IT 服务团队，包括各类工具的使用手册、使用说明与服务管理制度。

3．备件库建立与可用性测试

备件规划与设计完成后向供应商采购所需备件及服务，依据备件供应商的评价对供应商进行选择，对所选备件进行可用性测试，确保备件能满足 SLA 中约定的目标要求。

备件采购完成后，做好备件入库登记，对入库备件进行标识，规范备件的使用和核销，做好备件物品的账务管理，备件库中的备件应提供使用者备件信息的参考，使其了解备件当前的状态。定期对备件状态进行检测，以确保其功能满足 IT 服务需求。

发布备件管理制度与规范，如库房管理制度、备件出入库规范、备件申请流程、备件采购流程等。

4．服务台管理制度的初始化

服务台管理制度中至少要包括如下内容。

（1）服务台中各岗位的角色与职责。

（2）服务台的主要工作流程。

（3）记录事件与服务请求的具体要求。

（4）事件与服务请求分派的原则。

（5）事件回访的相关规定与要求。

（6）服务台的绩效考核指标。

5.2.3 技术要素部署实施

在 IT 服务过程中可能面临各种技术难题（如硬件故障）、风险（如安全漏洞）以及新技术和前沿应用所提出的新要求，供方应根据需方要求或技术发展趋势，部署发现和解决问题的技术能力。

1. 知识转移

1）知识转移的目的

知识转移是技术部署实施的重要环节，完备的知识转移可提高 IT 服务技术支撑能力，降低风险，缩减成本，提升效率。

2）知识转移的内容

（1）历史运维资料。
- 相关工作界面和人员职责说明书。
- 内外部支持信息（开发商、厂商、业务部门、公司内部相关部门）。

（2）基础架构资料。
- 系统部署和网络物理拓扑。
- 系统架构说明：软/硬件配置。
- 系统数据备份与恢复操作说明书。
- 系统应急、容灾处理方案（如集群切换和恢复）。
- 系统日常运维操作手册。

（3）应用系统资料。
- 应用系统测试报告。
- 应用系统使用手册。
- 应用系统需求和设计文档。
- 应用系统安装配置手册。
- 应用版本说明（含与其他系统的依赖关系说明、已知错误列表及对应的临时措施等）。

（4）业务资料。
- 业务架构图（业务功能模块在系统中的分布）。
- 业务流程（系统交互、工作流说明、业务功能说明、业务对象说明）。
- 业务场景说明（前台业务高峰说明、后台关键作业时间周期）。
- 业务培训资料。
- 业务运维文档（业务问题 FAQ、业务问题诊断）。

技术部署实施与知识转移实例如图 5.2 所示。

图 5.2　技术部署实施与知识转换实例

2．应急响应预案的制订与演练

1）制订应急预案与演练的目的

应急预案是组织在信息系统方面的总体应急预案，适用于组织 IT 系统发生重大系统性故障，导致全国性或地区性的业务中断、大量客户数据资料丢失以及组织认为应采取应急机制的其他 IT 系统重大突发事件，包括以下情形：

（1）自然灾害引起的对 IT 系统的灾难性破坏。

（2）网络通信设备、通信线路故障导致 IT 系统的重大故障。

（3）电源电路以及机房等基础设施故障导致 IT 系统的重大故障。

（4）IT 系统数据库、系统和存储、中间件故障导致的重大系统性故障。

（5）IT 系统发生网络攻击破坏、计算机病毒传播或被利用从事违法犯罪活动等引发的重大安全突发事件。

（6）应用系统发生重大故障。

（7）组织认为应采取应急机制的其他 IT 系统重大突发事件。

2）应急演练原则

（1）结合实际、合理定位。紧密结合应急管理工作实际，明确演练目的，根据资源条件确定演练方式和规模。

（2）着眼实战、讲求实效。以提高应急指挥人员的指挥协调能力、应急队伍的实战能力为着眼点。重视对演练效果及组织工作的评估、考核，总结推广好经验，及时整改存在的问题。

（3）精心组织、确保安全。围绕演练目的，精心策划演练内容，科学设计演练方案，周密组织演练活动，制订并严格遵守有关安全措施，确保演练参与人员及演练装备设施的安全。

（4）统筹规划、厉行节约。统筹规划应急演练活动，充分利用现有资源，努力提高应急演练效益。

3）突发事件等级划分

（1）特别重大突发事件（Ⅰ级）。

实例：系统性故障造成 20%～60%的集中的基础、核心、关键系统不可用，且在 24 小时内无法恢复；或 60%以上集中的基础、核心、关键的系统不可用且 12 小时内不可修复。

（2）重大突发事件（Ⅱ级）。

实例：系统性故障造成 20%～60%的集中的基础、核心、关键的应用系统不可用且在 12 小时内不可恢复。

（3）较大突发事件（Ⅲ级）。

实例：关键业务全国性的中断，且预计恢复时间大于 6 小时、少于 12 小时。

（4）其他造成区域性业务中断的故障。

实例：造成区域性业务中断的故障，恢复时间小于 6 小时的 IT 事件按照日常事件处理流程执行。

4）组织指挥体系及职责

（1）指挥小组职责。

- 指挥、协调集团公司及系统内部组织的信息系统突发事件处理工作。
- 启动信息系统应急预案。
- 协调行政工作和后勤保障资源。
- 作为与组织管理层和业务部门沟通情况的接口。
- 决定其他重大事项。
- 通知或召集相关的恢复小组负责人。
- 根据指挥小组的指示，协调处理其他事务。
- 负责组织本预案的维护、演练和管理工作。

（2）IT 恢复小组职责。

- IT 恢复小组负责 IT 环境的恢复工作，包括基础设施、应用系统和其他 IT 环境。在应急阶段，由信息技术部、资产管理营运部和 IT 运行中心各功能区的人员协同组成虚拟团队进行恢复操作工作。
- IT 恢复小组组长负责通知或召集相关的恢复小组组员。

表 5.1 给出了各小组名称及其职责。

表 5.1 各小组名称与职责

名 称	角 色	职 责
IT 恢复各小组组长	各相关功能区的负责人	恢复小组组长负责指挥和管理各恢复小组的运作,汇总恢复操作结果,并向指挥小组定时汇报
机房环境保障组	IT 运行中心生产环境监督功能区	准备和恢复机房设备与设施,为其他恢复组的恢复工作做好准备,包括电源、空调、门禁等,保障恢复中所需的通信链路通畅
网络恢复组	IT 运动中心网络管理功能区	负责网络恢复工作
安全恢复组	IT 运动中心综合管理功能区	负责重在信息安全事件的恢复工作
系统和存储恢复组	IT 运行中心数据库管理功能区	完成数据库的恢复和启动,保证恢复后应用的数据库的正常运行
中间件恢复组	IT 运行中心应用运行管理功能区	恢复和启动应用的中间件平台

5)应急响应演练

(1)演练启动。

演练正式启动前各参演单位按照应急指挥办公室通知的场景进行集合,举行简短仪式,由演练总指挥宣布演练开始并启动演练活动。

(2)演练执行。

- 演练指挥与行动:参演人员根据控制信息和指令,按照演练方案规定的程序开展应急处置行动,完成各项演练活动。
- 演练过程控制:综合应急预案采用桌面演练方式进行,专项应急预案及现场处置方案采用实战演练方式进行。
- 演练记录:各预案在演练实施过程中,采用文字、照片和音像等手段记录演练过程。

(3)演练结束与终止。

- 演练结束与终止的程序:演练完毕或演练出现意外情况时,由总策划发出结束信号,演练总指挥宣布演练结束。
- 演练结束与终止条件。各预案演练结束的条件:方案的演练目的、内容、程序都已按要求演练完毕。演练中止的条件:出现真实突发事件,需要参演人员参与应急处置时,要中止演练,使参演人员迅速回归其工作岗位。

(4)应急演练评估与总结。

- 演练评估:演练过程中,评估组人员分别对各个场景进行演练记录,填写《演练方案实施情况评估表》。

- 演练总结：现场总结，事后总结。

（5）成果运用。

对演练暴露出来的问题，演练单位要及时采取措施予以改进，包括修改完善应急预案、有针对性地加强应急人员的教育和培训、对应急物资装备有计划地更新等，并建立改进任务表，按规定时间对改进情况进行监督检查。

（6）文件归档与备案。

演练组织单位在演练结束后应将演练计划、演练方案、应急预案演练评估报告、应急预案演习报告（总结）等资料按规定报有关部门备案，并留一份归档保存。保存的期限是通常为 6 年。

（7）考核与奖惩。

演练组织单位有权对演练参与单位、部门及人员进行考核。对在演练中表现突出的单位及个人，按照公司有关规定，可给予表彰和奖励；对不按要求参加演练，或影响演练正常开展的，要给予相应处罚。

3．SOP 标准操作规范

（1）制订 SOP 的目的。SOP 就是将某一事件的标准操作步骤和要求以统一的格式描述出来，用来指导和规范日常工作。SOP 的精髓是将细节进行量化，用更通俗的话来说，SOP 就是对某一程序中的关键控制点进行细化和量化。

（2）SOP 的作用。

- 将企业积累下来的技术和经验记录在标准文件中，以免因技术人员的流动而使技术流失。
- 使操作人员经过短期培训，快速掌握较为先进合理的操作技术。
- 树立良好的服务形象，取得客户信赖与满意。
- SOP 是贯彻标准化作业的具体体现，实现服务管理规范化、服务流程条理化、标准化、操作的形象化、简单化。
- SOP 是系统规划与管理师最基本、最有效的技术管理手段。

（3）SOP 的编写要点。SOP 的编写通常需要遵循如下原则。

- 在人力、财力、物力等资源允许的范围内可以做到。
- IT 服务人员都能看懂，且每个人的理解都相同。
- 效率最高和成本最低，并识别出关键风险点。
- SOP 正式发布前要经过测试与评价环节。
- 可以根据业务与技术发展需求，实现快速迭代。

4．技术手册发布

编写各类用于发现与解决问题的技术手册，应包含发现问题的技术手段，如监控阈值、测量方法等,以及解决问题的措施与可选方案。技术手册发布的流程如图 5.3 所示。

（1）审核：技术手册在发布前应进行审核,验证可行后以文档管理的要求进行存档。

（2）存档：为了能够对技术手册实现高效使用,应采用分级管理的方法,分级管理便于使用者快速定位到所需要查看的技术手册。

图 5.3　技术手册发布的流程

（3）发放：通知相关人员进行查看,组织培训讲解,确保使用者按手册要求进行操作。

5．搭建测试环境

搭建发现与解决问题所需的测试环境。依据规划设计要求建立测试目标,运用各类测试模拟工具,模拟真实环境中的场景,执行测试设计中的要求,通过测试验证技术的可行性和可靠性等要求,增加客户和服务提供方的信心,规避 IT 服务的潜在缺陷,有效减少突发事件的发生率。

5.2.4　过程要素部署实施

系统规划与管理师需要将各管理过程正式发布,并进行试运行。为了保证过程体系的顺利平稳发布,系统规划与管理师需要通过必要的管理工具实现过程的电子化,并在此基础上收集充分的初始化数据,及时跟踪发现试运行期间暴露的问题,为下一阶段奠定良好基础。

1．过程与制度发布

在此阶段,系统规划与管理师主要实现制度的发布以及工具的部署上线。后面将详细介绍流程电子化管理在部署实施方面的管理要点。

过程的设计已经在规划设计环节中完成,因此系统规划与管理师应组织服务工程师和管理人员等完成过程与制度的发布,从而进入试运行阶段。在过程发布时,应对相关人员进行充分的培训,如帮助服务台人员充分熟知新体系中事件和服务请求的处理流程、接线话务要求和表单的填写要求等。除了人员培训以外,还需要进行相应的宣传贯彻,保证体系的贯彻执行,具体方式可以采用桌面提醒、海报等方式。

2．过程电子化管理和数据初始化

对过程的电子化管理可帮助系统规划与管理师在服务运营过程中更好地提供服务,这可以通过对记录的追踪、KPI 的统计分析、定制化的客户服务等方式实现。

部署实施过程中应重点关注:

（1）过程管理电子化工具与其他工具的互联互通,如呼叫中心系统、集中监控系统。

（2）规划设计中的过程 KPI 如何通过电子化工具直接获取,并形成所需的报表。

（3）如何在电子化工具中实现各个过程与其他管理过程之间的接口。

（4）过程与知识库的关联关系,如问题导入知识库的方法等。

除对于相关过程需要关注电子化管理方式以外，系统规划与管理师还需要完成对数据的初始化工作，主要包括以下数据。

（1）组织基础信息，如部门等。

（2）人员基础信息，如岗位、职责、权限等。

（3）过程角色，如运维管理部工程师承担事件管理过程二线工程师角色和问题管理过程技术专家角色。

（4）客户信息，如客户基础信息、服务级别协议等。

（5）历史信息，如最近两个月的事件单等。

（6）其他信息，如事件管理过程提醒时间等。

3．体系试运行

体系试运行是为了检查设计的各过程是否能够很好地落地并服务于客户，因此是部署实施阶段很重要的一项活动。在试运行期间，系统规划与管理师需要监控各过程的执行情况，判断新过程的效果，主要通过以下方式进行检查：

（1）管理目标达成情况：如通过当前设置的考核指标仍然无法准确统计人员工作量等。

（2）客户满意度：如试运行的过程是否对客户造成了负面影响，系统规划与管理师需要根据这些影响的原因判断影响是否是暂时性的，例如，是由人员对过程不熟悉造成的，还是由于过程设计过于复杂导致解决时间增加等。

（3）服务工具使用效果：根据不同原因，系统规划与管理师需要对人员培训、体系宣贯、过程设计、系统调优等方面进行适当调整，以保证向服务运营过程的顺利过渡。

5.3 IT 服务部署实施方法

完整的 IT 服务部署实施过程通常划分为 3 个阶段：IT 服务部署实施计划阶段、IT 服务部署实施执行阶段和 IT 服务部署实施验收阶段。

5.3.1 IT 服务部署实施计划

1．IT 服务部署实施计划的目的

IT 服务部署实施计划的目的是确保部署实施的过程在有序、可控的条件下顺利地进行。部署实施，需要一个好的计划，计划是部署实施计划阶段的重要输出物。IT 服务部署实施会参考项目管理方法，要在"一定的时间、范围、可接受的成本和质量标准"条件下，保证新服务或变更服务的顺利发布，并协调和组织构成服务的所有要素组件（包括过程、人员、技术和资源）。那么，如何在时间一定、资源有限的情况下，确保服务质量可控并达成既定的部署实施目标，就是部署实施计划作用的最直接、最重要的体现。在 IT 服务部署实施计划过程中，系统规划与管理师应当与所有干系人达成以下共识：

（1）IT 服务部署实施的目标，包括交付物、验收标准等。
（2）IT 服务部署实施详细的过程、时间及其投入。
（3）IT 服务部署实施如何实现所要求的要素，如所需要的人员、过程、资源、技术。
（4）明确 IT 服务部署实施过程中需要了解项目进展信息的人员，确定相关的展现方式与时间，如确定项目进展信息的展现形式、汇报频度、汇报方式、送达人员等。

2．IT 服务部署实施计划的活动

IT 服务部署实施计划阶段的主要活动，包括计划沟通、计划制订、计划评估确认与计划修订，鉴于部署实施计划对整个部署实施过程具有重要指导意义，所以这是一个循环反复的过程。

1）计划沟通

在制订部署实施计划之前，需要分别与客户、规划设计环节的负责人和服务交付团队的负责人进行详细的沟通，各自的要点如下。

（1）在与客户的沟通中，着重了解客户的期望，以及客户能够提供何种资源上的支持。

（2）在与规划设计环节负责人的沟通中，着重了解规划设计的要素，确保无遗漏，避免出现与规划设计差距较大的情况；同时要详细了解规划设计环节中已经考虑到的风险控制机制，以确保在部署实施阶段将其导入生产环境。

（3）在与服务交付团队负责人的沟通中，着重了解其服务支持和提供的能力，以确保为其计划培训时间与培训内容，同时依据其服务能力定义合理的服务目标和实施里程碑。

2）计划制订

在制订部署实施计划的过程中，要进行周密的考虑，确保计划可执行、可监控，还要确保服务周期与相应的成本投入的合理性。部署实施计划主要包括如下内容：

（1）部署实施阶段的责任人。必须有明确的责任人对部署实施的全过程负责，既可以对全过程进行监控，也可以不断地推动全过程的顺利进行，并协调各团队对出现的问题，及时采取补救措施。

（2）角色与职责。

- 系统规划与管理师：通常 IT 服务项目的部署实施负责人由该项目的系统规划与管理师来担任，也可以指派专门的部署实施经理作为部署实施的负责人，负责部署实施阶段各项具体工作的落地执行，同时负责与客户的沟通与协调，服务的测试与发布，对部署实施的结果负责。
- IT 服务总监：实现 IT 服务项目组织的战略目标和利益，统一管理项目群，协调和调配项目所需要的内外部资源。负责与客户的沟通与协调，主要参与部署实施的阶段性回顾，对部署实施的计划和结果进行审核。
- 客户接口人：负责提供服务交付团队所需的资源与支持。

- 运维工程师：基础环境工程师、硬件工程师、软件工程师。

与此同时，IT 服务团队在部署实施阶段还有可能与集成实施团队、设计开发团队、咨询服务团队发生协同关联关系。

（3）运维项目情况。主要描述部署实施范围，各阶段实施子目标的进度安排，以及如何确认它顺利完成。通常，客户对部署实施周期都会有明确的期望或要求，所以要基于总体目标划分各阶段的子目标，并且严格控制各阶段的周期长短，并定义好各阶段需要完成的里程碑。里程碑的好处是让部署实施团队、服务交付团队和客户对各阶段的收尾标识有明确的认知。

（4）各阶段的具体工作任务与负责人。部署实施计划一般分为两部分内容：关注如何交接现有的服务（或如何建立起新服务），关注服务管理体系的导入。这两部分内容可以视为两条主线，分别贯穿于部署实施的过程，且互相制约与影响，通常情况下，这两条主线并行执行。对于如何交接服务或如何建立起新服务，一般与具体的服务类型有关，如桌面管理服务相对于数据库管理服务，由于其服务类型不同，其计划也大不相同，所以无法给出标准化的描述。此处主要关注的是服务管理体系的导入。

作为一个计划，一定要有明确的任务列表与分工。此处列出 IT 服务部署实施计划中主要进行的工作内容。

- IT 服务部署实施启动会。
- 服务团队组建计划。
- 服务团队培训与知识转移计划。
- 服务工具采购、安装部署、测试、初始化与上线计划。
- 核对服务目标。
- 核对服务目录。
- 设定服务模型。
- 客户化服务管理过程。
- 设定过程绩效指标。
- 初始化服务文档体系与文档管理规范。
- 初始化配置管理数据库（CMDB）。
- 客户化服务规范。
- 开发工作指导书和标准操作规范。
- 编写服务计划。
- 服务发布会/部署实施总结会。

上述各项工作内容均要指派到具体的责任人，并明确其交付物。

（5）交付物列表。此处仅列出上述部分的部署实施工作内容交付物。

例如，"服务团队组建计划"的输出物为服务团队组织结构、服务团队角色与职责，"服务工具采购、安装部署、测试、初始化与上线计划"的输出物如下。

- 服务工具上线计划：应包含上线目的、上线时间、上线相关角色和职责定义、沟通计划、上线过程中的风险分析、回退计划、交付物列表和验收标准等上线关键要素。
- 服务工具测试计划：应包含相关角色和职责定义、测试范围、测试环境、测试进度安排、测试项及具体测试方法等测试关键要素。
- 服务工具测试报告：应清晰说明测试计划的完成情况、测试过程中发现的已知错误、测试结果的分析说明及测试结果的审核确认等主要内容。
- 服务工具上线报告：应清晰说明上线计划的完成情况、上线结果的分析说明、上线过程中相关突发事件的总结与分析、配置管理数据库的更新情况汇总、上线过程中的相关资源支持情况、经验总结及改进建议等主要内容。
- 服务工具操作指南：应包含发布范围、目标用户、工具简介、如何下载与安装、如何使用或常见操作方法、支持团队联系方式等信息。
- 服务工具配置手册：应包含厂商、版本号、配置变更历史记录、客户化配置方法和说明等重要信息。

（6）交付物验收标准：交付物验收标准需要描述交付物的质量标准和交付形式。举例如下：如果交付物是文档，要对文档规范、文档包含的内容、交付形式是纸质还是电子介质等，进行明确说明。除上述验收标准外，若能同时设定交付物的验收方法，则更佳。切忌以超出自身服务能力范围的要求来设定交付物验收标准，这样会为部署实施收尾工作带来很大的困难。在设定验收标准时也需参考公司的内部管理要求。

（7）对客户的要求（客户的参与）：对部署实施而言，它是服务运营的初始化阶段，也是服务团队与客户的磨合期，这是一个双方互动的过程阶段，客户的协助与支持起着非常重要的作用。在部署实施计划中必须对客户方所要提供的资源和支持提出明确的要求，这需要进行细致的考虑，也需要与客户做深入的沟通，切忌提出不切实际的需求。同时，在把客户方提供的资源和支持视为输入时，需要明确计划的输出内容，让客户感受到他所提供的资源和支持是有价值的，也能够取得其最大化的支持。

3）计划评估与确认

IT 服务部署实施计划制订完成后，系统规划与管理师要和 IT 服务总监、项目管理办公室（PMO）和客户接口人做充分的沟通并确认。项目干系人要对此计划的风险做评估，确保投入的资源可以按计划输出符合要求的交付物，以确保部署实施顺利完成。

若评估过程中发现有潜在的风险，则要进入计划修订环节。

4）计划修订

在计划评估环节，若发现潜在的风险或不合理的行动计划，则需要对计划进行修订。修订过程仍需要依据前述"计划制订"的要求进行仔细的梳理与编排，修订后再次提交评审。如此反复，直至 IT 服务部署实施计划得到了所有项目干系人的认可和确认。

3. 关键成功因素

IT 服务部署实施计划阶段的关键成功因素包括如下 4 项：① 明确 IT 服务部署实施阶段的责任人。② 明确 IT 服务部署实施范围、里程碑、交付物，以及交付物的验收标准。③ 对 IT 服务能力和资源合理准确的预测。④ IT 服务连续性的保障。其中，前两项在前面的"计划制订"中已经有了明确描述，本节主要对后两项进行说明。

（1）对 IT 服务能力和资源合理准确预测。对 IT 服务能力和资源的准确预测是 IT 服务部署实施计划的成功要素之一。一方面，能力和资源是支撑计划能够得以实施的必要条件，只有在充足的能力和资源保障前提下，才可以按计划完成 IT 服务部署实施的过程；另一方面，IT 服务部署实施的目标是 IT 服务运营的标准化与规范化，会为 IT 服务运营过程定义阶段化的服务目标，若没有充足的服务能力和资源支撑，也就无法在运营阶段达成预定义的服务目标。

因此，IT 服务能力和资源既指 IT 服务部署实施阶段的各种能力和资源（包括部署实施团队与客户提供的能力和资源），也指 IT 服务运营阶段的能力和要素（包括人员、技术、资源和过程 4 方面）。只有对 IT 服务能力和资源有了充分的、正确的预测与认知，才可以定义合理的目标，保证 IT 服务运营阶段有足够的能力按照预定义的"标准化"和"规范化"的轨道持续运行，即保障部署实施的成功实施。

（2）IT 服务连续性保障。在 IT 服务部署实施期间，如何保障 IT 服务的连续性是重要的关注点。例如，对于新老服务商的切换来说，在整个切换期间存在很多的风险，需要有充足的额外服务资源的保障，以应对在切换过程中的各种突发状况。对于新上线的应用系统，由于知识库或已知错误库还不完整，所以无法确保服务团队能够应付 IT 服务部署实施过程中的突发事件，此时需要制订相应的连续性计划/应急预案，以确保在出现突发事件时能够保障系统的服务不中断。可靠的连续性保障是用户满意度的关键之一，尤其是在 IT 服务部署实施期间，如果某 IT 服务提供方刚接管的服务即出现频繁的服务中断，将直接影响客户对该服务提供商的 IT 服务质量、IT 服务能力的期望。

因此，必须在 IT 服务部署实施的计划阶段，充分考虑服务过程中可能出现的突发状况，并预先定义好应急响应方法，并融入日常工作、故障响应、重点时段保障预案。应急响应所需的要素主要为：① 风险评估。② 应急响应的触发、通知机制。③ 制订应急预案。④ 成立应急响应组织，明确由何人负责启动该应急预案。⑤ 恢复服务所需的行动步骤和相应的责任人。⑥ 应急预案的培训与演练。⑦ 日常监测与预警。

4. 可能的风险与控制

在 IT 服务部署实施的计划阶段，通常来说，可能存在的风险或问题包括：① IT 服务部署实施计划的完整性和条理性。② IT 服务部署实施计划本身的可用性。③ IT 服务部署实施交付物的可验收性。④ 与 IT 服务规划设计和 IT 服务运营的吻合性。

（1）IT 服务部署实施计划的完整性和条理性。常见的计划完整性问题包括未考虑 IT 服务部署实施期间的服务连续性、忽略了 IT 服务运营团队的培训、未考虑供应商的配合、未明确对客户的资源要求等方面。

常见的计划条理性问题包括：① 服务工具未上线即启动服务测试。② 未定义服务目标即开始客户化服务管理过程。③ 过程与规范未开发完成即启动团队培训。④ 服务运营团队未组建完成即开始进行知识转移。

上述问题均会导致计划的相关环节无法顺利衔接，以致计划部分或完全失效，部分资源频繁处于等待状态，无法正常工作，甚至出现"无用功"的情况。

在此对"未定义服务目标即开始客户化服务管理过程"做详细说明：IT 服务管理过程以及相关的资源配置、角色设定等都是为了支撑服务目标的达成，换句话说，有了服务目标，服务管理过程的规范化才有了明确的导向；进一步讲，服务管理过程是否能够有效地支撑服务目标的达成，需要进一步设定过程绩效指标（KPI），以便于定期考核并持续改进。

（2）IT 服务部署实施计划本身的可用性。可用性是指计划本身的可操作性、可交付性和可控制性。

- 可操作性：指所有的服务组件或服务资源，可以支撑在规定时间内的计划实施，且无职责的盲区或职责的重叠。这也是计划的常见风险之一，需要在计划完成后与职责相关方做充分沟通以排除风险。
- 可交付性：指计划的输出物是明确的、合理的，不超出能力范围，且责任人能够清晰地理解对交付物的要求。这也要建立在充分沟通的基础上，才可规避此风险。
- 可控制性：指各项计划不仅有责任人，还有专人负责全程监控、及时预警，并设有专人对交付物的质量做初步验收。这也是计划阶段最常见的问题之一，任何计划都需要有责任人、监控人和验收人，从机制上确保计划的顺利进行，缺乏此机制可能就会出现不可预见的风险。

（3）IT 服务部署实施交付物的可验收性。交付物的验收标准不明确是计划阶段最大的风险，这不仅会导致部署实施团队输出不合格的交付物，也会导致客户对交付物的理解偏差，对验收结果带来严重的影响。

交付物的验收标准要清晰、明确、可量化，且可被测量，验收方式要具备可操作性，通常可以遵循 SMART 原则来进行设定。

5.3.2　IT 服务部署实施执行

1．IT 服务部署实施执行的目的

IT 服务部署实施执行是整个 IT 服务部署实施过程中周期最长的一个阶段，是一个被多重机制严格管控的不断推进的过程，通过有效的监控和变更方法开展工作，保证项目以计划设定或变更批准后的方式进行实施。其目的是协调各种资源，按照 IT 服务部署实施计划的要求输出相应的交付物，使包括客户、第三方供应商、项目团队等在内的所有项目干系人，在有效地执行跟踪、评估检查和变更控制下，按照服务级别协议和项目计划，持续改进实施项目。系统规划与管理师通过管理项目执行和监控阶段，为项目收尾奠定基础。

实际上，IT 服务部署实施执行阶段更深层次的目的，是利用各种可能的方法提升资源效率，利用标准化与规范化的手段来弱化服务运营团队中的个人能力影响或依赖因素，并不断地寻求资源投入与服务级别的平衡点，以最终搭建成确保达成服务级别协议（SLA）的最有效资源组合。

上述目的也是对 IT 服务部署实施的总体定位"将 IT 服务运营纳入标准化与规范化的管理轨道"的进一步阐述，是将 IT 服务部署实施环节纳入 IT 服务管理生命周期的真正意义所在。只有将服务进行标准化与规范化，才能弱化人员个人能力因素的影响，才可以用更合理的资源来保障服务级别协议的达成，才能体现出部署实施真正的价值。

在 IT 服务部署实施执行阶段中，系统规划与管理师应至少与所有项目干系人达成以下 12 方面的共识。

（1）开展项目的原因和目标。

（2）项目的交付物及其约束条件，包括无形的交付物（如保障 IT 系统稳定运行）和有形的交付物（如服务报告）。

（3）项目的交付方式、交付时间及其投入，如通过现场或远程方式提供服务。

（4）项目的范围，通常包括基础环境、硬件、软件、场地等服务范围。

（5）项目初步实现所要求的条件，如人员、资源、技术、过程。

（6）项目所面临的风险，如管理风险、技术风险等。

（7）对部署实施计划所需资源的验证，包括由服务商自行提供的资源、第三方（供应商）提供的资源、客户提供的资源等。只有在相关资源都安排到位的情况下，才可以正式启动部署实施。

（8）与项目干系人做计划的正式声明和沟通，对各种资源提出正式的要求。如果仅是资源充足，但缺乏各资源之间的配合，也无法达成目标。这涉及包括服务提供商内部的决策者、规划设计团队、部署实施团队、服务运营团队，还包括第三方供应商或设备原厂商、客户方接口人或项目管理团队等项目干系人，甚至涉及其他各种类型的技术支持渠道等。

（9）角色和职责包括：成员角色、权利、职责和能力。

- 角色：描述了为完成 IT 服务项目所进行的职责划分。项目成员角色的例子包括一线/二线工程师、项目协调员、资产管理员、文档管理员、呼叫中心员工等。考虑到权利、职责和边界问题，角色的透明性对于项目是否成功至关重要。
- 权利：指能够支配项目资源和决策的权利。项目决策的例子包括选择完成任务的方法，质量接受水平，以及如何对项目进行中的偏差做出反应。当团队成员的权利与他们的职责匹配时，他们能做得最好。
- 职责：指为了完成 IT 服务项目任务和活动，项目团队应该执行的工作。

- 能力：指完成项目活动所需要的技能和能力。如果项目团队成员不具备所需的能力，就会损害执行。发现这种不匹配时，须采取一些预先的措施，如培训、雇佣额外的人员或调整项目范围。

（10）项目的组织结构图。项目的组织结构图以图形表示项目汇报关系，根据项目的不同需要，可以是正式的或非正式的，高度细节化的或粗略描述的。例如，5 个人的服务台项目的组织结构图与 15 个人的机房搬迁项目的组织结构图的精确度和详细度会有所不同。

（11）人员配备管理计划。人员配备管理计划描述的是人力资源需求何时及怎样被满足，可以是正式的或非正式的，既可以非常详细，也可以比较概略。为了指导正在进行的团队成员获取和开发活动，人员配备管理计划随着项目的继续要进行更新。人员管理计划中的信息随着项目应用领域和规模的不同而不同，但是具体条目应该考虑包括人员获取、时间表、人力资源释放标注、培训需求、认可和建立、遵从某些约定及安全性。

人力资源规划是一个动态的过程，必须关注影响人力资源规划的各种因素。一些组织在人力资源开发与管理的实践中，往往缺乏动态的人力资源规划和开发观念，把人力资源规划理解为静态的收集信息和相关的认识政策信息，无论是在观念上还是实践上都有依赖于以往规划、一劳永逸的思想。这是一种错误观念。因为这种静态观念与动态的市场需求和人才自身发展的需求是极不适应的，造成人力资源得不到合理利用，甚至严重影响了人力资源的稳定性，对组织的发展极为不利。因此，组织在做人力资源规划时，须坚持动态的规划，密切关注影响人力资源规划的一些重要因素。

（12）发现和解决问题相关的技术。

2．活动

（1）按规划开展活动，以实现项目目标，创造项目的可交付成果，包括：
- 召开部署实施启动会，正式声明部署实施的启动。
- 与项目干系人正式地对部署实施计划做沟通，特别是确认各角色与对应的职责。
- 验证资源准备情况。

（2）管理、培训、配置运维团队成员。

（3）验证、获取、使用和管理资源，包括如下内容。
- 知识库：由于部署实施是服务运营的初始化阶段，在部署实施执行期间已经开始了服务的并行测试，此阶段是积累知识的最佳时期。部署实施团队要与服务运营团队积极配合，定期总结部署实施期间出现的各种常见故障和已知错误（如 TOP10 的已知错误），将其整理并归纳入知识库。
- 面向服务的配置管理数据库（CMDB）：配置管理数据库的初始化及客户化，要依据服务提供商能管理的范围来确定，不属于自身管理范围的项目不需要纳入配置管理数据库进行管理。通常来说，配置管理数据库包括如下要素：硬件、软件

（软件许可也应纳入 CMDB 的管控）、文档（服务级别协议、工作说明书等）、人员（服务提供商自身的服务人员）。

注意，所有经过客户化的服务管理过程文档和服务规范文档应纳入配置管理的范围。一旦纳入配置管理的范围，则其变更就要受到变更管理过程的控制。图 5.4 给出了一个 CMDB 模型示例。

（4）执行已经计划好的过程、方法、标准，包括以下内容。

服务目标及测量机制。部署实施执行阶段的首要活动就是定义服务管理的目标，目标一定是量化的且可被测量的，同时目标又是合理的、可达到的。既然目标要求可测量，那么就需要同时定义其测量机制。此处的测量机制不仅指计算公式、数据获取方法，更重要的是指测量的"机制"，如多重测量机制（如月度、季度、年度）、多重测量方式（如服务回顾、满意度调查、IT 服务审计等）。

通常，服务目标包括客户满意度、系统可用性等关键指标，需要依据具体的情况来制订。

IT 服务管理过程和过程考核指标的确定。制订了服务目标后，就要客户化服务管理过程来支撑服务目标的达成，同时设定过程绩效指标，来考核过程的合理性并为其持续改进打下基础。

部署实施的总体目标包括"确保新服务或变更的服务与客户的业务组织、业务过程的顺利衔接"，因此，服务管理过程客户化的过程，不仅要考虑服务管理体系或服务管理标准的要求，还要考虑与客户业务过程、客户的组织结构的接口。

以数据中心服务外包为例，对于变更管理过程，既要有 IT 环节的审批，也要有业务环节的审批，包括财务环节的审批。因此，在客户化变更审批过程时，审批的角色就要涉及客户的业务部门负责人、财务部门负责人等。

文档管理。文档管理需要设定文档的编、审、批、发、改的权限，还包括：文档的命名规则、文档编号规则、文档的密级及保密期、文档的发布范围管理规则、文档外发管理、文档的作废管理机制、外来文档管理机制（更细的还要包括文档的编写规范、排版规范等）。对于外包类服务，通常必须遵循客户方的文档管理规范。

受控的变更管理机制。对于变更管理过程来说，需要注意两方面：变更管理的范围，要与配置管理的范围保持一致；变更类型的定义。

- 紧急变更：指系统出现重大突发事件，为解决这些突发事件而提出的变更，如果不立即采取措施而按照正常变更管理过程，将会严重影响正常的业务运作，此时应遵循紧急变更管理过程。
- 标准变更：指风险很小或没有风险的变更，并且执行这些变更的步骤和方法已经很成熟，这些变更事先已经得到审批并记录在案，遵循简化的标准变更管理过程。单个标准变更发生时，无须送至变更经理处进行审批，直接进行变更执行即可。

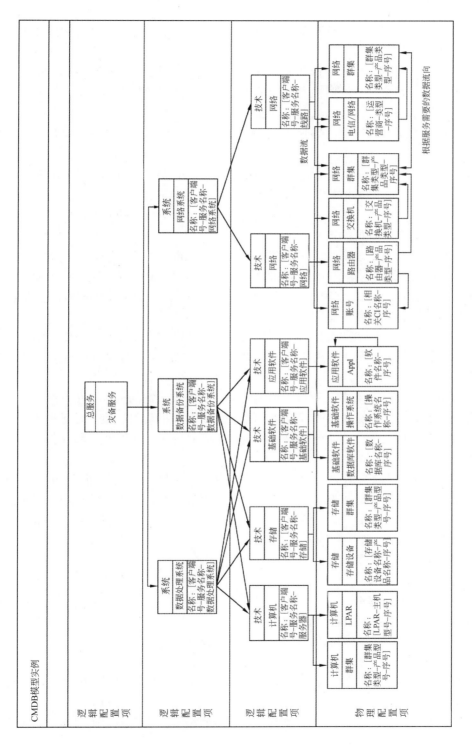

图5.4 CMDB模型示例

- 常规变更：指其他不在标准变更、紧急变更范围内的变更，定义为常规变更，遵循常规变更管理过程。
- 变更的审批机制。串行审批（如依次审批）、并行审批（如举手表决）。
- 变更管理委员会。需要明确变更管理委员会的成员名单，通常包含客户方接口人或客户方决策人、服务项目总监、服务经理。
- 紧急变更委员会。需要明确紧急变更管理委员会的成员名单，通常包含在变更管理委员会中。
- 变更窗口机制。对于软件、硬件的变更通常要遵循变更窗口机制，尽量避开正常业务时间或业务高峰时段，以免影响业务的正常运转。

对于不同的变更类型，可以为其中某种类型定义"预审批"的机制，以减少变更审批的工作量，提高变更审批的效率。

（5）可信赖的发布管理机制。对于发布管理过程来说，要注意以下 6 方面：① 发布计划。② 系统测试（包括已知错误的收集）。③ 实施与部署计划。④ 回退计划。⑤ 验收机制。⑥ 系统说明书。其中，回退计划是重中之重，一定要确保在发布失败的情况下可以正确回退。要特别注意的是，回退计划也需要经过验证。

（6）IT 服务连续性管理机制。对于 IT 服务连续性管理机制而言，不仅包括硬件、软件的连续性管理机制（如双机热备、定期数据备份与数据恢复测试等），还要考虑人员的连续性。

IT 服务是由人员来交付的，所以人员的连续性是非常关键的因素。在确保有备份人员的情况下，还要保证备份人员的可用性，包括对 IT 环境的熟悉程度、对服务知识的掌握程度等方面，所以要设定连续性的管理机制，来确保备份人员能够获取到服务运营团队的知识。

（7）IT 服务回顾机制。IT 服务回顾既要考虑与客户的回顾机制与回顾内容，还要考虑服务运营团队内部的回顾机制与回顾内容。通常来说，与客户的回顾内容主要包括：
- 服务合同执行情况。
- 服务目标达成情况。
- 服务绩效（服务级别协议）与成果。
- 服务范围与工作量。
- 客户业务需求的变化。
- 本周期内遇到的特殊或疑难问题。
- 本周期内的服务运营团队的各项绩效指标总结。
- 下周期工作计划安排等。

回顾机制不仅指服务内容，还包括服务回顾的频率、不同级别的服务回顾的参与人等方面。

（8）满意度管理机制。在 IT 服务部署实施的执行阶段，要与客户协商并定义满意度的管理机制。例如,是按周期做客户满意度调查,还是每个服务请求完成后即做实时的满意度数据采集等。不仅要定义满意度数据的采集机制,还要定义满意度指标未达成时的改进机制。

(9)标准操作程序(服务作业指导书)。对服务运营"标准化"和"规范化"的最直接的体现。在 IT 服务部署实施执行阶段要列举 IT 服务运营过程中出现的常规操作,并为其开发作业指导书或标准操作规范,如对呼叫中心服务要开发《热线服务标准话述》,对桌面管理服务要开发《新机安装标准操作规范》,对服务器维护要开发《服务器例行巡检检查清单》、《服务器例行巡检操作规范》等。

标准操作程序(服务作业指导书)也是服务连续性的一个重要保障。对于 IT 服务运营过程中的人员变更,新的服务人员通过这些标准化的文档就可以迅速开始提供标准化的服务。

(10)IT 服务质量计划。IT 服务质量管理包含服务的功能性、安全性、可靠性、响应性、有形性和友好性。要在这些方面全面管理服务质量,就需要在部署实施阶段开发服务质量计划。服务质量计划同样关注的是质量管理机制,如项目组的内部服务回顾就是服务质量管理机制的一种直接体现,除此之外还可以有如下质量管理机制。

- 项目组内部的抽检机制。如系统规划与管理师不定期地抽查服务请求的记录,包括录入是否规范、分类是否准确、常见故障的解决方案是否加入知识库等。
- 定期抽检机制。如 PMO 或 QA 不定期地抽查服务项目的运营情况,是否执行了服务回顾,是否有客户投诉发生等。
- IT 服务质量体系的内部审计、管理评审或外部审计,检查其服务管理过程是否在持续优化与改进,是否可以支撑其服务目标的达成等。

上述所有内容均需要在部署实施执行阶段形成周密的计划,以便在服务运营期间遵照执行和监督检查。

(11)特有的过程、专有的规范。一些特殊的行业或特殊的组织会有一些特殊的过程或规范,或者对于一些特定的应用系统、硬件设备会有其特殊的维护要求,这些均需要在部署实施的执行阶段进行详细定义。

例如,某零售组织为了加强对经销商的销售数据管理力度,在每个经销商处都部署了 POS 系统,用于订货单查询和上传销售数据。在系统运维服务过程中,经销商的用户权限管理过程和授权标准就需要在部署实施的执行阶段进行清晰的定义。

3. 关键成功因素

(1)分配项目任务。关键成功因素包括:
- 组织项目团队对项目任务进行准确描述和评审,保证项目任务是所要求的。
- 使项目团队了解概况,并向他们分配项目任务和提交任务相关信息,如所需成本和工作量投入、完成时间表、进度报告、与任务相关的人员或技术接口关系、任务描述等。

- 识别与任务有关的问题和风险,并通过必要的变更和其他措施进行处理。
- 确保项目团队在设定的条件和权限范围内完成工作。

(2)评估项目进展。关键成功因素包括:
- 收集目前所有已开始项目任务的进展信息,如通过定期检查报告进行收集。
- 收集近期对已开始项目任务进行检查后的反馈信息。
- 对未完成或未开始的项目任务所需的预期时间和工作量投入进行评估。
- 对目前项目资源的使用情况进行评估,并对这些资源在后续阶段的可用性进行评估。
- 与项目团队一起对项目是否可以在预算内按时完成进行评审。
- 依据目前实际情况,对项目计划进行更新。

(3)发现项目问题。关键成功因素包括:
- 一旦发现问题,应立即进行记录。
- 对项目问题进行评估和分类,以确认它们是否是变更申请、规范偏离或普遍存在的问题。

(4)检查项目问题。关键成功因素包括:
- 收集所有与项目问题有关的信息,如成本、进度、风险等。
- 如项目问题与已识别的现有风险相关,或带来新风险,则需要更新项目风险列表。
- 明确项目问题的处理方法,一种处理方法可能对应多个项目问题。

(5)评估项目阶段状态。关键成功因素包括:
- 非计划性地对项目进展进行评审。
- 检查并掌握项目完成情况。
- 检查资源使用情况及资源在未来的可用情况。
- 评估项目问题对项目计划的影响。
- 确定目前阶段是否超出允许偏差水平。
- 通过"汇报项目问题"活动,提交可能引起项目偏差超过容许偏差水平的项目问题。

(6)纠正项目问题。关键成功因素包括:
- 收集有关偏差的信息,全面识别偏差的起因和影响。
- 识别处理偏差的各种潜在方法。
- 选择最适当的处理方法。
- 在需要寻求项目管理委员会的指导时,应将该问题的所有信息汇总并提出建议、意见。
- 更新项目计划。
- 更新受到影响的项目交付物描述。
- 触发纠正性行动。

（7）汇报项目问题。关键成功因素包括：
- 就偏差进行全面影响分析，包括项目干系人关系、技术、预算等。
- 提出建议方案供项目管理办公室斟酌。
- 收集项目管理办公室的建议反馈。

（8）控制项目变更。关键成功因素包括：
- 必须认识到项目变更控制贯穿于整个项目的执行和监控阶段中。
- 必须制订项目变更的控制过程。
- 记录所有引起变更的项目问题。
- 对引起变更的项目问题进行评价并确定优先顺序。
- 对引起变更的项目问题进行影响分析，包括变更什么、需要多少投入、对项目计划有什么影响、是否会造成超出容许的项目偏差，对项目风险有什么影响等。
- 对项目变更的批准做出规定。

（9）管理项目交付物。关键成功因素包括：
- 必须认识到项目交付物管理贯穿于整个项目执行和监控阶段。
- 与项目团队协商确定需要的项目交付物（阶段性交付物）及时间要求。
- 监督和检查项目交付物的工作进展情况。
- 促使项目交付物获得客户批准。
- 将完成的项目交付物提交给客户。

（10）服务目标——清晰化、全面化。从时间长度上来说，IT 服务部署实施阶段在 IT 服务生命周期中只占很小的一部分，而 IT 服务运营是一个很长的过程。因此，在 IT 服务部署实施期间定义服务目标时不能只定义初期的目标，还要有规划性，为 IT 服务运营定义阶段性的目标，以便于 IT 服务运营质量与能力的持续提升，不断提高客户的满意度与忠诚度。

（11）标准操作程序（或服务作业指导书）——标准化、规范化。标准操作程序（或服务作业指导书）已在上一小节详细阐述，在此仅强调它是达成服务标准化和规范化的必要手段，也是 IT 服务部署实施执行阶段的最重要的工作内容。

（12）IT 服务运营培训——有效性、及时性。不能仅开发标准操作程序（或服务作业指导书），IT 服务运营团队还须理解并深入掌握其内容，这就需要通过培训来落实。培训不仅通过课堂培训的形式，还可以通过现场培训、考试等形式来验证服务运营团队对相关内容的掌握程度。

（13）过程绩效指标——SMART。为了支撑服务目标的"轨道化"，服务管理过程也需要持续优化来支撑目标的达成。同时，由于服务运营的成熟度随着时间不断增长，也会对服务管理过程的优化提出必需的要求。

那么，过程的哪些方面需要优化呢？这就是过程绩效指标的作用体现，通过过程绩效指标来从不同的方面考核过程的效率和成熟度,并确定需要提升和优化的方面,再进一步进行优化调整,以支撑服务运营水平的不断提高。同时,过程绩效指标的设定也要遵循 SMART 原则。

(14)管理项目资源。
- 资源的可用性。此处的资源不仅指硬件、软件、工具等,也包括人员,如服务运营团队、供应商的技术支持人员等。相关资源的可用性一定要在执行阶段进行验证,避免实施执行阶段由于资源变更而引起进度的延缓。
- 资源的连续性。除要关注资源的可用性外,还要关注资源的连续性。在条件允许的情况下,要考虑硬件/软件的冗余,甚至人员的备份机制,以最大限度地规避部署实施期间的资源风险。

4.可能存在的风险和控制

IT 服务部署实施执行阶段可能存在的风险如下。

(1)客户期望管理出现问题。
- 客户需求模糊不清,或客户不能提出有效的需求。
- 客户期望超出合理性和可行性要求,导致无法实现。
- 客户期望服务级别协议的考核条款违反相关规定而无法执行。

(2)相关资源的能力不足。在执行阶段,仅验证了系统监控工具已经准备到位,但未对其支持功能做验证,如无法监控到存储设备的容量情况、无法监控到服务器的进程信息等,这都会严重影响到服务实施的进度。因此,对各种服务支持资源的验证要做充分考虑并设计完备的验证计划,不仅要考虑其可用性和连续性,还要考虑其能力情况。

(3)交付物认知水平不一致。交付物认知水平也是部署实施阶段一直在强调的问题,对交付物的理解不一致是服务管理项目潜在的风险之一,会直接影响到客户的满意度。

(4)服务级别协议中服务范围不够明确,使得项目范围、成本、进度等可能发生较大偏差,甚至导致项目无法完成。

(5)项目实施过程中服务范围发生变化,与约定服务范围冲突,可能加大服务技术难度,增加投入成本。

(6)由于资源不够或项目成员承担项目过多,在项目计划中所计划的资源得不到保证,项目任务无法按时、按质完成。

(7)项目团队成员职责分工不明确,导致项目在执行过程中接口混乱、工作量加大、沟通和管理成本成倍增加、项目任务出现盲区。

(8)系统规划与管理师在某些具体管理操作层面失误,导致项目在执行过程中服务团队不稳定,个体成员工作量加大,身心疲惫,出现抱怨,不能愉快地投入工作,进度滞后,项目任务出现脱节,项目实施不规范,项目质量出现问题。

（9）项目组内部沟通不力，造成项目问题积压，导致项目后期出现更大的问题。

（10）第三方供应商交付了不符合要求的产品，使得项目无法正常执行。

（11）服务目标、测量手段、服务能力与成熟度。部署实施执行阶段的常见风险是定义了量化的服务目标，但缺乏获取它的切实可行的测量手段，或者服务能力不能够支撑达成此目标，或者服务目标的设定超越了目前的服务运营团队的成熟度。上述情况都会对客户满意度造成潜在的影响。因此，在部署实施执行期间，要实际获取和测量已定义的服务目标。对于无法测量的目标要及时修订；对于可测量但与预期差距太大的目标，或者与服务能力不对称的目标，也要及时与项目干系人沟通，并及时调整。

（12）配置管理的广度与颗粒度。部署实施执行阶段的另一个风险在于配置管理。一方面，对于不属于自身管理范围的各项目不应纳入配置管理的范围，否则会对未来的服务运营工作产生很大的影响，严重影响工作效率。另一方面，对于自身管理范围内的各配置项，也要依据自身的服务能力来设置其颗粒度。例如，对于计算机的内存，可以定义为计算配置项的一个属性，也可以定义为一个单独的内存配置项。服务团队的资源或能力不足以支持到这么细的颗粒度管理，这样的配置管理数据库的设计，可能导致服务运营团队需要单独配置一名工程师来专门负责配置管理数据库的日常管理与维护，这样会得不偿失。因此，一定要依据服务运营团队的服务能力来设定配置管理的广度和颗粒度。

5．参考实例

IT 服务部署实施过程检查表实例如表 5.2 所示。通过服务质量看板，可以清晰识别出哪些服务在什么时间段内未达到部署实施目标（或服务质量要求），以及目标达成情况的发展趋势，有助于在部署实施阶段及早发现问题并及时纠正，如表 5.3 所示。

表 5.2　IT 服务部署实施过程检查表实例

阶　段		检　查　点
实施计划		
	1	是否定义了部署实施计划
	2	部署实施的目标是否清晰、可测量
	3	部署实施计划中是否定义了各阶段的时间点与交付物
	4	部署实施计划中定义的交付物是否完整
	5	是否计划了部署实施阶段的角色与职责
	6	部署实施计划中是否完整定义了需要客户化的服务管理过程
	7	是否明确了对客户或第三方供应商的资源要求以及配合工作
	8	是否就部署实施计划与客户进行沟通，让客户了解收益，控制客户期望
	9	是否在服务提供商内部沟通部署实施计划，相关干系人是否清楚各自的职责和交付物
	10	是否定义了部署实施的接受标准并经过项目干系人的确认

续表

阶段		检查点
实施执行		
	1	是否按计划执行部署实施并阶段性汇报实施进展
	2	是否对相关资源的准备情况进行了验证
	3	是否根据客户特点进行交付物的客户化
	4	客户化的服务过程是否可以支撑服务目标的达成
	5	标准操作规范与服务作业指导书列表是否完整
	6	过程绩效指标体系是否合理,是否可以充分考核过程的有效性
	7	各交付物中量化的目标与关键绩效指标是否可以通过现有工具有效获取
	8	无法实际获取的指标是否被修订
	9	是否阶段性地对服务运营团队进行部署实施交付物的培训
	10	非有效的过程代码设计是否被改进
	11	是否定期测量了服务目标的达成情况
	12	服务提供商内部是否验收了实施的交付物,并确认其达到了计划的接受标准
	13	服务提供商内部是否检验了部署实施的效果:规范并优化服务,但不消耗更多的资源
实施验收		
	1	是否组织了对部署实施的回顾,共同讨论部署实施中的未决问题
	2	是否在正式的场合与客户沟通部署实施的交付物
	3	相关方的改进建议是否被记录为服务改进的输入
	4	是否正式声明部署实施结束,标志着项目组正式进入服务运营阶段

表 5.3 服务质量看板模板

时间 目标	第一周	第二周	第三周	第四周	第五周
目标一	达成	警告	违反	达成	达成
目标二	达成	达成	达成	警告	达成
目标三	违反	警告	达成	达成	达成
目标三	警告	达成	违反	违反	警告
服务质量评分					

5.3.3 IT 服务部署实施验收

1. 目的

IT 服务部署实施验收阶段的目的是取得项目干系人对部署实施阶段交付物的认可,同时对 IT 服务是否可以稳定且持续地运营做验证。

这是一个对项目干系人期望管理的结果进行验证的过程,不仅要验证交付物本身,还要验证交付物对整个服务运营阶段的作用和意义,特别是为服务运营阶段定义的各种管理机制，如阶段性的服务管理目标、服务质量管理机制、客户满意度管理机制、服务持续改进机制等。

在验收阶段系统规划与管理师需使包括客户、第三方供应商、项目团队等在内的所有项目干系人，清楚如何验收部署实施过程以及他们在部署实施验收中的职责。

系统规划与管理师应根据不同的 IT 服务类型，在部署实施验收阶段中关注以下要点：

（1）服务级别协议中的约定目标都已实现。

（2）规定的服务交付物可合规交付，并被客户所验收。

（3）解散部署实施团队并释放资源，前提是交付团队及相关管理机制可平滑过渡到运营阶段。

（4）总结并记录部署实施中的经验。

2．活动

IT 服务部署实施验收阶段的主要活动如下。

（1）IT 服务部署实施期报告。在 IT 服务部署实施即将收尾的阶段，需要编写《部署实施期报告》，并将其作为交付物的一部分一同提交给项目干系人进行验收。《部署实施期报告》通常包含以下内容：

- 部署实施计划的完成情况。
- 资源使用情况。
- 交付物列表。
- 部署实施期的经验总结。
- 部署实施期的重大事件回顾（如计划的变更）。
- 对服务运营期的建议。

（2）IT 服务部署实施回顾。除了完成 IT 服务部署实施期报告以外，还需要通过正式的会议形式，与项目干系人进行服务实施期的回顾。IT 服务部署实施回顾的主要内容包括：

- 时间点与里程碑的达成情况回顾。
- 对各方面资源的配合情况回顾。
- 对交付物的特殊说明。
- 部署实施期间的服务指标完成情况。
- 正式地声明进入服务运营期。

（3）交付物验收。交付物验收是部署实施验收阶段最重要的工作，按照部署实施计划阶段的交付物验收标准验收即可。需要说明的是，若交付物与计划有出入，需要做正式的书面声明，并经过项目干系人签字确认。同时，验收结果也要形成正式的、书面验收报告,且经过项目干系人的签字确认。

3. 关键成功因素

IT 服务部署实施验收阶段的关键成功因素包括客户的满意度、客户对服务质量的直接感知以及服务级别协议的完成情况。

客户的满意度是部署实施团队在实施期间对客户期望管理的直接结果,所以在此再次强调对客户期望管理的重要性。

客户对服务质量的直接感知来源于部署实施的专业性,以及实施期间定义的服务质量管控机制的有效性。

部署实施阶段一定要对定义的各种机制进行验证,看其是否可以支撑服务运营团队达成 SLA,若无法达成,则仍可在实施期内进行优化与改进。当然,在资源有限的情况下,部署实施团队也要与客户协商并更改不合理的 SLA,为服务运营做良好的铺垫。

4. 可能存在的风险和控制

(1)服务级别协议中的验收准则或标准不够清晰,导致项目缺乏准确的依据来进行验收。

(2)服务验收的准备不充分,是指对于与部署实施计划有出入的交付物或活动,一定要准备与之对应的书面说明,并在部署实施回顾过程中与客户沟通以取得支持,否则会对验收结果造成很大的影响。

(3)未提供部署实施期报告,部署实施期报告也是很重要的一个交付物,包括部署实施回顾会议的资料,都是部署实施阶段的交付物,并且是部署实施成功收尾的标识。

(4)客户的主管领导或主管部门组织结构发生变动后,客户本应承担的收尾责任缺失,导致客户项目收尾无法启动或进行。

(5)项目文档资料不规范,如格式和风格不统一,甚至出现疏漏,导致客户对项目质量存有疑虑,使部署实施无法验收。

5. 参考实例

(1)文档验收。

- 事件管理过程文档,应包含事件管理作业过程图、角色与职责、技术升级与管理升级机制、重大事件定义及汇报机制、信息安全事件定义及汇报机制。
- 问题管理过程文档,应包含问题管理作业过程图、角色与职责、问题状态代码设计、问题升级机制、二线支持接口人列表。
- 变更管理过程文档,应包含变更管理作业过程图、角色与职责、变更窗口定义、变更审批机制、紧急变更定义与审批机制、回退机制、实施后评审机制。
- 部署实施期总结报告,应包含部署实施计划的完成情况与交付物列表。

(2)系统验收。为提供服务所必需的服务管理工具或系统,应提交:
- 安装介质及软件许可。
- 系统功能说明书。
- 服务管理工具或系统的上线计划、测试计划、测试报告、上线报告、操作指南及配置手册。
- 技术支持联系人列表。

(3)服务验收。
- 突发事件或服务请求的及时响应率≥60%。
- 突发事件或服务请求的及时解决率≥60%。
- 突发事件或服务请求的升级率≤25%。

(4)任务验收。
- 完成服务过程与服务规范培训,培训满意度调查≥80分。
- 服务团队考试成绩全部合格,平均分≥80分。
- 完成配置管理数据库的初始化,所有服务器与网络设备均纳入管控范围。
- 完成知识库的初始化,至少包含100条知识或已知错误。

(5)其他验收。
- 完成初始化终端用户满意度调查,提交满意度调查报告与结果汇总,并将其作为基础测量数据。
- 投诉结果汇总,并作为基础测量数据。

【练习题】

一、单项选择题

1. 服务部署实施的目标是(　　)。
   A. 服务的标准化和规范化　　B. 保障服务的连续性
   C. 服务的标准化和自动化　　D. 满足客户的要求

2. 下列不属于服务部署的作用与收益是(　　)。
   A. 衔接规划设计阶段与服务运营阶段
   B. 确保新服务或变更的服务与客户的业务组织、业务过程的顺利衔接
   C. 在服务初始化阶段为服务团队定义量化的服务目标
   D. 部署实施阶段会全面考虑服务运营过程中的风险

3. 下列不属于知识库内容初始化流程的是(　　)。
   A. 来源　　　　　　　　　　B. 审核

C. 配置　　　　　　　　　　D. 发布
4. 知识转移的目的不包括（　　）。
   A. 降低风险　　　　　　　B. 规范流程
   C. 缩减成本　　　　　　　D. 提升效率
5. 部署实施执行阶段可能存在的风险不包括（　　）。
   A. 客户期望管理出现问题　　B. 相关资源的能力不足
   C. 交付物认知水平不一致　　D. 部署实施交付物的可验收性

【参考答案】：A　B　C　B　D

二、案例分析题

某医院始建于1958年，是集医疗、教学、科研和预防保健为一体的国内高水平、大型综合性、现代化的三级甲等医院。该医院拥有骨科、运动医学研究所、妇产科等多个教育部创新团队；拥有辅助生殖、心血管研究所和眼科等多个教育部重点实验室。

随着该医院信息化程度的不断提高，各业务系统的全面上线，对IT基础架构的安全性、稳定性以及业务系统的连续性提出了较高的要求，运维工作也同样面临了前所未有的挑战。

为加强该医院运维工作的规范化，并提高日常运维的工作效率，通过"前峰科技"，构建了一套一体化的运维管理平台，使用运维工作标准、流程化、提高运维效率。"前峰科技"对该项目的调研、服务规划设计等前期工作已经完成，现进入服务部署实施阶段。

（1）部署实施的目标是服务的标准化和规范化，请结合本案例介绍对该项目部署实施的目标进行进一步分解。

（2）部署实施有哪些要素？并结合本案例对各要素进行简单说明。

（3）结合本案例说明部署实施计划阶段存在哪些风险？

（4）结合本案例描述部署实施验收阶段有哪些主要活动，并对各活动进行说明。

第 6 章　IT 服务运营管理

6.1　概述

大量企业的实践表明,IT 服务运营方面的问题更多的不是来自产品或技术(如硬件、软件、网络、电力故障等)方面,而是来自管理方面。IT 服务的提供者,无论是企业内部的 IT 部门,还是外部的 IT 服务提供商,其 IT 服务运营的主要目的就是提供低成本、高质量的 IT 服务。为了达成上述目的,需要在 IT 服务运营的过程中对人员要素、资源要素、技术要素和过程要素进行有效的管控;同时,客户是 IT 服务运营过程的直接参与者,IT 服务的提供者应控制客户的预期,适当地引导客户以提高其在服务过程中的配合程度,从而有效地达成客户满意。

6.2　人员要素管理

对于 IT 服务来说,重要的是服务过程中给予客户的实际体验和感知,所以 IT 服务人员在服务业务中的角色和作用对业务关系的有效性和持续性具有重要的影响。

因此,在 IT 服务运营中,需要通过对人员进行有效评价后,进行有效管理与培养,并充分调动人员的积极性,稳定服务团队,保证服务项目人员的连续性,确保人员能力跟上客户需求的变化发展,最终保证客户对服务的认可。

人员管理成功的关键因素包括:① 是否具有成熟的知识管理体系;② 岗位培训是否充足且适用;③ 团队能力的互备性;④ 人员考核指标设定是否符合 SMART 原则;⑤ 人员考核结果应用是否真正落地有效。

人员要素风险控制如表 6.1 所示。

表 6.1　人员要素风险控制

可能的风险	影　响	控　制　措　施
沟通问题	影响团队协作	建立良好的沟通协作机制,进行服务意识及沟通能力培训
人员连续性问题	服务持续性	实行有效的人员连续性管理措施
负面情绪	影响团队士气及工作积极性	引导积极向上的团队文化,举行团队活动等其他方式进行团队建设
考核指标不明确	无法评估和执行考核	按照 SMART 原则定义人员绩效指标

6.2.1 人员储备与连续性管理

在 IT 服务运营实践中，通常会出现工程师离岗、离职或其他意外情况，造成服务人员脱离现有服务项目的情况。人员连续性主要面临的场景包括：人员离职和人员调岗。服务内容变更引发的人员需求变化包括：IT 服务项目内容、范围变更，现有服务人员已不能满足项目服务的需要，需要进行人员数量的补充或能力提升。

1. 目标

（1）保证 IT 服务连续性，满足客户对服务质量及满意度的要求。
（2）保持客户对 IT 服务的信心和信任，并获取支持。
（3）保持供应商及第三方接口关系的连续性。
（4）保持供应商及第三方的信心，并获取支持。

2. 活动

人员连续性管理活动可以分为预防性活动和被动性活动。

（1）预防性活动。

- 服务能力规划：在进行 IT 服务人员配备时，通常要预留一定的服务能力空间，也是能力管理流程的要求。预留服务能力空间一方面可以在遇到突发服务支持时维持正常的服务水平及质量，另一方面可以在出现人员离职、调岗等情况时，剩余能力得到有效的补充和释放。如某服务商在年初确定人员配置时，以 20%的冗余作为配置基准，以应对突发支持需求及年中因客户业务规模扩大等原因引发的结构性支持增长。

- 知识管理及培训：定期对 IT 服务运营过程中的知识进行积累和总结，形成标准化的知识体系，并定期举行知识培训，使服务能力得到快速复制和推广，在遇到人员连续性问题时，进行快速的交接和补充。

- 岗位互备及轮岗：加强对核心岗位的互备，避免因关键人员离职带来的服务能力下降，同时可以采取轮岗的方式，在实践中培养、检验、巩固后备人员能力。

- 识别能力发展曲线：服务团队人员随着时间的推移，其服务能力将逐步提升。在 IT 服务项目实践中，项目人员通常会经历学习期、提升期、稳定期三个过程；要识别不同服务内容的学习周期，以便制订相配套的人员连续性管理计划。如桌面支持服务从学习期到稳定期只需 3 个月，而 ERP 从学习期到稳定期可能需要 1～2 年。

- 明确岗位交接管理说明：以制度的形式明确约束离职、调岗人员行为，引导正向积极的交接与知识共享。交接形式包括培训、知识文档、岗位切换指导、需跟进项目及重点工作说明等。

- 与客户、供应商及第三方明确相关的人员连续性管理流程：如服务协议中已约定相关流程的，按服务协议流程执行，未明确相关接口人员连续性流程的，系统规划与管理师有责任主动建立相关管理流程。

（2）被动性活动。

被动性活动是指在发生人员连续性事件时，所采取的连续性管理措施，包括：

- 岗位交接及培训：一旦获悉人员离职或调岗信息，需及时启动岗位交接流程。如新人无法及时到岗，可先面向现有服务团队其他成员进行岗位交接，再由该交接人向新人进行知识转移和传递，预留有岗位培训交接时间的，可直接面向新人员进行岗位交接。
- 面向客户及服务团队进行人员更换说明：提前向客户及服务团队成员通报人员更换信息，面向双方确认新人员身份的合法性，获得客户的支持和理解。
- 面向供应商及相关第三方进行接口关系变更：及时向供应商及相关第三方通报人员更换信息，确认新人员身份的合法性，及时变更相关接口关系。
- 人员连续性安全管理：在 IT 服务项目实践中，人员连续性安全管理通常是岗位交接过程中易被忽视的问题，需给予足够的重视。这里所说的安全除包括安全培训外，还应及时消除原岗位人员接触的服务信息权限，包括清除个人账号、更换原授权系统操作口令等。

6.2.2 人员能力评价与管理

在 IT 服务运营中，可对人员能力进行有效评价与管理，对人员的培养、管理均提供有效的支持。

1．目标

建立人员能力模型，对人员能力进行评价与分析，提供人员能力培养与晋升的信息。

2．活动

（1）建立岗位职责的能力需求说明书。

为了完成岗位的职责，需要承担该职责的人员具有与职责需求相对应的能力，包括技术能力、分析能力、沟通能力、语言能力等诸多方面。系统规划与管理师不仅要识别与职责要求所对应的能力，还要识别出对担任同一职责或同一工作的不同人员能力要求的差异。

例如，同样是桌面故障处理的工作职责，对于一名助理工程师的能力要求是能解决该故障即可，而对于一名担任同样岗位且具有相同职责的高级工程师来讲，就不只是要求他有能力解决故障，还要有能力做故障分析，以减少故障再次发生的概率，或者有能力将故障解决的方法形成知识点，与同组的其他同事进行分享。之所以会发生以上的情况，是因为很多情况下，一个服务团队的组成是多样的，既有经验丰富的工程师，也有初出茅庐的技术人员，虽然在岗位和职责的定义上两者并无明显差异，但在能力的要求上两者就相差很大。

(2)建立人员能力现状评估和差异分析表。
- 能力现状评估：基于岗位职责的能力识别的结果，可对现有服务人员进行能力评估，评估可以采取本人自评、主管审批的方式，既确保了评估结果的相对有效性，也保证了能力评估工作的效率。
- 能力差异分析：服务人员完成能力评估工作之后，需将评估结果与相应岗位的能力需求进行差异识别和分析，确定能力差距。
- 评价结果运用：人员能力评估的结果，可运用于人员职级的评定、岗位晋升或调动，甚至是薪酬福利的调整；对于有一定能力差距的人员，应在主管的指导下制订能力提升计划并遵照执行。

6.2.3 人员绩效管理

在 IT 服务运营中，人员绩效管理将对绩效考评后的结果采用评价、奖罚、改进等多种方式进行人员最终的提升。

1．目标

对人员绩效的成果进行分析，结合人员能力模型与岗位要求进行评价，根据评价的结果建立人员能力提升或工作改进的方法。

2．活动

(1)绩效考核成果报告。对岗位绩效考核成果进行分析，从岗位、客户、服务、行为等维度进行评估，根据不同维度得出相应报告，便于后续分析。

(2)绩效考核成果分析。对绩效考核成果报告进行分析，尤其对具有共性的问题进行根本分析，分析绩效无法达成的原因是组织原因还是个人原因，如果是个人原因，则要明确是能力因素还是工作积极性的因素。例如，我们发现某服务台工作人员一线解决率较低，如果仅是其个人指标达成较低，可能是个人能力不够或激励不够，这时就要进行相应的培训与辅导，但如果存在普遍性，那么可能是知识库不够完整，也可能是服务过程中出现了问题。

(3)基于绩效考核分析的改进。
- 管理改进：如果绩效考核存在普遍性，就要考虑从管理入手，解决过程体系的问题，或者引入更好的知识管理，还可能要引入升级机制与沟通机制。
- 培训：如果是人员能力出现问题，就要针对人员能力进行系统的培训与辅导。
- 激励：如果是人员的积极性出现问题，那么可以考虑采用激励手段。常见的激励手段有奖金、升迁、表扬等方式，必要情况下，采用惩罚机制也能起到激励作用。
- 改变绩效方案：经过分析，如果发现绩效的设置明显不符合业务需求，或者存在无法实现的可能，又或是绩效过于容易实现，没有起到管理与促进的作用，就需要改变绩效考核方案，包括考核的标准与考核的方法。

【实例】系统规划与管理师绩效考核表，如表 6.2 所示。

表 6.2 系统规划与管理师绩效考核表

被评估人								一月	
评价内容		评价内容描述					备注（包括但不限于）	分值	评分理由
工作完成情况	1 工作成果	所带团队各项工作目标、计划的完成情况和工作成果	30	24	18	12	6	接受培训或实习须达标；本组例行巡检查无重大遗漏；故障管理、工作量汇报、客户设备取送登记等合格填写；遵守安全管理规定避免隐患；组织培训和轮岗；有效使用经验手册等资料；下属工作偏差及时给予指导或纠正；推动 ITIL 与 CMMI 流程的执行与完善，协助市场推广		
	2 工作数量	在工作中所完成的工作量	10	8	6	4	2	考勤情况		
	3 工作质量效率	完成工作的及时性和准确性	15	12	9	6	3			
	4 服务水平和团队管理	服务态度端正，总能很好地为客户服务，很好地进行组织计划和沟通直辖市	15	12	9	6	3	首问负责制、服务礼仪（包括反馈）、故障上报流程遵守情况、服务组工作有序进行、与客户保持良好沟通、与其他团队良好协作		
	5 专业性	完成工作的技术含量及专业化程度	10	8	6	4	2	能够及时发现信息系统故障；出现 P1/P2 故障时能够及时提供解决方案或应急措施；避免技术失误		
评估得分		1～5 项合计值						满分 80 分	0.0	
业绩指标	6 客户系统完好率	未达到合同完好率指标	每次扣 1～2 分							
	7 客户满意度	本人或本组成员收到客户有效投诉	每次扣 1～2 分							
	8 信息安全	信息安全事件未得到有效的控制和处置	每次扣 2 分							

续表

被评估人					一月	
评价内容		评价内容描述		备注（包括但不限于）	分值	评分理由
业绩指标	9 客户数据和设备	本人或本组成员因工作失误造成客户数据丢失或泄露或设备损坏	每次扣1~2分			
共享及解决问题	10 知识管理和共享	知识共享，技术积累和传帮带	每次扣1~3分	有效形成或增补经验手册并与大家共享；授课或传授		
	11 创新及解决问题	工作积极进取，及时发现工作中的问题，能提出有建设性和创造性的建议，并能有效解决问题	每次扣1~3分	能够提出有效的改进建议或隐患分析		
	12 市场发掘	提供有效的市场信息或市场拓展建议	每次扣1~3分			
	13 其他		每次加1分	公司或部门集体活动时当值，全年满勤		
评估得分		10~13项合计值		满分10分，打分时填写正数即可	0.0	
月度得分/评分人		Σ每项分值			20.0	

6.2.4 人员培训计划执行

1．目标

确保有效执行人员计划能并确保培训效果。

2．活动

（1）按人员培训计划进行培训。

- 企业内训：可由IT服务组织内部资深人员或聘请外部专家在企业内部进行培训。
- 外部培训：可寻求培训机构的服务，将人员派送到培训机构接受培训。
- 拓展训练：可自行组织或寻求拓展公司的服务，以拓展训练等方式接受培训。

（2）对培训结果进行评价。

- 收集培训反馈：为了保证培训的效果，收集培训的反馈是必须的。培训课程反馈方式主要是培训满意度调查，满意度包括对培训课程、培训讲师、培训课件、培训设施和环境等方面的满意度。满意度调查是培训工作持续改进的重要输入。
- 对学员进行测试或评价：培训完成后需采取有效及合理的方式进行考核，如笔试、口试、上机操作等。考核一方面有助于了解授课效果，以便对课程进行持续改进；另一方面有助于了解培训对象对知识或能力的掌握和提升情况。目标对象参加培训比率或考核通过率过低，应考虑组织二次培训。

（3）培训机构与培训讲师管理。

对培训机构与培训讲师进行整理与记录，对培训的效果做出有效记录与评价，形成有效的师资库，对培训的安排做出进一步选择。

（4）人员培训回顾和改进过程。

人员培训过程需要持续的回顾和改进，以确保培训的结果符合客户和业务的发展与变化要求。
- 人员培训回顾：系统规划与管理师应定期对人员培训进行回顾，回顾的内容主要有培训范围是否合理、培训过程是否有效、培训的满意度如何等。
- 人员培训改进：依据培训回顾的结果，对人员培训过程进行改进。改进包括对能力需求的改进、对培训规划的改进、对培训范围的改进、对培训课件的改进等。

【实例】培训记录表如表 6.3 所示。

表 6.3 培训记录表

培训内容				学时	8 学时
培训教师		地点	公司会议室	时间	2016-5-18
参加人					
学员 \ 学员分数	是否准时参加，无迟到和早退现象	能否理解此次培训的内容	是否表现积极的参与意识	能否主动提出问题	回答问题的准确性

注：每个考核项分 5 个等级，分别为 5 分、4 分、3 分、2 分、1 分，满分为 5 分，最低为 1 分。

填表人： 日期：

6.3 资源要素管理

6.3.1 工具管理

1. 工具的基本运营

（1）保持稳定性，按生产系统管理。IT 服务是离不开 IT 服务工具的，系统规划与管理师要将 IT 服务工具的稳定性的重视程度提高到足够的高度。IT 服务工具合理清晰的产品体系架构与 7 天 24 小时不间断运行的技术保障,是实现 IT 服务稳定性的最佳保障。IT 服务项目应将重要的 IT 服务工具当做生产系统进行维护,不轻易移动、关停重启服务,所有的改动都通过严格的变更流程进行控制。

(2)挑选合适的员工进行日常维护(工具维护岗)。在对工具进行日常维护时,要做到人驾驭工具、人监督工具,不能让工具牵着人的鼻子走,系统规划与管理师应尽可能地安排项目中合适的员工来专职负责工具的维护和改进,设立专职的工具维护岗位,不建议将工具的维护全部交给软件供应方。

(3)适时的改进。每种工具都不可能完全适合各种 IT 服务项目,系统规划与管理师需要根据自己所负责项目的特点,及时跟踪客户的需求变化,对工具进行长期、分阶段的持续改进,以适应项目发展的需要。

2. IT 服务工具的淘汰

IT 服务工具同样具有生命周期的概念,所有的工具最后都会因各种原因而淘汰。工具淘汰的原因一般有两种:技术过时落后,有新的工具可以代替;或者,IT 服务项目终止。

当 IT 服务项目终止时,往往需要将 IT 服务工具移交给接手服务的另一方,它可能是客户自身的团队,也可能是第三方服务提供商。此时应做好以下工作。

(1)工具由客户投资建设。收集工具管理过程中的所有文档,备份数据和软件副本,按照同客户及第三方协商确定的交接计划进行交接。

(2)工具由 IT 服务项目提供方投资建设。若工具是服务项目提供方自己投资建设的,系统规划与管理师需计算成本,并向客户报告。当客户接受时,由客户决定是客户自己买入还是第三方买入。收集工具管理过程中所有的文档,按照同客户及第三方协商确定的交接计划进行交接。当客户不接受时,制订报废计划,向公司汇报,收集工具管理过程中所有的文档,备份数据和软件副本。当公司决定将工具免费送给客户时,与客户及第三方进行交接;当公司决定收回工具时,在项目撤出前,从生产系统上删除工具系统。

6.3.2 知识管理

知识管理流程的目标是将运维生产过程中产生的各类信息所包含的知识最大限度地提取、保留,通过评审后加以应用,包括:实现知识共享,实现知识转化,避免知识流失,提高运维响应速度和质量,挖掘、分析 IT 应用信息。知识管理包括系统规划与管理师对知识的获取、共享、保留(归档)、评审,如图 6.1 所示。

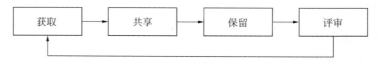

图 6.1 知识管理的流程

1．知识提取和获取的方法及途径

系统规划与管理师首先要考虑本项目需要哪些知识，能从哪些方面获取。将项目相关知识进行分类，可能根据以下 4 方面进行：根据知识的覆盖使用范围分类，根据知识评分分类，按照浏览量分类，知识地图同样是知识分类的好方法。

IT 服务项目常见知识分类如下：项目相关业务知识，项目相关已知问题（故障）解决方案，IT 服务相关技术跟踪，其他知识（消防知识、逃生知识等）。

IT 服务项目知识的提取和获取一般是在项目内部和项目外部两方面进行的。

内部提取：日常运维故障典型解决方案的总结、积累，如在建立流程体系时规定必须从已知问题的解决方案中提取知识，这也是 IT 服务项目最实用的知识。

外部查找：与其他类似项目进行知识共享，在互联网上查找、跟踪供应商发布的知识等。

2．知识共享的方法和方式

项目知识共享分对内共享和对外共享两种。对内共享是要求项目组内成员积极主动地将自己的知识共享给其他员工；对外共享是与其他项目组或其他公司进行知识共享。知识具有保密性的要求，系统规划与管理师要制订知识共享制度，对各种知识设定保密级别，根据保密级别在共享时要进行审批。

3．知识的保留、归档与入库

在知识保留、归档及入库时，先根据知识的分类进行分级工作，从以下两个角度进行知识分级，具体的级别可根据实际情况自行定义：业务重要性角度，整合、完整性角度。知识的归档与入库建议采用统一的知识管理工具，市场上常见的 ITSM 管理工具都有知识管理的功能，也可以使用其他开源工具来管理。

知识入库时应按照分类进行保存，如可按 IT 服务运维对象（网络、主机、数据库、应用）进行分类，也可按业务进行分类：桌面、邮件、业务系统（如银行核心系统、卡系统）等。

知识入库时要进行审核性工作，以保证知识质量，做到有用的知识才会进入知识库。同时，知识入库后要定期进行知识的评审，看看哪些知识需要更新和整合，哪些知识已经过期，以保证知识的有效性和提高知识的整合度。

系统规划与管理师在知识的保留、归档、入库阶段，一方面要重视知识管理工具的建设，另一方面要积极协调技术专家一同进行知识的入库审核。

4．知识的评审

系统规划与管理师应定期组织技术专家团队对知识库的知识进行全面评审。评审的内容涉及以下 3 方面：① 时效性：现阶段是否还有效。② 完整性：是否汇总完整，能否与其他知识条目合并。③ 正确性：知识的内容是否正确。评审后应出具《知识评审报告》，并根据评审的结果对知识库中的内容进行更新、删除、合并等维护工作。知识的评审工作也是知识重新获取的一大来源。

5．知识管理关键成功因素

在知识管理中，一方面应从流程制度考虑：① 知识识别与分类是否准确。② 知识管理流程是否制订，是否合理。另一方面设置知识使用的衡量指标进行考核，来判断知识管理的成熟度：① 知识积累的数量。② 知识的利用率。③ 知识的更新率。④ 知识的完整性。⑤ 各类知识的比重。⑥ 知识新增数量与事件、问题发生数量的对比关系。

6．知识管理可能存在的风险和控制

（1）知识私有化观念（主动性）：在知识管理中最容易出现的情况是员工不积极提交知识，员工不愿意与其他员工共享自己所拥有的知识。此时，系统规划与管理师应该考虑采取措施，提高员工提交知识的积极性，如对积极提交完整性高核心知识的员工进行奖励，激励员工共享自己所拥有的知识，也可将知识提交、共享与绩效考核挂钩；最好建立起良好的团队文化氛围，保持员工的积极性。

（2）知识共享的风险：在实际操作过程中，知识共享确实存在着风险，主要是可能出现核心技术的泄露，所以应做好知识（信息资产）的保密性工作，建立共享安全制度。另外，也会存在其他部门、项目组不愿意共享知识的现象，系统规划与管理师应积极与对方进行沟通。

（3）知识管理工具使用风险：知识管理工具上线运行之后，员工却不能经常性地使用系统，也不能对知识管理系统进行维护，从而难以保证知识管理系统中知识的数量和质量，在"恶性循环"中使知识管理系统逐渐成为一个华而不实的摆设。所以，在管理工具的建设期，系统规划与管理师要考虑工具的易用性。

（4）持续性风险（知识的有效性、时效性）：在初始知识提交后，长期没有再评审、再次更新修订，知识甚至已经过时或者随着环境的改变而不再正确，但仍保留在知识库中，造成知识的可用性和准确性降低，久而久之，员工会越来越不愿意使用知识系统，知识管理面临失败。因此，系统规划与管理师要重视知识的定期评审工作，保证知识的可用性和准确性。

（5）隐性知识很难转化成显性知识：显性知识可以理解成书面化的文档，隐性知识就是存放在每个人头脑中的经验和体会，要让每个人头脑中的经验和体会都写出来的确很难。因为平常每个人工作都很忙，如果非要让忙了一天的员工能在工作时间内静下心把自己的经验和心得写出来，这对绝大多数企业和员工来讲是不现实的。很多知识管理项目的一个假定条件就是，每位员工都会把自己头脑中的知识主动拿出来，但事实并非如此：员工没有时间也没有动力。如果这个假定条件不成立，那么就没有了知识管理项目成功的基础，所以必须面对并解决好这个困难，不然知识管理系统最终将成为一个摆设。解决方法是让知识管理系统完全融合到员工日常的工作中，如客服人员每天处理客户的问题就在完成知识管理，这样就可以让员工一边工作一边积累知识；把知识管理融入项目管理、客户管理、流程管理、人力资源管理中，这样能够真正有效地让员工一边工作，一边把知识和经验积累到系统中。

6.3.3 服务台管理与评价

服务台是个职能单位，一般情况下需要由专职人员组成，他们负责处理各种服务事件，通常利用电话、邮箱、即时通信、网络或自动手段报告基础设施发生的事件以及用户的请求（或标准变更）。它在 IT 部门中是一个极为重要的组成部分，通常为整个 IT 部门与用户的联络点，同时使用专门的软件工具记录和管理所有这些事件。

服务台在 IT 服务运营中的主要工作如下：

（1）响应呼叫请求：呼叫请求是指用户与服务台进行的联系，所有的呼叫请求都应该记录下来，这样可以进行进度监控，并且为流程控制提供有关的量化指标，包括事件、服务请求、需求、抱怨、投诉等。部分变更请求也可能成为服务台需要受理的工作。

（2）发布信息：服务台作为主要的发布方，可以充当用户的主要信息来源。这既可以以消极的方式（如网站发布）进行，也可以以积极的方式（如电话通知）进行。服务台需要通过各种努力来通知用户当前或预期发生的错误，特别是在他们受到影响之前。服务台还应当向用户提供有关新的和现有的服务项目、服务级别协议（SLA）的供应及订购程序和成本等方面的信息。

（3）供应商联络：服务台通常负责与维护供应商进行联系，包括打印机、工作站的维修和替换，在有些情况下，还包括电信设备的维修和替换。这种类型的维护包括对纯粹感觉上的事件（干扰）及变更和服务请求的处理。

（4）运营任务：进行备份和恢复、提供局域网连接、对当地服务器进行磁盘空间管理、创建账号、设定和重设密码等也是服务台的职责。

（5）基础设施监控：服务台可能有权进入各种工具系统，这些系统被用来估计那些影响关键设备的故障可能产生的影响，如路由器、服务器、网关、关键任务系统、应用系统以及数据库等。通常，这些工具在某个故障出现或正对基础设施产生威胁时，就能自动地排除这些故障并通知事件管理。正常情况下，使用这些工具系统主要是运营小组的任务，由他们将有关的信息报告给服务台。

关于用户绕开服务台的场景回放如下：

主角：

李宁：男，24 岁。北京××投资有限公司员工，职位：IT 桌面维护工程师。

配角：

王天：男，25 岁。北京××投资有限公司员工，职位：IT 经理。

罗薇：女，24 岁。北京××投资有限公司员工，职位：行政部工作人员。

故事前情提要：

　　搞好客户关系是 IT 服务工程师的一门必修课，良好的客户关系会为 IT 服务工程师的工作带来很大的方便，也会影响客户对工程师的评价。如果有客户绕过服务台找到工程师来解决问题，那么应如何处理呢？

剧情：

李宁："你好，IT技术服务中心李宁。"

罗薇："我是罗薇！我的Photoshop软件出了点问题，你能帮我看看吗？"

处理方式1：

李宁："哦！没问题！等我，1分钟。"

  字幕：李宁挂了电话就匆匆忙忙地给罗薇去解决问题了。而这时候服务台正好给李宁打电话，通知他去给另外一个用户处理工单。李宁告知自己正在给行政部的罗薇处理问题，服务台只得转派工单给其他工程师。渐渐地，李宁为了加强和客户的关系，多次绕过服务台为用户处理问题，服务台对于李宁的调配也总是冲突。终于在月底工作总结时……

王天："李宁，你这个月怎么一共才处理了15个工单？"

李宁愣了一下："不对吧？怎么可能呢，我现在每天都处理好几个呢！"

王天："报告是服务台通过管理工具导出的。你通过服务台关闭了多少个工单，都会记录下来。"

李宁："哦，经理，是这样。我这不是跟客户要搞好关系吗？所以有时候客户嫌联系服务台麻烦，就直接来找我，我就给他们处理了，所以服务台那边没有记录。"

王天："那如果大家都这样，我们还要服务台干吗呢？那干脆就叫用户直接来找我们好了，何必多此一举呢？你说呢？"

李宁："啊？……"

处理方式2：

李宁："哦，那你为什么不找服务台呢？他们也能帮你处理问题啊！"

罗薇："嗨，找他们不如找你方便啊！你不会不帮忙吧？"

李宁笑了笑："怎么会呢，你等我几分钟就来。"

罗薇："好。"

  字幕：李宁挂了电话立刻将这个事情通知服务台，请他们帮助新建一个工单，记录自己的工作。这样服务台可以知道李宁的实际工作情况，在人员安排方面也不会冲突。随后，李宁帮助罗薇解决了电脑问题。

李宁站在罗薇的电脑前："行了，搞定了。你试试看能不能正常用？"

罗薇："好，可以用了。"

李宁："不过啊，罗薇。你下次有IT方面的问题需要解决最好通知服务台。"

罗薇看着李宁："为什么啊？我觉得找你更方便啊！"

李宁："你直接找我，服务台就不知道我的实际工作状态。"

罗薇想了想："好吧，不为难你了。"

李宁笑了笑："理解万岁！谢谢你了！"

6.3.4 备品备件管理

备件管理是确保服务如约定完成的重要手段,主要活动如下。

(1)备件申请:申请者需要列清单,根据报价完成申购表,提交给备件管理员。由备件管理员核查库存量,以确定申购单的合理性,并进一步提交部门主管审核。审核通过后,进行采购。如果备件的安全库存已经告警,也可以进行采购。

(2)采购:根据对供应商进行比选后,进行采购。采购后,需要对备件进行充分的测试,该测试工作需要持续。

(3)到货入库:备件管理员应当核对到货清单与申购单中的备件信息(型号规格、数量等),如不符合要求提出异议,而对符合要求的到货设备,直接办理入库登记。

(4)领用:备件管理员查询库存清单,从仓库调出相应备件,并填写领用单,申请人核对领用单的信息,确认后签字。领用后备件管理员需要记入台账。

(5)报废:在维护各自系统中,如果备件已经损坏,需要对损坏设备进行检测,对可以修复的,则送去维修,对确定报废的设备,需要妥善保管,以便到时统一回收。

【实例】备件领用表如表 6.4 所示。

表 6.4 备件领用表

备件代码	备件名称	数量	存放位置	入库日期	出库日期	领用人	审批人	其他1	其他2	其他3	其他4
BJ001											
BJ002											
BJ003											
BJ004											
BJ005											

6.4 技术要素管理

技术管理的目的是按照 IT 服务中技术工作的规律性,建立科学的管理工作程序,有计划地、合理地利用技术力量和资源,保证 SLA 高标准地完成。

在 IT 服务运营中,需要对技术研发的预算进行管理,同时对技术成果进行运行、改进等工作。

6.4.1 技术研发规划

如何从发现问题和解决问题的过程中发现需要做技术研发的需求,并完成立项评审,以及研发成果如何转为新的服务资源。

6.4.2 技术研发预算

通常情况下 IT 服务工具、应用或软件都是通过项目申请而完成的,在项目立项的过程中会要求进行成本收益分析和投资回报率分析,然而对于任何项目来说,这都将是一个巨大的挑战。通常项目没有成本收益分析和投资回报率分析,项目的目标是尽快"上线",而不是最终达成期望的收益。项目创建之初预算申请尚且如此困难,在运行中的工具申请研发预算将是难上加难。常见的方法有如下两种:

(1)增量预算:启动项目时都会"将大化小",逐步地去完成项目,这样项目具备整体规划,在后续的项目中可预留一部分费用,对之前已完成的工作根据新的需求和变化进行调整。这样的方法虽然不是传统意义上的研发预算,但可以有效地解决后续研发预算的问题,可以保证有持续的资金进行改进。

(2)零基预算:更详细的现状分析、费用分析、需求预测、效率提升比、研发投入与产出比、投资回报率分析等,当管理层拿到这样的数据或报告时,才可能打动他们,进而持续地拿出一笔钱投入一个已在运行的工作中。

6.4.3 技术成果的运行与改进

1. 对技术成果进行培训与知识转移

(1)知识性研发成果培训:如组织自行研发的或基于方法论衍生的方法论框架,如鱼骨图法、KT 分析法。

(2)工具类研发成果培训:对用于优化 IT 服务管理的工具的功能进行培训,例如对自行研发的监控或 IT 服务流程管理工具进行培训。

(3)应急预案与解决方案手册的知识转移:对应急预案与解决方案手册,根据不同的岗位和工作范围,进行知识转移。

2. 对技术成果的内容进行演练或推演

(1)演练:定期对应急预案、灾备方案进行仿真演习,必要时需要所有相关方参加,并投入充足的资源。

(2)推演:通过沙盘或模拟的方式,对于可能发生的情况进行研讨。根据多方的圆桌会议,最终对技术研究成果给予改进建议与评价。

3. 对技术成果进行优化改进

对于技术成果进行评价与评估,根据分析或在实践中的信息,对技术成果进行新一轮的开发,并增加相应的预算。

【实例】演练计划模板。

概述:

演练目的:……

演练地点:……

演练时间：……

演练内容：……

演练类型：……

□模拟演练 □真实演练 □模拟演练 □其他

演练场景：

演练场景一：××××

演练场景二：××××

演练参加人员

内部人员

序号	姓名	部门	角色	职责
1				
2				

外部支持人员

序号	姓名	部门	角色	职责
1				
2				

演练过程记录

演练计划步骤

××××演练步骤：

序号	操作内容	操作人	计划时间
1			
2			

演练结果记录

××××演练过程记录：

序号	演练操作记录	演练结果	操作人	记录人
1				
2				

演练问题总结

存在问题

序号	问题详细描述	所属系统	发生环节
1			
2			

改进行动			
序号	改进行动描述	负责人	完成时间
1			
2			
演练结论			

6.5 过程要素管理

在 IT 服务运营中，对流程的执行、监控与调优是至关重要的，因为流程是 IT 服务运营活动的主要体现，也是对用户体验产生直接感受的关键要素。作为系统规划与管理师，应对规划设计阶段所提及的流程，包括服务级别管理、服务报告管理、事件管理、问题管理、配置管理、变更管理、发布管理、安全管理，进行有效的支持并确保执行。

6.5.1 服务级别管理

服务级别管理流程须确保供方通过定义、签订和管理服务级别协议，满足需方对服务质量的要求。在 IT 服务运营的流程中应当充分执行以下事项。

（1）更新服务目录并管理服务级别变更：在服务运营中，随时会产生新的服务需求及请求，或组织的服务能力提升、服务范围扩大等，或客户在原有服务范围的基础上变更服务级别需求，均应对服务目录进行及时的更新，并在与客户协商一致的基础上对服务级别协议进行变更。

（2）监控服务级别协议执行情况：需定期监控服务级别的达成情况，做出服务级别监控图表，对不同程度的服务级别协议违反情况提出警告，通知相关人员。

（3）对如下关键指标进行管理：服务目录定义的完整性，签订服务级别协议文件的规范性，服务级别考核评估机制的有效性和完整性。

【实例】服务级别跟踪表实例如表 6.5 所示。

表 6.5 服务级别跟踪表实例

服务流水号	时间	服务目录	服务内容	客户名称	SLA 定义	实际响应	达成率	满意度
1								
2								
3								
4								
5								
6								

6.5.2 服务报告管理

服务报告管理流程须确保供方应通过及时、准确、可靠的报告与需方建立有效的信息沟通，为双方管理层提供决策支持。在 IT 服务运营的流程中应充分执行以下事项。

（1）建立、审批、分发服务报告。根据不同的对象，定期或阶段性地进行服务报告的建立与分发，分发前需要进行审批。

（2）对服务报告进行归档。将分发过的服务报告进行归档，按照不同时段、不同对象分门别类，以备查找，如进行服务改进、发生纠纷时均需要查找有关证据。

（3）更新服务报告模板。在服务报告提供时，因为服务需求或范围发生变化，或者有更优秀的展现形式时，都应该及时更新服务报告模板。更新服务报告模板需要提前与发布对象沟通。

（4）对如下关键指标进行管理：服务报告过程的完整性、服务报告的及时性、准确性。

【实例】服务报告。

服务报告

报告基本信息

报告目的：为了有效决策与沟通……

报告范围：SLA 中界定的运维服务项目

报告对象：查看服务报告的相关干系人，如客户代表、系统规划与管理师等

报告人：编写报告的人员信息

服务间隔时间：××××年××月××日—××××年××月××日

报告时间：××××年××月××日

服务指标达成率

{提示：此处描述的 SLA 中定义服务指标达成率，是为了向客户展现服务期间内的服务质量，适用于对外提供给客户与内部服务团队分析。}

统计

{提示：此处主要是按 SLA 约定的时间间隔（1 次/季或 1 次/年或 1 次/合同期），统计实际服务指标数据与约定服务指标间的差距，为后续服务改进提供基础。}

指标名称	服务标准	实际值	指标状态	备注
事件平均响应时间	10 分钟	5 分钟	正常	
事件平均处理时间	20 分钟	15 分钟	正常	
现场服务满意度	8.5 分钟	8 分钟	非正常	
系统/网络可用性	99%	90%	非正常	
……	……	……	……	

分析

{提示：此处主要针对指标状态为"非正常"的指标（违反 SLA 的指标）进行分析，寻找问题根源，分析问题原因。如现场服务满意度低：经分析后发现是因为上门服务的人员态度较差，造成客户不满意。}

改进建议

{提示：此处主要针对已经确认的问题原因提供改进建议，如提供服务意识培训。}

事件分析

{提示：此处主要是按 SLA 约定的时间间隔（1 次/季或 1 次/年或 1 次/合同期），统计间隔时间段内所有事件的数量，同时可提供时间段内的不同时间的事件数量趋势，以便做后续分析。如事件总数、事件成功关闭数量、不同月份的事件趋势等。}

重大事件

{提示：此处主要是按 SLA 约定的时间间隔（1 次/季或 1 次/年或 1 次/合同期），统计重大事件占据时间段中所有事件数量的比例。如重大事件数量等。}

可在此处附上间隔时间段内所产生的重大报告文档。

现场服务满意度

{提示：此处主要是按 SLA 约定的时间间隔（1 次/季或 1 次/年或 1 次/合同期），统计间隔时间段内所有现场服务的满意度情况，可为 SLA 指标"现场服务满意度"提供数据支持。如现场服务满意度 case 总数、服务满意数量、不同月份的服务满意度趋势等。}

趋势分析

服务达标趋势分析

{提示：此处描述按 SLA 约定的时间间隔（1 次/季或 1 次/年或 1 次/合同期）内，每个时期内（如每月）服务达标情况的比较与分析。如与前几个服务报告达标情况的比较。}

服务回顾分析

{提示：自本标题后的所有章节（除"报告结论"外），都是面向内部服务团队具体的分析指标，各中心可根据策略定义的报告频率，借鉴如下报告编写指南，选择相应的报告模板，编制各自的内部服务报告。}

人员加班及培训情况

详细列出当月的加班情况，分析现有人员能力是否能够满足需求，是否有计划地安排相应的培训等。

分析

侧重于能力分析。

改进建议

描述能力改进。

报告结论

描述报告的总体结论。

6.5.3 事件管理

事件管理流程须确保供方具有检测事件、尽快解决事件的能力。在 IT 服务运营中，流程应充分执行以下事项。

（1）对事件进行受理与处理：包括接收事件，对事件进行分类和初步支持、调查和诊断并解决。

（2）对事件进展进行监控与跟踪：需要对事件的处理过程进行跟踪，确保每个环节都在约定时间内完成。一般建议由服务台进行监控与跟踪，并确保事件的最终关闭。

（3）对事件进行升级：当出现技术不足、超时、事件范围超出、沟通不利、需要外部资源沟通等情况时，需要对事件根据预定的规则进行升级。

（4）进行事件满意度调查：应对每个事件的处理情况进行满意度调查，可以通过工具或人工的方式收集满意度得分。对于重大不满意事件，应当及时报备、升级并处理。

（5）完成事件报告：事件报告包括事件解决率、事件平均解决时间等指标，也需要对重大事件进行回顾。事件报告一般定期制订。

（6）对如下关键指标进行管理：事件管理过程的完整性、有效性，事件解决评估机制的有效性。

6.5.4 问题管理

问题管理流程须确保供方通过识别引起事件的原因并解决问题，预防同类事件重复发生。在IT服务运营中应充分执行以下事项。

（1）对问题管理进行受理：包括问题建立、分类、调查和诊断、解决、错误评估、关闭等。

（2）采用并更新知识库：可以在问题解决时调用知识库条目，同时在问题解决后，及时更新知识库，确保知识库能支持解决对问题引发的事件。

（3）完成问题报告：问题报告包括问题解决率、问题平均解决时间等指标，也需要对重大问题进行回顾。问题报告一般定期制订。

（4）对如下关键指标进行管理：问题管理过程的完整性，问题解决评估机制的有效性。

表 6.6 显示了变更请求日志和配置项状态报告。

表 6.6 变更请求日志和配置项状态报告

变更请求日志											
编号	编号	请求状态	申请人	申请日期	批准人	受影响项	结论	技术时间	状态	备注
合计	请求数		已关闭		有时		未关闭		用时	

续表

配置项状态报告						
序号	配置库	配置项名称	配置项标识	状态	最新版本	备份记录	备 注
1							
2							
3							
4							

6.5.5 配置管理

配置管理流程须确保供方维护运行维护服务对象的必要记录，并保证配置数据的可靠性和时效性，关联支持其他服务过程。在 IT 服务运营中应充分执行以下事项。

（1）对配置项进行识别、记录、更新：对于新增加的配置项，需要进行识别，对其类别与属性做出判断与记录。变更后的配置项，需更新到配置管理数据库，确保其变更的记录能被追溯。

（2）对配置数据库进行管理与维护。

（3）对配置项进行审计。

（4）对如下关键指标进行管理：配置管理过程的完整性，配置数据的准确、完整、有效、可用、可追溯，配置项审计机制的有效性。

6.5.6 变更管理

变更管理流程须确保供方通过管理、控制变更的过程，确保变更有序实施。在 IT 服务运营中应充分执行以下事项。

（1）受理变更请求：对变更进行受理，对于变更进行分类，确保变更单填写规范。

（2）对变更进行评估、审核：对变更进行评估并最终审核，要充分考虑变更所带来的风险，对于变更或不变更带来的后果需要进行分析，必要时应该召开变更顾问委员会（CAB）进行讨论。

（3）对变更进行实施、确认和回顾等：需要协调发布管理或项目管理对变更的实施过程进行管理，在必要时需提出或批准回退计划，对变更后的成果要进行实施后评审。

（4）生成变更报告：对变更完成情况进行统计分析，包括未经批准变更数量及占比、不同类型的变更数量及占比、不成功的变更数量及占比、取消的变更数量及占比、变更关联的配置数等。变更报告应定期发布。

（5）对如下关键指标进行管理：变更管理过程的完整性、变更记录的完整性。

6.5.7 发布管理

发布管理流程确保一个或多个变更的成功导入。在 IT 服务运营中应充分执行以下事项。

（1）执行发布计划，对发布进行测试：对发布计划的内容进行实施，确保按照里程碑完成发布阶段的各个发布包内容，对发布包要进行充分的测试，确保发布成功。

（2）发布失败时执行回退方案：在发布失败时，需要协调变更管理进行回退方案的执行。

（3）对发布进行记录，更新配置数据库：如果发布影响了配置项，需要及时主动保证配置管理数据库的更新。

（4）生成发布报告：对发布完成情况进行统计分析，包括发布成功率、发布及时率、是否更新配置管理数据库等。发布报告应定期发布。

（5）对如下关键指标进行管理：发布管理过程的完整性，发布过程记录的完整性、准确性。

6.5.8 安全管理

安全管理流程确保供方提供符合信息安全要求的服务。在 IT 服务运营中应充分执行以下事项。

（1）执行安全策略：应当按照安全策略制订的要求，进行日常工作，如移动介质的安全检查、进出入机房的安全检查、风险评估等多项工作。

（2）对违反安全策略的事件进行监控与追踪：应当对违反安全策略的事件进行监控，如非法用户的登入、非法软件的安装等。对于违反安全策略的事件要进行追责，并给予足够的重视。

（3）安全管理的关键指标包括：运行维护服务过程中信息的保密性，运行维护服务过程中信息的可用性，运行维护服务过程中信息的完整性。

【实例】典型移动介质安全策略。

典型移动介质安全策略

不得将载有重要信息的存储介质随意存放，未经安全责任人授权，不得带出公司。

公司不得擅自使用私人自带设备。外来人员不经批准不得带入移动设备和介质。

若介质上的内容不再需要，应立即清除。对于存放有重要信息的存储介质，在销毁时，保证措施到位，避免不必要的泄露。

公司内的移动设备读取和光盘刻录限制在指定计算机上，并需要进行登记。

公用移动设备和介质，借用需要审批流程，使用完毕后及时归还，归还前要进行信息删除处理。

6.5.9 连续性和可用性管理

连续性和可用性管理应确保向客户承诺的协议的可用性、连续性在任何环境下都能满足。在 IT 服务运营中应充分执行以下事项。

（1）可用性和连续性计划必须至少每年开发、检查，确保协定的需求在从遭受一般损失到巨大损失的任何情况下，都得到满足。计划必须被维护来反映协议下的业务要求变更。

（2）当业务环境发生重大变更时，可用性和连续性计划必须被重新测试。

（3）变更管理流程必须评估变更对可用性和连续性计划的影响。

（4）可用性必须被测量和记录。计划之外发生的不可用情况，必须被调查并采取合适的行动；只要有可能，必须预告潜在的事件，并且采取预防行动。

（5）连续性计划、联系列表和配置管理数据库在正常办公室访问被禁止时必须仍可使用。连续性计划必须包括对正常工作的恢复。

（6）连续性计划必须被测试，以保证与业务的需求一致。

（7）所有的连续性计划的测试必须被记录，对测试失败必须产生行动计划。

6.5.10 容量管理

容量管理须确保服务提供者在任何时间都有足够的能力来满足当前和未来的客户业务需求。在 IT 服务运营中应充分执行以下事项。

（1）必须产生、维护一个能力计划。

（2）容量管理必须满足业务需求，包括：
- 当前的和未来的容量和性能需求。
- 服务升级时间、阈值和成本。
- 对计划的服务升级、变更请求、新技术和新技能对能力所产生的作用的评估。
- 外部变更对容量可能产生的影响，比如法律的。
- 提出用来进行预测分析的数据、流程和方法。

（3）监控服务能力、调整服务绩效、提供足够能力的方法、步骤和技术必须被明确。

6.6 常见运营管理关键考核指标

服务运营过程中常见的关键考核指标如表 6.7 所示。

表 6.7 运营管理关键考核指标

要素	考核项目	计算公式/方法	建议考核周期
人员	关键岗位人员储备率	（关键岗位储备人员的数量/关键岗位人员数量）×100%	年度
	人员招聘达成率	（实际招聘的人数/计划招聘的人数）×100%	年度
	人员培训次数	检查培训计划和培训实施记录	年度
	人员绩效考核合格率	（人员绩效考核合格数量/被考核人员总数）×100%	年度

续表

要素	考核项目	计算公式/方法	建议考核周期
技术	研发成果数量	年度累计技术研发成果数量	年度
资源	备件可用率	(定期检查备件完好数量/定期抽检备件总数)×100%	季度
	新增知识条目	统计知识库中新增知识条目	年度
	服务台一次派单成功率	【1−(退回的派单/派单总数)】×100%	季度
	服务台录入事件的完整性	【1−(不完整事件数/总事件数)】×100%	季度
过程	SLA达成率	(SLA达成事件之和/事件总数)×100%	年度
	服务报告交付及时率	服务报告按时提交的数量/服务报告总数量	季度
	事件解决率	成功解决事件数/已关闭事件总数	季度
	变更成功率	1−(回退变更/变更总数)×100%	季度
	发布成功率	1−(回退发布/发布总数)×100%	季度
	信息安全事件数量	信息安全事件的次数	季度
质量	客户满意度	客户满意度综合评分	年度
	管理评审次数	开展管理评审的次数	年度
	内部审核的次数	开展内审的次数	年度

6.7 常见监控内容

服务运营过程中常见的信息系统监控内容如表6.8～表6.11所示。

表 6.8 机房基础设施监控内容

运行维护对象	监控内容
空气调节系统（精密空调系统、新风系统）	精密空调系统的环境温度、环境湿度、出风温度、回风温度，告警情况等
	新风系统启停情况，进出风口温度等
电气系统（供配电系统、UPS系统、发电机系统、防雷接地系统）	供配电系统的电流、电压、功率因数、有功功率、无功功率、谐波等
	发电机启停情况、电流、电压、负载率、控制系统供电情况等
	UPS的输入和输出电流电压、频率、负载率、温度和报警情况，电池的充电和放电电压等
	电源使用效率：通过监控软件监测或计算PUE值
	防雷接地系统的浪涌保护器、避雷器状态等
机房监控与安全防范系统（环境和设备监控系统、视频监控系统和门禁系统）	环境和设备监控系统告警情况、运行情况等
	视频监控系统的告警情况、监控录像等
	门禁系统的门禁状态、告警情况等
消防系统	消防系统的消防控制系统状态、气体灭火钢瓶压力、灭火器有效期检查等

表 6.9 硬件设备监控内容

运行维护对象	监控内容
网络及网络设备	网络设备的良好状况、整体运行状态、各项硬件资源开销状况 链路良好状况如端到端时延变化、链路端口工作稳定性、链路负载情况、部署路由策略情况下端到端选路变化、路由条目变化 管理权限用户的行为审计 设备软件配置变动审计 设备日志审计 安全事件审计
服务器	服务器整体运行情况 服务器电源工作情况 服务器 CPU 工作情况 服务器内存工作情况 服务器硬盘工作情况 服务器网络端口工作情况
存储设备	存储设备控制器工作情况 存储设备电源工作情况 存储设备数据存储介质工作情况 存储设备接口卡工作情况 存储设备数据存储介质空间使用情况 存储设备读写速率情况 存储设备读写命中率情况

表 6.10 基础软件监控内容

运行维护对象	监控内容
操作系统	操作系统 CPU 使用情况 操作系统内存使用情况 操作系统磁盘使用情况 操作系统网络端口状态和流量 操作系统光纤端口状态和流量 操作系统重要文件系统空间使用情况 操作系统日志情况
数据库	数据库主要进程运行情况 数据库连接是否正常 数据库表空间使用情况 数据库日志是否有异常 数据库日常备份是否正常等
中间件	中间件运行状态 主要进程运行状态 应用服务运行情况 中间件通信网络连接情况 中间件日志是否有报错信息

表 6.11 应用资源监控内容

运行维护对象	监控内容
应用资源	应用的请求和反馈响应时间 资源消耗情况 进程状态 服务或端口响应情况 会话内容情况 日志和告警信息 数据库连接情况 存储连接情况 作业执行情况

【练习题】

一、单项选择题

1. 下列不属于服务运营管理人员要素风险控制的是（　　）。
   A. 沟通问题　　B. 人员连续性问题　　C. 负面情绪　　D. 工资待遇
2. 知识管理流程不包括（　　）。
   A. 知识识别　　B. 知识获取　　C. 知识共享　　D. 知识保留
3. 服务运营管理中技术管理的目的是（　　）。
   A. 保证 SLA 高标准地完成　　　　B. 保证技术的先进性
   C. 保证客户的满意度　　　　　　D. 保证技术有效执行
4. 对问题管理描述正确的是（　　）。
   A. 问题管理流程须确保供方具有检测事件、尽快解决事件的能力
   B. 问题管理流程须确保供方通过识别引起事件的原因并解决问题，预防同类事件重复发生
   C. 问题管理流程须确保供方维护运行维护服务对象的必要记录
   D. 问题管理流程须确保供方通过管理、控制变更的过程，确保变更有序实施
5. 容量管理必须满足业务需求不包括（　　）。
   A. 当前的和未来的容量和性能需求
   B. 服务升级时间、阈值和成本
   C. 对计划的服务升级、变更请求、新技术和新技能对能力所产生的作用的评估
   D. 业务服务的连续性

【参考答案】：D A A B D

二、案例分析题

某资产管理公司于 1999 年在北京正式成立，是具有独立法人资格、独立承担民事

责任的国有独资非银行金融机构，公司实行总公司、办事处制。经财政部同意，中国人民银行批准，公司根据业务需要，在业务量较大、不良资产集中的地区设立 29 个办事处，办事处按国有独资商业银行省级分行管理，根据总公司授权开展业务，不具有法人资格。

IT 的部门是技术保障部，它负责公司信息系统的规划、建设和管理部门，内设软件开发处、网络运行处和综合处等部门。先后建立了多项 IT 系统，为其管理、经营和决策奠定了坚实的基础。但在庞大的系统运维过程中难题较多，主要集中在 4 个方面：

（1）运维人员紧张，运维工作量较大，人员流动比较频繁，缺少绩效考核机制。

（2）缺少知识管理，解决问题全靠个人能力和经验，造成技术骨干人员流动，接替人员无法快速接手工作。

（3）业务部门寻求 IT 支持没有统一入口，IT 运维工作缺少统计和跟踪。

（4）设备及主机系统较多，运维复杂度高，缺少规范的运维流程。

"蓝山科技"负责该资产管理公司的运维平台建设工作，对现有问题进行分析，提出相应解决方案。

（1）在服务运营阶段人员如何进行有效的管理？请结合本案例进行回答。

（2）知识管理具有哪些流程？并结合本案例对知识管理流程进行说明。

（3）结合本案例描述服务台的作用，并回答服务台有哪些主要工作？

（4）在运维过程中主要有哪些流程，并对流程进行简要说明。

第 7 章　IT 服务持续改进

7.1　概述

业务需求、IT 技术及服务内容和范围的不断变化，对服务能力提出了更高的要求。同时，随着 IT 服务运营过程中知识的不断沉淀和积累，以及客户期望值的不断提高，必然带来不间断的服务改进需求，所以需要对 IT 服务进行持续改进。服务持续改进的主要目标是，使得 IT 服务可以一直适应不断变化的业务需求，通过识别改进机会并实施改进活动，使得 IT 服务有效支持相关的业务活动。改进活动贯穿于 IT 服务的全生命周期，且是持续性的，而不存在明显的起止时间。

持续改进通过评审和分析服务级别实现的结果，识别和改进 IT 服务的效率和有效性，在不影响客户满意度的情况下改进 IT 服务提供的成本效益。本章首先介绍用于 IT 服务改进的通用流程，持续改进方法是实现服务改进的有效方法，贯穿于服务改进的全过程。图 7.1 给出了持续改进方法的模型。在不同的服务项目中，可以结合客户的要求和组织结构的特点，制订更具体和更细化的服务改进流程。

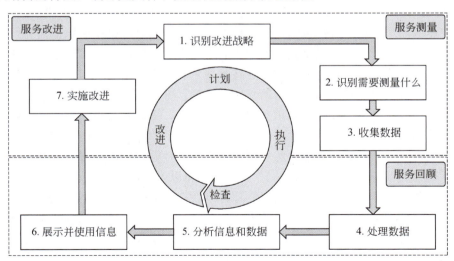

图 7.1　持续改进方法

持续改进方法的过程如下。

（1）识别改进战略/策略。在服务生命周期的一开始，规划设计需要识别业务需求和运营目标，确定服务改进的愿景。在服务改进活动中，可以从业务视角着手，从明确业务目标和服务级别开始，为 IT 服务的改进活动确定目标和方向，实现有错必纠。

（2）识别需要测量什么。确定业务、IT 能力和可用预算对新的服务、级别的限制之后，需要从技术视角着眼，使用差距分析来判断服务改进的可能性有多少，现有技术手段可以测量到何种数据。

（3）收集数据。要想实现服务改进这个目标，首先必须收集数据（通常在部署实施就开始收集数据）。根据既定的目的和目标来收集资料，此时获得的是最原始的数据和资料。在收集数据的过程中，需要在适当时进行监控。对服务改进过程加以监控的主要目的还包括保证服务质量，因此，监控在收集数据的同时还必须关注服务、过程、工具的应用效果。

（4）处理数据。在明确了需要测量的关键绩效指标之后，就能够对所收集的数据进行处理了。简而言之，这一步的目的是把从各种来源所获取的数据进行仔细对比。对数据完成合理的处理后就可以着手分析。

（5）分析信息和数据。分析原始数据之间的上下文关系和联系，将数据转变成信息。这些信息可以用于确定服务差距、趋势和服务对业务的影响。应当避免急于将收集到的数据汇报给管理者，而应该仔细分析数据之间的关联和隐含的信息。数据分析过程将数据转变成信息，并将信息转化成对组织有用的知识。

（6）展示并使用信息。向众多干系人展示所获得的数据和信息后，就能回答"需要采取何种改进活动"这一问题。这一步能够按照业务需要的方式为他们提供所需的知识，用以反映业务需求。这一步的主要内容是根据业务场景和经验来获取知识，并以报告、实施计划、评论、评估等方式将获取的知识展现出来。展示信息和知识时，要使用容易理解的方式，让获得的信息有助于制定战略、战术和运作决策。换句话说，要用最有利于目标用户的方式来展示信息，并帮助其做出决策。

（7）实施改进。运用获得的知识对服务进行优化、提高和改进，由管理者做出关于服务改进的决策。基于这些决策，采取必要的措施用于改进服务过程，在这一步执行完毕后，组织将建立一个新的基准，然后在这个基准上开始新一轮的服务改进循环。

为了增强 IT 服务持续改进的可操作性，本章将以上持续改进方法与 IT 服务持续改进的具体活动进行分步对应，分别是：遵循（1）、（2）、（3）的方法指导进行 7.2 节的服务测量，作为实现服务改进的基础和前提，着重获得各种服务及管理数据的识别和收集，确保改进机会被识别出来；遵循（4）、（5）、（6）的方法指导进行 7.3 节的服务回顾，选用可有效推动服务改进的文档和工具进行展示，确定改进项；遵循（7）的方法指导进行 7.4 节的服务改进，描述如何制订改进计划、如何成功实施改进、如何进行改进后的验证。

从 IT 服务管理的价值体现来看，满意度与投诉管理工作是服务持续改进的一个重要环节。满意度与投诉管理将通过满意度与投诉管理标准流程的描述，探讨如何进行客户满意度调查、分析和管理工作,以及如何快速稳妥地解决用户投诉,促使服务进行顺畅的持续改进。

7.2 服务测量

服务测量用于获得与服务交付过程相关的各种数据,进而获得服务改进活动所需的各种原始资料。对服务进行有效测量是进行服务改进的基础,通过服务测量可以获得各种数据,进而作为服务改进的基准和依据,并为服务改进设定目标。如果没有有效的服务测量,将使得服务改进活动失去方向和动力,并可能最终导致服务质量下降。

服务测量的范围包括 IT 服务全生命周期阶段的每个方面,覆盖战略、战术和操作等多个层面,需要系统规划与管理师从技术和业务两个不同的视角来确定测量指标。

测量指标的类型可分为如下 3 种。

(1)技术指标:基于 IT 组件和应用的测量,如可用性、性能。

(2)过程指标:通常以 KPI 表示,反映服务管理过程的运行或健康状况。KPI 有助于回答 4 个关键问题:过程的质量、绩效、价值和符合性,持续服务改进利用这些 KPI 识别对各过程的改进机会。

(3)服务指标:对端到端的服务绩效的测量,通过技术和过程指标加以计算。

7.2.1 服务测量的目标

服务测量的目标是监视、测量并评审服务及服务管理目标的完成情况,分析与服务计划的差距,并为服务改进提供依据。服务测量活动的价值体现在:

(1)验证之前所做的决策是否正确,所做的工作是否有效果。

(2)较目前的服务在成本、质量、有效性等方面是否比之前得到了改进。

(3)证明服务改进活动的必要性,并向管理层争取必要的资源,以支持服务改进。

(4)指导服务改进活动的方向和目标。

7.2.2 服务测量的活动

在实施服务测量的各项数据收集活动前,系统规划与管理师应明确测量的目标和方向是否与服务供方的运营目标及业务需求相匹配。以下将从人员、资源、技术及过程几个要素分别描述具体测量活动和收集项目,系统规划与管理师还应依据成本和技术能力进行筛选,尽可能避免主观判断的测量项。

1. 服务人员测量

考虑到人员是提供 IT 服务的基础,因此从 IT 服务改进测量的角度,我们更应该关注人员培训管理、人员招聘管理、人员绩效管理、人员储备管理、岗位职责管理、人员工作量管理等,具体对应如下测量活动:

（1）识别备份工程师对项目的满足度和可用性。
（2）测量人员招聘需求匹配率。
（3）收集培训的应用情况，如培训覆盖率、满意度及评价。
（4）人员能力测量，如识别并收集考评团队内部最新的人员技能、资历认证等。
（5）服务工作量测量，如根据来电量进行服务台人员配比预测等。
（6）岗位职责更新情况，如识别最新组织结构变化等。
（7）人员绩效考核分配机制测量，如关注分配比例的合理性。
（8）实时监控团队工作状态，如关注员工易动隐患等。

【人员测量参考实例】针对 IT 服务人员绩效指标及实际达成情况，进行绩效考核和评估，绩效评估及应用可按表 7.1 所示操作，测量分配比例的有效性和具体指标。测量分配比例是否达到绩效考核的目的，同时关注参评人员对于该分配比例的反馈。

表 7.1 IT 服务人员绩效考核表

考核级别	分值区间	分配比例及说明
A：优秀	≥95	最多不超过团队成员的 10%
B：良好	≥80 且 <95	团队成员的 50%
C：需改进	≥70 且 <80	团队成员的 30%
D：需淘汰	<70	最多不超过团队成员的 10%，可以为 0

2. 服务资源测量

跟踪服务资源现状和变化趋势，针对 IT 服务运维工具、服务台、知识库和备件库进行相关测量。以项目为单位，根据不同服务项目的进程需求，由系统规划与管理师周期性统计该项目的资源健康状态和使用情况。

（1）IT 服务运维工具。针对服务过程中使用的监控工具、过程管理工具和专用工具进行测量，测量活动包括：
- 测量工具的功能与服务管理过程是否有效匹配。
- 周期性识别相关工具的使用手册是否有效并进行相关验证。
- 监视 IT 服务运维工具的健康状态，如可用性、软/硬件历史故障等。

（2）服务台。服务台关键测量指标示例如表 7.2 所示。

表 7.2 服务台关键测量指标

关键测量指标	测量描述
接听率	周期性测量服务台接听量与呼入量的收集和测量，服务台人员响应的电话总数量/用户呼叫服务台的总数量×100%
派单准确率	服务台人员首次派单得到解决的事件或服务请求总数量/事件或服务请求总的数量×100%
录单率	接收用户呼叫并做记录的事件或服务请求总数量/服务台接到的所有用户呼叫总数量×100%
平均通话时间	用户呼叫持续总时间/事件或服务请求总数量×100%

(3)备件库。由系统规划与管理师根据项目要求,周期性统计发生的资源消耗情况(事件数量、备品备件数量等),做出工作效率分析,并与前期数据对比分析,出具服务资源需求分析等。测量活动包括如下项目。

- 盘点备件资产:针对现有备件资源进行账实盘点,为备件库调整计划提供数据支撑。
- 统计备件损坏率:根据备件名称、编号、备件分类、损坏原因、损坏分类、损坏地点、修复方案等信息进行逐条统计。
- 统计备件命中率:可根据通用备件、专用备件分别统计周期内备件的使用情况,测量实际命中率与计划命中率的差距。
- 统计备件复用率:针对可复用的备件品类,按照修复时间、修复类型、备件编号等信息进行统计。

(4)知识库。收集知识的积累数量、知识的利用率、知识的更新率、知识的完整性、各类知识的比重、知识新增数量与事件、问题发生数量的对比关系。

3. 服务技术测量

(1)识别研发规划:根据运维技术研发计划,测量技术规划的完整性和落实情况。

(2)识别研发成果:各种技术对运维业务的实际应用效果和实用性。

(3)技术手册及 SOP 统计:如根据事件分类进行 SOP 覆盖率的定期统计,根据诊断方案或典型故障的解决方案进行使用率的定期统计等。

(4)应急预案实施统计:收集所有应急预案在实施过程中,如人员能力、职责、流程、技术等方面的量化指标,如实际发生的应急响应、升级时间等。

(5)监控点和阈值统计:定期比对监控点的适用性,通过测量实际监控结果,判断阈值设定的合理范围。

4. 服务过程测量

服务过程测量活动是分层次的,对于单一服务项目而言,测量活动至少应该覆盖服务管控和服务执行两个层次。前者主要从业务和用户的视角来测量服务过程,关注服务交付结果,后者主要从技术视角来测量服务过程,关注具体的服务过程和细节。

1)服务管控测量

服务级别分析主要包括:

(1)目标:总结与分析服务项目的服务级别及关键绩效指标的完成情况,为提升服务质量提供依据,并作为项目报告基础信息,向用户呈现服务的绩效信息。

(2)方式:以项目为单位,根据不同项目的进程需求,由系统规划与管理师负责统计分析,并整理出项目服务级别及绩效信息。

(3)活动:由系统规划与管理师制订阶段性项目计划及需求,进行统计分析,并形成"项目绩效分析"作为项目总结报告或月度服务报告的核心组成部分。评测内容包括(但不限于):服务 SLA 达成率分析、重大事件分析(MTTR、服务效率)、人员绩效分析等。

2）服务执行测量

（1）事件统计分析。
- 目标：动态跟踪服务过程中每个事件的完成情况，及时发现服务过程的不足之处，并予以纠正。
- 方式：由事件管理负责人对项目实施过程中记录的事件进行记录和监控，以此作为服务可用性和 SLA 分析的基础数据。
- 活动：重大事件回顾：分析过去一段时间内所发生的重大服务事件或故障，总结经验教训，并对所采取的纠正弥补措施进行有效性分析。事件统计和分析：在项目执行阶段，系统规划与管理师将对执行过程中发生的所有事件进行统计和分析。汇总和发布：系统规划与管理师定期将总结报告进行汇总，并发布给客户及用户，出具重大事件报告、事件分析总结报告。

（2）问题统计分析。
- 目标：降低事件发生概率，提高事件处理效率。
- 方式：由问题管理负责人定期制订并发布。
- 活动：问题经理定期统计周期范围内产生的问题和解决方案，并形成相关报告发布给所有服务实施团队，出具问题分析报告。分析内容包括周期内问题数量、已解决问题数量、遗留问题数量、知识库更新信息等。

（3）变更与发布统计分析。
- 目标：有效监控变更与发布执行过程中的风险，提升服务可用性水平。
- 方式：由变更经理发起，在每个变更发布活动发生时做跟踪管理，并定期编制变更和发布分析报告。
- 活动：变更、发布活动触发时，由变更经理负责监控每个变更、发布的执行过程的合规性及变更执行的有效性，并跟踪管理直至相关活动结束。周期性地对服务的变更发布活动做数据汇总和统计分析，作为总结报告的组成部分；出具变更、发布分析报告。

（4）配置统计分析。
- 目标：有效进行配置状态的统计，保证配置数据的准确、完整、有效、可用、可追溯。
- 方式：由配置管理负责人发起，有效管理与配置过程一致的活动记录，包括识别、记录、更新和审核等。
- 活动：记录配置管理活动的细节，使得相关人员可以了解各配置项的内容和状态，确保配置项和基线的所有版本可以恢复；按照配置管理计划，定期或按事件驱动进行检查。

7.2.3 服务测量的关键成功因素

为保证服务测量活动的有效实施,为服务改进提供各种数据和信息,必须注意以下关键成功因素。

(1)针对性的服务测量框架:系统规划与管理师需要在规划设计阶段就定义好针对该项目的服务测量框架,分析干系人可能关注的服务绩效指标,从业务和技术的多重视角,定义出管控层和执行层的关键绩效指标。

(2)有效的自动化监控和测量工具:对服务组件的自动化监控和测量,是获得服务测量数据的重要方法。很多基础数据都依赖于部署有效的自动化工具才能获得,如某台服务器的可用性指标、网络的中断时长、CPU 利用率等。

(3)渠道的测量方法:监控、评估、调查、座谈、抽样等。

(4)避免成本约束:准备足够的资金来购买和部署相应的监控和测量工具。

(5)降低人员阻力:增强用户及服务人员对服务测量活动的理解和配合,如可适当采用激励方式,鼓励用户积极参与满意度调查,适当采用绩效考核,要求服务工程师及时上传知识文档等。

(6)获取管理层的支持。

(7)通过接受培训等方式,获取成熟的服务管理过程。

(8)利用机制管理技术部门与业务部门之间的有效沟通和协调。

7.3 服务回顾

本节讨论与服务回顾有关的各方面管理工作,包括:服务回顾的机制、内容及对象,识别服务回顾的目的和作用、目标受众,以及如何进行服务回顾。

服务回顾的形式多种多样,包括客户服务回顾、项目内部会议、视频会议、电话会议、服务报告、服务改进计划、第三方机构意见收集等。

7.3.1 服务回顾目标

服务回顾的主要目标是为适当的受众(包括用户、业务部门、供应商、技术人员、管理层等)回顾各种服务测量数据,并作为后续活动的参考和依据。及时关注并发现客户业务需求的变化,并及时、有效地对这些需求变化做出回应;通过定期的服务回顾,保持与客户之间沟通渠道的有效和畅通,以评估上个周期的服务质量,了解服务范围、服务级别协议、合同以及业务需求的变化,修订服务范围和相关协议。

7.3.2 服务回顾活动

服务回顾的主要活动根据服务需方与供方不同的关注内容可分为两类,分别是与客户回顾内容、团队内部回顾内容，并加以相关服务回顾机制进行过程管理，规定了回顾级别、具体内容、频率和参与者。服务回顾工作可与服务质量评审会议一起举行，由服务提供方系统规划与管理师与业务关系经理组织，双方相关人员参与。

1. 服务回顾机制

采用表 7.3 中的四级服务回顾机制进行内外部服务回顾。

表 7.3 四级服务回顾机制

级别	内　容	频率	参　与　者
一级	针对重大事件、特殊事件的沟通，包括服务内容变更、客户投诉等	不定期按需沟通	系统规划与管理师、客户接口人
二级	项目月度例会，向客户汇报当月服务情况，包括服务量、SLA 达成率，当月重大事件等内容	每月度	系统规划与管理师、客户接口人
三级	项目季度回顾，向客户汇报当季项目运营情况，包括服务数据分析、SLA 达成率、客户满意度、服务改进计划等内容	每季度	系统规划与管理师、服务供方业务关系经理、客户接口人
四级	合作年度回顾，回顾项目的整体实施交付情况	每年度	服务供方高层管理人员、系统规划与管理师、服务供方业务关系经理、客户接口人

2. 与客户回顾内容

与客户回顾内容包括：

（1）服务合同执行情况。

（2）服务目标达成情况。

（3）服务绩效（服务级别协议）、成果。

（4）满意度调查。

（5）服务范围、工作量。

（6）客户业务需求的变化。

（7）服务中存在的问题及行动计划。

（8）上一次会议中制订的行动计划的进展汇报。

3. 团队内部回顾内容

采用周例会的机制来进行内部回顾，内容包括：

（1）上周期工作计划回顾。

（2）本周期内遇到的特殊或疑难工单。

（3）讨论本周期内未解决的工单。

（4）各小组工作简报。

（5）本周期的问题回顾。

（6）本周期内的工程师 KPI 总结（如工程师工单量、工程师平均响应时间、工程师平均解决时间、工程师现场支持解决率）。

（7）下周期工作计划安排。

注：对于重大项目，应以项目复盘的形式进行内部的服务回顾。

7.3.3 服务回顾关键成功因素

每次服务回顾结束后，要根据检查结果评估服务管理的效率和效果，关注以下关键成果因素，以提高服务回顾的工作质量，具体包括：

（1）根据违规记录，进行违规根源分析并加以校正，决定是进行服务升级/服务变更，还是对相关负责人进行处理。

（2）基于回顾报告，从满足业务和客户的需求出发，进行调整和改进。

（3）进行精细的服务管理变更的控制，包括过程的变更、过程文档的变更、过程交互的变更和角色职责的变更等。

（4）服务回顾的更新要能够满足业务和客户对 IT 服务能力的需求，同时要确保相关人员对新内容的认知和认同感。

（5）避免重要的服务回顾内容项部分缺失，应采用全面严谨的服务回顾模板及会议纪要模板。

（6）避免服务回顾会议延期，应设定服务经理针对服务回顾完成率的绩效考核项。

（7）明确岗位职责和过程清晰，有问题时应及时进行调整。

7.4 服务改进

本节将针对服务改进设计、实施和验证相关的管理活动展开讨论。服务改进的几个关键要素和工作方向分别是人员、资源、技术及过程（见图 7.2）。本节还将具体探讨四要素在服务改进中的主要内容及如何进行有效的过程管理。

7.4.1 服务改进目标

服务改进的目标是利用管理方针、管理目标、审核结果、服务测量、服务回顾、客户满意度管理、投诉管理及管理评审等活动，促进服务管理能力在有效性和效率方面的持续改进和提升。优化后的服务可以更好地支持过程运行，提升 IT 对业务的支撑力度。

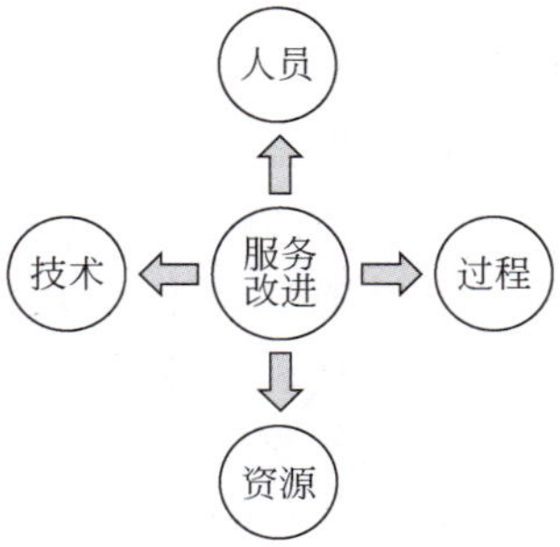

7.4.2 服务改进活动

图 7.2 服务改进四要素

服务改进需要进行生命周期管理，主要活动包括服务改进设计、服务改进实施、服务改进验证，涉及服务管理人员、技术、资源、过程等方面。本节具体描述服务改进对几个要素的具体影响和管理活动。

1. 服务改进设计

（1）定义服务改进目标。服务改进的总体目标，应是促进服务管理能力在有效性和效率方面的持续改进与提升。这种持续改进和提升应以满足需求，为用户和客户提供更优质、更稳定的 IT 服务为初衷，因此，在制订具体活动或项目的改进目标时应注意：

- 改进目标应与服务目标相一致，这需要客户的参与，并与相关部门进行有效沟通。
- 改进目标应是现实可行并是可测定的，在改进计划或方案中应对此进行详细的描述。
- 改进目标是进行改进项目或活动回顾的重要依据，因此必须确保其满足了用户和客户部门的需求，并且是符合法律法规及相关标准要求的。

（2）识别服务改进输入。服务改进的来源应至少包括：

- 主要来自服务测量及服务回顾过程中分析或确认的服务改进需求。
- 管理客户需求是否与 IT 服务运营结果一致。
- IT 服务管理业界标准。
- 内部员工提出的改进。
- 与管理层沟通的结果。
- 服务目标。
- 服务管理体系内审。
- KPI 指标的变化趋势。
- 过程改进实施后的反馈。
- 业务和技术上的变革。
- 对服务管理体系进行整体评估或内部审核，发现不符合项。
- 对日常运行、服务报告和服务过程回顾发现存在的问题。

（3）制订服务改进计划。识别的服务改进措施，编制服务改进计划。服务改进计划应包括如下内容。

- 文档介绍：包括文档简介、文档目的。
- 服务改进活动基本信息：包括服务改进活动名称、改进活动负责人、改进活动团队成员、计划活动起止时间、主要预期成果。
- 服务改进描述：包括服务改进动机、服务改进目标、涉及范围。
- 服务改进方案：包括总体方案和进度安排、各阶段具体活动、预算和资源安排。
- 角色和职责：包括角色、职责、活动。
- 服务改进回顾：包括主要衡量标准、改进回顾团队、时间安排。

（4）确认服务改进职责。服务四要素改进主要由系统规划与管理师和服务质量负责人负责：

- 负责识别服务四要素改进需求。

- 负责制订具体的改进目标和方案，报服务管理体系负责人审批。
- 负责管理和控制服务四要素改进项目的实施。
- 对改进活动的结果负责。
- 负责定期组织改进回顾，巩固改进成果。
- 负责改进项目完成后进行知识转移。

2．服务改进实施

系统规划与管理师组织服务质量负责人及相关人员实施已通过审批的服务改进实施计划和具体方案。由服务质量管理部门会同其他相关部门共同制订改善目标及改善计划，并监督实施。

服务改进涵盖了服务的四要素，以下列举可能的改进领域。

（1）人员
- 改善人员管理体制：根据业务现状和业务发展需要来设计和完善运维人员管理体制，量化、精细化的人员管理体制，包括任职资格体系、人员培训和绩效考核方法。
- 提高 IT 人员素质：通过改进措施提高人员对其负责角色和职责的理解，提高对整个服务管理过程的理解，提高人员的服务与客户意识。
- 调整人员储备比例：通过周期观测服务人员储备的使用情况，合理调整各级别人员储备比例，降低因人员变动而影响服务连续性的可能性。
- 调整人员和岗位结构：可根据业务需要实现动态调整和优化。

（2）资源
- 保障各类资源对业务的完整覆盖和支撑作用。
- 持续完善 IT 工具：为提升过程效率和对特定指标量化管理（如可用性指标），建立必要的工具平台，并不断完善工具。
- 持续优化服务台管理制度：根据服务测量与回顾输出的服务台流程、职责、KPI 等改进意见进行持续改进。
- 知识库管理制度改进。
- 备件库管理制度改进。

（3）技术
- 技术研发计划重新规划及改进：针对技术研发涉及的职责分工、经费、测试及生产环境等重新进行评估和调整，确保满足市场目标和业务目标。
- 技术成果优化改进：对技术成果进行评价与评估，根据分析或者在实践中的信息，对技术成果进行新一轮的开发，并增加相应的预算。
- 完善技术文档：针对服务过程中使用的解决方案、SOP 及其他文档的完备性、适用性，保存方式及访问控制、文档之间的相关性和一致性等进行改进。
- 改进应急预案：依据应急预案的成功率，细化应急预案的职责分配和执行流程。

- 更新监控指标及阈值：周期性与客户确定监控点、指标及阈值，根据服务目标及能力进行动态调整。

（4）过程
- 完善现有过程：检查过程目标、过程范围、过程原则、过程负责人、子过程、过程活动、输入、输出信息、过程角色和职责描述、对技能的要求、考核指标等是否定义准确清晰、是否可以在某些环节优化以提高过程的执行效率。
- 建立新的服务管理过程：如建立服务级别管理过程、可用性管理过程、问题管理过程、员工离职 IT 终端回收流程、机房巡检流程等。
- 调整过程考核指标：根据过程执行情况及 IT 部门状况，设定和调整合适的考核指标目标，并通过持续的指标监控，发现变化趋势并采取措施进行绩效改进。
- 提升对外服务形象：改进对外服务形象，提供服务目录，建立服务等级协议。
- 提供新的服务：根据客户的反馈和对客户的需求分析，不断推出新的服务，加强 IT 部门与客户的联系。
- 为业务部门提供管理报表：根据客户需要，提供特定客户关心的 IT 服务管理报表，并提出分析建议和改进措施。

3. 服务改进验证

（1）服务改进项目的检查。当服务改进项目实施完成后，系统规划与管理师应对照服务改进计划中定义的服务改进目标，发起服务改进回顾会议，服务供需双方核对服务改进活动的目标达成情况，会同相关人员对实施效果进行验证，并记录验证或验收评价结果；当实施效果未能达到预期效果时，应组织相关部门进行原因分析，制订相应的整改措施或重新制订改善计划并实施。

具体验证过程包括：
- 系统规划与管理师组织服务交付部门按服务改进计划中所列项目，对项目指标完成情况进行检查，检查结果记录在服务改进控制表中。
- 对于未达标的项目，组织相关部门进行原因分析，制订改进措施。
- 形成书面统计分析及改进报告，分别提报主管领导及监督部门。
- 服务质量监督部门按照相关规定实施过程考核。

（2）提交服务改进报告。服务质量责任人负责监督服务改进计划的执行情况，并根据执行结果和检查情况，编写服务改进报告，服务改进报告应包括服务改进计划的相应内容。

7.4.3 关键成功因素

实施服务改进活动的成功需要来自各处的配合。为了确保服务改进在质量和成本约束条件下进行管理和实施，改进的服务产生时应进行策划并经过管理层的正式批准，例如：

（1）确定服务改进的诱因，如客户请求或主动修改。
（2）识别所有重要的服务改进输入（包括人员、资源、技术及过程）。
（3）改进结果应可测量、可追溯，协商服务改进的衡量及验收标准。
（4）公布完整详尽的服务改进计划。
（5）保障相关干系人的较高参与度。
（6）定义对已存在的服务管理过程和服务的更改。
（7）提交新的服务对人力资源和招聘需求的影响。
（8）分析服务改进后对相关过程、测量、方法和工具的影响，及时更新服务目录及服务手册。
（9）制订服务改进对预算和时间计划的影响。

【练习题】

一、单项选择题

1. 对服务持续改进活动描述正确的是（　　）。
   A．服务持续改进活动存在明显的起止时间
   B．服务持续改进活动贯穿于IT服务的全生命周期
   C．服务持续改进活动具有阶段性
   D．服务持续改进活动对客户的预期进行管理

2. 服务测量用于获得与（　　）过程相关的各种数据，进而获得服务改进活动所需的各种原始资料。
   A．服务设计　　　B．持续改进　　　C．服务交付　　　D．服务运营

3. 服务测量指标的类型不包括（　　）。
   A．技术指标　　　B．过程指标　　　C．服务指标　　　D．人员指标

4. 下列不属于服务测量目标的是（　　）。
   A．验证之前所做的决策是否正确，所做的工作是否有效果
   B．比较目前的服务在成本、质量、有效性等方面是否比之前得到了改进
   C．比较是否超出服务范围
   D．指导服务改进活动的方向和目标

5. 利用管理方针、管理目标、审核结果、服务测量、服务回顾、客户满意度管理、投诉管理及管理评审等活动，促进服务管理能力在有效性和效率方面的持续改进和提升。以上描述的是（　　）。
   A．服务改进的目标　　　　　　B．服务改进的活动
   C．服务改进的职责　　　　　　D．服务改进的过程

【参考答案】：B　C　D　C　A

二、案例分析题

某期货公司成立于 1993 年，是国内最早成立的期货公司之一，多年来一直以稳健经营享誉业内。近年来，该公司通过致力于夯实基础建设、探索管理创新，较大地提升了核心竞争力。随着网上交易的全面普及，该公司的大部分业务是通过电子交易系统完成。网上交易的安全性非常重要，因此，该公司花大力气减少风险，提高 IT 运维管理水平。传统的"来电响应式"的 IT 运维管理模式带给信息管理人员较大的工作压力，使管理工作较为被动。为了保障该公司网络的高效、稳定运行，必须在故障发生之前就及时进行预警或告警，避免网络中断影响应用系统的运行。为了及时发现潜在的网络异常及隐患，必须要对网络应用及底层的 IT 基础设施进行全方位、透明化的监控。对于该公司的信息管理部门来说，如何实现企业网络的事前管理和透明化监控是保障网络系统稳定运行、企业核心业务正常运转的关键。

针对期货公司的行业特点，主动式运维管理、预先防范风险尤其重要。因此，"蓝天软件"公司结合该公司的个性需求以及金融行业的服务经验，为其提供了一套基于 ITSS 的软件解决方案，并对该方案进行持续改进。

（1）结合本案例说明服务持续改进有哪些方法？

（2）服务测量可以获得服务改进活动所需各种的原始资料，服务测量有哪些活动？并结合本案例进行说明。

（3）为本案例设计一套服务回顾机制。

（4）服务持续改进有哪些活动，结合本案例进行说明。

第 8 章 监督管理

8.1 概述

监督管理是依据国家 IT 服务标准对 IT 服务进行整体评价，并对供方的服务过程、交付结果实施监督和绩效评估。在监督管理环节，需要采取适当的方法，对 IT 服务全生命周期各个阶段的过程和质量进行度量与评价，并对服务供方的服务过程、交付结果实施监理，对服务的结果进行绩效评估，从而确保实现预定的 IT 服务质量。

质量管理、风险管理和信息安全管理是监督管理的重要内容，三者之间相对独立。IT 服务质量管理是通过制订质量方针、质量目标和质量计划，实施质量控制、质量保证和质量改进等活动，确保 IT 服务满足服务级别协议的要求，最终获得用户的满意。IT 服务风险管理是对已知风险的认识、分析、采取防范和处理措施等一系列的管理过程。对服务进行风险控制和管理，可以最大限度地减少 IT 服务风险的发生，提高服务成功的概率。信息安全管理是确保组织的资产、信息、数据和 IT 服务的保密性、完整性、可用性及其他属性的过程，其他属性有真实性、可核查性、可靠性、防抵赖性等。信息安全管理通常是构成组织安全方法的一部分。在本章重点介绍质量管理和风险管理，信息安全管理的相关知识请见第 3 章。

8.2 IT 服务质量管理

8.2.1 IT 服务质量评价模型

IT 运维服务质量的评价来自于 IT 服务供方、IT 服务需方和第三方的需要，对于 IT 运维服务的供方，需要通过对服务过程能力和服务质量的量化，检查自身存在的问题和改善机会，帮助服务组织以最符合成本的方式提供满足客户需求的 IT 运维服务产品。对于 IT 运维服务的需方，需要通过对供方 IT 运维服务能力的量化评价和选择符合需要的供应商；同时，也需要通过对服务质量的量化来检验供方提供的实际服务是否满足了双方确定的服务等级，也是确定 IT 运维服务费用结算的依据之一。对于 IT 运维服务的第三方，需要将对供方服务能力和实际服务绩效的量化考评作为授予资质和颁发证书的有效依据。

由于 IT 运维服务的无形性、不可分离性、差异性等特点，这给服务量化也带来了很大的不确定性和难点。国标《信息技术服务 质量评价指标体系》给出来用于评价信息技术服务质量的信息技术服务质量模型,该模型定义了服务质量的 5 类特性:安全性、可靠性、有形性、响应性、友好性。每大类服务质量特性进一步细分为若干子特性。这些特性和子特性适用于定义各类信息技术服务的评价模型,如图 8.1 所示。

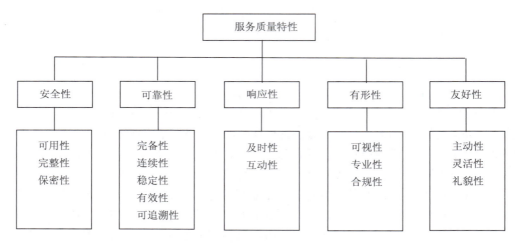

图 8.1　各类信息技术服务的评价模型

《信息技术服务　质量评价指标体系》标准同时给出了运行维护服务评价指标及测量方法,对质量模型中的每个子特性给出对应的运维服务评价指标和测量方法,具体包括:指标名称、测量目的、应用的方法、公式及数据元计算、测量值解释、数据类型和测量输入。一个子特性对应一到多个评价指标,标准中共提出 32 个运维服务质量评价指标。

信息技术服务质量评价分为确定需求、指标选型、实施评价以及评价结果分级四个步骤,具体操作参阅标准《信息技术服务　质量评价指标体系》。

8.2.2　IT 服务评价指标

1. 安全性

(1)可用性。可用性评价指标及测量,如表 8.1 所示。

表 8.1　可用性评价指标及测量

指标名称	测量目的	应用的方法	公式及数据元计算	测量值解释	数据类型	测量输入
供方访问权限的控制率	供方对需方信息的访问权限是否能够匹配双方运行维护协议的约定	需方授权供方的权限个数与运维服务要求的权限个数进行比较	$X=1-A/B$ A=未满足运维服务要求的授权个数 B=运维服务要求的授权个数	$0 \leqslant X \leqslant 1$ X 越接近 1 越好	A=计数 B=计数 X=数值	A:运行维护总结报告 B:服务协议

续表

指标名称	测量目的	应用的方法	公式及数据元计算	测量值解释	数据类型	测量输入
需方访问权限的满足率	需方对运维服务过程信息和结果信息的访问权限是否能够匹配业务要求	已满足需方授权的权限个数与业务要求的权限个数进行比较	$X=1-A/B$ $A=$未满足需方授权的权限个数 $B=$业务要求的权限个数	$0 \leq X \leq 1$ X越接近1越好	$A=$计数 $B=$计数 $X=$数值	A：服务总结报告 B：服务协议

（2）完整性。完整性评价指标及测量，如表8.2所示。

表8.2 完整性评价指标及测量

指标名称	测量目的	应用的方法	公式及数据元计算	测量值解释	数据类型	测量输入
信息的完整状态比率	服务过程中信息是否发生非授权篡改、破坏和转移	发生的与非授权篡改、破坏和转移信息相关的安全事件数与信息实际发生的总变更操作数进行比较	$X=1-A/B$ $A=$与非授权篡改、破坏和转移信息相关的安全事件数 $B=$信息实际发生的总变更操作数	$0 \leq X \leq 1$ X越接近1越好	$A=$计数 $B=$计数 $X=$数值	A：服务过程记录 B：服务过程记录

（3）保密性。保密性评价指标及测量，如表8.3所示。

表8.3 保密性评价指标及测量

指标名称	测量目的	应用的方法	公式及数据元计算	测量值解释	数据类型	测量输入
保密机制的运行情况	测评服务供方是否具备应对保密问题的能力	对服务供方的保密策略和制度的建立与实施情况进行检查	$X=A/5$ A取值1，2，3，4，5 1：既没有建立保密策略与制度，实施也很不到位 2：没有建立保密策略与制度，但客观上或自发开展了保密及权限控制工作 3：建立了保密策略与制度，但实施不到位 4：建立了完备的	$0<X \leq 1$ X越接近1越好	$A=$计数 $X=$数值	A：保密机制文件

续表

指标名称	测量目的	应用的方法	公式及数据元计算	测量值解释	数据类型	测量输入
保密机制的运行情况			保密策略与制度，实施良好 5：建立了完备的保密策略与制度，实施良好，且所有员工都清楚并理解安全策略与制度要求			
泄密事故发生情况	评价服务供方在服务履行过程当中的保密管理水平	统计泄密事故发生的次数	当 $A>0$ 时，$X=0$ 当 $A=0$ 时，$X=1$ A=服务协议约束的泄密事故发生的次数	$X=0$ 或 $X=1$ $X=1$ 为好	A=计数 X=逻辑值	A：泄密事故报告

2. 可靠性

（1）完备性。完备性评价指标及测量，如表 8.4 所示。

表 8.4 完备性评价指标及测量

指标名称	测量目的	应用的方法	公式及数据元计算	测量值解释	数据类型	测量输入
服务项实现的完整度	按照服务协议，服务项实现的完整程度	服务协议约定的服务项实现程度的完整度评价	$X=A/B$ A=实际达成的服务项数 B=符合服务协议中约定的服务项数	$0 \leq X \leq 1$ X 越接近 1 越好	A=计数 B=计数 X=数值	A：服务报告、服务过程记录 B：服务协议、服务报告、服务过程记录

（2）连续性。连续性评价指标及测量，如表 8.5 所示。

表 8.5 连续性评价指标及测量

指标名称	测量目的	应用的方法	公式及数据元计算	测量值解释	数据类型	测量输入
重大事故发生情况	是否有重大事故发生	统计重大事故发生的次数 重大事故为服务协议约定的不得发生的事故	当 $A>0$ 时，$X=0$ 当 $A=0$，$X=1$ A=重大事故发生的次数	$X=0$ 或 $X=1$	A=计数 X=逻辑值	A：服务过程记录、服务协议

续表

指标名称	测量目的	应用的方法	公式及数据元计算	测量值解释	数据类型	测量输入
事故（不包括重大事故）发生情况	事故发生次数是否得到有效控制	实际发生的事故次数与服务协议中约定的事故次数进行比较	$X=1-A/B$ A=实际发生的事故次数 B=服务协议中约定的事故次数	$0 \leq X \leq 1$ X越接近1越好	A=计数 B=计数 X=数值	A：服务过程记录 B：服务协议
服务按时恢复的事件比例	对服务恢复时间进行评价	超出服务协议约定恢复时间的事件次数与实际发生的所有事件的次数进行比较	$X=1-A/B$ A=超出服务协议约定恢复时间的事件次数 B=实际发生的所有事件次数	$0 \leq X \leq 1$ X值越接近1越好	A=计数 B=计数 X=数值	A：服务过程记录、服务协议 B：服务过程记录
服务的可用程度	信息技术服务的可用程度	统计服务运行中的中断时间，并与协议约定的服务时间进行比较	$X=1-A/B$ A=故障时间 B=约定的服务时间	$0 \leq X \leq 1$ X值越接近1，信息技术服务的可用程度越好	A=计数 B=计数 X=数值	A：服务过程记录 B：服务过程记录
关键业务应急就绪度	支撑关键业务的信息技术服务是否进行了有效的应急机制（预防机制、预警机制、反应机制、控制机制和恢复机制）	对关键业务的应急机制（预防机制、反应机制、控制机制和恢复机制）进行检查	$X=A/5$ A取值1, 2, 3, 4, 5 1：既没有建立策略与制度，实施也很不到位 2：没有建立策略与制度，但客观上或自发开展了控制工作 3：建立了策略与制度，但实施不到位 4：建立了完备的策略与制度，实施良好 5：建立了完备的策略与制度，实施良好，且所有员工都清楚并理解策略与制度要求	$0<X \leq 1$ X越接近1越好	A=计数 X=数值	A：供方的制度规范

（3）稳定性。稳定性评价指标及测量，如表8.6所示。

表 8.6 稳定性评价指标及测量

指标名称	测量目的	应用的方法	公式及数据元计算	测量值解释	数据类型	测量输入
服务人员的稳定性	供方为保证服务协议得到连续实施而保持服务团队的稳定性	评价特定时间段内服务人员的流失率	$X=1-A/B$ A=特点时间段内供方流失的服务人员数量; B=特定时间段内供方服务人员数量	$0 \leqslant X \leqslant 1$ X 越接近 1 越好	A=计数 B=计数 X=数值	A：供方人员统计人员流失 B：供方人员统计

（4）有效性。有效性评价指标及测量，如表 8.7 所示。

表 8.7 有效性评价指标及测量

指标名称	测量目的	应用的方法	公式及数据元计算	测量值解释	数据类型	测量输入
接通率	在正常情况下用户发起服务请求后接通的比率	接通的次数与总服务请求的次数进行比较	$X=A/B$ A=接通次数 B=总服务请求次数	$0 \leqslant X \leqslant 1$ X 越接近 1 越好	A=计数 B=计数 X=数值	A：服务过程记录 B：服务过程记录
服务报告及时提交率	评价服务报告按照服务协议要求及时提交的比率	统计并比较实际按时提交的满足服务协议要求的服务报告数量和服务协议要求的服务报告数量	$X=A/B$ A=实际按时提交的满足服务协议要求的服务报告数量 B=服务协议要求的服务报告数量	$0 \leqslant X \leqslant 1$ X 越接近 1 越好	A=计数 B=计数 X=数值	A：服务过程记录 B：服务协议
首问解决率	首次请求就得到应答及解决的比率	将首次请求就得到应答及解决的次数与总服务请求次数进行比较	$X=A/B$ A=首次请求就得到应答及解决的次数 B=总服务请求次数	$0 \leqslant X \leqslant 1$ X 越接近 1 越好	A=计数 B=计数 X=数值	A：服务过程记录 B：服务过程记录
解决率	服务请求得到解决的比率	将已解决的服务请求次数与总服务请求次数进行比较	$X=A/B$ A=已解决的服务请求次数 B=总服务请求次数	$0 \leqslant X \leqslant 1$ X 越接近 1 越好	A=计数 B=计数 X=数值	A：服务过程记录 B：服务过程记录

（5）可追溯性。可追溯性评价指标及测量，如表 8.8 所示。

表 8.8 可追溯性评价指标及测量

指标名称	测量目的	应用的方法	公式及数据元计算	测量值解释	数据类型	测量输入
服务记录的可追溯性			$X=A/5$ A 取值 1, 2, 3, 4, 5:			

续表

指标名称	测量目的	应用的方法	公式及数据元计算	测量值解释	数据类型	测量输入
服务记录的可追溯性	运行维护服务过程记录是否可追溯	对记录追溯机制的建立与实施情况进行检查	1：没有建立记录追溯的机制，实施也很不到位 2：没有建立记录追溯的机制，但客观上或自发地进行了记录留存 3：建立了记录追溯的机制，但实施不到位 4：建立了完备的记录追溯的机制，实施良好 5：建立了完备的记录追溯的机制，实施良好，且所有员工都清楚并理解咨询服务的连续性计划要求并能定期进行演练	$0<X\leq 1$ X越接近1越好	A=计数	A：运行维护服务过程记录、运行维护服务总结报告和阶段性报告

3. 响应性

（1）及时性。及时性评价指标及测量，如表8.9所示。

表8.9 及时性评价指标及测量

指标名称	测量目的	应用的方法	公式及数据元计算	测量值解释	数据类型	测量输入
及时响应率	信息技术服务供方对服务请求的响应速度	统计并比较及时响应的服务请求的数量与总的服务请求数量	$X=1-A/B$ A=响应时间不符合服务协议要求的服务请求数量 B=总的服务请求数量	$0\leq X\leq 1$ X越接近1越好	A=计数 B=计数 X=数值	A：服务过程记录、服务协议 B：服务过程记录
及时解决率	信息技术服务供方对服务请求的解决速度	统计并比较及时解决的服务请求的数量与总的服务请求数量	$X=1-A/B$ A=解决时间不符合服务协议要求的服务请求数量 B=总的服务请求数量	$0\leq X\leq 1$ X越接近1越好	A=计数 B=计数 X=数值	A：服务过程记录 B：服务过程记录

（2）互动性。互动性评价指标及测量，如表 8.10 所示。

表 8.10　互动性评价指标及测量

指标名称	测量目的	应用的方法	公式及数据元计算	测量值解释	数据类型	测量输入
互动沟通机制	测评服务供方互动沟通机制（包括投诉处理、客户满意度调查、服务报告和服务状态等）的建立和实施状况	对服务供方的互动沟通机制的建立与实施情况进行检查	$X=A/5$ A 取值 1，2，3，4，5 1：既没有建立互动沟通机制，实施也很不到位 2：没有建立互动沟通机制，但客观上或自发地达到了互动沟通效果 3：建立了互动沟通机制，但实施不到位 4：建立了完备的互动沟通机制，实施良好 5：建立了完备的互动沟通机制，实施良好，且所有员工都清楚并理解互动沟通机制要求	$0<X\leq1$ X 越接近 1 越好	$A=$ 计数 $X=$ 数值	A：供方制度规范
服务报告提交率	评价服务报告按照服务协议要求提交的比率	统计并比较实际提交的满足服务协议要求的服务报告数量和服务协议要求的服务报告数量	$X=A/B$ $A=$ 实际提交的满足服务协议要求的服务报告数量 $B=$ 服务协议要求的服务报告数量	$0\leq X\leq1$ X 越接近 1 越好	$A=$ 计数 $B=$ 计数 $X=$ 数值	A：服务过程记录 B：服务协议
投诉处理率	评价服务投诉是否得到有效解决的比率	统计并比较得到有效处理的投诉数量和收到的投诉数量	$X=A/B$ $A=$ 得到有效处理的投诉数量 $B=$ 收到的投诉数量	$0\leq X\leq1$ X 越接近 1 越好 如果 $B=0$，X 默认为 1	$A=$ 计数 $B=$ 计数 $X=$ 数值	A：服务过程记录 B：服务过程记录

4. 有形性

（1）可视性。可视性评价指标及测量，如表 8.11 所示。

表 8.11 可视性评价指标及测量

指标名称	测量目的	应用的方法	公式及数据元计算	测量值解释	数据类型	测量输入
服务交付物的呈现规范性	运行维护服务交付物的呈现规范程度	对运行维护服务交付物的模板建立及实施情况进行评价	$X=A/5$ A 取值 1, 2, 3, 4, 5 1：对交付物没有建立统一的模板 2：对部分交付物建立了统一的模板，但实施较差 3：对部分交付物建立了统一的模板，并在服务中得到了有效实施 4：对所有交付物建立了统一的模板，并在服务中部分得到了有效实施 5：对所有交付物建立了统一的模板，并在服务中全部得到了有效实施	$0<X\leq 1$ X 越接近 1 越好	A=计数 X=数值	A：供方制度规范、服务过程记录

（2）专业性。专业性评价指标及测量，如表 8.12 所示。

表 8.12 专业性评价指标及测量

指标名称	测量目的	应用的方法	公式及数据元计算	测量值解释	数据类型	测量输入
工具的专业性	是否具备与服务相匹配的专业性工具	对服务中工具的使用和匹配情况进行调查并做评价	$X=A/5$ A 取值 1, 2, 3, 4, 5 1：没有使用工具 2：在部分服务中使用了工具，但匹配度较低 3：在部分服务中使用了匹配的工具 4：在所有服务中都使用了工具，但不完全匹配 5：在所有服务中都使用了完全匹配的工具	$0<X\leq 1$ X 越接近 1 越好	A=计数 X=数值	A：提供的证据

续表

指标名称	测量目的	应用的方法	公式及数据元计算	测量值解释	数据类型	测量输入
服务流程的专业性	是否建立并实施了规范化的服务流程	对服务流程的建立和服务过程中实施情况进行调查并做评价	$X=A/5$ A 取值 1, 2, 3, 4, 5 1：既没有建立文件化的服务流程，也没有客观上或自发的在实施中按一定的流程工作 2：没有建立文件化的服务流程，但客观上或自发地按照一定的流程工作 3：建立了文件化的服务流程，但实施不到位 4：建立了较好的文件化或自动化的服务流程，实施良好 5：建立了完备的文件化或自动化的服务流程，实施良好	$0<X\leq1$ X 越接近 1 越好	A=计数 X=数值	A：评价报告
人员的专业性	是否具备了与服务相匹配的专业人员团队	分别计算取得相应专业资格认证的服务工程师的比率以及取得信息技术服务相关专业本科及以上学历的服务工程师的比率，并进行加权计算	$X=X1 \times 70\%+X2 \times 30\%$ $X1=A/B$ A=取得的相应专业资格认证的服务工程师 数量 B=服务工程师总数 $X2=C/B$ C=取得信息技术服务相关专业本科及以上学历的服务工程师数量	$0<X\leq1$ X 越接近 1 越好	A=计数 B=计数 C=计数 $X1$=数值 $X2$=数值 X=数值	A：专业资格证书 B：人员列表 C：学历证书

（3）合规性。合规性评价指标及测量，如表 8.13 所示。

表 8.13 合规性评价指标及测量

指标名称	测量目的	应用的方法	公式及数据元计算	测量值解释	数据类型	测量输入
服务的依从性	服务是否遵循相关的法律法规和制订的标准	评价服务对法律法规和制定标准的依从性状况	$X=A/5$ A 取值 1，2，3，4，5 1：发生违反法律法规及制定的标准的情况或没有识别相关的法律法规及制定的标准 2：识别了相关的法律法规及制定的标准，但没有在内部相关职能和服务过程进行对应 3：识别了相关的法律法规及制定的标准，且在内部相关职能和服务过程进行对应 4：识别了相关的法律法规及制定的标准，且在内部相关职能和服务过程进行对应，并开展了内部合规性评价 5：识别了相关的法律法规及制定的标准，且在内部相关职能和服务过程进行对应，并开展了内部合规性评价，评价结果良好	$0<X\leqslant1$ X 越接近 1 越好	A=计数 X=数值	A：法律法规及制定标准清单/识别报告/内外部合规性评价报告

5. 友好性

（1）主动性。主动性评价指标及测量，如表 8.14 所示。

表 8.14 主动性评价指标及测量

指标名称	测量目的	应用的方法	公式及数据元计算	测量值解释	数据类型	测量输入
主动进行服务监控	检查服务监控的主动程度	评价供方的服务监控规范的建立和实施情况	$X=A/5$ A 取值 1，2，3，4，5 1：既没有建立规范，实施也很不到位 2：没有建立规范，但客观上或自发地进行了主动的服务监控 3：建立了规范，但实施不到位 4：建立了完备的规范，实施良好 5：建立了完备的规范，实施良好，且所有员工都清楚并理解服务要求	$0<X\leq 1$ X 越接近 1 越好	A=计数 X=数值	A：供方制度规范、服务过程记录
主动进行服务趋势分析	检查服务趋势分析的主动程度（如顾客满意，与服务要求的符合性，服务的特性与趋势，相关方）	评价供方的服务趋势分析规范的建立和实施情况	$X=A/5$ A 取值 1，2，3，4，5 1：既没有建立规范，实施也很不到位 2：没有建立规范，但客观上或自发地进行了主动的服务趋势分析 3：建立了规范，但实施不到位 4：建立了完备的规范，实施良好 5：建立了完备的规范，实施良好，且具有成熟的服务趋势分析模型	$0<X\leq 1$ X 越接近 1 越好	A=计数 X=数值	A：供方制度规范、服务过程记录

续表

指标名称	测量目的	应用的方法	公式及数据元计算	测量值解释	数据类型	测量输入
主动介绍服务的相关内容	检查服务的相关内容介绍的主动程度	评价供方主动介绍服务相关内容机制的建立和实施情况	$X=A/5$ A 取值 1，2，3，4，5： 1：既没有建立规范，实施也很不到位 2：没有建立规范，但客观上或自发地主动介绍服务相关内容 3：建立了规范，但实施不到位 4：建立了完备的规范，实施良好 5：建立了完备的规范，实施良好，且所有员工都清楚并理解服务要求	$0<X\leqslant 1$ X 越接近 1 越好	A=计数 X=数值	A：供方制度规范、服务过程记录

（2）灵活性。灵活性评价指标及测量，如表 8.15 所示。

表 8.15　灵活性评价指标及测量

指标名称	测量目的	应用的方法	公式及数据元计算	测量值解释	数据类型	测量输入
需求响应灵活性	供方应对需方需求变化的能力	评价供方应对需方需求变化机制的建立与执行情况	$X=A/5$ A 取值 1，2，3，4，5 1：供方未建立应对需方需求变化的机制，也未能响应需方需求变化 2：供方建立了应对需方需求变化的机制，但未能响应需方需求变化 3：供方未建立应对需方需求变化的机制，但能响应需方需求变化 4：供方建立了完备的应对需方需	$0<X\leqslant 1$ X 越接近 1 越好	A=计数 X=数值	A：服务过程记录 B：服务协议

续表

指标名称	测量目的	应用的方法	公式及数据元计算	测量值解释	数据类型	测量输入
需求响应灵活性			求变化的机制，响应了需方需求变化，并能部分解决变化的需方需求 5：供方建立了完备的应对需方需求变化的机制，响应了需方需求变化，并能全部解决需方需求变化			

（3）礼貌性。礼貌性评价指标及测量，如表 8.16 所示。

表 8.16 礼貌性评价指标及测量

指标名称	测量目的	应用的方法	公式及数据元计算	测量值解释	数据类型	测量输入
服务语言、行为和态度规范	检查服务语言、行为和态度的规范程度	评价服务语言、行为和态度的规范的建立与执行情况	$X=A/5$ A 取值 1，2，3，4，5 1：既没有建立规范，实施也很不到位 2：建立了规范，但实施不到位 3：没有建立规范，但客观上或自发地规范了服务语言行为和态度 4：建立了完备的规范，并基本实施了规范，实施良好 5：建立了完备的规范，并完全实施了规范，且所有员工都清楚并理解服务要求，实施良好	$0<X\leq 1$ X 越接近 1 越好	A=计数 X=数值	A：供方制度规范、服务过程记录

8.2.3 常见运维服务质量管理活动

运维服务质量是指服务能够满足规定和潜在需求的特征和特性的总和，是指 IT 服务工作能够满足被服务者需求的程度。如 IT 运维服务质量管理是为了保证 SLA 的完成，提高运维服务水平所做的一系列活动。运维服务质量管理包括运维服务质量策划、运维服务质量检查、运维服务质量改进等活动。

1. 运维服务质量策划

运维服务质量负责人和运维业务负责人应当定期对运维服务的质量进行整体策划，策划的内容包括：

确定运维服务质量的目标，结合运维业务实际情况、运维服务客户的需要以及当前运维能力水平，设定合理的运维服务质量目标。

确定运维服务质量管理的活动，为了达到运维服务质量目标，必须事先策划所要采取的质量保证和质量控制活动，目前常见的运维服务质量活动的形式如下。

（1）项目质量保证。

（2）用户满意度管理。

（3）客户投诉管理。

（4）日常检查。

（5）质量文化和质量教育。

（6）体系内审及管审。

确定运维服务质量管理相关的职责和权限。运维服务质量策划是对相关的过程进行的一种事先的安排和部署，而任何过程必须由人员来完成。运维服务质量策划的难点和重点就是落实质量职责和权限。如果某一个过程所涉及的质量职能未能明确，没有文件给予具体规定（这种情况事实上是常见的），会出现推诿扯皮现象。

时间安排，在策划阶段需要对确定的各类质量活动时间做出大致安排，或者确定频率周期。

运维服务质量策划最终要形成质量策划文件，在最终确定后，应该以正式的形式发送给相关方。

2. 运维服务质量检查

质量人员按照前期运维服务质量策划的内容对各阶段运维服务的质量进行检查和实施工作，必要时还要制订详细的质量计划，比如项目质量保证工作，需要针对检查的运维项目制订项目质量保证计划，并按照项目质量保证计划实施质量保证工作，满意度调查管理需要事先制定满意度调查问卷等。

常见的质量实施和检查活动包括：

（1）进行满意度调查。

（2）运维各项目质量保证工作实施。

（3）内审。

（4）管理评审。

（5）日常检查。

（6）质量文化培训等。

质量人员在质量检查或者实施过程中也要对检查的过程结果进行客观记录，以方便事后的分析和判断。

运维服务质量负责人和业务负责人需要定期关注质量检查活动的执行状况，保证各项质量工作按照计划在执行，必要时给予指导。关注的方式可以是正式的也可以是非正式的，可以采用的方式包括但不限于：

（1）定期召开质量会议。

（2）定期质量报告。

（3）不定期的邮件质量问题沟通。

3. 运维服务质量改进

运维服务质量负责人和业务负责人应当清楚当前的运维服务质量总体状况，并要结合当前的运维服务业务现状及能力水平，针对当前的质量问题确定质量改进方向和改进目标。

质量改进目标确定后，就要安排具体质量人员落实改进任务，虽然具体的改进工作是由质量人员落实和跟踪的，但最终的结果需要运维服务质量负责人和运维业务负责人决定并掌控，因为质量改进过程中很多工作是需要运维工程师参与完成的，如果没有运维质量负责人和运维业务负责人的支持，很多改进工作会流于形式，起不到真正质量改进的作用。

在运维服务质量改进过程中，运维业务负责人和质量负责人也要定期关注改进情况，一旦出现偏差，要及时给予指导和帮助。

8.3　IT 服务风险管理

风险是在实现服务目标过程中所带来的不确定性和可能发生的危险。风险一旦发生，会对服务产生某种影响。

在 IT 服务提供过程中会遇到各种风险，可能会对 IT 服务带来不利影响，使得 IT 服务目标不能正常实现。这些风险通常包括人员、技术、资源、过程和其他五方面。

例如，在人员方面，会出现服务人员流动导致服务质量波动大、人员误操作导致业务数据丢失的风险；在技术方面，会存在采用发现问题的技术和服务对象不匹配的风险；在资源方面，会发生备品备件失效、服务工具失效等方面的风险；在过程方面，会出现过程规定不完善的风险；在其他方面，会出现服务范围漫延的风险等。

风险管理包括策划、组织、领导、协调和控制等活动，通过风险识别、风险分析和风险评估，提供一个有效的事先计划，并合理地使用回避、减少、分散或转移等方法，对风险实行有效的控制，妥善地处理风险造成的不利后果，以合理的成本保证安全，可靠地实现预定的目标，减少风险对组织资源、收益和现金流的不利影响。

8.3.1 风险管理计划

风险管理计划是在服务正式启动前或启动初期,基于风险角度对服务的一个纵观全局的考虑、分析、规划。谨慎和清晰的计划能够提高风险管理过程的成功概率。风险管理计划编制是决定如何采取和计划服务的风险管理活动的过程。

1. 风险管理计划编制的输入

IT 服务风险管理计划编制的输入物包括:服务范围说明书、服务预算、沟通管理计划、组织过程资产、事业环境因素、进度管理计划(必要时)。

2. 风险管理计划编制的输出

IT 服务风险管理计划编制的输出物如下。

(1)方法:IT 服务中实施风险管理的办法和使用的工具等。

(2)角色与职责:定义 IT 服务风险管理团队的成员,并且为这些成员分配具体任务与职责。

(3)预算:分配资源并估计成本。

(4)制订时间表:定义在 IT 服务整个生命周期中风险管理过程的执行时间进度计划。

(5)风险类别:事先准备的常用风险类别,用一个简单的列表标识 IT 服务不同方面的风险。

(6)风险概率:定义一个根据风险类别确定风险概率的客观标准。

(7)风险影响力:反映的是风险影响的严重程度。

(8)概率及影响矩阵:根据风险对目标的影响程度,用一种查询表格即影响矩阵对风险排序。根据风险概率和影响程度的组合,决定该风险的高、中、低程度。

(9)报告的格式:如何对风险管理过程的结果进行归档、分析及沟通。

(10)跟踪:记录风险行为的方方面面,并将这些内容进行归档。

8.3.2 风险识别

风险识别是指识别可能会对服务产生影响的风险,并将这些风险的特征形成文档,是一个不断重复的过程。

IT 服务风险识别是一项风险管理工作,其目标是识别和确定出风险、风险的基本特性,以及可能影响到哪些方面。服务风险包括内部因素造成的风险和外部因素造成的风险。内部因素造成的风险能够控制,外部因素造成的风险只能规避或转移。

风险识别的主要内容包括以下三方面。

- 识别并确定 IT 服务的潜在风险:确定服务可能会遇到的风险,分析这些风险的性质和后果,全面分析服务的各种影响因素,找出可能存在的各种风险,整理汇总成风险清单。
- 识别引起风险的主要因素:识别各风险的主要影响因素,把握风险发展变化的规律，衡量风险的可能性与后果。可以根据风险清单，全面分析各风险的主要影响因素，描述清楚这些风险的主要因素同风险的相互关系。
- 识别 IT 服务风险可能引起的后果：风险识别的根本目的就是要缩小和消除风险可能带来的不利后果，所以要分析风险可能带来的后果和这种后果的严重程度。这一阶段主要依靠定性分析来界定风险可能带来的各种后果。

1. 风险识别的输入

风险识别的输入如下。
- SLA：目标描述、干系人的目的、对服务的期望等。
- 范围说明书：范围说明包含假设条件。
- 风险管理计划：从风险管理计划到风险识别过程的关键输出是角色和责任的分配，以及为风险管理任务的预算和计划所做的准备。
- 组织过程资产：在相关文档中的过往实际数据和经验教训。
- 环境及组织因素：已经发表的信息，对于识别风险都很有帮助。

2. 风险识别的输出

（1）风险记录。
- 风险记录包含风险分析的结果、优先级，实施其他风险管理过程措施后的响应，包括：已识别出的风险列表，已识别出的风险，以及风险的根本原因、风险造成的影响。
- 风险征兆或警告信号：利用这些标识，在其将要发生时提高人们的警惕性。
- 潜在的风险应对方法列表：在风险识别过程中对如何应对风险进行简单建议。
- 风险的根本原因：导致风险的基本条件或事件。
- 更新的风险分类：识别风险的过程会为风险类别列表添加新的风险类别。

（2）更新管理计划。风险识别过程可能需要采取进一步的措施，更新管理计划中的其他过程计划。管理计划及其辅助计划的变更是通过整体变更控制系统处理的。

3. 风险识别方法

（1）文档评审。对文档采取一些结构化的评审。

（2）信息收集技术。
- 头脑风暴法：成员产生对风险的想法，并在会议上公布这些风险来源，让大家一起参与检查，然后根据风险类别进行风险分类。这样风险定义就清晰化了。
- 德尔菲法：使用问卷征求重要风险方面的意见，将意见结果反馈给每位专家，重复此过程几个回合，即可在主要的风险上达成一致意见。
- 访谈法：通过访谈资深系统规划与管理师相关领域的专家进行风险识别。访谈对象依据他们的经验、服务的信息，以及他们所发现的其他有用供方，对风险进行识别。
- 优劣势分析法（Strengths Weaknesses Opportunities Threats，SWOT）：从每个方面

对进行检查，扩大考虑风险的范围。

（3）检查表。从以往类似和某些其他信息来源中积累的历史信息与知识，可用于编制风险识别信息检查表。

（4）分析假设。分析假设是一种技术手段，它从不准确、不连贯、不完整的假设中识别风险。

（5）图解技术。图解技术包括因果分析图、系统或过程的流程图等。

8.3.3 风险定性分析

风险定性分析是对已识别风险进行优先级排序，通过对风险的发生概率和影响程度的综合评估来确定其优先级。

风险定性分析是建立风险响应计划优先级的快速有效的方法，也为以后定量分析奠定了基础。在过程中，需持续进行风险定性分析，以维持风险的不断变化。

1．风险定性分析的输入

（1）风险管理计划：风险管理的角色与责任、风险管理的预算与活动、风险种类、概率和影响定义、概率与影响矩阵、修正干系人的风险承受能力。

（2）风险记录：已识别出的风险、风险的根本原因、重要假设、风险可能发生的征兆或警告信号。

（3）组织过程资产：历史的风险数据和经验教训可以用于风险定性分析。

（4）工作绩效信息：风险的特点会随着进展而不断变化。如果风险定性分析在生命周期的中间阶段进行，则来自该过程的工作绩效信息和绩效报告一起作为状态的度量信息。

（5）范围说明：一般来说，进行过多次的服务会有很多被人们充分理解的风险。使用先进技术或高复杂度的服务存在更多的不确定性。这可以通过服务范围说明来进行评估。

2．风险定性分析的输出

（1）按优先级或相对等级排列的风险：概率及影响矩阵可根据每个风险的重要程度分类。

（2）按种类的风险分组。

（3）要近期做出响应的风险列表。

（4）需要进一步分析和应对的风险列表。

（5）低优先级风险的监视表。

（6）风险定性分析结果中反映的"趋势"。随着分析的不断重复，特定风险结果的趋势愈加明显，使得风险应对或进一步分析的紧迫性、重要性可能增加，也可能减少。

8.3.4 风险定量分析

定量风险分析过程是指定量地分析风险对目标的影响,它在面对很多不确定因素时提供了一种量化的方法,以做出尽可能恰当的决策。

1. 风险定量分析的输入

(1) 管理计划。
(2) 风险管理计划。
(3) 经过更新的风险记录。
(4) 包含活动的逻辑关系及活动历时估算的进度管理计划。
(5) 包含成本估算的成本管理计划。
(6) 范围说明和范围管理计划。
(7) 工作分解结构。
(8) 组织过程资产,如类似的服务、风险管理的专业人员对类似项服务所做的研究成果、风险数据库。

2. 定量风险分析的输出

(1) 可能性分析:对进度和成本的输出进行估计,并列出可能完成的日期和成本。
(2) 实现成本和进度目标的可能性。
(3) 已量化风险的优先级列表。
(4) 定量风险分析结果中的趋势。

8.3.5 风险处置计划

风险处置计划是指依据相应优先级的顺序,同时考虑实际需要,把应对风险所需成本和措施加入 IT 服务预算和进度中。

有计划的风险应对应考虑到风险的重要性、成本的有效性、应对的及时性、环境中的现实性、是否可以被各方接受,并要有一个明确的责任人。

1. 风险处置计划的输入

(1) 风险管理计划:成员任务分配、风险分析定义、不同风险等级的划分、风险管理计划的进度和预算方案。
(2) 风险记录:风险处置计划过程可能必须向前追溯已识别出的风险、挖掘风险的根源、潜在的应对措施、风险责任人及风险的征兆和警告信号。

2. 风险处置计划的输出

(1) 已识别的风险及其描述。
(2) 风险责任人及其职责。
(3) 定性和定量风险分析过程的结果。
(4) 一致认同的应对策略。

（5）执行选定的应对策略所需的具体行动。
（6）在应对策略执行后，期望的残留风险水平。
（7）风险发生时的预警和信号。
（8）风险应对策略所需的预算和时间。
（9）时间和成本的应急储备，目的是为干系人提供一定的风险承受能力。
（10）启动应急计划的触发条件。
（11）风险一旦发生后所采用的回退计划。
（12）残留风险。
（13）二级风险：执行某一风险应对措施而直接引发的风险。
（14）需要的应急储备量：通过风险的定量分析和组织对风险的承受能力来确定。
（15）风险相关的合同协议。

3．风险处置计划的方法

（1）负面风险应对策略。
- 避免：修改计划以消除相应的威胁、隔离目标免受影响、放宽目标等。
- 转移：风险转移是指把威胁的不利影响以及风险应对的责任转移到第三方的做法。
- 减轻：即通过降低风险的概率和影响程度，使之达到一个可接受的范围。

（2）机遇应对策略。
- 开拓：分配更多好的资源给该服务，使之可以提供比原计划更好的成果。
- 分享：将相关重要信息提供给一个能够更加有效利用该机会的第三方。
- 强大：通过增加可能性和积极的影响来改变机会的大小，发现和强化带来机会的关键因素，寻求促进或加强机会的因素，积极地加强其发生的可能性。

（3）同时适用威胁和机遇的应对策略。既应对威胁也应对机会，通常的风险应对策略是预留突发事件预备资源，包括进度、成本或资源来处理已知的甚至是潜在的突发的未知风险。

（4）应急响应策略。制订一个计划来应对风险，等以后必要时使用。

8.3.6 风险监控

风险监控是指跟踪已识别的危险，监测残余风险和识别新的风险，保证风险计划的执行，并评价这些计划对减轻风险的有效性。风险监控是整个生命周期中一个持续进行的过程。

1．风险监控的输入

（1）风险管理计划：关注责任人、时间和进行风险管理所需的其他资源。
（2）风险记录：已识别的风险及其责任人、一致认同的风险应对策略及实施措施、风险征兆及预警信号、残余风险及二级风险、低优先级风险的监视列表和时间及成本应急储备。

(3) 工作绩效信息：计划交付的状态、改正措施和执行报告。

(4) 批准的变更请求：工作方式、合同期限、范围大小、工作计划的修订。

2. 风险监控的输出

(1) 建议的纠正措施：包括应急计划和临时措施，纠正措施可以指导并管理服务的执行过程。

(2) 变更申请：变更申请由综合变更控制进行管理。

(3) 风险记录：一个在风险管理中收集数据并进行维护和分析的知识库。

(4) 组织过程资产：风险管理程序可以应用于未来服务，并作为组织过程资产的一部分。

3. 风险监控的方法

(1) 风险评估：风险监控需要重新评估新的风险。重复的次数和详细程度取决于计划对目标的实现程度。

(2) 风险审计和定期的风险评审：进行风险审计并记录应对的效用，风险检查应该定期进行，在小组例会上风险管理应作为一个议程。

(3) 差异和趋势分析：通过对绩效数据的分析，可以看出发展的趋势。分析结果可以用来对进度和成本目标的潜在偏差进行预测。

(4) 技术的绩效评估：通过比较执行过程的技术成果和原始计划的差别来完成。

(5) 预留管理：通过比较剩余的预留储备和剩余的风险，可以看出预留储备是否合适。

8.3.7 风险跟踪

风险跟踪包括已识别风险和其他突发风险的观察记录，对风险的发展状况进行记录和查询。

1. 风险跟踪的方法

风险审计：系统规划与管理师定期进行风险审核，在关键处进行事件跟踪和主要风险因素跟踪，对没有预计到的风险制订新的处置计划。

偏差分析：系统规划与管理师定期和计划比较，分析成本和时间上的偏差。

技术指标分析：比较原定技术指标和实际技术指标差异。

2. 风险清单

风险清单是一种主要的风险管理工具，指明了服务在任何时候面临的最大风险。风险管理负责人应经常维护这张清单，直到结束前不断更新这张清单，并给这些风险排列优先顺序，更新风险解决情况，对这些风险的严重程度的变化保持警惕。

【练习题】

一、单项选择题

1. （　　）、风险管理和信息安全管理是监督管理的重要内容，三者之间相对独立。
   A．时间管理　　　B．成本管理　　　C．质量管理　　　D．进度管理
2. IT 服务质量的属性分为 5 个特性：安全性、（　　）、有形性、响应性、友好性。
   A．可靠性　　　B．连续性　　　C．无形性　　　D．稳定性
3. 风险识别的主要内容不包括（　　）。
   A．识别并确定 IT 服务的潜在风险
   B．识别 IT 服务风险可能影响的范围
   C．识别引起风险的主要因素
   D．识别 IT 服务风险可能引起的后果
4. 下列不属于定量风险分析的输出的是（　　）。
   A．实现成本和进度目标的可能性　　　B．已量化风险的优先级列表
   C．经过更新的风险记录　　　　　　　D．定量风险分析结果中的趋势
5. 信息安全管理能带来的收益如下：保证信息资产的安全，降低安全风险，（　　），提高 IT 服务质量。
   A．保证 IT 服务信息的完整性　　　B．保证 IT 服务业务的可用性
   C．保证 IT 服务业务的可靠性　　　D．保证 IT 服务业务的连续性

【参考答案】：C　A　B　C　D

二、案例分析题

根据国家电网提出的建设坚强智能电网、构建"三集五大"体系，深入推进"两个转变"、建设"一强三优"现代公司的战略目标，信息化作为推进电力企业实现发展战略目标的核心保障体系，作用日益突出。这其中更需要进一步推动信息运维综合监管系统的深化应用工作。经过 20 多年的信息化建设，某电力企业的信息化建设经历了从无到有、从有到精的过程，取得了长足的进步。与此同时，对 IT 服务质量的要求也随之提升，搭建一个综合的 IT 运维管理系统，建立综合的 IT 基础设施管理和服务管理中心势在必行。

某软件股份有限公司是国内 IT 运维管理服务提供商，为多家电力企业提供了"定制化" IT 运维管理方案，具备丰富的行业实施经验，根据某电力公司的实际情况，本着层次化、分布式部署的原则，同时兼顾经济成本和效益关系，某软件公司为其定制了基于某综合管理软件的解决方案，在某电力公司部署了智能化的 IT 运维管理平台，用于实现其 IT 基础资源的全面管理和监控。该公司任命在其他同类项目中担任过技术骨干的小李，来担任本项目的项目经理来负责整个项目过程的方案实施。通过方案实施，将取得了以下成果：

（1）实现了对全网 IT 资源的整体管理。在某电力总部，目前主要设备是思科、H3C 等网络设备，通过某运维软件自动构建各个网络设备间的线路，系统将全网 IT 资源各项数据自动收集，并将各种软硬件资源的状态集中地在直观图形中体现。通过自动生成的物理拓扑图、应用服务一览和业务系统一览等 IT 资源的展现，可以让技术人员迅速对整个 IT 资源的各项性能做到快速了解和判断，并实时显示各个设备的负载情况、线路的运行状况，并以颜色标注负载的大小，帮助运维人员实时关注整个网络运行状况，能够一目了然地掌控整个 IT 架构的健康度和实时运行状态。

（2）实现了对全网的故障预警与告警。该平台能够对 IT 网络及系统的各类告警事件产生的事件信息和告警信息进行整合和自动化处理。提供丰富的告警类型，涵盖网络告警、管理告警、主机监视、应用监视、流量监控等多个层面。对于各类突发事件，系统可采用灵活多样的告警方式及时通知信息中心管理人员，包括中文语音报读、控制台弹出消息、E-Mail、SMS、Windows 信使等，实现了全天候的事件自动通知。同时，通过内置的事件处理机制，配合管理员预置的事件联动措施，可实现对于告警的自动诊断与快速恢复，有效地增强了某电力企业应对网络突发事件的处置能力。

（3）定期统计报表为 IT 运维提供了数据基础。某运维软件提供了丰富的报表系统，能够帮助某电力的管理人员从设备负载、线路负载、事件故障统计等各个方面进行详细的分析，有效地帮助某电力各单位对网络状况、系统运行及故障情况做全面分析，为下一步信息化的建设方向提供了基础数据支撑。

如果你在该项目中负责监督管理工作，对服务过程、交付结果实施监督和绩效评估。根据本案例介绍回答以下问题。

（1）监督管理有哪些重要内容？
（2）IT 服务质量的属性有哪些？并结合本案例进行说明。
（3）风险识别的主要内容包括什么？该项目存在哪些风险？
（4）信息安全管理包含哪些活动？并根据本案例进行适当说明。

第 9 章　IT 服务营销

本章介绍业务关系管理、IT 服务营销过程以及项目预算、核算和结算，期望系统规划与管理师通过以上内容的学习，在掌握具体 IT 服务全生命周期相关管理知识的基础上，能够了解一定的业务关系管理知识、业务营销知识和财务管理知识，从另一个角度认识到 IT 服务的复杂性，从而更好地管控 IT 服务项目。

9.1　业务关系管理

在运维服务运营中维护稳定、共赢的业务关系非常重要，本节重点介绍业务关系中的客户关系、供应商关系和第三方关系管理。

9.1.1　客户关系管理

客户是企业的收入之源，是企业的核心资产。客户关系管理是业务关系管理中最重要的，客户关系管理的好坏决定着业务关系的持续性和有效性。

1. 目标

客户关系管理具有以下目标：服务并管理好客户需求，培养客户对服务更积极的评价和应用，与客户建立长期和有效的业务关系，实现共赢发展。

2. 活动

在运维服务运营过程中，需要在每个"接触点"亲近客户，了解客户需求变化和服务感知，培养和管理客户需求，提升客户认可与信任，进而促进服务目标的达成，保持长期有效业务关系。在运维服务运营过程中，系统规划与管理师主要通过以下活动提升与客户的关系。

（1）定期沟通。履行服务协议中约定的定期沟通计划和在运维服务运营过程中与客户新确立的沟通计划。定期沟通的主要内容包括供需双方对服务达成情况的总结回顾，重点问题的协商处理及确立后续改进计划等。定期沟通的时间可以周、月、季度等为周期，如供需双方可约定次月 5 个工作日内提交服务报告，并在次月 10 个工作日内举行服务总结沟通会。

（2）日常沟通。除进行定期沟通外，系统规划与管理师在日常工作中与客户保持一定频度的接触，这一方面可以及时了解客户对服务的感知情况，可及时跟进客户需求变化，为后续服务改进制订针对性措施，同时在日常沟通过程中，可更加快捷地处理客户所关心的问题，另一方面使客户感到被重视，从而培养客户更积极的服务评价和认可。

在服务运营过程中，要把握高层拜访的时机，特别是重要支持事件、投诉处理等，以便及时让客户高层了解所提供服务的价值，挖掘、引导客户高层对服务的需求和期望。面向客户高层拜访可邀请公司高层共同参与。

（3）投诉管理。投诉管理属于应急处理机制，投诉管理能力是运维服务管理能力的体现之一。客户投诉不一定完全是坏事，客户投诉体现出客户对供方服务的重视和关注，客户投诉更期望得到服务提供方的重视和反馈。重视客户投诉，对投诉进行及时有效的处理甚至可以更好地提升客户对服务的感知，增加与客户之间的亲切感，促进客户对服务更积极的评价。

（4）表扬管理。服务需要自我经营和宣传。系统规划与管理师可以对客户表扬进行一定的内外部宣传，以引导积极向上的学习氛围，及时给予相应工程师自我价值的认可。对表扬的管理可以采取公开表扬信、组织客户做服务体验沟通交流、请工程师进行经验分享等形式；表扬可面向个体工程师，也可面向整个服务团队。

（5）满意度调查。Case by Case 满意度调查：指针对特定服务事件面向直接相关客户进行的满意度调查回访，了解客户对此服务事件的感受及评价，如对拨打热线的客户及时跟踪回访。

公开调查：以电话、问卷、网站、走访面谈等方式了解客户对运维服务各方面的认知和感受，进而总结相关优秀经验，改进服务中的不足。

（6）增值服务。服务级别协议难以提前约定所有的服务情景和要求，并且客户对相同质量服务的重复性体验会产生满意度下降的感受，因此保持客户对服务的认可和感知很重要，而增值服务通常能产生这样的效果。如在服务协议约定的范围外，为需方少量 VIP 客户提供定期的计算机健康体检活动等。

增值服务通常是指超出协议约定内容之外的服务。增值服务不能随意选择，需要把握以下四个原则：① 不能影响现有协议约定的服务内容；② 增值服务贴合客户需要；③ 增值服务投入在可接受的范围内；④ 本身有能力对增值服务内容进行引申。

3. 关键成功因素

提升客户关系的关键成功因素如下：服务本身的达成能力，服务的一致性及标准化能力，服务态度及意识，对客户需求变化的跟进理解能力，对客户需求变化的灵活应变能力，对客户需求的引导管理能力，服务本身促进了客户业务自身价值的提升，系统规划与管理师本身的沟通协调能力。

4. 可能存在的风险和控制

客户关系风险控制表如表 9.1 所示。

表 9.1 客户关系风险控制表

可能的风险	影响	控制措施
未能了解客户真正需求，特别是关键客户的需求	服务不符合客户期望，得不到客户认可，团队士气受到影响	挖掘客户真正需求，及时签署补充协议，争取客户高层的支持和配合
服务相关干系人多，服务需求多样化	服务难以标准化、统一化，原定服务资源不足	针对客户提供差异化服务报告及时总结回顾，为客户内部提供相关的成本费用核算数据，必要时引导客户签署补充协议

9.1.2 供应商关系管理

在某些情况下,运维服务组织难以通过自身力量完全满足所有客户需求,通常会选择其他产品或服务提供商给予协作支持,因此供应商关系管理对服务的优劣成败有着重要的影响。如运维服务提供商 B 为 A 公司提供 ERP 运维服务,因 ERP 属专业管理软件,B 通常会与 ERP 原厂商签署合作支持协议,共同为 A 公司提供 ERP 运维服务;大型数据中心备有柴油发电机,数据中心需与油站建立好柴油补充供应协议,避免电力中断时无法得到持续的发电保障。

1.目标

(1)建立互信、有效的协作关系。
(2)整合资源,共同开拓保持客户。
(3)与供应商建立长期、紧密的业务关系。
(4)实现与供应商的合作共赢。

2.活动

(1)供应商的选择/推荐。

一个运维服务组织通常有多家服务供应商,系统规划与管理师可以从自身组织中已有的供应商列表中选择,也可以推荐其他组织作为自身负责项目的合作供应商。供应商的选择可以参考以下原则:供应商注册资本、人员规模、学历及专业构成,供应商已有客户规模,供应商运维服务、信息安全相关资质,供应商的服务流程规范性、支持服务体系,供应商工程师技术能力水平、相关业界认证资质,供应商服务范围的可扩展性,供应商的人员能力体系及发展通道是否健全,供应商服务面临服务压力时的可扩展性,如当客户方因突发原因支持量增加50%或更高时,供应商是否能够消化或有内部冗余力量给予解决,供应商与自身服务业务的竞争性及互补性,供应商的业界评价。

(2)供应商审核及管理。

定期对供应商进行审核评估,确保供应商具备配套的能力要求,从而确定与供应商业务关系的有效性,培养供应商,保障面向客户服务的持续稳定。供应商的审核可从以下 6 方面考虑:① 响应能力;② 问题解决能力;③ 问题解决效率;④ 人员稳定性;⑤ 客户反馈;⑥ 合作氛围等。

(3)供应商间的协调。

一项服务有时会涉及多家供应商,如 ERP 服务从应用架构构成上包括网络、主机、数据库、中间件和 ERP 应用等,任何一个节点的失效或不稳定,在客户角度体现的是 ERP 不可用,在问题原因未明确之前,通常需要各供应商之间紧密协作才能准确定位,建立各供应商间的协作机制是系统规划与管理师的重要职责之一。

(4)争议处理。

在与供应商协作过程中,因工作范围、责任不明确等引起的争议需要及时进行处理,系统规划与管理师是争议处理的第一负责人,需要提前约定与供应商的争议处理方式,以及适用于发生在供应商之间的争议处理方式。争议处理的目标是有利于保障面向客户服务的质量和满意度,同时兼顾供应商之间合作的持续性。

系统规划与管理师需要识别争议内容,对争议进行初始协调处理,在争议处理过程中可有效借助供应商资源、最终客户,第三方伙伴(如咨询、审计)等进行协调处理,因争议内容超出个人权限范围或无法有效解决的,需经由公司正式争议处理流程上报处理,仍不能有效解决的,可通过法律途径解决。

(5)支持合同管理。

系统规划与管理师通常需要负责与供应商确定支持保障合同条款及内容。合同内容要高于与客户签订的服务协议约定要求,以预留一定的空间。

3. 关键成功因素

(1)提前筛选合格的供应商。
(2)支持合同的有效性,提前消除争议产生的空间。
(3)供应商的定期审核及评估。
(4)确保合作的共赢。
(5)系统规划与管理师本身的沟通协调能力。

4. 可能存在的风险和控制

供应商关系风险控制表如表9.2所示。

表9.2 供应商关系风险控制表

可能的风险	影响	控制措施
未能提前识别并约定所有可能的情景,出现利益及责任分配问题	供应商积极性不高	签署明确有效的支持合同,避免留有产生争议的空间及时识别潜在争议,并有效处理
多供应商之间的配合问题	服务不符合客户期望,得不到客户认可,团队士气受到影响	建立良好的供应商协作及沟通机制
供应商组织变动或业务发生变更	无法从供应商持续获得服务,团队士气受到影响	• 建立多供应商竞争及备份机制,避免单一服务源带来的服务中断 • 定期对供应商情况进行审核及评估,积极识别可能的风险并提前预防及时向客户传递相关的信息
多级分包对服务质量及业务持续性保障造成的挑战	服务质量降低,与客户联系减少进而失去客户,知识流失	• 对供应商限定分包内容,并约定审核条款,对整个服务保障链条进行定期审核及评估 • 保持与客户的紧密接触和沟通 • 与分包商明确知识产权及相关信息安全要求

续表

可能的风险	影　　响	控 制 措 施
供应商不配合	无法面向客户提供所承诺的服务	• 选择有效的供应商 • 定期对供应商进行评估审核，对不符合供应商及时更换 • 签署明确有效的支持合同，消除争议产生的空间 • 争取供应商高层支持和配合 • 加强与供应商协作沟通

9.1.3　第三方关系管理

在 IT 服务运营过程中，除了需要有良好客户关系和服务供应商关系外，还需要维系相互信任、互相支持的第三方关系，如政府、资质认证单位、服务监理公司等。第三方关系管理是系统规划与管理师的重要工作内容之一，对第三方关系的处理在关键时刻甚至会左右与客户业务关系的稳定性和持续性。

1．目标

通过第三方关系管理的相关活动，培养发展长期、互信、良性的第三方业务合作关系，进而更好地获得客户认可，实现与客户建立长期和有效的业务关系。

2．活动

（1）定期沟通：建立与第三方的定期沟通机制，如可以以周、月、季度等为周期，进行定期的总结回顾、问题协商并确立后续重点问题、推进协调计划等。

（2）日常沟通：系统规划与管理师需在日常中与第三方保持紧密的协作关系，获得第三方的支持和认可，进而获得客户更积极的服务评价和认可。

（3）信息收集分享：按照 5W1H（原因 Why、对象 What、地点 Where、时间 When、人员 Who、方法 How）原则，确立与第三方的信息共享内容及范围、信息共享流程、信息共享方法、时间和授权机制等。

（4）第三方关系协调：遇到争议及其他需沟通事宜，系统规划与管理师需及时召集多方会议，积极协调。

（5）配合支持第三方工作：为认证、监理、其他直接面向客户的产品及服务商等第三方提供信息及协作支持。

3．关键成功因素

（1）有效的第三方伙伴选择。

（2）第三方协作内容界定的有效性，提前消除争议产生的空间。

（3）第三方的定期审核及评估。

（4）系统规划与管理师本身的沟通协调能力。

（5）与第三方的协作关系需要获得最终客户的认可与支持。

4. 可能存在的风险和控制

第三方关系风险控制表如表 9.3 所示。

表 9.3 第三方关系风险控制表

可能的风险	影 响	控 制 措 施
沟通不顺畅	与第三方配合不顺畅，进而影响服务的交付或服务不符合客户期望	建立良好的第三方协作沟通机制
未能提前识别并约定所有可能的情景，出现利益及责任分配问题	第三方配合积极性不高	与第三方界定工作的协作机制，避免留有产生争议的空间
第三方工作得不到客户的支持	最终工作无法得到有效认可	提前获取客户对相关第三方工作的支持

9.2 IT 服务营销过程

通常，IT 服务营销过程分为四个阶段，如图 9.1 所示。

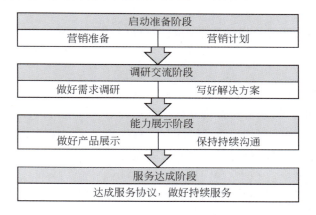

图 9.1 IT 服务营销过程

1. 启动准备阶段

（1）营销准备。

- 目的：充分和妥善的服务营销准备是有效沟通（如服务产品介绍）的基础。系统规划与管理师必须有一定的服务营销的知识储备。
- 活动：在营销准备的过程中要做好的准备如表 9.4 所示。

（2）营销计划。

- 目的："预则立，不预则废"。服务营销同样需要先"预"。"预"的目的就是要求专业的系统规划与管理师在进行具体的服务营销活动之前，需要对每个 IT 服务产品、目标客户群（或管辖客户群）、营销方式等编制营销计划，来保证完成营销过程中的每项工作。
- 活动：在营销计划中，具体活动如表 9.5 所示。

表 9.4 IT 服务营销准备活动

活 动	责 任 人	说 明
做好成为专业销售人员的基础准备	IT 服务经理	IT 服务经理要理解自己成为专业销售人员的基础准备 学习服务营销管理方法
做好客户行业和区域的知识准备	IT 服务经理	熟悉客户所在行业的行业知识 熟悉客户所在行业的信息化现状 熟悉该行业客户的特征
做好目标客户的营销准备	IT 服务经理	目标客户包括当前正在服务的客户 做好目标客户考察，熟悉客户相关的资料
做好现有客户 IT 服务的总结	IT 服务经理	对现有客户的 IT 服务情况进行总结 对行业同类客户的 IT 服务情况进行总结 做好服务质量对比分析 做好服务质量改进措施
熟悉自身的 IT 服务产品	IT 服务经理	熟悉自身的 IT 服务产品，以做到有的放矢

表 9.5 IT 服务营销计划活动

活 动	责 任 人	说 明
营销计划的制订	IT 服务经理	根据所有对应的服务营销对象（客户群）制订营销计划 营销计划的内容涉及：服务项目预算（项目合同额大小）、营销成本估算、售前支持人员、立项计划等
营销计划的执行	IT 服务经理	根据营销计划执行营销工作 及时记录营销过程中的问题和相关情况
营销计划的跟踪	IT 服务经理	定期跟踪和检查营销计划的执行情况 根据执行情况出具计划修正意见
营销计划的修正	IT 服务经理	及时修正营销计划，以签单或达成备忘录为目标

2．调研交流阶段

（1）做好需求调研。
- 目的：调研交流是服务营销的重要环节，通过深挖客户需求，其调研的结果可以帮助系统规划与管理师进一步掌握客户的现况。好的调研和询问能够引导客户朝正确的方向进行销售工作。同时，通过询问也能找到更多的资料，支持系统规划与管理师说服客户。
- 活动：客户 IT 服务需求调研和挖掘方法如表 9.6 所示。

在需求调研时收集资料和科学分析至关重要。收集资料是指采用一定的调研模板，通过会议沟通、当面拜访、现场观摩等方式收集与 IT 服务相关的资料。调研收集的范围包含两方面：一是宏观方面，涉及组织的战略目标（如为了提高工作效率、降低办事成本、改进服务方式、提高管理水平等），高层领导对 IT 服务的期望，需要信息化服务解决服务运营的问题；二是微观方面，即收集服务人员对 IT 服务管理的需求。

表 9.6　IT 服务营销需求调研活动

活　动	责 任 人	说　　明
高层领导访谈	系统规划与管理师	了解高层对未来三五年内组织发展的总体战略设想、目标和可能采取的主要战略举措等 通过业务战略明确信息化战略 引导客户对企业进行 IT 规划
信息化建设现状梳理	系统规划与管理师	收集客户信息化基础设施、数据资源、应用系统、信息化管理各方面的现状 对现状进行初步的分析，摸清家底
信息化建设需求收集	系统规划与管理师	收集客户两级各单位、各部门未来一定时期明确的信息化需求 对收集的需求进行初步的筛选和分析，从而理清需求
挖掘客户潜在需求	系统规划与管理师	根据明确的信息化需求和部门访谈，挖掘客户潜在需求，为经营该客户打基础

科学分析主要包含两方面：一是业务方面，即 IT 服务业务包含哪些内容、管理流程如何；二是技术方面，在业务分析的基础上，通过多年的行业经验找出管理流程中存在的问题（包括现行的 IT 服务有哪些内容不能满足要求，哪些流程需要改进或改造，哪些工作方法影响工作开展等），并且对存在的问题整理出建议措施，即对服务系统的软件、硬件、网络、数据、应用系统、表现形式、功能和性能进行分析，找出不足，提供措施，制订解决方案。

针对需求调研，要了解客户需求的层次，站在客户的立场用心倾听，找出客户的需要和真正追求的价值：

- 表述的需求：客户直接说出的需求。
- 真正的需求：客户实际期望的需求。
- 未表明的需求：客户期待的需求。
- 令人愉悦的需求：客户期待的惊喜。
- 潜在的需求：客户期待，其他相关人员反馈的需求。做营销调研的重点是对客户关键需求的感觉、沟通能力和业务需求的理解，最好能参与客户的 IT 战略规划和 IT 服务策划。

（2）写好解决方案。

- 目的：编写解决方案（或项目建议书）是营销工作的核心过程，起到承上启下的作用，是基于客户信息收集、科学分析的基础上，制订符合客户所在行业未来发展趋势的重要方案或重大举措，并且证实该方案或举措是领先的、可行的、高效的、明智的。
- 活动：该阶段的核心工作是编制项目方案，并保持高效沟通，具体如表 9.7 所示。

表 9.7 IT 服务营销编制解决方案活动

活　　动	责 任 人	说　　明
熟悉解决方案（或项目建议书）的格式和规范	系统规划与管理师	格式规范，专业高效 提高综合营销能力，运用撰写技巧
细化解决方案的内容	系统规划与管理师	解决方案针对性强 尽力做到解决方案充分得到客户认可
评审解决方案	系统规划与管理师	组织本单位人员对解决方案（项目建设书）进行评审
沟通论证	系统规划与管理师	组织客户对解决方案（项目建设书）进行评审 参与人员为分析方案的所有利益相关者，包括相关部门、部门的上级单位、下级单位、与该部门平级的部门和单位中的相关人员等
确定解决方案	系统规划与管理师	客户最终确定解决方案

在制订解决方案时需要采用一定的沟通技巧，有针对性地引导客户，其中趋势分析很必要并且很有说服力（主要分析业务领域的新形势、新挑战，说明业务或服务必须改进的原因）。

3．能力展示阶段

（1）做好产品展示。
- 目的：做好服务产品展示的目的就是让客户直观地感受到 IT 服务的效果。
- 活动：服务产品展示活动如表 9.8 所示。

表 9.8 IT 服务营销能力展示活动

活　　动	责 任 人	说　　明
服务产品展示的准备	系统规划与管理师	根据所有对应的服务营销对象（客户群）制订营销计划 营销计划的内容涉及：服务项目预算（项目合同额大小）、营销成本估算、售前支持人员、立项计划等
服务产品的说明	系统规划与管理师	产品特性、优点、特殊利益 注意将特性转换利益的技巧 产品说明的步骤及技巧
服务产品展示	系统规划与管理师	运用展示及演示技巧 重点演示产品要点
服务产品展示的互动	系统规划与管理师	收集反馈意见 达到营销目的
提供现场考察和技术交流	系统规划与管理师	让客户切实了解组织本身运作情况及服务能力的情况

（2）保持持续沟通。
- 目的：持续沟通和服务是为了维护客户关系，及时沟通和及时服务更是增加了客

户选择 IT 服务供应商的信心,特别需要做好与客户高层沟通,以获取他们的支持。
- 活动:保持持续沟通,需要进行如下工作,如表 9.9 所示。

表 9.9 IT 服务营销持续沟通活动

活 动	责 任 人	说 明
制订持续沟通计划	系统规划与管理师	沟通计划包括沟通频率、方式和内容
保持持续沟通	系统规划与管理师	根据沟通计划保持联系沟通,及时记录沟通过程中的相关信息
沟通信息整理	系统规划与管理师	根据沟通信息的记录,整理有效的营销信息
沟通信息的汇报	系统规划与管理师	针对重要的营销信息,及时跟组织沟通汇报,积极推动营销活动前进

4. 服务达成阶段

(1) 达成服务协议。

达成与客户签订服务级别协议或服务合同,是营销过程的最后阶段,也是 IT 服务项目管理的开始阶段。

- 目的:实现服务营销计划的目标,签订服务级别协议或合同,与客户就服务级别的各方面进行有效的沟通和协商,增强客户对服务的感知程度和认同程度,为进一步开展服务、保证服务质量奠定基础。
- 活动:该过程涉及服务级别协议准备、达成和签订,具体如表 9.10 所示。

表 9.10 IT 服务营销达成服务活动

活 动	责 任 人	说 明
准备服务级别协议	系统规划与管理师	明确服务内容 形成或更新服务目录 拟订服务级别协议草稿 根据实际需要,草拟服务合同、支持合同、运营级别协议
服务级别协议的协商	系统规划与管理师	与客户就服务级别协议进行协商 根据需要,与相关方就支持合同、运营级别协议进行协商
服务级别协议的达成	系统规划与管理师	与客户就服务级别协议达成一致 根据需要,与相关方就支持合同、运营级别协议达成一致
签订服务级别协议	系统规划与管理师	双方签订服务级别协议(或服务合同) 记录服务级别协议配置项

(2) 做好持续服务。

- 目的:做好持续服务,是为了今后能签订更多的新的服务合同或更顺利地续签原有的服务合同。

- 活动:该过程涉及的活动,具体如表 9.11 所示。

表 9.11 IT 服务营销持续服务活动

活动	责任人	说明
提高客户满意度	系统规划与管理师	有一套完整的项目管理和服务规范,做什么事情都有章可循; 主动服务; 敬业精神; 针对客户指出的不足和服务过程出现的问题,需及时处理和采取措施; 系统升级或程序发布
维持好业务关系	系统规划与管理师	及时与客户沟通项目服务内容、服务请求处理计划及进展情况,按时提交服务报告; 站在客户的角度,为客户的工作提供合理的解决方案,成为客户不可或缺的帮手
做好需求的挖掘	系统规划与管理师	做好现有 IT 服务项目升级的需求挖掘; 做好对现有客户其他相关项目的需求挖掘
促使客户新需求落地实施	系统规划与管理师	挖掘需求之后,就要促使需求落地,找到决策者,促使客户立项并付诸实施
提供部分增值服务	系统规划与管理师	增值服务往往会有意想不到的收获
适当 IT 营销管理方法	系统规划与管理师	方法运用得当会起到事半功倍的效果

9.3 IT 服务项目预算、核算和结算

本章主要介绍 IT 服务项目的预算、核算和结算的基本概念及工作内容,主要目的是让系统规划与管理师能够从财务的角度来衡量 IT 服务项目工作开展的有效性,达到高效利用项目资金,提高服务投入产出比的目的。

9.3.1 IT 服务项目预算

1. 目的和意义

IT 服务项目预算包括项目的收入和开支,收入是指从客户方获取的项目可支配费用,IT 服务项目开支是指项目周期内所有涉及人员、资源、技术、过程管理活动所产生的费用总和。

建立 IT 服务项目预算的目的及意义包括以下八方面:便于形成资金使用计划,便于交流资金使用规划意图,协调资金使用活动,便于项目资源分配,提供责任计算框架,费用开支授权,建立资金控制系统,评估资金使用效果。

2. 主要内容和方法

在 IT 服务项目启动前建立预算可以对项目的收支情况、盈利情况有具体的预测,

对开支进度建立计划。IT 服务项目具备周期性和重复性特征，项目预算的制定分为以下 3 个步骤。

（1）识别项目预算收入项与开支项：收入一般没有类型划分，但开支具备多种类型，我们称之为"开支项"。对开支项的划分有很多种方法，如表 9.12 所示。

表 9.12 开支项的划分（示例）

开支项	说明
人工开支	工资、社保费用、报销性费用、加班费用、奖金、差旅费用、公司管理分摊等
硬件开支	维护所需的硬件设备、备品备件等开支
软件开支	工具软件的开支、其他相关软件的开支
场地开支	服务人员工作场地开支
外部支持开支	购买的第三方支持服务的开支
其他开支	其他项目执行过程中所发生的开支项

或者可以依据《信息技术服务 运行维护 第 1 部分：通用要求》中的"四要素"，即人员、资源、技术、过程来划分开支项，具体如表 9.13 所示。

以上两种开支项分类方法各有优势，系统规划与管理师可以灵活选用，或根据自身组织业务特点进行补充或创新。

表 9.13 IT 服务营销服务达成活动

类型	开支项	说明
人员	人员开支	指投入到项目中的人工所带来的开支，一般以人/天或人/月来计算。这些人工开支主要指项目的直接参与人员，包括系统规划与管理师、IT 服务工程师等
资源	服务台开支	为支持本项目所建立的专用系统的投入开支，包括：语音话务硬件设备、语音话务平台软件、场地费用、电话费等；如果复用统一的服务台系统，需要计算分摊费用开支
	备品备件开支	项目中如果包含硬件维保内容，将会产生备品、备件采购开支，以及附加的备品、备件存储、保管所产生的折旧、场地、损耗费用分摊。一般为备品备件管理所产生的人工开支也计算在此
	运维工具开支	部分项目会携带监控工具、流程化管理工具、自动化工具等进行服务，工具产生的采购、租用成本要计算在内
	知识库开支	如果项目单独建立或共享了知识库系统，相关成本应该进行分摊，包括工具采购或租用开支，系统建设与维护的人工费用开支
技术	运维研发分摊开支	部分运维组织会将研发运维工具的成本对所有运维项目进行分摊，相关的开支需要进行记录
过程	过程管理活动开支	事件、问题、变更等运维流程化管理是有很高成本的，这包括执行过程管理活动所产生的人工开支、过程管理工具的维护开支等

（2）划分 IT 服务项目执行阶段：IT 服务项目一般有着很强的周期性和重复性，服

务运营占了绝大多数时间，一般以一个月、周、日为单位，对各项开支项进行预算，可以将预算总开支均分在各个时间段内，也可以根据历史数据进行更精确的资金分布。

（3）形成预算表：将预算执行阶段与预算收入项、开支项结合后，就可以形成预算表，如表 9.14 和表 9.15 所示。

表 9.14　IT 服务项目预算表样例 1

	项目收入	人工开支	硬件开支	软件开支	场地开支	外部支持开支	其他开支
1 月份	120	10	1.5	1	0.6	0.5	0.3
2 月份		10	1.5	1	0.6	0.5	0.3
3 月份		10	1.5	1	0.6	0.5	0.3
…							
合计	220	120	18	12	7.2	6	3.6

表 9.15　IT 服务项目预算表样例 2

	项目收入	人工开支	服务台开支	备品备件开支	运维工具开支	知识库开支	运维研发分摊开支	过程管理活动开支
1 月份	60	2	0.3	1	0.2	0.15	0.3	0.85
2 月份		2	0.3	1	0.2	0.15	0.3	0.85
3 月份		2	0.3	1	0.2	0.15	0.3	0.85
…								
合计	100	24	3.6	12	2.4	1.8	3.6	10.2

通过建立预算表，形成对 IT 服务项目收入与开支的有效跟踪计划，为下一步执行项目确定了资金使用的依据。但预算只是计划，在项目执行过程中，需要对实际的收入、开支情况不断进行核算，并对照预算计划，用以跟踪预算执行的基本情况。在项目结束后要进行集中结算，对项目财务收支情况进行总结。下面具体介绍 IT 服务项目的核算与结算。

9.3.2　IT 服务项目的核算

1. 目的和意义

IT 服务项目的核算概念来源于财务核算概念，在此特指在 IT 服务项目的执行过程中对 IT 服务活动执行情况及收支情况进行连续的、系统的、全面的记录、分析和计算的过程。其主要目的和意义如下。

（1）随时掌握项目收入、开支情况及项目盈亏状态。

（2）形成及时调整项目资源分配的依据。

（3）寻找对成本开支控制的改进方法。

（4）改进预算编制方法，提高预算编制准确性。

2. 主要内容和方法

IT 服务项目的核算需要基于预算进行，以预算为依据，持续的记录真实的收入和开支情况，并加以分析和计算，最终得出核算结果。由于项目实施过程是一个不断投入资源、消耗资源的过程，对组织当前储备的可用资源情况也需要进行核算。以保证项目资源需求得到持续满足。同时，在核算过程中，系统规划与管理师还需定期分析总结，发现和改进预算及核算过程和方法。基于以上要求，我们在 IT 服务项目核算过程中具体实施的主要工作内容和方法如下。

（1）编制核算记录表：核算以开支项为统计科目，逐笔记录项目的收入与开支情况，并进行计算，给出项目当前的盈亏情况。IT 服务项目核算表可以分为两个步骤来编制：首先编制流水表，然后编制汇总表，具体如表 9.16 和表 9.17 所示。

表 9.16　IT 服务项目核算表（流水表）样例

序号	发生日期	科目	收入	支出	盈亏
1	1 月 5 日	项目首付款	120	0	120
2	1 月 5 日	硬件开支	0	14	106
3	1 月 15 日	场地开支	0	1.5	101.5
4	1 月 25 日	软件开支	0	0	101.5
5	1 月 25 日	人工开支	0	10	91.5
…					
合计			220	94.8	125.2

表 9.17　IT 服务项目核算表（汇总表）样例

	项目收入	人工开支	硬件开支	软件开支	场地开支	外部支持开支	其他开支	盈亏
1 月份	120	8	1.5	1	0.6	0.5	0.3	110.1
2 月份		10	1.5	1	0.6	0.5	0.3	−13.9
3 月份		12	1.5	1	0.6	0.5	0.3	−14.9
…								
合计	220	118	18	12	7.2	6	3.6	55.2

（2）组织资源使用情况核算：系统规划与管理师应该对组织内的可用资源进行核算统计，这里面所指的资源包括：人员、备件、硬件设备、软件工具、场地设施等。特别是前两项人员和备件储备情况比较常用，系统规划与管理师需要及时掌握这些资源的储备情况，以保证在发生开支需求后能够及时获得相关资源。

（3）核算分析与总结：核算的分析与总结的目的是改进预算编制过程和核算过程。主要检查和改进的方面包括：预算开支项的设计是否合理；预算资源及资金在开支项上的分配是否合理；预算资源及资金在时间周期上分配是否合理；核算范围是否全面，涵盖了所有收入和开支；核算数据是否准确；项目资金运用上是否出现亏损或严重偏离预算；对资金投入大、超支大的开支项进行成本降低方案分析。

9.3.3 IT 服务项目结算

1. 目的和意义

IT 服务项目的结算是在项目结束后的总体核算，工作内容和采用的方法与核算非常类似，但目的是略有不同。结算是要对整个项目生命周期内所有的收入、开支情况进行总结，时间跨度较长，涉及数据量也比较大，需要计算、总结、分析的问题也比较多一些。

2. 主要内容和方法

IT 服务项目的结算由于在具体方法上与项目核算比较类似，在此不再累述。

9.3.4 衡量项目效益的指标

1. 项目投入产出比

项目投入产出比是指项目的投入资金与产出资金之比。通过对投入产出比的计算和统计分析，可以帮助组织决策者了解不同项目的盈利水平，确定合理的业务发展方向。计算公式如下：

$$R=K/IN=1:N$$

其中，R 为投入产出比，K 为项目投资总额，IN 为项目收入总额。

投入产出比常用 1:N 的形式来表示，N 值越大，经济效益越好。例如，某运维服务项目的投资总额为 120 万，项目总收入为 160 万，项目的投入产出比为 120/160=1:1.33。

2. 项目投资回报率

项目投资回报率是指组织通过投资项目而返回的价值，即组织从一项项目投资活动中得到的经济回报。通过投资回报率的计算和统计分析，可以让组织对开展的不同业务、不同项目的价值进行横向比较，找到获取最佳投资价值的重点方向、重点项目类型。计算公式如下：

$$项目投资回报率=项目利润/项目投资总额\times100\%$$

例如，某运维服务项目的投资总额为 100 万元，获取净利润为 35 万，投资回报率为 35/100×100%=35%。

3. 项目净产出

项目净产出是指项目的净利润产出总额，净利润需要在收入的基础上扣除所有开支，包括人员开支、硬件开支、软件开支、场地开支、第三方支持开支等，最终结余的净利润为项目净产出。对项目的净产出进行评估，有利于了解组织的主要利润来源。

4. 人均产出

人均产出是指一定周期内项目或组织内人均产出的净利润水平。对于人员成本占投入成本比重比较大的组织，应该衡量单位人均产出，并建立改进目标，持续优化提升。计算公式如下：

单位人均产出=净利润总额/人员数量

例如，某组织 2014 年净利润为 1000 万元，拥有员工 200 名，单位人均产出为 1000 万元/200 人=5 万元/人，即组织每个成员每年可以为组织带来 5 万元的净利润。

又如，某机房运维项目，净利润为 30 万元，项目组成员 5 人，项目的单位人均产出为 30 万元/5 人=6 万元/人。

9.4 IT 服务外包收益

随着 IT 技术和管理思想的不断成熟和发展，选择 IT 服务外包逐渐成为企业传统 IT 改革的必然。回顾国内 IT 服务外包行业近几年的发展历程，从客户的认知度、地域的普及、从业者的资历等都在发生巨大的变化，中国本土企业对 IT 服务外包的需求量正在上升，用户需求范围也在不断拓展，需求力度不断加大。IT 服务外包在中国已经进入高速发展阶段，企业达成 IT 服务外包合作的战略意向日趋明显。

在当前，各种形式的 IT 服务外包不断推出，企业用户也逐渐了解和认同 IT 服务外包，越来越多的企业尝试 IT 服务外包。随着用户的认知程度提高，外包服务商不断成熟和市场环境逐步规范，IT 服务外包将在未来几年开始进入高速成长阶段。企业采购 IT 服务外包的动力将主要来自于市场的竞争压力，企业需要专业 IT 服务外包商为他们提供低成本、高效率和更为可靠的 IT 系统。未来我国 IT 服务外包的发展趋势将表现出以下变化。

1. 企业需求从被动向主动转变

企业在采购 IT 服务外包多以被动方式为主，除非企业自身无法承担，选择外包给供应商，IT 系统"自己管理才可靠"的思想根深蒂固。企业一般希望尽量自己开发、实施和管理 IT 系统，带来的问题是信息部门人员臃肿，技术能力落后。市场竞争的压力让企业正逐渐转变观念，追求效率、节约成本让企业主动寻求 IT 服务外包。

2. 部分的、基础系统外包向整体的、应用系统外包转变

现阶段企业的 IT 服务外包需求种类有限，主要集中在电子邮件系统外包、主机托管服务、外包呼叫中心服务和基础架构的日常维护服务部分，企业只将部分边缘系统外包出去。部分系统外包，或者将一个大系统外包给不同服务商带来管理上的困难，在出现问题时，难以确定责任主体。

但随着 IT 服务外包商的信誉和管理机制的不断提高和健全，国家对 IT 服务外包行业的积极推动，IT 服务外包将迎来快速发展的局面。IT 服务外包给企业带来的收益则主要表现为以下几点：

（1）成本效益。企业如果需要不断完善自身的 IT 交付能力，则需要耗费大量的时间和精力在招聘、培养和管理的过程中，隐性成本在整个成本中占有较大的比重。特别是目前几乎所有企业都面临"招聘难"和人员流动率高的问题，一个员工从招聘到适岗通常需要 3 个月的时间，而在这段时间内需要耗费大量的时间来进行培训和考核。IT 服务外包可以选择按需采购按需付费，企业只需要提要求并对结果进行考核，既不会产生隐性成本又能够获取专业的 IT 服务外包。

（2）效率提升。对于外包服务商而言，为了能够提升竞争优势，则会不断的注重人员稳定性地控制、基本技能的储备、新技术的开拓和先进管理体系的建立，而这些正是企业建立和完善自己 IT 服务必不可少的元素。选择 IT 服务外包，也将外包服务商的先进管理理念和关联的资源带到现场，企业可以快速借鉴和吸收当前较先进的经验来弥补或提高自身的 IT 服务，从而能够为实现 IT 目标起到良好的作用。

（3）降低风险。企业 IT 在发展过程中，抵御风险的能力在任何时期都被视为工作重点，而风险是未知的，同时处置风险需要足够的技能和经验，一般企业很难建立起完善的风险应对能力。IT 服务外包商因服务众多用户，在长期的服务交付过程中需要面对各种风险，已经建立了成熟的风险控制和应对能力，通过采购外包服务，可以直接获取专业风险应对能力。

（4）专注于主营业务。专注于主营业务的发展是企业发展的首要任务。随着企业信息化程度的逐步深化，IT 已经逐步过渡为主营业务的重要支撑部门。对于 IT 部门来说，特别是企业的 IT 已基本进入到运维阶段，大部分的工作都是基础的、反复的基础操作工作，而这部分工作耗费了 IT 部门大量时间和精力，应及早地外包给专业的运维服务商，将主要精力投至于主营业务的发展中。

（5）管理简单。随着企业的发展，管理层级越来越多，管理扁平化的诉求愈发明显。同时随着 IT 基础架构的发展，需要的支撑团队也越来越多，各部门之间的协调、沟通等事务占用大量的时间。由于各 IT 支持团队之间业务往来频繁，职责界定困难，出现问题互相推诿。若选择 IT 服务外包，企业只需要面对一个外包服务商，进行结果考核亦可达到想要的 IT 服务。

（6）提升满意度。衡量 IT 服务的核心指标是客户满意度指标的达成与否，而客户满意度的影响因素较多，如需求响应不及时、处理效率低下、故障预见能力差、抵御风险的能力不足、缺少主动服务、服务体验差等。IT 服务外包商因需要面对多个项目，对客户满意度的管理已经有较成熟的管理体系，通过采购 IT 服务外包，能够帮助 IT 部门建立和完善服务机制，进而能够不断提高客户满意度。

【练习题】

一、单项选择

1. 在 IT 服务营销过程的调研交流阶段，（　　）工作是营销工作的核心过程，起到承上启下的作用。

    A．制定营销计划　　　　　　B．编制服务目录
    C．编制会议纪要　　　　　　D．编写解决方案

2．服务产品展示是让客户直观地感受 IT 服务的效果或运维服务的收益，下面（　　）不是产品展示要做的工作或活动。

    A．细化解决方案　　　　　　B．服务产品的说明
    C．服务产品展示的互动　　　D．提供现场考察和技术交流

3．下述（　　）阶段是 IT 服务营销过程的最后阶段，也是 IT 服务项目管理的开始阶段。

    A．挖掘客户潜在需求　　　　B．确定解决方案
    C．达成服务级别协议　　　　D．服务产品展示

4．在 IT 服务运营过程中，系统规划与管理师主要通过（　　）活动提升与客户的关系。

    A．日常管理　　　　　　　　B．满意度调查
    C．增值服务　　　　　　　　D．以上都是

5．在 IT 服务营销过程中，编写解决方案在（　　）阶段。

    A．启动准备阶段　　　　　　B．调研交流阶段
    C．能力展示阶段　　　　　　D．服务达成阶段

【参考答案】：D　A　C　D　B

二、案例分析

    某企业随着业务的蓬勃发展，所投入的基础设施资源不断增加。企业员工数倍增长，办公场地、办公环境等要求也越来越高。随着信息化智能化对业务的冲击，同行业的竞争趋于白热化，更稳定的业务系统更快捷的办公效率已然成为业务发展不可或缺的部分。

    可是该企业的 IT 部门人员短缺，大数据、云计算等新技术还在摸索阶段，对 IT 系统的维护还处于以个人技能为主的阶段，对 IT 的管理还处于被动的"救火"阶段；每天至少 15 个突发故障，故障响应率不足 60%，解决率还不到 50%；IT 支持人员又是老员工居多，难于管理；制定的规章制度还是 3 年前的，组织结构早已进行了调整，管理职责也已经有了新的变更；用户的需求与日俱增，基础架构亟待优化。随着这些困难的逐渐显露，IT 部门决定选择外包服务。随着外包服务商逐年对服务质量的提升，回顾今年的 IT 服务外包，全年突发故障只有 10 个，响应率和解决率均为 100%。但在年终总结上领导对 IT 服务外包提出了质疑："我们企业今年 IT 服务外包花了 300 万元，而全年只解决了 10 个突发故障，平均一个 30 万元……"。

    如果你是 IT 总监，你如何来解释？

第 10 章　团队建设与管理

　　IT 服务团队的整体效能是否可以充分发挥，从某种意义上来说，取决于系统规划与管理师采用何种办法来管理这支团队，不同的企业在 IT 服务团队管理时都有不同的特性。本章将重点从目标管理、激励管理、执行管理和人员发展管理四个较为普遍和通用的方面，介绍如何对 IT 服务团队进行有效管理。

10.1　IT 服务团队的特征

　　IT 服务团队具有以下 5 个特征：
　　（1）人员的岗位结构，分为管理岗、技术岗、操作岗，且团队成员相对固定。
　　（2）需要较高的服务意识。IT 服务类项目面向的是客户，通过 IT 技术为客户提供增值服务，从而实现自身的价值。
　　（3）为了提高服务的质量，会使用专用工具，如 IT 服务管理工具、监控工具等。
　　（4）工作具有周期性和重复性的特征，注重流程化与规范化。
　　（5）注重知识的积累及转移，以便主动发现问题及解决问题。

10.2　IT 服务团队建设周期

　　任何一个团队从开始组建到最终达到绩效要求，需一个周期。本章利用著名的塔克曼群体发展模型，结合 IT 服务管理工作的特性，将各阶段依次展开讨论。从最初的组建期开始，经过风暴期和规范期，最终到达表现期，然后随着新成员的加入或新团队成员的组成，或者因为系统规划与管理师工作的调离或新系统规划与管理师的调入，又开始新一轮的循环，如图 10.1 所示。

图 10.1　团队建设周期模型

10.2.1 组建期

在组建期中有 4 个关键步骤：了解现状、稳定核心成员、确定目标和建立团队价值观。其前后顺序不能改变。

1. 了解现状

组建一个新的 IT 服务团队或被委派到一个新的 IT 服务团队，首先要了解实际情况。如果不了解之前的实际情况就贸然与员工沟通，容易造成"公说公有理，婆说婆有理"的局面，使系统规划与管理师在第一次与团队成员沟通时就失去了把控性，而且会给今后的第二次沟通甚至后面的沟通带来麻烦。

所以，系统规划与管理师应了解该部门以往提供 IT 服务的情况，哪些是做得比较好的，哪些还需要进一步完善，以及高层领导对这个部门有什么要求和期望、别的相关部门或客户如何看待目前的 IT 服务等。所有这些围绕人和事以及内部和外部的问题都要通过与不同层级的人（包括组织内部和外部客户）沟通，才有可能获得一个比较全面的认识。

只有清楚地了解了现状，才能有的放矢地找关键员工进行沟通，了解他们对问题的看法，并引导他们，让大家逐步向着新制订的团队阶段目标和长期目标奋斗。在这个阶段，一定要多听、多问、多观察，少说、少猜、少定论，只有抱着这种心态去了解现状，才有可能对实际情况有一个较全面的认识。

2. 稳定核心成员

在组建期中，任何一个团队都会有一些关键成员，他们或是老员工，或是 IT 服务能力比较强的员工，又或是以前在团队中出任小组长的员工。许多系统规划与管理师被提拔上来时，最难面对的就是其中两种人：① 原来与自己一起实施项目、一起成长的同事，在自己被提拔后，如何面对他们。② 在团队中资历很深的老员工。

无论面对哪种类型的人，系统规划与管理师首先都需要调整自己的心态，领导的威信力和影响力是随着自己和团队成员之间在今后工作和实践的处理中不断建立起来的，而非职位本身。

其次，自己心里要很清楚，组织之所以提拔自己，一定是有他们的道理，自己一定是有某些过人之处，再加上前期的了解现状工作之后，自己对新团队的定位和方向一定要有一个初步的想法。有了这些想法后，切记要先与老员工沟通，征求他们的意见，让他们感觉自己非常受重视，而且系统规划与管理师要留给他们 3 个印象：① 以后会多征求他们的意见，因为他们毕竟是老员工，经验比年轻人和系统规划与管理师更丰富。② 他们喜欢干什么，只要对这个团队有帮助，系统规划与管理师都会尽可能地支持他们去做。③ 了解他们对你的期望和看法，只要他们愿意说，就是你最初的胜利，如果老员工不愿表态，只是唯唯诺诺，那说明系统规划与管理师的工作还没做到位，还要继续想办法与老员工多做非正式沟通，工作上如果没法帮助他们，就在生活上多关心他们，以情感人、以德服人。

在获得大部分老员工的首肯后，再与原来和自己一起共事的同事开会，态度上一定要谦卑，但在内容上一定要给他们一种耳目一新的感觉，让大家觉得组织提拔你担任系统规划与管理师还真没看错人，你的很多想法和判断他们还真没仔细想过。这样，一边谈自己的想法，一边征求大家的意见，目标就是如何帮助大家争取更多的外部资源，让大家有激情和兴趣去做事。

还有一种情形可能是自己被调到一个新的团队，此时除了首先要了解现状，还要了解哪些是老员工，哪些是核心成员；然后与老员工沟通，再与团队的其他核心成员沟通，了解他们的特长、对这个部门的看法和意见、对自己的期望等。系统规划与管理师通过与老员工和核心人员的沟通，也能感受出他们每个人的特点，为人尽其才做好准备。

在上述沟通过程中一定要多听、多问，要选择一些比较适合一对一谈话的场合，在谈话时，让对方感到有一种被尊重的感觉。人是最宝贵的资源，如果系统规划与管理师从一开始就不能稳定住老员工和核心人员，就有可能造成部分核心人员的流失或者积极性无法被调动，而这些问题迟早都是系统规划与管理师要解决的。

3．确定目标

在了解清楚以往的实际情况，并与核心人员沟通后，应该确定团队的长期目标和阶段目标了，做到整体规划、分步实施、步步见效。在确定目标时，要考虑以下问题：

（1）是否符合 SMART 原则。团队目标是否与组织的大方向相一致；在把目标分解到个人时，先征求老员工和核心人员的意见；目标的分解要考虑到实际情况，要与激励相联系；每个人的目标确定最好以纸面的形式确定，而非口头表达；对于目标的监控，一定在一开始就建立好定期检查机制，让大家从一开始对目标就有一个限期完成的概念。

（2）系统规划与管理师在团队形成初期制订目标时切忌好高骛远，要争取做到合适。目标太高，会影响团队成员的积极性；目标太低，不利于整个团队的快速发展。所以在这个阶段系统规划与管理师要与上级或客户保持充分沟通，在众多的目标中选择最重要且紧急的事情，与上级或客户尽快达成一致意见。

（3）如果上级或客户提出的目标较高，此时建议系统规划与管理师采取"可以，但是"的句型，即先承诺完成，但是需要上级或客户提供相应的资源，否则无法完成。如果反过来谈，先要资源，资源不到位就无法完成任务，就变成了"讲条件"，虽然表面上看起来差不多，但实际上给上级和客户的感觉是天壤之别的，一个敢于承担，一个则不敢于承担。所以，在确定目标时一定要量力而行，争取做到言出必果。

4．建立团队价值观

很多系统规划与管理师在做完前面几件事后，就以为大功告成了，往往忽略建立团队价值观这个关键步骤。其实谈到员工的执行力时，很多人都会抱怨员工不积极主动、非常看重自己的个人利益、缺乏团队凝聚力等，实际上可能就是因为缺乏团队价值观的建立过程。制度可以明确地告诉员工什么可以做，什么不可以做。但制度定得再细，也不可能方方面面都照顾到，所以，当团队成员遇到一些新情况时，就要靠团队价值观来进行约束。

一般，比较大的组织都会有自己的文化、价值观等，但这些企业文化、价值观要让普通员工亲身感受得到，而采取硬性考试的办法往往效果并不明显。其实，普通员工对于企业文化、价值观的理解，大部分是通过系统规划与管理师层面感受到的，因为他们接触最多的可能就是系统规划与管理师，所以系统规划与管理师的一言一行最容易让普通员工感受到企业的文化氛围或企业的价值观。

一名专业的系统规划与管理师要给自己的团队制订一些与组织的价值观一致，且非常易于执行的团队价值观，如"主动积极地解决好每个技术问题""始终以饱满的热情接待客户""重要的 IT 信息就是企业的生命""对待工作认真负责"等，通过这些简单的话语来指导团队成员的行动，完成团队价值观的建立过程。

在表述团队价值观时，系统规划与管理师一定要充满激情，要有感染力。因为团队的价值观将是系统规划与管理师在今后工作当中的一个指导原则。当遇到制度和流程无法解决的问题时，可通过团队的价值观来进行判断，也让大家不断可以感受到团队价值观对大家行动的指导作用，久而久之，大家就会逐渐意识到它的存在，继而从不自觉到自觉遵守。团队的价值观大部分内容应该是一成不变的，只有少部分可以随着组织内部、外部环境的改变而做相应的微调。

10.2.2　风暴期

1．完成关键指标

在团队经历了前面的组建期后，就进入了非常关键的"风暴期"。在这个阶段，"活下来"是非常重要的。所以首先要完成一些关键指标，向领导和其他部门的同事证明自己团队的执行能力。在"风暴期"，系统规划与管理师一定要以身作则，把握关键指标，然后动员并帮助团队成员完成关键指标。关键指标一般具有如下特征。

（1）对自己的部门非常重要，对鼓舞团队的士气非常重要，对关键客户的影响非常重要。

（2）关键指标的完成往往都有一定的难度，需要领导的大力支持。这也是为什么在确定关键指标时要遵从上述原则的原因，这样在与领导沟通、协调资源时，理由就会更加充分，把握也会更大。

关键指标确定后，在与团队成员沟通的过程中一定要注意两点。

（1）牢牢把握关键指标这个方向：很多员工都喜欢做自己喜欢做的事，而非应该做的事，虽然通过前期的沟通，员工已经很清楚自己的个人目标是什么，但在做事的优先级上与系统规划与管理师的要求还存在一定偏差。此时系统规划与管理师要与员工充分沟通，确保大家了解完成关键指标对团队的重要性，以及对个人的重要性。

（2）定期检查，确保按时完成：定期检查工作对确保按时完成非常重要。在系统规划与管理师实施过程中，由于硬件、软件、网络环境、客户、服务级别定义不清或一些不可抗力等原因，可能造成项目不同程度的延迟。此时系统规划与管理师要把握大局，及时与团队成员、上级领导和客户沟通，及时调整资源和时间安排，不要等到最后一刻才发现问题，那就为时已晚了。

2．人员沟通

人员沟通在"风暴期"中显得尤为重要。因为在这个阶段，大家有可能质疑系统规划与管理师的能力。如果系统规划与管理师是在这个团队里被提拔上来的，大家对他还比较了解。但如果系统规划与管理师此时面对的是一个全新的团队，且员工的风格又大部分都是技术型的，对系统规划与管理师的能力也不太了解，那么，此时的系统规划与管理师就要多利用自己在管理上的优势，不断与要完成关键指标的员工保持密切沟通，多听、多问、多了解员工的想法，看看他们在执行过程中遇到什么困难，是否需要帮助。

在这个阶段，系统规划与管理师一定要想办法在一两件自己擅长的事情上，建立自己在团队中的威望，让大家感到系统规划与管理师是有能力的，也能为大家解决一些问题。

系统规划与管理师一定要有人际敏感度，就是要处理好与团队成员之间的关系，因为时间短、任务重，大家的压力都很大，如果能一起挺过这一关，就将为后续的合作打下良好的基础。

在现实 IT 服务项目当中，经常会出现一种情况，即整个 IT 服务团队长期驻扎在客户现场，有的员工从一招进来就进入该项目，平时只有开会或费用报销时才回一趟公司，一个项目结束后，又很快被派到另外一个项目上，还是重复以前的工作状态。一段时间后，对客户的了解比对自己公司或组织的了解还深。因此，这些员工很容易被组织忽略，他们也往往缺少对公司企业文化、价值观的了解，所以流失率相对较高。其实这样的员工随时处于风暴期当中，如果系统规划与管理师的关注度不够，处理不当，很容易造成人员流失，再次陷入匆忙的招人/调人、工作交接或和客户解释工作的旋涡中，所以，系统规划与管理师需要对他们多关注，尤其是在他们需要组织帮助、需要系统规划与管理师帮助的时候。那么，他们平时不经常在公司内，系统规划与管理师怎样才能知道他们对公司或组织的需求呢？

很简单，系统规划与管理师可以多花些时间主动与这些员工进行沟通。定期召开现场会议或电话会议，随时向他们传达公司或部门近期发生的大事，以及客户对他们工作的评价，往往员工很在意客户通过第三方给他们的评价。在此，系统规划与管理师一定要注意的是，这种反馈要以正面的信息为主，如果客户提出来的确有需要改进之处，那系统规划与管理师也要站在员工的角度一起想办法解决问题，而非刻板的传达客户的不满。此外，系统规划与管理师一定要与这个团队的小组长多沟通，因为平时大部分时间，异地团队是靠这个小组长来带领的，他的一言一行对整个团队影响非常大。

除此之外，系统规划与管理师也可以不定期地去客户现场看望他们，从情感上照顾他们，让他们亲身感受到被重视的感觉。

还有一种实际情况是"小团体"现象。通常遇到这种情况，系统规划与管理师都很头疼，尤其是在风暴期，如果没有处理好这个问题，系统规划与管理师就会有被架空的风险。"解铃还须系铃人"，这个系铃人就是这个小团体的精神领袖，他们往往以资格老或能力强而取信于众。所以，遇到这种情况，系统规划与管理师首先要切忌一个思维定式，即"只要是小团体，就肯定是不好的"，其实未必如此，仔细分析，小团体的凝聚力往往非常强，执行力也非常强，如果这个团队能在正确的方向上贡献他们的聪明才智，这时不但没必要去打散他们，甚至可以对其中做得比较好的员工给予一些鼓励，请他介绍自己的成功经验，往往这些员工在介绍成功经验时，就会意识到自己成功的特殊性，系统规划与管理师可通过不断让小团队的个人分享成功的方式，让他们多与其他团队成员进行更多的交流。

如果小团队的方向与整个项目团队乃至整个组织的方向不一致，而且系统规划与管理师与"系铃人"多次沟通还没效果，系统规划与管理师就要考虑是否在工作分配或岗位分配上做些调整。总而言之，一切出发点都是以组织和团队的整体利益为主，而非系统规划与管理师的个人判断。

3．建立信任

信任的建立是一个过程，是通过一些事情逐步建立起来的。

信任的建立是一门艺术（ART）：A（Accept），让员工接受你；R（Respect），让员工尊敬你；T（Trust），在系统规划与管理师和员工之间建立起信任关系。所以，系统规划与管理师在这个阶段首先要从如何让员工接受出发。现在越来越多的团队成员都是年轻人，系统规划与管理师应该以什么样的领导风格与年轻人的团队成员建立起信任关系是一个挑战，要么改变自己的领导风格，要么指派一个得力助手帮助自己。总之，建立信任感不仅对顺利渡过"风暴期"很有帮助，也会对后面的"规范期"和"表现期"产生深远的影响。

4．强化团队价值观

在这个阶段，要不断强化在团队形成初期时建立的团队价值观，不能因为要"活下来"或完成关键指标就违背团队价值观，否则即使渡过"风暴期"，大家做事的风格也无法统一，有时甚至为了达到短期目标，采取杀鸡取卵的做法，这对于一个团队的长期发展是不可取的。

10.2.3　规范期

1．团队建设

在规范期谈团队建设并不意味着在组建期和风暴期就不需要团队建设，是因为团队从形成开始,经历了前面两个阶段的磨合,团队成员之间、系统规划与管理师和团队成员之间都已经形成了一定的配合关系,团队价值观也基本定形,此时抓紧团队建设工作,就更有利于团队保持长久的斗志和凝聚力。

通过前面两个阶段,系统规划与管理师也可以识别出谁是这个团队中的优秀人才,如谁的技术更强、谁更细心、谁的服务意识更好等。可以通过树立一些榜样来告诉大家努力的方向,让榜样把自己的经验分享给大家,也可以搞一些文体活动、郊游等,来增进团队的凝聚力。

2. 信任与尊重

在规范期,应该更加放手让团队成员向着既定方向前进,系统规划与管理师应该给予团队成员更多的信任和尊重,相信团队成员的主动性和自觉性。因为此时团队成员在业务上一般不需要太多的指导,所以系统规划与管理师应该把更多的精力放在体贴团队成员的日常生活上,帮他们免除一些后顾之忧。想要做到这一点,就必须在平时与团队成员有紧密的非正式沟通,了解他们在工作以外的情况。

3. 激励与鼓舞

任何一个人在前进的道路上都需要得到别人的肯定和鼓励,激励来自两方面:物质的和精神的。具体的方法在后面的激励管理中还会谈到,这里不详细说明。当给予员工相应的激励时,一定要考虑以下因素:① 公正性。② 及时性。③ 格外注意激励的场合、时间和形式,以免不当,反而会挫伤一些人的积极性或增加他们的顾虑。④ 要真诚,确保给予员工的激励和鼓舞是发自内心的,是众望所归,而非走形式。

4. 共享愿景

系统规划与管理师既要有"肩膀",也要有"翅膀"。在承受很大的工作压力时,要用"肩膀"扛起来,要用"翅膀"为大家分享成功后的愿景,想象令人激动的各种可能,使大家愿意追随你一起向前。一个好的愿景可以在较长一段时间内激励团队的斗志,效果远远超过短期的激励手段,更能激发团队成员的做事意愿和主观能动性。

10.2.4 表现期

1. 自我管理

当团队进入表现期阶段,能否迈向追求卓越的境界,很大程度上取决于团队成员自身的局限性。这时大家很容易出现思想麻木,经过以往不同阶段的磨炼,自己已经形成了一套固有的做事方法,如果无法自我管理,无法放下自己,无法反思总结,很难做到自我超越。而一个按部就班做事的团队绝不可能成为一支出色的团队。此时的系统规划与管理师就要通过建立学习型组织的方式,带领大家认识自我,对外部世界要有一个开放的态度,承认自己的不足,同时多发现别人的优点,让自己这个小的个体通过一个大的系统,不断地完善自我管理。

2. 授权工作

授权不等于放权，也不等于分权。授权更多是为培养团队核心成员的能力。同时通过授权，也可以让核心成员有一个换位思考的机会，亲身感受系统规划与管理师面临的来自方方面面的压力，从而理解到做领导的难处，系统规划与管理师也可以从授权中发现核心成员在处理、解决问题时与自己不同的思路和想法，从而更有利于问题的及时解决。

3. 追求卓越

追求卓越不是不甘落后，而是永不满足！

追求卓越是一种精神力量，是一种信念，这种状态只有在先超越自我的情况下才会发生。同时，这也是一个团队在经理人的带领下对组织最大的回报。

4. 梯队建设

如果系统规划与管理师带着一支IT服务团队，从最初搭班子一直到最后追求卓越，可以说是已经交了一份漂亮的答卷，然而真正的系统规划与管理师所做的还远不止这些。作为团队的领导者，系统规划与管理师应考虑如何给大家更多的发展空间，给予核心团队成员更多的授权和工作范围，让他们逐渐可以独当一面，逐步从管理岗位上脱离出来，从而让自己也可以去尝试一些新的挑战。如果自己不能培养出合适的接班人，那么梯队建设永远做不起来，自己也只能被安排在这个位置上，核心成员也没有更多的发展空间。

如果系统规划与管理师能够在平时抓住一些重点项目实施机会，在整个过程中表现出色，将会得到上级、团队成员、其他同级经理和客户的认可，也为系统规划与管理师的个人发展奠定了良好的基础。由于重点项目往往会得到高层领导的重视，那么系统规划与管理师就有机会在高层领导面前展示自己的才能，让更多的高层领导认识自己，为今后在公司内部的其他管理岗位轮岗打下基础，将有机会从管理一个小的团队，到管理一些经理，再到管理一个职能部门或业务部门，最终进入公司或组织的高层管理团队。

10.3 IT服务团队管理

IT服务团队的整体效能是否可以充分发挥，从某种意义上来说，取决于系统规划与管理师采用何种办法来管理这支团队。在实际IT服务项目运作过程中，不同企业在IT服务团队管理时都有不同的特性。

本章将从四个较为普遍和通用的方面：目标管理、激励管理、执行管理和人员发展管理方面介绍如何对IT服务团队进行有效管理，同时将配有相应的场景帮助理解，最后介绍IT服务团队的成熟度标志。

10.3.1 目标管理

1. 目标分解

万事开头难,一个团队的绩效能否充分发挥,同最初的目标分解有很大的关系。当系统规划与管理师在考虑目标分解时应注意以下要点:① 必须把团队的目标转化为员工的日常思想与行动,与员工的绩效考核挂钩。② 考虑现有资源情况和人力情况,如员工人数、IT 相关设备、软件构成等。③ 分解目标必须服从并支撑于部门或组织的总体目标。④ 个人目标应符合 SMART 原则,当发现执行过程有偏差时,应在整个团队范围内及时调整。⑤ 一般短期目标以周、月目标为主,长期目标是指半年或一年以上,长短期目标必须平衡。

同时,要考虑目标实现的优先级排序,这也非常重要,通常从以下 6 点考虑:① 对于本部门目标的重要程度。② 上级对本部门的绩效考核标准。③ 实现目标所需资源的现实性及到位的速度。④ 当该目标执行滞后时所带来的损害。⑤ 竞争对手的影响。⑥ 客户的期望。

对于不同的 IT 服务团队,项目目标类型大体分为两类:一类项目的目标是公司或组织内部制定的,这个往往在年初就会有一个大概的规划,如公司内部的 IT 支持项目等;另一类项目的目标来自公司或组织外部,会随着客户项目的不同而不同,如客户现场派驻服务等。第一类目标相对变化较小,时间相对可控,期望值也相对可控;第二类目标相对变化较大,时间随着客户的项目支持时间而定,相对不可控,而且客户的期望值也不尽相同。有些项目对时间要求很严格,有些项目对质量要求很严格,有些项目对人员数量要求很严格,有些项目对人员质量要求很严格。

在处理不同类型的项目目标分解时,可采用如下方式进行,该方式可有效提高目标分解后的执行力,在运用时要根据不同团队成员的成熟度灵活使用。

在系统规划与管理师对目标如何分解有个大概的想法后,可让大家自愿认领任务。认领的任务一般是以去年的指标作为基准(去年支持过多少内部项目,支持过多少个外部项目,在客户现场工作多少个人天,做过哪些项目类型,做过哪些客户等)。具体操作方法如下:

一般系统规划与管理师会召开一次会议,在会前做好充分准备。内容包括内部情况和外部情况。

内部情况:组织去年的业绩报告及新一年的发展方向和任务目标;相关部门去年完成情况及新一年的任务目标;本团队去年任务目标完成情况(可细化到个人或子团队)、去年个人的完成情况及奖励情况及新的一年的任务目标及工作重点。

外部情况:主要竞争对手去年的相关报告及对新一年的发展预测;公司和组织主要客户的项目进展情况,主要客户所在行业的发展情况等。

上述很多信息都需要系统规划与管理师主动与上级沟通,通过公司或组织的相关资源，如市场部、财务部等拿到相关资料，或者靠自己的信息收集平台来获取部分信息。这个过程对去年的总结和对来年的展望是非常有必要的，让大家知道落在每个人身上的目标是怎么来的，使大家能够把自己的发展与团队、部门、公司及行业市场的发展相联系，进一步增强员工的使命感和责任感。

在会议期间与大家沟通上述信息后，就可以开始用头脑风暴的方式，让大家畅所欲言，了解大家对于今年团队目标如何完成的一些建议和想法。这时可采取分组或自由讨论的方式。在大家讨论的过程中，系统规划与管理师一方面要做好记录，一方面要引导大家的思路，控制讨论的节奏，避免出现内容过散及对不切实际内容讨论过多的情况。

头脑风暴讨论后，需要将讨论的内容分类。在如何分类上，系统规划与管理师要起到主导作用，因为分类的方向也决定了大家来年工作的方向，这与后面最终的任务目标分解有很大关系。分类做完后，可引导大家先自愿认领任务。这时就要看系统规划与管理师平时是否培养了一批骨干力量，在关键时刻起到榜样的作用，这样的骨干才是可塑之才。否则这个环节的进展就比较艰难，可能只能靠系统规划与管理师最后向下布置已预设好的目标。

会议结束后，还需要将会议期间记录的一些要点及达成的共识以邮件或其他书面的方式发给大家，作为团队成员对目标分解的一个承诺，并保留此书面材料作为目标分解的依据。目标分解并不意味着只是把所有任务都分给团队成员，自己只是监督大家完成任务。实际上系统规划与管理师需要支持和帮助团队成员完成他们各自的任务，并在人力资源不足的情况下，勇于挑重担，兼任一线工程师的角色。而且，系统规划与管理师无论自己身上是否有具体的任务目标，自己还有一些工作目标是其他团队成员无法承担的，即：① 项目实施中，确保团队人力资源及必要的物力和财力。② 协调上级和同级之间的关系。③ 定期与团队成员或关键成员沟通，及时发现、解决问题。④ 持续鼓舞和激励。⑤ 监控目标完成的情况。

2．目标监控

目标监控是为了确保项目能够顺利进行。在目标分解完毕后，一个重要的关键点是要确保团队成员已经认同并充分理解目标内容，避免产生片面理解。有时在目标监控过程中会发现某些团队成员对目标的理解过于直白，如要求在客户现场按照 SOW（工作范围）完成某项工作，这只是表面的要求，深层次的要求是在尽可能提高客户满意度的基础上完成某项工作，如果某个团队成员只是刻板地完成某项工作而忽略了客户关系，这种情况同样不能令人满意。

在团队成员明确了自身的目标后，一定要让那些负责关键业务目标的小组长或个人根据小组的目标或自己的目标进一步做行动计划，以便系统规划与管理师跟踪指导，具体相关要求可参考表 10.1。

系统规划与管理师最主要关注表 10.1 中的"计划完成时间"和"衡量指标"，看它们是否有利于该团队目标实现的控制，是否有利于配合其他团队目标的实现，是否有利于整体团队目标的实现。

表 10.1 行动计划表

小组或个人目标	分解目标	具体行动计划	计划完成时间	衡量指标	负责人	关键成功因素	备注
×××××	A	1.					
		2.					
		3.					
	B	1.					
		2.					
		3.					
	C	1.					
		2.					
		3.					

另外,"关键成功因素"也是系统规划与管理师要关注的。最好的情况是大部分"关键成功因素"都靠团队或个人努力获得。除此之外,如果都是依靠外部力量来完成,则至少会有两种情况。① 本身任务特性决定:要求系统规划与管理师要投入更多的精力来帮助这个团队,帮助他们协调相关的外部资源。② 个人因素决定:要求系统规划与管理师通过与团队成员的不断沟通,先解决"态度"问题,引导团队成员争取从"要我做"向"我要做"转变,让他们意识到完成任务不是主要靠外在的力量,而是要靠自己。只要自己的主观能动性发挥出来,许多事情就会迎刃而解。

在目标监控过程中,要始终按照表 10.1 所示内容逐一检查,每次检查过后要让团队成员制定出后续行动计划,作为下一次检查的重点。

目标监控的对象主要是人,面对不同类型的团队成员,系统规划与管理师所使用的监控方法也应有所不同,如图 10.2 所示。

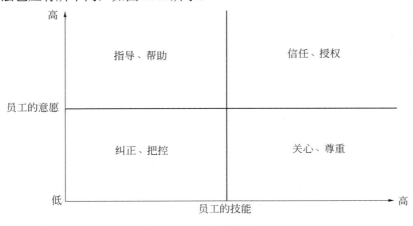

图 10.2 目标监控方法

针对上述 4 种方式分别说明如下。

（1）面对工作技能较低、工作意愿也较低的员工。这类员工的代表类型是态度一般的新员工。在目标监控过程中，首先确保他们正确理解所要达成的目标是什么，然后在发现偏差时及时纠正，严把质量关。

（2）面对工作技能较低、但工作意愿较高的员工。这类员工的代表类型是那些态度比较积极的新员工。在目标监控过程中，要确保他们的工作热情，发生偏差后要给予他们相应的指导，帮助并引导他们完成目标，而非命令或直接告诉他们该如何做。

（3）面对工作技能较高、但工作意愿较低的员工。这类员工的代表类型是老员工。在目标监控过程中，当发现有偏差时，首先不要认为是他们不会做，而应该更多地考虑他们为什么会产生偏差，从他们的主观意愿出发，通过与他们的非正式沟通，关心他们的家人以及工作之外的需要，给他们更多的尊重，以情动人，而并非要以理服人。

（4）面对工作技能较高、工作意愿也较高的员工。这类员工的代表类型往往是团队里的骨干。在目标监控过程中，要放手让他们去解决目标偏差，给予他们更多的信任与授权，而非事事都自己出马解决。系统规划与管理师应更多地从把控大局角度出发。

目标监控的过程可以通过每周或每月例会的形式和邮件的形式等，让所有团队成员知道自己目标完成的状况和其他团队成员完成的状况，在团队内部形成一种对比、竞争的氛围。同时，让那些阶段完成比较好的员工或团队队长把他们好的经验拿出来分享，然后给大家一个互相问答、互动讨论的机会让大家畅所欲言，一方面对那些阶段绩效较好的员工是一种激励，另一方面对提高整个团队的战斗力也有一定的帮助。

当发现原来的既定目标因某些特殊原因确实无法按期完成时系统规划与管理师要从大局出发，及时地做出调整，但调整的过程应先征得高层领导的支持与同意，再与团队成员沟通，并告知其他相关部门和团队。

3. 目标完成

系统规划与管理师的最终职责是确保整体目标完成。如果团队的目标没有完成，系统规划与管理师要负全责。作为整个团队的领导者，系统规划与管理师要通过目标监控，确保团队成员按时完成任务。当团队成员无法完成任务时，一般是因为以下 4 种情况。

（1）对目标没有正确理解：可以通过进一步沟通让团队成员正确理解。

（2）没有能力去做：可以通过培训或传帮带的形式告诉团队成员该如何去做。

（3）没有条件去做：可以想方设法创造条件，只要团队成员明确地告诉系统规划与管理师，或 IT 服务系统规划与管理师通过与团队成员之间的沟通、发现后，与他们确认即可。

（4）没有意愿去做：最难的就是没有意愿去做。如果系统规划与管理师分析某个团队成员是意愿问题，那只能亲自或让小组长私下多与该员工进行非正式沟通，仔细聆听该员工目前遇到的问题，无论是工作上的还是生活上的。如果经过反复辅导和沟通，仍不能达到要求，则需要尽快从全局角度出发，协调相关资源，以确保目标最终完成。

当团队完成既定目标后，除了做经验总结、表彰鼓励外，还应重点提高每位团队成员的能力，无论是技能方面还是技巧方面，正如詹姆斯·柯林斯在《基业长青》中所述：作为专业的系统规划与管理师，他的作用不仅是要"报时"（按要求完成相应任务），更重要的作用是要"造钟"（打造团队核心竞争力，提高团队成员能力）。只有这样，才能确保今后在目标不断增长的情况下，始终成为一支高效的团队。

10.3.2 激励管理

对于 IT 服务而言，大多数 IT 服务项目都相对较为枯燥，除了要求团队成员具有良好的责任心和上进心外，系统规划与管理师更要想方设法、打破常规地为整个团队鼓气，还要对优秀个人给予及时的激励。

1. 团队激励

团队激励的特点是让大家集体参与、共同感受，让大家实时感觉这个团队的存在，为自己身为这个团队的一员而感到骄傲和自豪。常用的团队激励措施有以下 6 点。

（1）高层表扬。这里指的是当系统规划与管理师领导的某个团队完成的某个项目非常出色时系统规划与管理师可以向上级领导请示，在公司或部门组织大会上由高层领导重点点名表扬该团队的业绩，以及对公司或组织突出的贡献，而非表扬团队里的个人；表扬的形式可以是口头表扬、邮件表扬、海报表扬或奖状表扬等。

（2）团队奖金。如果在高层表扬后，能够申请到一些经费，用于支持这个优秀团队的一些团队建设活动或参加培训等，即便钱不是很多，也会对这个团队起到很大的激励作用。

（3）请高层领导做经验分享。这个活动与团队是否取得了阶段性的成果无关，取决于系统规划与管理师与公司内高层间的良好人际关系。如果系统规划与管理师能够不定期地请到一些高层领导来给团队成员做经验分享，无论什么话题，团队成员一般会很感兴趣，而且他们会认为在这个团队里能享受到其他团队无法享受的殊荣，并且通过与高层的互动，能让高层更清晰地了解这个团队，团队成员也能从高层那里学到更多的知识和经验。

（4）请与 IT 服务相关的部门负责人分享专业知识。这个活动与工作的关联度更密切。组织此活动的主要目的是为了让自己负责的团队能与其他 IT 服务相关部门互相增进了解、互通有无，消除组织间的沟通障碍，提高团队成员的执行效率，从而间接地提升团队的战斗力和士气。

（5）请业绩优秀的员工做经验分享。每个部门的工作性质都有其特殊性，所以邀请来自不同部门的一线优秀员工，请他们分享自己的成功经验，这样能够让团队成员在感受到亲切感的同时学到一些别人的闪光点和知识，对提高整体作战能力同样有帮助。

（6）不定期开展团队活动。团队活动可以有很多种形式，如登山、运动会、采摘、文艺晚会及聚餐等，在举办团队活动时，还可邀请家属参与。团队活动不仅能促进团队成员之间的感情，同时对团队成员家属也是一种回馈，可以增进团队成员家属对团队工作的理解与支持，而且在团队活动中，还能经常发现一些员工的特长，让其他团队成员对这些员工有一个新的认识。如果在团队活动中再给予一些优秀员工奖励，这就更会使这些优秀员工和其家属感到荣耀，对其他团队成员也会起到一个促进作用。

关于团队激励的方法还有很多，只要系统规划与管理师在平时认真总结，多听、多看、多学，就一定能总结出一套适合自己团队的激励方法。

2. 个人激励

个人激励与前述的团队激励相比更偏重个人的感受，可参考马斯洛需求理论，如图10.3所示。

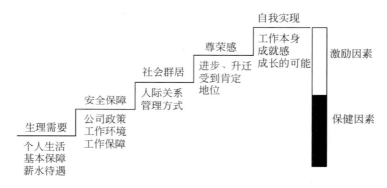

图10.3　马斯洛需求理论

这个理论将人的需要划分为5种，从低到高依次为：生理的需要、安全的需要、感情的需要、尊重的需要以及自我实现的需要。员工在不同阶段的需求往往不同，而且有时需求是复合的，并非只是上述5种需要的递进升级。当系统规划与管理师想进行个人激励时，一定要先通过非正式的沟通方式，了解不同人的需求在现阶段到底以哪一个层级为主，是保健因素起主导作用，还是激励因素起主导作用，然后有针对性地给予个人激励，这样才能真正起到作用。

通过与员工的非正式沟通，还能了解很多员工家里的情况，如老家是哪里，有无小孩，爱人做什么工作，是否和老人住在一起等。事实证明，同样的钱花在员工身上的效果不如花在员工家属身上，如果这个钱真正花到了员工家属确实需要的地方，起到了"雪中送炭"的效果，那么这个激励作用将被无限放大，即使是"锦上添花"，给员工和其家属的感受也会很不一样。

在工作中，个人激励表现为物质和精神两方面。

（1）物质方面。发绩效奖金、配股票、年底涨薪、发购物券、送生日小礼物、特殊纪念日礼物（如员工入职日或某个有纪念意义的日子）、给员工家属买小礼品等。

（2）精神方面。表扬（口头表扬、邮件表扬、大会表扬、公告表扬等）；颁发有高层领导签名的奖状；以标兵或榜样的身份分享成功经验；带薪休假；外派参加行业研讨会；在工作中给予更多的锻炼机会；让优秀员工同系统规划与管理师一起参加高层会议；给予优秀员工更多的授权；生日聚餐；以员工的名字命名一些创新项目；如果员工的家在外地，可有意安排员工出差到当地，周末可以回家看看等。

同样，针对个人激励的方法也有很多种，系统规划与管理师可以不断收集、整理并加以应用。

10.3.3　执行管理

执行管理是指管理者在特定的组织及社会环境中，充分合理运用组织资源，不断改进组织环境并提高效率实现组织战略目标的能力。团队执行力的强弱与否，与企业文化、组织目标、组织结构、绩效考核等因素有关。由于各企业的文化、组织目标、组织结构和绩效考核都不尽相同，所以这部分的重点从如何建立执行的文化和如何提高执行的效率两方面进行阐述。

1．建立执行的文化

在许多企业，员工执行力不强，既有企业文化、组织等外在因素的影响，也有个人能力、意愿等内在因素的影响，如何找出外在因素与内在因素之间的关系，是提高执行力的关键。

通常说思想决定行动，行动决定习惯，习惯决定性格，性格决定命运，所以先要解决思想问题。

（1）是否认清了来自内外部的挑战。来自内部的挑战，如日渐紧缩的资源，支持模式的改变，人员的变动，公司政策的调整等；来自外部的挑战，如客户要求以更低的价格获得更多的服务，竞争压力的增大，经济不景气等。在仔细认真分析了这些挑战后，项目团队首先应该正视它们，因为无论怎样，它们都会客观存在，所以关键是要正面、主动、积极地面对，而非视而不见或逃避。

（2）建立信念。思想决定行动，而信念决定思想。只要有信念的支持，思想就会驱动相应的行为。所以，一个人执行力强不强，首先是看他有没有信念，换句话说，他信不信这件事能做成。比如一个客服人员，如果他坚信自己的产品质量过硬，那么他在接听客户投诉质量问题的电话时，就会沉稳镇定，想方设法去安抚客户，并耐心帮助客户解决问题；假如这个客服人员坚信自己的产品质量不行，出大毛病都在所难免，那么当他接听客户投诉质量问题的电话时，说话就不会那么有底气，处理的结果自然也未必会让客户满意，因为从始至终，他的信念都会指导他的行动。

一个人如果有坚定的信念，后面执行力的好与坏就与个人能力有关；如果没有坚定的信念，那么一个人即便能力再强，他也不愿意去做，自然执行力也就无法体现出来。信念的建立更多要靠公司的历史、企业文化、价值观、名人轶事等潜移默化地影响员工，使他们逐渐建立信念，而非靠口号和死记硬背公司的宗旨、使命、价值观等方法。信念不容易形成，形成后也不容易更改。

（3）建立行动准则。建立行动准则是介于信念和行动之间的一个重要阶段。行动准则不同于制度，制度要做到尽量详细，越详细越容易操作。而行动准则更多的是原则性的描述，如"坚信以人为本，信任并尊重个人"、"重视客户及合作伙伴，只有客户及市场才能够评价成功"等。行动准则可以解决制度暂时无法涉及的方方面面，是系统规划与管理师判断是与非和把握大方向的基础。

行动准则的制定一定要得到团队成员的认可，最好是大家讨论的结果，千万不能"一言堂"，否则将来在执行时会出现问题。

2．提高执行的效率

（1）充分理解目标及流程规范。很多员工做事很努力，也很有意愿，可是依然感觉执行力不强，究其原因，可能是团队成员没有充分理解目标及流程规范。他干得越投入，可能离所要求的就越远，所以系统规划与管理师要把重点放在确保员工真正理解团队意识上，沟通的目标是确保对方能理解并在认知上达成共识，并非系统规划与管理师自己说完就算沟通完成。

（2）对目标及流程规范保持合理化建议。如果在执行的过程中，因为内部、外部环境的改变，确实需要对现有的目标及流程规范做出相应的调整，就应该仔细聆听来自一线员工的合理化建议和反馈，并适时向上级领导反应，以确保服务支持工作能够顺利执行。

（3）确保目标及流程规范的执行跟踪。执行的效率还取决于是否有跟踪反馈，定期的沟通对于检查实际与目标的差距，提高执行效率非常重要。这点在前面介绍"目标监控"的内容中已经讲到，这里不再详细说明。

10.3.4 人员发展管理

1．组织发展管理

所谓组织发展管理，是指将个人职业发展需求与企业的人力资源需求相联系做出的有计划的管理过程。这个过程在与企业的战略方向和业务需要一致的情况下，帮助具体的员工个人规划他们的职业生涯，通过员工和企业的共同努力与合作，使每个员工的生涯目标与企业发展目标一致。

（1）要树立人力资源是第一资源的管理理念。企业在制定目标时，要使企业目标包含员工个人目标，还要通过有效的沟通，使员工了解企业目标，让他们看到实现企业目标给自己带来的利益，在企业目标实现后企业要兑现自己的承诺，使企业与员工结为利益共同体。

（2）要建立以职业生涯为导向的人力资源管理体系。

- 职务分析。职务分析是对某项工作的内容与责任进行研究、搜集、分析与规范的程序，一般包括工作描述与任职说明。企业只有做好职务分析这项基础工作，才能够向员工提供清晰的企业内部岗位状况框架，为员工提供有意义的参考，由此可见，职务分析是企业进行职业生涯发展管理的重要工具。
- 招聘。企业在招聘人员时既要强调职位的要求，又要重视应聘者的愿望和要求，特别是要注重了解应聘者的职业兴趣和对未来的职业生涯发展计划，这是企业正确地使用和培养人才的基本条件。如果企业连员工想干什么都不了解，又怎么可能为其安排适合的工作呢？如果企业根本不具备满足员工的长远职业计划的条件，员工又怎么可能在企业中长期工作下去呢？
- 培训。培训与员工职业生涯发展的关系最为直接。职业生涯发展的基本条件是员工素质的提高，这就要求企业建立完善的培训体系，包括新员工的适应性培训、员工的职业培训、变动工作的培训。对员工的教育培训既要考虑企业生产经营的需要，又要考虑员工个人发展的需要，与他们的个人职业生涯规划结合起来。
- 绩效考评。绩效考评的真正目的是保证组织目标的实现、激励员工进取，以及促进人力资源的开发。以职业生涯发展为导向的考评就是要着眼于帮助员工发现问题和不足，明确努力方向和改进方法，促进员工的成长与进步。为此，必须赋予管理人员培养和帮助下属的责任，把员工的发展作为衡量管理人员绩效的重要指标之一。管理人员应定期与员工沟通，及时指出员工的问题，并与员工一起探讨改进对策。

（3）确定实施职业生涯发展规划的对象。根据"马特来法则"（即二八法则），企业核心员工占企业总人数的20%～30%。他们集中了企业80%～90%的技术和管理，创造了企业80%以上的财富和利润，他们是企业的核心和代表，是企业的灵魂和骨干。同时，核心员工也是人才市场上主要的争夺对象，他们跳槽的机会最多，他们一旦跳槽对企业造成的损失往往难以估量。因此，企业应明确自己核心员工的名单，作为实施职业生涯发展规划的对象，并根据实际情况制定有针对性的培养和留人计划。

（4）设计职业通道。目前，职业通道模式主要分三类：单通道模式、双通道模式、多通道模式。按职业性质又可分为管理性、技术性、技能性职业通道。

根据各行业工作性质的不同，宜采用不同的职业通道。如技术性职业通道宜采用三通道模式，即技术系列通道、技术带头人通道、技术管理人员通道。其中，技术带头人是指有较强技术基础，能管理项目的员工，他们进行项目资源的计划协调与控制，并有预算能力，设立技术开发策略与产品开发方向，他们主要对技术人员的技术要求进行把关，无直接管理技术人员的权力；而技术管理人员主要对项目的预算、人员的调动升迁考评负责。每一级职称都分别用"学历要求"、"专业要求"、"工作经验要求"、"专业知识要求"和"能力要求"等多个维度加以界定，随着职称级别的提高各维度的相关要求也有适当的提高。这样每两级职称之间就产生了要求间距，即职称晋级考核标准，同时每一职称级别都与薪金和工作负责程度正相关，即职称级别越高，薪金与工作负责程度越高。

另外，需要注意技术与管理类型职业通道的平衡。从实践的角度看，由于"官本位"思想的不良影响，技术职业的重要性往往受到忽视，技术人员还是往管理序列挤，一些不想放弃技术工作的人，则通过跳槽来实现从事技术职业的梦想，那些跳不走或不想跳又挤不进管理序列的人，则士气低落。因此，提高技术人员的待遇、地位，为技术人员设计与管理序列各等级待遇基本相当的等级序列，从而吸引优秀人才安心从事技术开发工作和技术服务工作，意义非同寻常。平衡管理与技术类型职业通道的待遇，可直接应用工作评价技术，确定各类各层次岗位的相对重要性，以此作为确定待遇的依据。

（5）设立多种发展员工职业生涯的方法。职业生涯发展的形式多种多样，但主要可分为职务变动发展和非职务变动发展两种基本类型。职务变动发展又可分为晋升与平行调动两种形式；晋升是职业生涯发展的常见形式。对晋升的渴望是一种积极的动机，它会使员工在工作中创造出更好的业绩，特别是对处于职业生涯早期和中期的员工而言，其激励效果更明显；平行调动虽在职务级别上没有提高，但在职业生涯目标上可以得以发展，从而为未来的晋升做好了准备。

非职务变动发展也越来越成为职业生涯发展的重要形式，特别是随着国有企业员工职业生涯发展管理研究，组织机构呈现出扁平化发展，组织机构削减管理层，上层的空间越来越小。为留用大量有才干的中层工作人员，组织机构不得不对成长和成功的真正含义做出建设性的思考。日益成为共识的是这样一种看法：职业生涯的成功可以以横向调整的形式实现，通过工作丰富化在"原地成长"。具体而言，非职务变动发展包括工作范围的扩大、职务丰富法、员工参与管理、改变观念以及方法创新等内容。

（6）处于不同职业生涯阶段的员工采取的重点对策。可以适时地用各种方法引导员工进入企业的工作领域，从而使个人目标和企业的目标更好地统一起来，降低了员工的失落感和挫折感。能够使员工看到自己在这个企业的希望、目标，从而达到稳定员工队伍的目的。掌握核心员工职业工作生命周期，采取相应的职业生涯发展管理措施。一个员工在组织内的工作生命周期分为四个阶段，应根据不同阶段的具体情况，采取不同对策。

- 引入阶段。初入组织的头两三年，现实震动非常普遍地存在于年轻员工中，在其中一些人身上会表现得十分强烈，以致使他们萌生跳槽的念头，或者变得老气横秋，缺乏应有的朝气。此时要注意部门负责人应经常与年轻人进行沟通，了解现实震动的原因和震动的强度，及时进行心理疏导，引导雇员逐渐由陌生到熟悉。最重要的是，使核心员工适任适所，大胆使用，分配以富有挑战性工作，防止出现埋没核心员工的可能性，或者令其跳槽。挑战性工作的职责设计原则是，使所设计职责为员工现有能力所不及，具有挑战性，他不付出较大的努力就不会轻易达到，但员工通过发挥潜力，发挥主观能动性，又是可以达到的。
- 成长阶段。核心员工在企业内站稳脚跟，是最容易施展才华，最有干劲的阶段。

对核心员工一要信任，委以重任，给其发挥才能创造广阔天地；二要鼓励帮助，充分肯定工作成绩，帮助解决工作难题；三要培训开发以加深其专业程度，提高能力和素质。
- 饱和阶段。当核心员工已积累丰富工作经验时，企业如能给予培训、调职或晋升机会，将会极大地发挥核心员工的积极性。例如一个企业部门的主管，在这饱和阶段，若能调至海外分公司受训，或是接受阶段性的管理课程培训，以为其接受新职做准备，完全有可能促进其才华的充分发挥，活化其工作生命周期。
- 衰落阶段。在企业内已工作十几年、二十多年，提升、离职另谋高就的机会似乎已无的员工，可以说已进入衰落阶段。企业对这一阶段的核心员工，一不可歧视，造成他已无用的感觉；二从工作、生活、身体等各方面应倍加关心爱护；三要进行疏导，鼓舞士气，妥善安排工作，发挥其特长。

由此可见，企业应协助成员发展完善的职业生涯规划，使其在个人生涯成长的过程中有实施新构想的机会。就前程因素而言，不同阶段员工所需之生涯规划方向并不相同，一般而言，新进人员尚未稳定，对生涯规划辅导的需求度较为强烈。

2. 自我发展管理

自我发展管理，是指社会行动者在职业生命周期的全程中，由职业发展计划、职业策略、职业进入、职业变动和职业位置的一系列变量构成。

1）职业需求

改革开放 30 多年来，政府、国防、金融、通信、交通、烟草、能源等关键行业和部门业务发展迅速，同时这些行业的业务大部分已经由信息化系统承担，这就对信息化系统的规划、设计、开发以及安全稳定运营提出了很高的要求。

作为向这些行业提供信息化服务的专业的 IT 服务组织，为了提高项目服务质量、客户满意度，需要大量的系统规划与管理师。另外，各行业的负责信息化建设、运营的具体部门，如政府的信息中心、通信行业的网管部门、银行的数据中心等，为了保障自身的信息系统的建设质量及系统稳定运行，也需要大量的具有专业 IT 服务项目管理知识的人才。

专业的 IT 服务可以帮助客户实现下面的目标：
- 通过日常的专业维护，防患于未然，保证 IT 系统的安全性、稳定性和正常运行。
- 及时处理意外和事故，最大限度地降低对业务系统的影响程度。
- 通过总结分析系统的运行状况，对系统的功能和可用性进行持续的改进和完善。

随着中国信息化的持续发展，需要系统规划与管理师的行业也会越来越广泛，系统规划与管理师将在众多行业中发挥越来越大的作用。

2）职业规划

职业规划就是对职业生涯乃至人生进行持续的系统的计划的过程。一个完整的职业规划由职业定位、目标设定和通道设计三个要素构成。

按照时间长短,职业生涯规划可以分为人生规划、长期规划、中期规划与短期规划。如表 10.2 和表 10.3 所示。

表 10.2 不同时间长度的规划

规划类别	说明	举例
人生规划	40 年左右,设定整个人生的发展目标	如规划成为一个有数亿资产的公司董事
长期规划	5-10 年的规划,主要设定较长远目标	如规划 30 岁时成为一家中型公司部门经理,规划 40 岁时成为一家大型公司副总经理
中期规划	一般为 3-5 年内的目标与任务	如规划到不同业务部门做经理,规划从大型公司部门经理到小公司作总经理等
短期规划	3 年内的规划,主要是确定近期目标,规划近期完成的任务	如对专业知识的学习,掌握哪些业务知识等

表 10.3 职业生涯周期

阶段(年龄)	愉悦人生	痛苦人生
尝试期(18-28 岁)	主动转换	随波逐流
积累期(20-30 岁)	坚持、少转换	随遇而安
创业攀登期(25-35 岁)	波折兼成绩	外强中干
发展期(30-50 岁)	获取足量成就	失志颓废
成熟期(40-55 岁)	守成	抱残守缺
总结顾问期(50-65 岁)	传授	阻止青年创业
退休期(60-70 岁)	乐观式超脱	心境阴郁

如何做好个人的发展规划,可以采用下述的个人规划五步法:

第一步,分析自己的性格和偏好。

准确分析自己的性格和偏好,一方面便于找到适合自己的岗位,另一方面可以提醒自己在工作中注意克服性格的不足。

第二步,分析自己掌握的知识、技能。

分析自己学习过和掌握的知识技能,罗列出哪些是自己精通的,哪些是自己熟悉的,哪些是自己的弱项。然后再分析自己所从事的工作,胜任岗位要求需要具备哪方面的知识和技能,结合自己的实际,确认自己和岗位相吻合的条件,以及不足之处,才能让自己在工作中立于不败之地。

第三步,分析自己掌握的或能够调配的资源。

这里的资源不但包括金钱,还包括自己在社会上的人脉。如果从事一项工作,不可能所有的事情都是自己擅长的,如果碰到自己不擅长的事情,就要想自己能够调动的资源,有谁擅长此类事情或从事过相关行业,自己就可以请求帮助,直接掌握问题的关键点,避免工作中走弯路。

第四步,确认自己的职业发展目标。

基于前几个步骤,一定要确定好自己的定位和职业目标,如果没有确认自己的目标,盲目的跳槽,特别是频繁换行业的跳槽是最不可取的,因为当今社会,工作经验和行业优势已经成为获取成功的必不可少的条件之一,所以确认个人的发展目标尤为重要。

第五步,坚持不懈走下去。

世上没有不劳而获的事情,任何人的成功都不是偶然的,一定有了很长时间的积累,一定具备了一定的实力才能成功。所以,认准了自己的目标,一定要坚持不懈的走下去,不管遇到什么挫折,都不要放弃,同时一定要认真学习,只有这样,才能获得成功。

3)职业发展

系统规划与管理师作为 IT 服务项目的领导者和管理者,是决定项目成败的直接责任人,一般情况系统规划与管理师都是从技术岗位成长起来的。在整个 IT 服务体系的职业发展过程中,提供了管理类(系统规划与管理师)和技术类(信息技术支持工程师)双通道的职业发展路线。在4级以上的IT服务相关岗位是可以互相转化的,而且资深的系统规划与管理师还可能向上担负重要的职责,例如:负责整个业务线(事业部)或者成为公司高管。如表 10.4 所示。

表 10.4 系统规划与管理师的职业发展

职级	IT 服务职业发展双通道	
	技术系列	管理系列
6级	——	资深系统规划与管理师
5级	资深信息技术支持工程师	高级系统规划与管理师
4级	高级信息技术支持工程师	系统规划与管理师
3级	信息技术支持工程师	——
2级	初级信息技术支持工程师	——
1级	助理技术支持与工程师	——

从职业发展的角度上看,系统规划与管理师首先是一个项目管理者,应学习和掌握项目管理者的基本专业知识和技能,并积累相应的工作经验,主要包括:
- 项目管理知识体系。
- 应用领域知识、标准、规章制度和法律。
- 通用的管理知识与技能。
- 人际关系处理等软技能。

具体而言,要成为合格的系统规划与管理师,需要做好如下工作:
- 学习相关知识。要成为一个合格的系统规划与管理师,需要不断地学习,需要掌握 IT 服务项目管理所需的基本理论知识,包括 IT 服务生命周期、服务营销、项目管理、流程管理、人员管理,以及相关专业技术等,并在实际的 IT 服务项目管理中灵活地运用这些知识，培养、锻炼自己的专业能力和行为能力。
- 做好角色转变。系统规划与管理师一般是由技术人员或其他相关岗位成长为管理者的，需要真正理解 IT 服务经系统规划与管理师的角色，应避免两个极端情况的发生：一是依然过分强调项目经理的技术能力，事必躬亲地埋头处理具体的技术问题，忽略了 IT 服务项目的整体协调和管理；二是过分强调项目经理的管理能力，对技术工作疏于了解和管理，抓不住重点。这两种情况都将造成 IT 服务项目的质量无法保障，最终导致项目风险增大甚至项目失败。

系统规划与管理师还要对项目有明确的判断，并对自己的角色有个清醒的认识，要做到深刻理解客户需求，并在个人的职业发展过程中处理好自己的角色转变，这样才能让自己逐步成为一名优秀的系统规划与管理师。
- 理论结合实践。在 IT 服务项目管理过程中，系统规划与管理师要注意理论与实践相结合，根据项目的实际情况，结合 IT 服务项目管理、IT 服务流程管理、IT 服务人力资源管理等专业知识，制订或者遵循规范的 IT 服务项目管理流程，根据客户需求定制 IT 服务方案，在保证信息安全的前提下，进一步提高 IT 服务的质量和服务的高效性；同时锻炼自己项目团队管理和建设的能力，奖罚分明，充分调动团队的积极性，以达到共同的服务目标。
- 良好的职业道德。要成为一名合格的系统规划与管理师，必须有良好的职业道德，包括：锻炼自己管理情绪和管理压力的能力，提高自我控制调节的能力，培养自己成熟的人格；诚实守信；与客户及公司高层主管之间建立有效的沟通机制，培养自己的沟通和表达能力；开拓思路，培养锻炼自己的创新能力；同时注意相关法律法规知识的学习。
- 通过资格认证。经过一段时间的理论学习和 IT 服务项目的实践积累后，系统规划与管理师具有了一定的专业和行为能力，经认可的培训机构的资质培训，通过相应的考试，获得证书，成为一名合格的系统规划与管理师。

系统规划与管理师应具备 IT 服务管理所需要的专业知识和经验：综合的管理和决策能力，系统的思维能力和创新能力，良好的职业道德和组建团队的能力，专业的技术能力、商务营销能力和领导能力等。这些也是系统规划与管理师终身学习的目标和职业发展的基础。

【练习题】

一、单项选择题

1. 在确定团队目标的优先级时，以下（　　）不需要纳入考虑。
   A．对于本部门上级目标的重要程度　　B．上级对本部门的绩效考核标准
   C．团队成员对目标实现的期望　　　　D．竞争对手的影响

2．项目团队无法完成既定任务目标通常是由于以下几种原因：
（1）对目标没有正确理解　　　（2）没有能力去做
（3）没有条件去做　　　　　　（4）没有意愿去做
以上（　　）原因应该由系统规划与管理师承担责任。
　　A．（1）（2）（3）　　　　　B．（2）（3）（4）
　　C．（1）（2）（4）　　　　　D．（1）（2）（3）（4）

3．作为 IT 服务项目，为了按期完成项目目标，通常会采用一些激励措施来鼓舞团队士气。下列（　　）不属于有效的团队激励措施。
　　A．团队奖金　　　B．团队重组　　　C．团队培训　　　D．团队活动

4．马斯洛需求理论将人的需要划分为五级，下列（　　）不属于马斯洛需求理论所定义的需求。
　　A．权力的需要　　　B．生理的需要　　　C．安全的需要　　　D．感情的需要

5．下列对执行力的描述，（　　）是不正确的。
　　A．指管理者在特定的组织及社会环境中，充分合理运用组织资源，不断改善组织环境并高效率实现组织战略目标的能力
　　B．团队执行力的强弱与企业文化有关
　　C．团队执行力的强弱与成员年龄有关
　　D．团队执行力的强弱与绩效考核有关

【参考答案】：C　D　B　A　C

二、案例解析题

最近某公司接了一个信息系统运维的项目，而且非常重视，任命了有丰富售后服务经验的张某为系统规划与管理师，全权授权张某负责该项目，并要求他负责企业运维服务能力建设和提升。张某也学习了大量项目管理知识和运维管理知识，并将相关知识运用在该项目中。项目中发生的具体事件如下：

张某认为做好运维的核心是运维人员的维修水平。由于运维合同价格偏低，在招聘人员时主要考虑人员是否有相关设备维修经验，并指派本公司有系统集成实施经验的若干名人员加入运维团队，要求团队成员满负荷工作，项目组人员不能有冗余。

在运维项目实施期间，遇到值班人员有事或生病，只能由项目经理代班，遇到用户报修的设备问题，维修人员常常以"我不懂该专业"为由，让客户第二天再报。运维人员遇到无法解决的技术问题向项目经理汇报时，系统规划与管理师回答"你们招进来就是解决设备问题的，我无法提供帮助，你们自己解决"。相关运维人员经常超过规定时间，也未能使设备恢复运行。

系统规划与管理师认为团队管理的核心是团队凝聚力强，不发生冲突。系统规划与管理师利用工作和业务时间进行了大量的沟通和协调工作。确保在运维实施期间，成员

关系比较融洽。但在季末客户信息中心进行的服务满意度调查时,综合满意度只有 70%。

(1) IT 服务团队应具有哪些特征?该服务团队是否具有这些特征并说明理由。

(2) 该服务团队处在 IT 服务团队建设的哪个周期并说明理由。

(3) 系统规划与管理师对现有团队情况,应采取哪项激励措施如何进行?

(4) 对于该服务团队如何做执行管理来提高服务满意度。

第 11 章 标准化知识与 IT 服务相关标准

本章对标准化基础知识、IT 服务管理国际标准、IT 服务管理国家标准和行业标准等内容进行详细介绍。目的在于使系统规划与管理师对 IT 服务各标准的具体要求及其相互关系有所领悟和理解,为系统规划与管理师在进行 IT 资源配置、IT 服务项目管理与实施以及人员绩效考核等工作提供参考和依据,也可为系统规划与管理师的职业发展、从业要求和具体工作起到规范与指导作用。

11.1 标准化知识

11.1.1 标准相关概念

标准是为了在一定范围内获得最佳秩序,经协商一致制定并由公认机构批准共同使用和重复使用的一种规范性文件(引自 GB/T20000.1-2002,定义 2.3.2),是标准化活动的核心产物。标准是研究制定法律、技术法规、政策和规划的依据,是企业从事生产经营活动、消费者选择产品和服务的主要依据。自 1906 年世界上最早的标准化组织——国际电工委员会(IEC)成立以来,经过 100 多年的发展,标准化已成为全球政治和经济活动的主要组成部分,甚至是技术发达国家和跨国企业的发展战略。

标准化是指"为了在一定范围内获得最佳秩序,对现实问题或潜在问题制定共同使用和重复使用的条款的活动"(引自 GB/T20000.1-2001,定义 2.1.1)。标准化是一项活动,这种活动的结果是制定条款,制定条款的目的是在一定范围内获得最佳秩序,所制定的条款的特点是共同使用和重复使用,针对的对象是现实问题或潜在问题。再结合标准的定义可以得出:多项条款的组合构成了规范性文件,如果这些规范性文件符合了相应的程序,经过了公认机构的批准,就成为标准或特定文件(例如国家标准化指导性技术文件)。所以,标准是标准化活动的主要成果之一。

"标准化"活动是人类社会中每天都在进行的诸多活动中的一种,它涉及上述文件(主要是标准)的编写过程、征求意见过程、审查发布过程和使用过程等。标准化活动的主要作用是:为了预期目的改进产品、过程或服务的适用性,防止贸易壁垒并促进技术合作。

标准体系是一种由标准组成的系统,为了实现系统的目标而必须具备一整套具有内在联系的、科学的有机整体。标准体系内部各标准按照一定的结构进行逻辑组合,而不是杂乱无序的堆积,它是一个概念系统,是由人为组织制定的标准形成的人工系统。

1. 标准体系结构

标准体系结构是指标准系统内各标准内在有机联系的表现方式。形成标准体系的主要方式有层次和并列两种，层次是指一种方向性的等级顺序，彼此存在着制约关系和隶属关系；并列是指同一层次内各类或各标准之间存在的方式和秩序，ITSS 标准体系通过并列方式列出各类和各项标准。

2. 标准体系表

标准体系要用一定的形式表现出来，即标准体系表。信息技术服务标准体系表是将信息技术服务范围内的标准，按照一定结构形式排列起来的图表，反映了信息技术服务标准体系的全貌，表明了标准之间的层次和并列关系。

11.1.2 标准的分类

标准的种类繁多，根据不同的目的或原则可以划分出不同的类别。

1. 按照适用范围划分

制定标准的重要基础是在一定的范围内充分反映各相关方的利益，并对不同意见进行协调与协商，从而取得一致。其中"一定的范围"和"各相关方"的范围可大可小，可以是全球的，也可以是某个区域或某个国家层次的，还可以是某个国家内行业部门（或协会）、地方或企业层次的。显而易见，不同层次标准化活动的协商一致程度是不同的，所制定标准的适用范围也是不同的。依据制定标准的参与者所涉及的范围，也就是标准的适用范围，可将标准分为：国际标准、国家标准、行业标准、地方标准、企业标准等。

（1）国际标准（International Standard）。国际标准是指"国际标准化组织（ISO）、国际电工委员会（IEC）和国际电信联盟（ITU）以及 ISO 确认并公布的其他组织"制定的标准（引自 GB/T20000.2-2009，定义 3.1）。

ISO 确认并公布的其他国际组织主要包括：国际计量局（BIPM）、国际原子能机构（IAEA）、国际海事组织（IMO）、联合国教科文组织（UNESCO）、世界卫生组织（WHO）等 49 个国际标准化机构。

（2）国家标准（National Standard）。国家标准是指"由国家标准机构通过并公开发布的标准"（引自 GB/T 20000.1-2002，定义 2.3.2.1.3）。

对我国而言，国家标准是指由国务院标准化行政主管部门组织制定，并对全国国民经济和技术发展有重大意义，需要在全国范围内统一的标准。

国家标准由全国专业标准化技术委员会负责起草、审查，并由国务院标准化行政主管部门统一审批、编号和发布。

（3）行业标准（Branch Standard）。行业标准是指在国家的某个行业通过并公开发布的标准。

对我国而言，行业标准是对没有国家标准而又需要在全国某个行业范围内统一的技术要求所制定的标准。

行业标准的发布部门须由国务院标准化行政主管部门审查确定。凡批准可以发布行业标准的行业，由国务院标准化行政主管部门公布行业标准代号、行业标准的归口部门及其所管理的行业标准范围。

（4）地方标准（Provincial Standard）。地方标准是指"在国家的某个地区通过并公开发布的标准"（引自 GB/T20000.1-2002，定义 2.3.2.1.4）。

对我国而言，地方标准是针对没有国家标准和行业标准，而又需要在省、自治区、直辖市范围内统一的技术要求所制定的标准。

地方标准由省、自治区、直辖市标准化行政主管部门统一编制计划、组织制定、审批、编号和发布。

地方标准发布后，省、自治区、直辖市标准化行政主管部门应分别向国务院标准化行政主管部门和有关行政主管部门备案。

（5）企业标准（Company Standard）。企业标准是指针对企业范围内需要协调、统一的技术要求、管理要求和工作要求所制定的标准。企业标准是企业组织生产、经营活动的依据。企业标准虽然只在某企业适用，但在地域上可能会影响多个国家。

2. 按照标准涉及的对象类型划分

标准涉及的对象类型不同，反映到标准的文本上体现为其技术内容及表现形式的不同。

（1）术语标准（Terminology Standard）。术语标准是指"与术语有关的标准，通常带有定义，有时还附有注、图、示例等"（引自 GB/T20000.1-2001，定义 2.5.2）。

术语标准是按照专业范围划分的，包含了某领域内某个专业的许多术语。术语标准的主要技术要素为术语条目，通常由条目编号、术语和定义几个部门内容组成，包含术语和相应定义的术语标准，其名称为《XXX 词汇》，如果仅有术语没有定义，则名称为《XXX 术语集》。

（2）符号标准（Symbol Standard）。符号标准是指与符号相关的标准。符号是"表达一定事物或概念，具有简化特征的视觉形象"（引自 GB/T15565.1-2008，定义 2.3）。通常分为文字符号和图形符号。文字符号又可分为字母符号、数字符号、汉字符号或它们组合而成的符号；图形符号又可分为产品技术文件用、设备用、标志用图形符号。

（3）试验标准（Testing Standard）。试验标准是指"与试验方法有关的标准，有时附有与测试有关的其他条款，例如抽样、统计方法的应用、试验步骤"（引自 GB/T20000.1-2001，定义 2.5.3）。

试验标准是规定试验过程的标准。试验标准规定了标准化的试验方法。

（4）产品标准（Product Standard）。产品标准是指"规定产品应满足的要求以确保其适用性的标准"（引自 GB/T20000.1-2001，定义 2.5.4）。

按照 ISO 对标准化对象的划分，产品标准是相对于过程标准和服务标准而言的一大类标准，与产品有关的标准都可以划入这一类别。产品标准可分为不同类别的标准，例如尺寸标准、材料标准等。

（5）过程标准（Process Standard）。过程标准是指"规定过程应满足的要求以确保其适用性的标准"（引自 GB/T20000.1-2001，定义 2.5.5）。

按照 ISO 对标准对象的划分，过程标准是相对于产品标准和服务标准而言的一大类标准，与过程有关的标准都可以划入这一类别。

（6）服务标准（Service Standard）。服务标准是指"规定服务应满足的要求以确保其适用性的标准"（引自 GB/T 20000.1-2001，定义 2.5.6）。

按照 ISO 对标准化对象的划分，服务标准是相对于产品标准和过程标准而言的一大类标准，与服务相关的标准都可以划入这一类别。

（7）接口标准（Interface Standard）。接口标准是指"规定产品或系统在其互连部位与兼容性有关的要求的标准"（GB/T20000.1-2001，定义 2.5.7）。

从上述定义可看出，接口标准针对的是一个产品与其他产品连接使用时，其相互连接的界面的标准化问题。

3. 按照标准的要求程度划分

（1）规范（Specification）。规范是指"规定产品、过程或服务需要满足的要求的文件"（引自 GB/T1.1-2009，定义 3.1）。几乎所有的标准化对象都可以成为"规范"的对象，无论是产品、过程还是服务，或者是其他更加具体的标准化对象。

（2）规程（Code of Practice）。规程是指"为设备、构建或产品的设计、制造、安装、维护或使用而推荐惯例或程序的文件"（引自 GB/T20000.1-2002，定义 2.3.5）。规程所针对的标准化对象是设备、构件或产品。

（3）指南（Guideline）。指南是指"给出某主题的一般性、原则性、方向性的信息、指导或建议的文件"（引自 GB/T1.1-2009，定义 3.3）。指南的标准化对象较广泛，但具体到每一个特定的指南，其标准化对象则集中到某一主题的特定方面，这些特定方面是有共性的，即一般性、原则性或方向性的内容。

11.1.3 国家标准制定阶段和流程

国家标准的制定有一套正常程序，分为预阶段、立项阶段、起草阶段、征求意见阶段、审查阶段、批准阶段、出版阶段、复审阶段以及废止阶段。

1. 阶段划分（见表 11.1）

表 11.1 国家标准制定阶段划分

阶 段 代 码	阶 段 名 称	阶 段 任 务	阶 段 成 果
00	预阶段	提出新工作项目建议	PWI
10	立项阶段	提出新工作项目	NP
20	起草阶段	提出标准草案征求意见稿	WD
30	征求意见阶段	提出标准草案征求意见稿	CD

续表

阶 段 代 码	阶 段 名 称	阶 段 任 务	阶 段 成 果
40	审查阶段	提出标准草案送审稿	DS
50	批准阶段	提出标准出版稿	FDS
60	出版阶段	提出标准出版物	GB、GB/T、GB/Z
90	复审阶段	对实施周期达 5 年的标准进行复审	继续有效/修改/修订/废止
95	废止阶段		废止

2．标准制定流程图

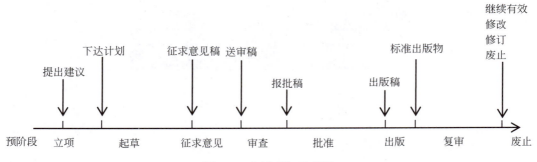

图 11.1　标准制订流程图

11.2　IT 服务国际标准

11.2.1　ISO/IEC20000 系列标准

2000 年 11 月，英国标准协会（BSI）发布了以 ITIL 为核心的国家标准 BS15000；随后，2005 年 5 月，国际标准组织（ISO）快速通道的方式批准通过了 ISO/IEC 20000 的标准决议，并于 12 月 15 日正式发布了 ISO/IEC 20000 标准。

ISO/IEC 20000 标准对于企业或组织的 IT 服务管理有重要的指导作用，ISO/IEC 20000 具体规定了 IT 服务管理行业向企业及其客户有效地提供服务的、一体化的管理过程以及过程建立的相关要求，帮助识别和管理信息技术服务的关键过程，保证提供有效的信息技术服务以满足客户和业务的需求。它着重于通过"信息技术服务标准化"来管理信息技术问题，即将信息技术问题归类，识别问题的内在联系，然后依据服务级别协议进行计划、管理和监控，并强调与客户的沟通。

在我国，目前已经以等同采用的方式，正式发布了两项 ISO/IEC20000 标准，分别是：
- GB/T 24405.1 信息技术 服务管理 第 1 部分：规范。
- GB/T 24405.2 信息技术 服务管理 第 2 部分：实践导则。

图 11.2 ISO/IEC20000 原理图

11.2.2 ISO/IEC27000 系列标准

ISO27000 系列标准是信息安全管理体系系列标准,包括:
- ISO 27000 原理与术语。
- ISO 27001 信息安全管理体系 要求。
- ISO 27002 信息技术 安全技术 信息安全管理实践规范。
- ISO 27003 信息安全管理体系 实施指南。
- ISO 27004 信息安全管理体系 指标与测量。
- ISO 27005 信息安全管理体系 风险管理。
- ISO 27006 信息安全管理体系 认证机构的认可要求 ISMS。
- ISO 27007 信息技术-安全技术 信息安全管理体系审核员指南。

其中 ISO/IEC 27001 是标准族的主标准,其前身为英国的 BS 7799 标准,各类组织可以按照 ISO/IEC 27001 的要求建立自己的信息安全管理体系(ISMS)。ISO/IEC 27001 标准规定了在组织背景下建立、实施、维护和持续改进信息安全管理体系,还包括信息安全风险评估和处置要求,可裁剪以适用于组织等。该标准的要求是通用的,适用于所有的组织,不考虑类型、规模和特征。

ISO/IEC 27002 可作为组织基于 ISO/IEC 27001 实现信息安全管理体系(ISMS)过程中选择控制时的参考,或作为组织在实现通用信息安全控制时的指南。ISO/IEC 27002 共包括 35 个主要安全类别以及 114 项控制。

11.2.3　ISO9000 系列标准

ISO9000 系列标准是质量管理体系标准，是由国际标准化组织（ISO）TC176 制定并颁布的国际标准。ISO9000 系列标准自 1987 年推出第一版以来，已成为 ISO 迄今为止应用最广泛、最成功的标准。ISO9000 系列标准为各类组织建立了一个质量管理的通用框架和语言，也为组织赢得顾客对其生产合格产品的基本信任明确了途径，为全球经济合作效率的提升起到了基础作用。ISO9000 系列标准包括以下三个核心标准：

（1）ISO9000/GB/T19000《质量管理体系　基础和术语》为正确理解和实施质量管理体系标准提供必要的基础。在制定 ISO9000 系列标准过程中考虑到了 ISO9000 详细描述的质量管理原则。这些原则本身并不等同于要求，但构成了质量管理体系所规定要求的基础，并定义了应用于质量管理体系的术语、定义和概念。

（2）ISO9001/GB/T19001《质量管理体系　要求》规定的要求旨在为组织的产品和服务提供信任，从而增强顾客满意。正确实施本标准也能为组织带来其他预期利益，例如：改进内部沟通，更好地理解和控制组织的过程。

（3）ISO9004/GB/T19004《追求组织的持续成功　质量管理方法》为组织选择超出本标准要求的质量管理方法提供指南，关注能够改进组织整体绩效的更加广泛的议题。ISO9004 包括自我评价方法指南，以便组织能够对其质量管理体系的成熟度进行评价。

11.2.4　ISO/IEC38500 标准

2008 年 4 月，ISO/IEC 正式发布 IT 治理标准 ISO/IEC 38500:2008，它的出台不仅标志着 IT 治理从概念模糊的探讨阶段进入了一个正确认识的发展阶段，而且也标志着信息化正式进入 IT 治理时代。这一标准将促使国内外一直争论不休的 IT 治理理论得到统一，也促使我国在引导信息化科学方面发挥重要作用。

ISO/IEC 38500:2008 可以用于任何规模的组织，包括公/私有性质的公司，政府机构以及非营利组织。这一标准提供了一个 IT 治理的框架，以协助组织高层管理者理解并履行他们对于其组织 IT 使用的既定职责，实现 IT 治理的有效性、可用性及效率。

ISO/IEC 38500 提出了 IT 治理的 EDM 模型，它略微不同于管理者典型使用的 PDCA 模型。在这一模型中，管理者依据业务压力、监管责任、利益相关者期望及业务需求来监督（Monitor）并评估（Evaluate）组织的 IT 使用，而后指导（Direct）实施政策方针以弥补差距。该模型如图 11.3 所示。

ISO/IEC38500 给出了 IT 治理的基本、原则性的建议，定义了组织开展 IT 治理的 6 个基本原则，并结合 EDM 模型的应用，形成了 IT 治理的相关任务和要求。近年来，ISO/IEC SC40 工作组也在推进 ISO38500 标准的改版和修订，ISO/IEC38501、ISO/IEC38502 等系列标准的研究也在稳步推进中。

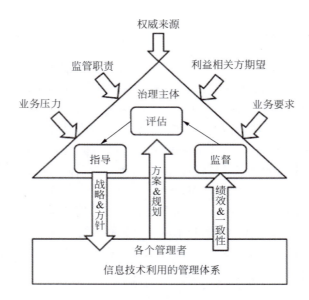

图 11.3 EDM 模型

11.2.5 ISO 22301

ISO 22301 由社会安全技术委员会 ISO/TC 223 制定，规定了建立和管理一个有效的业务连续性管理体系（BCMS）的要求。

一个 BCMS 强调以下方面的重要性包括：

（1）理解组织的需求和建立业务连续性管理方针和目标的必要性。

（2）实施和运行控制措施和测量来管理组织管理中断事件的整体能力。

（3）监视和评审 BCM 体系的绩效和有效性。

（4）基于客观测量的持续改进。

一个 BCMS 像任何其他管理系统一样，包括如下关键部分：

（1）一个方针。

（2）有明确职责的人。

（3）同下列内容相关的管理过程：

- 方针。
- 策划。
- 实施和运行。
- 绩效评估。
- 管理评审。
- 改进。

（4）提供审核证据的文件化信息。
（5）任何同组织相关的业务连续性管理过程。

业务连续性有助于构建更有弹性的社会。更广泛的社区和对组织产生影响的环境以及其他的组织都有可能需要涉及到恢复的过程中。

本标准采用了"规划（Plan）—实施（Do）—检查（Check）—处置（Act）"（PDCA）模型来规划、建立、实施、运行、监视、评审、保持和持续改进组织的 BCMS 的有效性。

图 11.4 说明了 BCMS 是如何把利益相关方连续管理的要求作为输入，通过必要的措施和过程，产生满足这些要求的连续结果的。

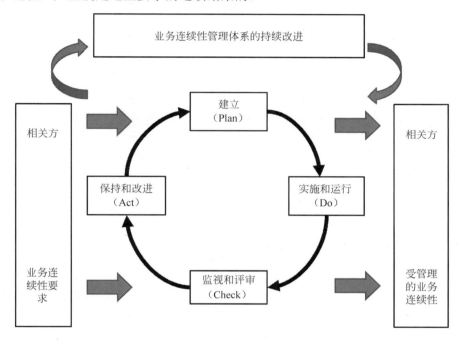

图 11.4　应用于 BCMS 过程的 PDCA 模型

有关 PDCA 模型的具体解释见表 11.2。

表 11.2　PDCA 模型的解释

规划（建立）	建立与改进业务连续性管理相关的业务连续性政策、目标、指标、控制措施、过程和程序，以产生与组织总方针和总目标相符合的结果
实施（实施和运行）	实施和运行业务连续性方针、控制措施、过程和程序
检查（监视和评审）	对照业务连续性方针和目标监视和评审业务连续性的绩效，并将结果报告管理者以供评审，确定和授权补救和改进措施
处置（保持和改进）	基于管理评审的结果，采取纠正措施以保持和改进业务连续性管理体系，并重新评审和评价业务连续性管理体系的范围以及业务连续性方针和目标

11.2.6 ITIL

ITIL（Information Technology Infrastructure Library，IT 基础架构库）从复杂的 IT 管理活动中梳理出各组织所共有的最佳实践（如事件管理、问题管理、变更管理、配置管理、服务水平管理、可用性管理等），然后将这些流程规范化、标准化，明确定义各个流程的目标、范围、职能和责任、成本和效益、规划和实施过程、主要活动、主要角色、关键成功因素、绩效评价指标以及其他流程的相互关系等。

自从 1980 年至今，ITIL 经历了 4 个主要的版本：

1. Version 1（1986—1999 年）

原始版，主要基于职能型的实践，开发了 40 多卷图书。ITIL v1 由 10 位顶级 IT 管理专家共同编写，后来这 10 位专家将其传播到全球，特别是传播到欧洲各国。荷兰政府将 ITIL v1 作为政府信息技术服务采购的强制标准，之后 ITIL v1 在欧洲得到广泛应用。

2. Version 2（1999—2006 年）

ITIL v2 版，主要基于流程型的实践，共有 10 本图书，包含 7 个体系，分别是服务支持、服务提供、实施服务管理规划、应用管理、安全管理、基础架构管理及 ITIL 的业务前景。ITIL v2 在全球得到广泛应用的转折点是 4 大 ITSM 软件厂商将其作为其 ITSM 软件的强制标准。

如图 11.5 所示为 ITIL v2 框架图。

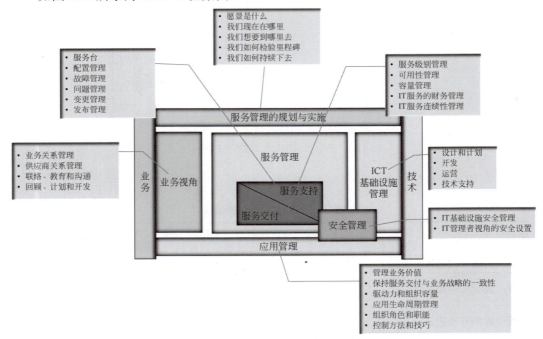

图 11.5　ITIL v2 框架图

3. Version 3（2004—2007 年）

基于服务生命周期的 ITIL v3 整合了 v1 和 v2 的精华，与时俱进地融入了 IT 服务管理领域当前的最佳实践。5 本生命周期图书形成了 ITIL v3 的核心，它主要强调 ITIL 最佳实践的执行支持，以及在改善过程中需要注意的细节。其框架图如图 11.6 所示。

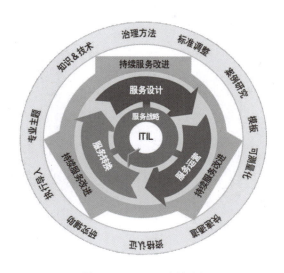

图 11.6　ITIL v3 框架图

4. Version 4（2011 年至今）

ITIL 的持续改进是为了加强服务管理办法中的逻辑组织和业务一致性。ITIL 的 2011 年版本使用 5 个主要书面指导文件，分别论述了 IT 服务的服务战略、服务设计、服务转换、服务运营和服务的持续改进。涉及 4 个职能：服务台、运营管理、应用管理、技术管理；以及 26 个流程：事件管理、事故管理、请求实施、问题管理、资产与配置管理、变更管理、发布与部署管理、服务级别管理、连续性管理、可用性管理、能力管理、IT 服务财务管理、信息安全管理、服务报告、业务关系管理、供应商管理、知识管理、服务目录管理、战略制定、需求管理、服务组合管理、评估、服务验证与测试、转换规划与支持、访问管理，如图 11.7 所示。

11.2.7　COBIT

成立于 1969 年的美国信息系统审计与控制协会（ISACA），于 1996 推出了用于"IT 审计"的知识体系 COBIT（Control Objectives for Information and related Technology 信息系统和技术控制目标），COBIT 包含 34 个信息技术过程控制，并归集为 4 个控制域：IT 规划和组织（Planning and Organization）、系统获得和实施（Acquisition and Implementation）、交付与支持（Delivery and Support）以及信息系统运行性能监控（Monitoring）。

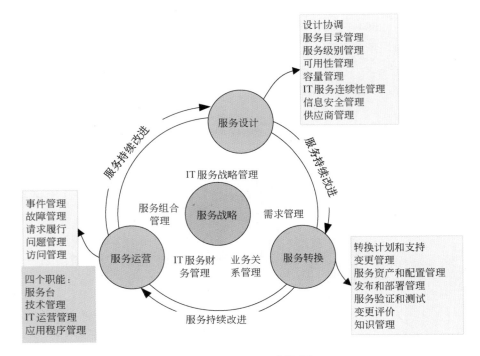

图 11.7 ITIL 2011 框架图

COBIT 目前已成为国际上公认的 IT 管理与控制框架，已在世界一百多个国家的重要组织与企业中运用，指导这些组织有效地利用信息资源，有效地管理与信息相关的风险。该框架如图 11.8 所示。

该框架的意义在于：COBIT 实现了企业目标与 IT 治理目标之间的桥梁作用。

首先，COBIT 考虑了企业自身的战略规划，对业务环境和企业总的业务战略进行分析定位，并将战略规划所产生的目标、政策、行动计划作为信息技术的关键环境，并由此确定 IT 准则。

IT 为企业战略提供了基于技术的解决方案，为满足业务战略需求提供了技术与工具。在 IT 准则的指导下，利用控制目标模型，分别从规划与组织、获取与实施、交付与支持、监控等过程进行控制、管理信息资源。在 IT 管理的同时，引入审计指南，从而保证 IT 资源管理的安全性、可靠性和有效性。

COBIT 实现可跟踪的业绩衡量，通过平衡记分卡可以在财务（企业资源管理）、客户（客户关系管理）、过程（内部网、工作流工具）、学习（知识管理）等方面维持平衡，评价企业目标的实现情况以及 IT 绩效，并调整业务目标和 IT 战略，进行持续的 IT 管理。

COBIT 采用成熟度模型，可以定位自己企业的 IT 管理目前在业界所处的位置，以及未来努力的方向，通俗地说就是给 IT 管理"打分"。

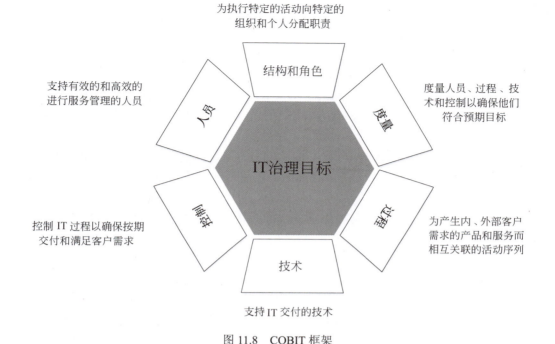

图 11.8 COBIT 框架

COBIT 还提供了目前最佳案例和关键成功因素（CSF），供企业和组织借鉴。

从内容上看，COBIT 覆盖了从分析、设计到开发、实施到运营、维护的整个过程，COBIT 覆盖整个信息系统的全部生命周期，其视野是最为开阔的。

11.3　IT 服务国家标准及行业标准

11.3.1　ITSS 标准体系

ITSS（Information Technology Service Standards，ITSS）是一套成体系和综合配套的信息技术服务标准库，全面规范了信息技术服务产品及其组成要素，用于指导实施标准化和可信赖的信息技术服务。

1. ITSS 的来源

ITSS 是在工业和信息化部、国家标准化管理委员会的联合指导研制的，是我国 IT 服务行业最佳实践的总结和提升，也是我国从事 IT 服务研发、供应、推广和应用等各类组织自主创新成果的固化。

2. 组成要素

IT 服务由人员（People）、过程（Process）、技术（Technology）和资源（Resource）

组成，简称"PPTR"。其中：

（1）人员：指提供 IT 服务所需的人员及其知识、经验和技能要求。

（2）过程：指提供 IT 服务时，合理利用必要的资源，将输入转化为输出的一组相互关联和结构化的活动。

（3）技术：指交付满足质量要求的 IT 服务应使用的技术或应具备的技术能力。

（4）资源：指提供 IT 服务所依存和产生的有形及无形资产。

3．生命周期

IT 服务生命周期由规划设计（Planning & Design）、部署实施（Implementing）、服务运营（Operation）、持续改进（Improvement）和监督管理（Supervision）5 个阶段组成，简称"PIOIS"。

（1）规划设计：从客户业务战略出发，以需求为中心，参照 ITSS 对 IT 服务进行全面系统的战略规划和设计，为 IT 服务的部署实施做好准备，以确保提供满足客户需求的 IT 服务。

（2）部署实施：在规划设计基础上，依据 ITSS 建立管理体系、部署专用工具及服务解决方案。

（3）服务运营：根据 IT 服务部署情况，依据 ITSS，采用过程方法，全面管理基础设施、服务流程、人员和业务连续性，实现业务运营与 IT 服务运营的全面融合。

（4）持续改进：根据 IT 服务运营的实际情况，定期评审 IT 服务满足业务运营的情况，以及 IT 服务本身存在的缺陷，提出改进策略和方案，并对 IT 服务进行重新规划设计和部署实施，以提高 IT 服务质量。

（5）监督管理：本阶段主要依据 ITSS 对 IT 服务质量进行评价，并对 IT 服务供方的服务过程、交付结果实施监督和绩效评估。

4．ITSS 标准体系 4.0

ITSS 是依据上述原理制定的一系列标准，是一套完整的信息技术服务标准体系，包含了信息技术服务的规划设计、部署实施、服务运营、持续改进和监督管理等全生命周期阶段应遵循的标准，涉及咨询设计、集成实施、运行维护、服务管控、服务运营和服务外包等业务领域。

信息技术服务标准（ITSS）体系的提出主要从产业发展、服务管控、业务形态、实现方式、服务安全、内容特征和行业应用等 7 个方面考虑，分为基础标准、服务管控标准、服务业务标准、服务外包标准、服务安全标准、服务对象特征和行业应用标准，体系框架如图 11.9 所示。

ITSS 体系框架内容如下所述：

（1）基础标准旨在阐述信息技术服务的业务分类和服务原理、服务质量评价方法、服务人员能力要求、服务定额规范等。

第 11 章 标准化知识与 IT 服务相关标准

图 11.9　ITSS 标准体系 4.0

（2）服务管控标准是指通过对信息技术服务的治理、管理和监理活动，以确保信息技术服务的管控经济有效。阐述治理的要求、实施、指标、审计以及对数据的治理；阐述服务管理的方法、实现以及技术规范；阐述信息技术服务各个环节和层面的监理规范等。

（3）服务业务标准按业务类型分为面向 IT 的服务标准（咨询设计，集成实施和运行维护）和 IT 驱动的服务标准（云服务运营、数据服务、互联网服务），按标准编写目的分为通用要求、服务规范和实施指南等类型，其中通用要求是对各业务类型基本能力要素的要求，服务规范是对服务内容和行为的规范，实施指南是对服务的落地指导。

（4）服务外包标准是信息技术服务采用外包方式时的通用要求及规范。

（5）服务安全标准重点规定事前如何预防、事中如何控制、事后如何审计服务安全以及整个过程如何持续改进，并提出组织的服务安全治理规范，以确保服务安全可控。

（6）服务对象特征按照对象类型分为数据中心和终端。数据中心围绕数据中心的建设、运营和外部服务内容和行为进行规范；终端主要定义终端分类指南等。

（7）行业应用标准包含各行业进行定制化应用落地的实施指南和结合行业特点的相关标准。

ITSS 体系是动态发展的，与信息技术服务相关的技术和产业发展紧密相关，同时也与标准化工作的目标和定位紧密相关。

11.3.2 GB/T29264–2012

《信息技术服务 分类与代码》（GB/T29264-2012）规定了信息技术服务的分类与代码。本标准的研究成果已应用于工业和信息化部《软件产业统计制度（修订版）》及 GB/T 4754-2011《国民经济行业分类》。

标准主要内容

按照本标准内容，信息技术服务的具体分类如表 11.3 所示。

表 11.3 信息技术服务分类代码

代 码	类别名称	说 明
01	信息技术咨询服务	在信息资源开发利用、工程建设、人员培训、管理体系建设、技术支撑等方面向需方提供的管理或技术咨询评估服务
0101	信息化规划	提出行业、区域或领域的信息化远景、目标、战略和总体框架等，全面系统地指导信息化建设，以满足其可持续发展需要的咨询服务
0102	信息系统设计	基于需方的信息化规划，根据其实际业务需求，对信息系统的架构、选型和实施策略进行设计，为信息系统的开发和建设提供设计方案的服务
0103	信息技术管理咨询	协助需方提升和优化信息化管理活动的咨询服务。 包括：信息技术治理、信息技术服务管理、质量管理、信息安全管理、过程能力成熟度等咨询服务
0104	信息系统工程监理	依据国家有关法律法规、技术标准和信息系统工程监理合同，独立第三方机构提供的监督管理信息系统工程项目实施的服务。 包括：通用布缆系统工程监理、电子设备机房系统工程监理、计算机网络系统工程监理、软件工程监理、信息化工程安全监理、信息技术服务工程监理
0105	测试评估认证	具有相关资质的第三方测试评估认证机构提供的对软件、硬件、网络、质量管理、能力成熟度评估、信息技术服务管理及信息安全管理等是否满足规定要求而进行的测试、评估和认证服务
0106	信息技术培训	为开发、应用信息技术提供的培训服务。 包括：信息技术标准培训、信息技术应用培训、信息技术职业技能培训等服务。 不包括：学历教育
0199	其他信息技术咨询服务	凡属于 01 类而上述各类中未包含的服务内容可纳入此类中
02	设计与开发服务	受需方委托以承接外包的方式提供的硬件设计、软件设计和软件开发等服务
0201	硬件设计	通过承接外包的方式，向需方提供的硬件设计服务。 包括： a) 计算机系统及部件：如便携式计算机、中央处理器、电

续表

代　码	类别名称	说　明
0201	硬件设计	源、计算机网络设备等。 b）半导体及半导体生产设备：如各种型号和容量的芯片及晶圆、刻机、激光切割机等。 c）科学仪器：各种测量和检验仪器，如质谱仪、示波器、图像分析仪等。 d）其他产品：计算器、自动取款机、印刷电路、电子开关、连接装置、光缆、平板显示屏、多媒体开发工具等
0202	软件设计与开发	通过承接外包的方式，向需方提供软件体系结构设计、概要设计、详细设计、功能单元设计以及软件应用部署设计等服务，以及为需方提供计算机软件、信息系统或者设备中嵌入的软件，或者在系统集成、应用服务等技术服务时提供软件的开发服务。 包括：基础软件、支撑软件、应用软件、嵌入式软件、信息安全软件、计算机（应用）系统、工业软件以及其他软件的开发。 供方不拥有服务过程中产生的著作权
0299	其他设计与开发服务	凡属于 02 类而上述各类中未包含的服务内容可纳入此类中
03	信息系统集成实施服务	
0301	基础环境集成实施服务	为保证信息系统正常运行所必需的机房电力、空调、消防、安防等基础环境的建设提供的服务。 包括：机房电力、消防、安防等系统的集成实施
0302	硬件集成实施服务	将硬件设备（包括主机、存储、网络设备等）及其附带软件进行安装、调试的服务
030201	网络集成实施服务	将计算机网络设备中的路由器、交换机、网关、集线器、终端接入设备等实施集成的服务
030202	主机集成实施服务	将计算机设备中的巨/大/中型机、小型机、PC 服务器等实施集成的服务
030203	存储集成实施服务	将存储设备中的磁盘阵列、存储用光纤交换机、光盘库、磁带机、磁带库、网络存储设备等实施集成的服务
030299	其他硬件集成实施服务	图像及音视频设备、视频监控设备、输入输出设备、会议系统设备、硬件设备虚拟化、其他硬件设备的集成实施服务，以及其他属于 0302 类而上述各小类未包含的服务
0303	软件集成实施服务	将各个分离的软件、功能和信息等集成到相互关联的、统一和协调的平台之中的服务
030301	应用系统集成实施服务	将多应用系统间功能、流程等进行整合的服务
030302	数据（信息）集成实施服务	将不同来源、格式的数据进行整合的服务
030303	界面集成实施服务	通过统一界面实现多应用系统访问和交互的服务
030399	其他软件集成实施服务	凡属于 0303 类而上述各小类未包含的服务内容可纳入此类中

续表

代码	类别名称	说明
0304	安全集成实施服务	满足信息系统安全技术要求和安全管理要求的集成实施服务。包括： a）安全技术要求包括物理安全、网络安全、主机安全、应用安全、数据安全及备份恢复等； b）安全管理要求包括安全管理制度、安全管理机构、人员安全管理等
0305	系统集成实施管理服务	整体承担基础环境、硬件、软件、安全等的信息系统总集成实施工作而提供的服务
0399	其他信息系统集成实施服务	凡属于 03 类而上述各类中未包含的服务内容可纳入此类中
04	运行维护服务	不包括：硬件和软件产品保修期内的支持服务
0401	基础环境运维服务	对保证信息系统正常运行所必需的电力、空调、消防、安防等基础环境的运维。包括：机房电力、消防、安防等系统的例行检查及状态监控、响应支持、故障处理、性能优化等服务
0402	硬件运维服务	对硬件设备（网络、主机、存储、桌面设备以及其他相关设备等）及其附带软件的例行检查及状态监控、响应支持、故障处理、性能优化等服务
040201	网络运维服务	面向计算机网络设备的运维服务
040202	主机运维服务	面向计算机设备中的巨/大/中型机、小型机、PC 服务器等的运维服务
040203	存储运维服务	面向存储设备中的磁盘阵列、存储用光纤交换机、光盘库、磁带机、磁带库、网络存储设备等的运维服务
040204	桌面运维服务	面向台式机、便携式计算机、掌上电脑等计算机设备以及输入输出设备等的运维服务
040299	其他硬件运维服务	面向图像及音视频设备、视频监控设备、会议系统设备、终端设备、硬件设备虚拟化、其他硬件设备的运维服务，以及其他属于 0402 类而上述各小类未包含的服务
0403	软件运维服务	对软件（包括基础软件、支撑软件、应用软件等）的功能修改完善、性能调优，以及常规的例行检查和状态监控、响应支持等服务
040301	基础软件运维服务	面向操作系统、数据库系统、中间件、语言处理系统和办公软件等基础软件的运维服务
040302	支撑软件运维服务	面向需求分析软件、建模软件、集成开发环境、测试软件、开发管理软件、逆向工程软件和再工程软件等支撑软件的运维服务
040303	应用软件运维服务	面向各种应用软件的运维服务
040399	其他软件运维服务	凡属于 0403 类而上述各小类未包含的服务内容可纳入此类中
0404	安全运维服务	对信息系统提供的安全巡检、安全加固、脆弱性检查、渗透性测试、安全风险评估、应急保障等服务

续表

代码	类别名称	说明
0405	运维管理服务	整体承担基础环境、硬件、软件、安全等综合性运维而提供的管理服务
0499	其他运行维护服务	数据迁移服务、应用迁移服务、机房或设备搬迁服务等，以及其他属于04类而上述各类中未包含的服务
05	数据处理和存储服务	向需方提供的信息和数据的分析、整理、计算、存储等服务
0501	数据加工处理	向需方提供数据分析、整理、计算、编辑等加工和处理服务。包括：各种数据库活动、业务流程外包、网站内容更新、文件扫描存储等
0502	存储服务	供方根据需方需求提供的合理、安全、有效的数据保存服务。包括：以在线、离线等方式提供的数据备份、容灾等服务，以及数据中心、存储中心或灾备中心提供的数据存储、数据备份、容灾等服务
0599	其他数据处理和存储服务	凡属于05类而上述各类中未包含的服务内容可纳入此类中
06	运营服务	包括：软件运营服务、平台运营服务、基础设施运营服务等
0601	软件运营服务	向需方提供软件系统的部分或全部功能的租用服务。包括：在线企业资源规划（ERP）、在线客户关系管理（CRM）、在线杀毒等
0602	平台运营服务	向需方提供应用系统开发、测试、部署、管理等工具平台，以及业务支撑平台的租用服务。包括：在线ERP开发和部署平台、在线娱乐开发和部署平台、在线软件测试平台、电子商务平台、在线教育平台等的租用服务
0603	基础设施运营服务	向需方提供信息系统基础设施的租用服务。包括：计算资源租用服务、网络资源租用服务、存储资源租用服务、服务器托管等
0699	其他运营服务	凡属于06类而上述各类中未包含的服务内容可纳入此类中
07	数字内容服务	数字内容的加工处理，即将图片、文字、视频、音频等信息内容运用数字化技术进行加工处理并整合应用的服务。包括：数字动漫、游戏设计制作、地理信息加工处理等
08	呼叫中心服务	受企事业单位委托，利用与公用电话网或因特网连接的呼叫中心系统和数据库技术，经过信息采集、加工、存储等建立信息库，通过固定网、移动网或因特网等公众通信网络向用户提供有关该企事业单位的业务咨询、信息咨询和数据查询等服务
09	其他信息技术服务	凡属于上述各大类未包含的信息技术服务内容可纳入此类中

本标准适用于信息技术服务的分类、管理和编目；也适用于信息技术服务的信息管理、信息交换及统一核算，供科研、规划、统计等工作使用，作为各类信息技术服务信息系统进行信息交换的准则。

11.3.3 GB/T28827.1–2012

《信息技术服务 运行维护 第 1 部分：通用要求》GB/T28827.1-2012 为运行维护服务组织提供了一个运行维护服务能力模型，规定了运行维护服务组织在人员、资源、技术和过程方面应具备的条件和能力。

标准主要内容

运行维护服务是供方依据需方提出的服务级别要求，采用相关的方法、手段、技术、制度、过程和文档等，针对运行维护服务对象（应用系统、基础环境、网络平台、硬件平台、软件平台、数据等）提供的综合服务。为确保提供的运行维护服务符合与需方约定的质量要求，供方应具备实施运行维护服务的基本条件和能力。本标准提出了通用运维服务能力模型、关键要素、指标、管理原则等内容。

1. 通用运行维护服务能力模型

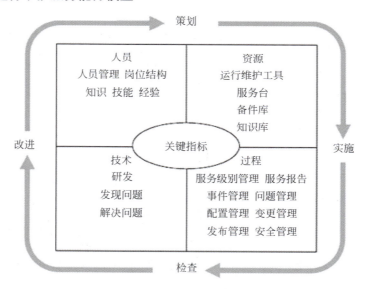

图 11.10 运行维护服务能力模型

2. 要素

模型给出运行维护服务能力的四个关键要素：人员、资源、技术和过程，每个要素通过关键指标反映运行维护服务的条件和能力。这四个要素间的相互关系为：在供方范围内，人员利用资源和运用技术，按照既定的过程为需方提供信息技术运行维护服务。

3. 关键指标

关键指标是运行维护服务所涉及到的核心能力参数，在本部分中主要体现在人员、资源、技术、过程四个方面，并应用于供方的运行维护服务能力评价。

4. 管理原则

在运行维护服务提供过程中,供方通过策划、实施、检查和改进实现运行维护服务能力的持续提升。

本标准适用于:

(1)计划提供运行维护服务的组织建立运行维护服务能力体系。
(2)运行维护服务供方评估自身条件和能力。
(3)要求供应链中所有运行维护服务供方具备一致的条件和能力的组织。
(4)运行维护服务需方评价和选择运行维护服务供方。
(5)第三方评价和认定运行维护服务组织能力。

11.3.4 GB/T28827.2–2012

《信息技术服务 运行维护 第 2 部分:交付规范》GB/T28827.2-2012 给出了运维服务供需双方从服务级别协议签署到结束的过程中,对交付管理的策划、实施、检查和改进方面提供的原则框架,以及对交付内容、交付方式、交付成果给出的指导建议。本标准除了为运维服务需方和供方提供参考依据外,还可以为运维服务质量的评估、审计人员提供指南。

标准主要内容

供方根据对服务级别协议需求的理解,通过交付过程的策划、实施、检查和改进四个关键环节的管理,以现场或远程交付方式为手段,向需方提供满足服务级别协议的交付内容和交付成果。

运维服务交付规范的框架如图 11.11 所示。

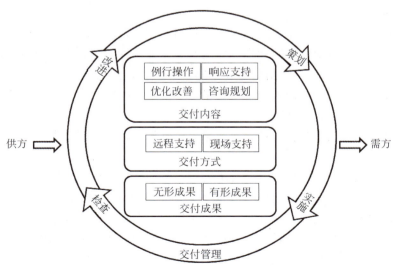

图 11.11 运维服务交付规范框架

（1）交付管理，供需双方通过对服务交付的策划、实施、检查和改进以保障服务级别协议的达成。

（2）交付内容，供方根据服务级别协议要求，向需方提供的例行操作服务、响应支持服务、优化改善服务和咨询评估服务。

（3）交付方式，供方根据服务级别协议要求，采用现场支持和远程支持方式向需方提供服务。

（4）交付成果，供方根据服务级别协议要求，向需方提供的无形和有形的交付成果。

本标准适用于：

（1）使需方和供方对运维服务交付标准达成一致。

（2）为需方和供方提供运维服务交付的最佳实践和质量评估依据。

11.3.5　GB/T28827.3–2012

《信息技术服务 运行维护 第3部分：应急响应规范》GB/T28827.3-2012规定了应急响应的基本过程和管理方法，包括应急准备、监测与预警、应急处置和总结改进等内容。

标准主要内容

本标准将运行维护服务中应急响应过程划分为四个主要阶段：应急准备、监测与预警、应急处置和总结改进。

应急响应各阶段的工作内容如下。

（1）应急准备阶段的工作包括：组建应急响应组织，确定应急响应制度，系统性识别运行维护服务对象及运行维护活动中可能出现的风险，定义应急事件级别，制定预案，开展培训和演练。

（2）监测与预警阶段的工作包括：进行日常监测，及时发现应急事件并有效预警，进行核实和评估，以规定的策略和程序启动预案，并保持对应急事件的跟踪。

（3）应急处置阶段的工作包括：采取必要的应急调度手段，基于预案开展故障排查与诊断，对故障进行有效、快速的处理与恢复，及时通报应急事件，提供持续性服务保障，进行结果评价，关闭事件。

（4）总结改进阶段的工作包括：对应急事件发生原因、处理过程和结果进行总结分析，持续改进应急工作，完善信息系统。

在应急管理工作中，应将信息系统所支撑业务的数据采集、使用和管理纳入应急响应过程中。在应急准备阶段，结合业务领域突发事件级别和运维活动中的应急事件级别，制定总体应急预案，开展培训和演练。在监测与预警阶段，从运行维护对象和数据两个角度开展监测预警。在应急处置阶段，根据业务数据变化情况采取相应措施。在总结改进阶段，也应该对业务数据采集、使用和管理体系进行完善。

在上述四个阶段中，每个阶段都包括若干重点任务，这些任务覆盖了日常工作、故障响应和重点时段保障等不同类型的活动。表 11.4 描述了不同类型活动与重点任务的基本对应关系。

表 11.4 不同类型活动与重点任务的基本对应关系

主 要 阶 段	重 点 任 务	日 常 工 作	故 障 响 应	重点时段保障
应急准备	建立应急响应组织	√		
	制定应急响应方针	√		
	风险评估与改进	√		
	划分应急事件级别	√		
	预案制定	√		√
	培训与演练	√		√
监测与预警	日常监测与预警	√	√	√
	核实与评估		√	√
	预案启动		√	√
应急处置	应急调度		√	√
	排查与诊断		√	
	处理与恢复		√	
	事件升级		√	√
	持续服务		√	√
	事件关闭		√	√
总结改进	应急事件总结		√	√
	应急体系的保持		√	√
	应急工作的改进	√	√	√

本标准适用于：

（1）指导在经济建设、社会管理、公共服务以及生产经营等领域重要信息系统运行维护服务中的应急响应实施和管理。

（2）组织为满足应急响应实施需要而开展的信息系统完善和升级改造工作。

11.3.6 SJ/T11564.4–2015

《信息技术服务 运行维护 第 4 部分：数据中心规范》SJ/T11564.4-2015 通过例行操作、响应支持、优化改善、调研评估四种服务类型对数据中心运维对象提供服务，以保证数据中心连续、稳定、高效及安全的运行。

标准主要内容

本标准定义了数据中心运维服务对象与服务类型、运维服务策略、运维服务内容及服务报告，为数据中心运维服务提供标准支撑。

1. 服务对象与类型

服务对象与类型的关系如图 11.12 所示。

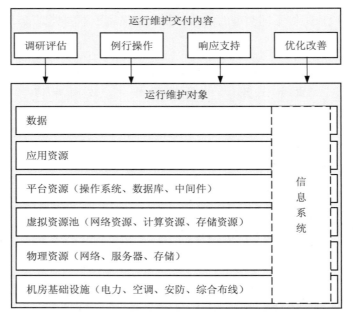

图 11.12 服务对象与交付内容的关系

服务对象：根据数据中心的特点，数据中心的服务对象分为机房基础设施、网络及网络设备、服务器及存储、软件、数据五类。

交付内容：包括例行操作、响应支持、优化改善和咨询评估四类服务作业过程。

2. 运维服务基本目标

本标准定义的运维服务基本目标包括以下四方面：

（1）及时：供方应采取适当的手段确保提供满足 SLA 时间指标要求的运维服务。

（2）规范：供方应建立适当的服务管理过程、服务活动指导文件或实施规则，以保证服务过程的规范运作。

（3）安全：服务的供、需双方应采取各种安全手段或措施，有效控制数据中心运维服务的各个环节，保护数据中心运维服务中的物理安全、网络安全、系统安全、应用安全和数据安全。

（4）可用：供方应采取适当措施，确保按服务协议提供长期、持续的优质服务，保持服务对象符合 SLA 的可用性要求。

3. 运维服务内容

本标准定义的运维服务内容包括机房基础设施、网络及网络设备、服务器及存储、数据库、中间件、数据、应用软件。

（1）基本活动包括例行操作、响应支持、优化改善和咨询评估。

- 例行操作包括：监控、预防性检查、常规作业。
- 响应支持：事件驱动响应、服务请求响应。

- 优化改善：适应性改进、增强型改进、预防性改进。
- 咨询评估：包含空调、供配电设备等的建议。

（2）运维服务报告

运维服务实施中，供方应按要求进行服务报告编制、提交。服务报告通常分为常规报告、事件报告和专题报告三类。

本标准适用于：

（1）供方设计和交付数据中心运行维护服务产品。

（2）供方或需方设计和开发数据中心运行维护系统。

（3）需方管理供方的数据中心运行维护服务交付内容。

11.3.7　SJ/T11445.2–2012

在服务外包行业，数据保护已成为离岸外包的贸易壁垒。欧盟已制定了相关法律保护欧洲经济共同体内数据的合法、有序流动，并对向欧盟以外的国家传输数据，制定了严苛的规则，如与美国的"安全港协议"；日本则以法律与行业自律相互救济的方式保护数据，并采用 P-MARK 认证机制保证企业相应管理体系的充分、有效。我国要大力发展服务外包产业，需要制定一套符合国际标准的数据保护标准。《信息技术服务 外包 第 2 部分：数据（信息）保护规范》SJ/T11445.2-2012 提出了数据保护的整体框架和规则，规定了个人信息保护、商业数据保护相关术语和定义、数据保护原则、数据主体权利、数据管理者的权利和义务、数据保护体系的建立和实施等基本规则和要求。

标准主要内容

1. 数据保护原则

本标准应遵循目的明确、权利限制、数据质量、使用限制、安全保障以及责任等相关原则。

2. 数据主体权利

数据主体应享有数据的知情权、支配权以及疑义和反对的权利。

3. 数据管理者责任和义务

数据管理者应保障和维护数据主体的权益，收集目的明确，并负有告知、质量保证、安全和保密等相关责任和义务。

4. 数据保护体系

包括数据保护方针、管理机制、保护机制、安全机制、过程改进机制等。

（1）数据保护方针指数据管理者应基于实际情况，依据国家相关法规、标准的原则和措施，以简洁、明确的语言阐述、公示，以指导数据保护工作。

（2）管理机制指数据管理者应制定实施数据保护体系应遵循的规章和制度，包括基本规章和适用于各从属机构、部门特点的管理细则，并切实执行。

（3）安全机制指包括风险管理、物理环境管理、工作环境管理、网络行为管理、信息安全管理、存储管理、使用管理、备份和恢复、人员管理、备案管理。

（4）过程改进机制包括监察内审、持续改进。

本标准适用于信息技术服务外包组织中数据（个人信息、商业数据）的保护，为个人信息保护、商业数据保护提供基本的规则和要求，以构建数据保护体系。本标准还可为服务外包企业建立数据保护机制提供可供参考的依据，提高其数据保护能力和数据安全规范管理水平和质量，最大程度降低因偶然的或者恶意的原因，遭到破坏、篡改、泄露、窃取。

11.3.8 SJ/T11565.1–2015

本标准提出了信息技术咨询服务模型、关键要素以及提供信息技术咨询服务的各类组织在这些要素方面应具备的条件和能力。本部分旨在为信息技术咨询服务供方提供评价自身能力的依据；为信息技术咨询服务需方提供评价供方的依据；为第三方提供评价信息技术咨询服务供方能力的依据。

咨询关键要素

流程、人员、方法、资源作为咨询的关键要素在咨询服务模型中进行体现，每个要素通过关键指标反映应具备的条件和能力。模型的各组成要素反映了供方基于资源、组织人员、利用方法，按照一定的流程为需方提供咨询服务。要素可用于评价或选择咨询服务供方。

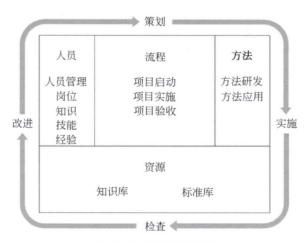

图 11.13 咨询服务模型

（1）人员：提供咨询服务的专业人员，包括人员管理、岗位、技能、知识等。

（2）过程：提供系统建设咨询所需建立的服务过程，包括前期准备、项目启动、管理诊断、规划设计、集成实施、成果确认及交付等。

（3）方法：在提供咨询服务过程中运用的咨询架构和方法，包括咨询规划方法、参考架构模型、咨询评价方法等。

（4）资源：支持咨询规划和实施所必需的资源，包括知识库、标准库等。

本标准适用于：

（1）计划提供信息技术咨询服务的组织，建立能力体系。

（2）信息技术咨询服务供方评价自身能力。

（3）信息技术咨询服务需方评价供方。

（4）第三方评价信息技术咨询服务供方能力。

11.3.9　SJ/T11435–2016

《信息技术服务 服务管理 技术要求》SJ/T11435-2016 给出通用的 ITSM 工具功能及技术要求，提出满足客户业务需求的 IT 服务管理所需的 ITSM 工具的基本功能、高级功能等。主要提出包括对服务台、事件管理、问题管理、配置管理、变更管理、发布管理、服务级别管理、可用性管理、能力管理、连续性管理等具体的功能要求，并包含 ITSM 工具的体系结构、功能要求、接口要求、技术要求等规范，重点对客户所需的 ITSM 各流程的基本功能、高级功能、可选功能要求进行说明。

标准主要内容

1. 管理信息流

信息技术服务管理的对象是信息技术服务，实施管理的目的是确保提供符合服务级别协议的服务。信息技术服务管理需要保障相关管理信息流能够在管理对象与管理主体之间有效流动，令管理主体能够获得对象的相关信息，做出响应，确保服务级别协议的达成。在管理主体与管理对象之间的管理信息流可被分为支持流与管控流两种，如图 11.14 所示。

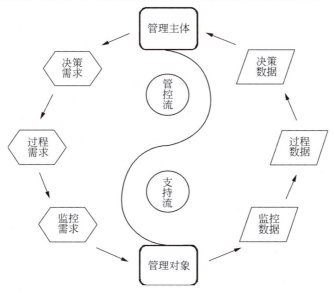

图 11.14　信息技术服务管理信息流向图

信息技术服务管理的核心技术包括监控管理技术、过程管理技术和决策支撑技术。提出这些技术要求的目标是确保信息技术服务管理中的管理信息流能够：
（1）不同层次间存在互相支撑的信息流动。
（2）正确的信息流动到正确的层次。
（3）通过管理信息流能够让所有层次相互协调，协同工作。

管理信息流框架图能够说明管理信息如何流动，能够确保所有层次协同工作。

2. 总体框架

信息技术服务管理技术要求总体框架（如图 11.15 所示）说明了在信息技术服务管理中涉及要素之间的关系：
（1）管理主体通过管理过程对管理对象实施管理。
（2）管理过程包括监控管理、过程管理和决策支撑。
（3）管理主体包括需方与供方。
（4）管理对象包括资源对象、人员对象和过程对象。

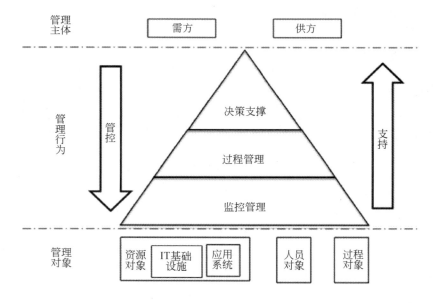

图 11.15　信息技术服务管理技术要求总体框架图

信息技术服务管理主体包括需方和供方。信息技术服务管理对象包括资源对象、人员对象和过程对象。资源对象包括 IT 基础设施和应用系统，人员对象是指服务的执行人员，过程对象是指事件、问题、变更、配置和发布管理过程。管理行为包括监控管理、过程管理和决策支撑。

信息技术服务管理宜从监控管理、过程管理和决策支撑三个层面构建信息技术服务管理技术要求。

（1）监控管理：监控管理面向管理对象和过程管理，目的是明确信息技术服务管理目标，并向上层过程管理传递管理对象相关状态信息，是信息技术服务管理的基础。其技术要求包括管理对象信息的采集、存储和传输。

（2）过程管理：过程管理负责服务过程的控制和执行，是信息技术服务管理的核心。其技术要求包括过程控制活动、关键指标的获取、过程间的信息交互和过程流转。

（3）决策支撑：决策支撑面向过程管理和管理主体，通过对过程管理的关键指标和交互信息进行统计分析，归结出相关评价数据，提供给管理主体完成决策；对过程管理提供指导，实现信息技术服务的持续改进，是信息技术服务管理的目标体现。其技术要求包括通过服务运营水平和服务运营要素的分析获得关键管理指标，帮助服务管理形成质量评价与财务评价，产生过程改进决策。

3. 信息接口技术要求

从标准实施的角度出发，接口仅涉及数据集成接口，对不同层次间的集成数据提出了要求，没有要求具体的实现方法。

接口包括两个层次：

（1）监控管理与过程管理之间的信息交互。

（2）过程管理向决策支撑的信息传递。

监控管理与过程管理间接口对三种接口作了规范：双向配置接口、从监控到过程的单向告警和性能接口。

过程管理与决策支撑之间对十种接口作了规范：事件信息传递接口、问题信息传递接口、变更信息传递接口、发布信息传递接口、服务级别信息传递接口、可用性信息传递接口、能力信息传递接口、持续性信息传递接口、业务关系信息传递接口和服务台信息传递接口。

本标准适用于：

（1）为供方提供一个参考依据来指导其信息技术服务管理，并为需方提供依据来选择和评价供方的服务管理能力和水平。

（2）为供方提供一个实施指南来指导其信息技术服务管理。

（3）指导供方开发信息技术服务管理工具、需方选择信息技术服务管理工具、第三方机构测试信息技术服务管理工具。

11.3.10　SJ/T11623–2016

《信息技术服务　从业人员能力规范》SJ/T11623-2016 是信息技术服务职业能力管理的基本准则，是科学化、规范化、专业化的职业能力管理标准。

该标准是以职业活动为导向、以职业技能为核心，依据相关的国际、国内标准、法规,参照国际、国内通行的职业能力标准,构建信息技术服务行业职业技能标准体系。

1. 标准架构

该标准是泛指信息技术服务业的职业能力标准。信息技术服务业的职业种类因工作类型的不同,纷繁复杂,各具不同的工作性质。但是,各个不同的职业种类,具有一些相同的共性,职业技能的规范化、科学化、专业化和标准化,应制定统一的规则。

该标准规范了信息技术服务从业人员职业能力的共性,制定了各个不同职业种类应遵循的同一的规则和依据,保证了信息服务业职业技能要求的关联性和持续性,并分别根据各个职业种类不同的特点、市场需求和职业发展情况,定义了相应的知识、技能和经验等应遵循的准则。

2. 能力模型

该标准依据信息技术服务行业发展的要求,将信息技术服务从业人员能力划分为知识、技能和经验三个维度,如图 11.16 所示。

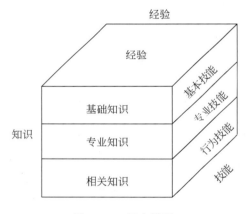

图 11.16 能力模型

其中,知识包括:基础知识、专业知识和相关知识,技能包括基本技能、专业技能和行为技能。

3. 职业种类

职业种类是制定该标准的基础。职业种类具有工作性质的同一性,然而,信息技术服务业职业种类纷繁复杂,在发展过程中不断分化、融合。职业种类划分并没有权威的、统一的标准,国内信息技术服务业的发展,具有鲜明的中国特色。职业种类的划分,应该既符合中国的职业特点,又与国际发展相接轨,标准结合了 GB/T29264-2012《信息技术服务 分类与代码》中相应信息技术服务业务的划分,将职业种类分为 9 个大类,如表 11.5 所示。

表 11.5 职业种类

序号	职业种类	序号	职业种类
01	信息技术咨询服务	06	运营服务
02	设计与开发服务	07	数字内容服务
03	信息系统集成实施服务	08	呼叫中心服务
04	运行维护服务	09	其他信息技术服务
05	数据处理和存储服务		

4. 职业等级

人社厅发[2012]72 号《国家职业技能标准编制技术规程》将职业资格分为 5 个等级，规程更多地从技术工人的能力水平出发，考虑了技工层面的职业等级划分，而该标准根据我国信息技术服务行业特点、市场需求、职业种类的不同，以及知识、技能和经验的不同要求，将职业资格划分为 6 个等级，更加突出了信息技术服务从业人员高技术、高创新性的特点，强调了高级技术从业人员（高级架构设计、高级项目经理等）对于信息技术服务行业的重要性和引领作用。基于职业能力标准，通过客观公正、科学规范的评价和鉴定从业人员的能力水平，并授予合格者相应的职业资格等级。该标准职业等级划分如表 11.6 所示。

表 11.6 职业等级划分

职业等级	等级要求
6 级（高级）	能运用职业种类所需的知识和技能，独立完成高度复杂的工作，精通关键的专业技能，并在专业技能方面有革新，能够在专业领域内提供有效的专业技能指导，具有相当丰富的工作经验
5 级（高级）	能运用职业种类所需的知识和技能，独立完成复杂的工作，掌握关键的专业技能，并在专业技能方面有一定创新，能够在专业领域内提供一定的专业技能指导，具有丰富的工作经验
4 级（中级）	能运用职业种类所需的知识和技能，独立完成较为复杂的工作，具备指导他人工作的能力，具有一定的工作经验
3 级（中级）	能运用职业种类所需的知识和技能，独立完成所承担的工作，具有一定的工作经验
2 级（初级）	能运用职业种类所需的知识和技能，在他人的指导下完成所承担的工作，并具有一定独立工作能力，具有一定的实践经历
1 级（初级）	能运用职业种类所需的知识和技能，在他人的指导下完成所承担的工作

5. 能力评价

能力评价是组织及第三方机构对信息技术服务从业人员职业能力水平的考核活动。该标准根据职业特点，确定了职业能力评价的内容为知识、技能和经验的测量和评价，并根据不同职业种类及职业特点，分别采用考试（包括知识考试、技能考试）、履历鉴定和面试等考核方法，评估和判断职业能力水平。

6. 人员培养

该标准围绕信息技术服务从业人员的职业能力要求明确了培养内容、方式及阶段，并根据不同职业能力发展阶段提出了从业人员能力培养地图，如图 11.17 所示，为组织或处于不同阶段的人员提供了能力培养的路径和指导。

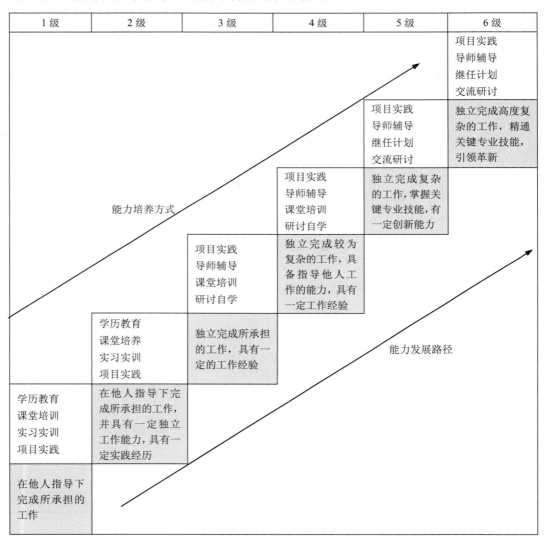

图 11.17 从业人员能力培养地图

7. 方法学的实践推广

该标准围绕信息技术服务从业人员的职业能力需要，提出了职业种类、能力标准、能力评价方法和能力培养模式等方法学,同时以附录等方式对方法学在组织内的落地实施予以指导,使组织能够更加有效地依据本标准构建体系、实施评价和发展能力。

11.3.11　ITSS 运维能力成熟度模型

ITSS 运维服务能力成熟度模型的建立,参考了信息技术服务领域有关成熟度的各类模型,它是反映运维服务能力水平的框架。该模型按照运维服务组织能力建设和管理的发展历程,定义了逐步进化的四个等级,自低向高分别为基本级、拓展级、改进(协同)级和提升(量化)级。每个能力成熟度等级都由能力管理和能力四要素(人员、过程、技术和资源)组成,随着能力成熟度等级自低向高的提升,对这五方面的实施程度也规定了逐步提高的管理要求,如图 11.18 所示。

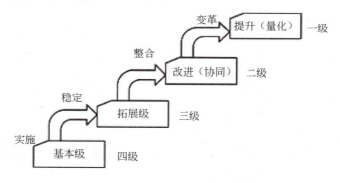

图 11.18　ITSS 运维服务能力成熟度模型框架

成熟度等级的设定表明,运维服务能力水平的提升是通过渐进的方式实现的,较高的成熟度等级涵盖了低等级的全部要求,成熟度等级不可跨级,即较高的成熟度等级必然以低成熟度等级为基础。

运维服务能力成熟度的基本级和拓展级以 GB/T 28827.1—2012《信息技术服务　运行维护　第 1 部分:通用要求》为基础提出成熟度要求。运维服务组织通过改进服务能力管理水平,达到基本级和拓展级要求,表明该组织的运维服务能力管理已达到基础成熟度水平。运维服务能力成熟度的改进(协同)级和提升(量化)级,模型以 GB/T 28827.1—2012《信息技术服务　运行维护　第 1 部分:通用要求》为基础并融合运维系列标准扩展了能力管理要素。运维服务组织基于业务发展的需要达到改进(协同)级和提升(量化)级,表明其运维服务能力管理已达到较高的成熟度水平。运维服务能力成熟度模型在实践中为运维服务组织持续深化服务能力建设,提供了路线图和方法论。

ITSS 运行维护服务能力成熟度模型作为我国自主研发的管理理论和最佳实践集合,针对 IT 服务的能力管理、人员、过程、资源和技术等方面进行了规范和引导。该模型于 2015 年 2 月正式发布,同时中国电子工业标准化技术协会信息技术服务分会发文,从 2015

年 3 月 1 日起，开展 ITSS.1—2015《信息技术服务 运行维护 服务能力成熟度模型》的应用工作，以及针对运维服务供方开展的符合性评估工作。

【练习题】

一、单项选择题

1. 《信息技术服务 运行维护 第 3 部分：应急响应规范》GB/T28827.3-2012 规定了运维服务中应急响应的四个环节：应急准备、检测与预警、（　　）、总结改进。

   A．风险规避　　　B．应急处置　　　C．紧急处理　　　D．风险接受

2. 《信息技术服务 从业人员能力规范》SJ/T11623-2016 根据从业人员的知识、技能和经验的不同要求，将职业资格划分为（　　）个等级。

   A．3 个　　　B．4 个　　　C．5 个　　　D．6 个

3. 国家信息技术服务标准（ITSS）中提出的 IT 服务四要素包括（　　）。

   A．人员、过程、质量、技术
   B．人员、容量、质量、技术
   C．人员、过程、技术、资产
   D．人员、资源、技术、过程

4. 根据《信息技术服务 分类与代码》GB/T29264-2012 中所定义的信息技术服务的分类，面向计算机网络设备的运维服务应属于（　　）。

   A．基础环境运维　　　　　　　B．硬件运维
   C．安全运维　　　　　　　　　D．其他运维

5. 国家标准的制定有一套正常程序，分为（　　）。

   A．预阶段、立项阶段、起草阶段、征求意见阶段、审查阶段、批准阶段、出版阶段、复审阶段以及废止阶段。
   B．预阶段、立项阶段、起草阶段、征求意见阶段、审查阶段、批准阶段、出版阶段。
   C．立项阶段、起草阶段、征求意见阶段、审查阶段、批准阶段、出版阶段、复审阶段以及废止阶段。
   D．起草阶段、征求意见阶段、审查阶段、批准阶段、出版阶段、复审阶段以及废止阶段。

【参考答案】：B D D B A

第 12 章　职业素养与法律法规

IT 服务的广泛应用不仅带来了方便，也带来了风险。这些风险是在规则不健全的情况下滥用信息技术造成的，这是 IT 服务面临的挑战。为了应对这一挑战，越来越多的规则被制定出来。这些规则主要是法律法规，当然还有一些共识，如职业素养等。

12.1　职业素养

12.1.1　职业道德

职业道德是所有从业人员在职业活动中应该遵循的行为准则，是社会上占主导地位的道德或阶级道德在职业生活中的具体体现，是人们在履行本职工作中所遵循的行为准则和规范的总和，它涵盖了从业人员与服务对象、职业与职工、职业与职业之间的关系。

通常，职业道德的含义包括以下 8 方面：
（1）职业道德是一种职业规范，受社会普遍的认可。
（2）职业道德是长期以来自然形成的。
（3）职业道德没有确定形式，通常体现为观念、习惯、信念等。
（4）职业道德依靠文化、内心信念和习惯，通过员工的自律实现。
（5）职业道德大多没有实质的约束力和强制力。
（6）职业道德的主要内容是对员工义务的要求。
（7）职业道德标准多元化，不同企业可能具有不同的价值观。
（8）职业道德承载着企业文化和凝聚力，影响深远。

12.1.2　行为规范

行为准则从其对职业的责任和对客户及公众的责任两方面来规定。

1. 职业责任

（1）应遵守相关组织如甲方、乙方或业内共识的制度和政策。
（2）在合理和清楚的事实基础上，报告他人在项目管理方面可能违反行为准则的情况，检举和举报违反职业道德的行为。
（3）有责任向客户、用户、供应商说明可能潜在的利益冲突或明显不恰当的重大情况。
（4）在职业实践中，应该准确、真实地提供关于资格、经验和服务绩效的信息，并应在提供项目管理服务时，遵守所在地的有关项目管理实践的相关法律、规章和道德标准。

（5）在职业发展中，应认可和尊重他人开发或拥有的知识产权，以准确、真实和完整的方式在所有与项目有关的各项活动中遵守规则，并推动和支持向其同行宣传 IT 服务经理职业行为准则。

2. 对客户和公众的责任

（1）应真正具备专业服务的资格、经验和技能。这包括在投标书、广告、说明书及相关资料中向项目干系人提供准确而真实的陈述。

（2）满足项目管理的目标。

（3）维护和尊重在项目管理活动中获得的或者负有明确义务的敏感信息的保密。

（4）在发生利益冲突和其他被禁止的职业行为的情况下，应确保利益冲突既不会损害客户或用户的合法利益，也不会影响或妨碍职业判断。

（5）不提供或接受涉及个人利益的不恰当的付款、礼品或其他形式的补助。

12.2 法律法规

12.2.1 法律概念

狭义的法律是指拥有立法权的国家机关，依照一定的立法程序，制定和颁布的规范性文件；广义的法律是指法的整体，包括法律、有法律效力的解释及其行政机关为执行法律而制定的规范性文件。

法律通常规定社会政治、经济和其他社会生活中最基本的社会关系或行为准则。

一般来说，法律的效力仅低于宪法，其他一切行政法规和地方性法规都不得与法律相抵触，凡有抵触，均属无效。

12.2.2 法律体系

我国的法律体系是以宪法为核心，以法律为主干，包括行政法规、地方性法规等规范性文件在内，由 7 个法律部门、3 个层次法律规范构成的中国特色社会主义法律体系。涵盖宪法及宪法相关法、民商法、行政法、经济法、社会法、刑法、诉讼及非诉讼程序法 7 个法律部门。3 个层次法律规范是指法律、行政法规，地方性法规，以及自治条例和单行条例 3 个位阶的规范性文件。

12.2.3 诉讼时效

刑事诉讼中所称的"追诉时效"，是指法律规定的对犯罪分子追究刑事责任的有效期限。超过追诉期限的，就不再追究刑事责任；已经追究的，应当撤销案件，或者不起诉，或者终止审理。民事诉讼中称为诉讼时效。

1. 民事诉讼时效

诉讼时效，是指民事诉讼中权利人请求人民法院保护自己的合法民事权益的法定期限。超过了诉讼时效，虽可提起诉讼，但所主张的权利不受法律保护。诉讼时效分一般诉讼时效和特殊诉讼时效。一般诉讼时效是在一般情况下普遍适用的诉讼时效。根据民法通则第 135 条的规定，享有民事权利的人在知道自己权利受到侵害的两年之内，就应当向人民法院提起诉讼，逾期后，其民事权利将不受法律保护。特殊诉讼时效是针对某些特殊的民事法律关系所规定的时效期间，分短期诉讼时效、长期诉讼时效和最长诉讼时效。

民法通则第 137 条规定了最长诉讼时效期间为 20 年。最长诉讼时效的期间从权利被侵害时开始计算，即使权利人不知道自己的权利被侵犯，人民法院也只在 20 年的期限内予以保护。

2. 刑事追诉时效

我国《刑法》第 87 条规定，犯罪经过下列期限不再追究：

（1）法定最高刑不满 5 年有期徒刑的，经过 5 年。

（2）法定最高刑为 5 年以上不满 10 年有期徒刑的，经过 10 年。

（3）法定最高刑为 10 年以上有期徒刑的，经过 15 年。

（4）法定最高刑为无期徒刑、死刑的，经过 20 年。如果 20 年以后认为必须追诉的，要报请最高人民检察院核准。

行政诉讼起诉期限是指公民、法人或其他组织（统称行政相对人）认为自己的合法权益受到具有国家行政职权的机关、机构、组织及其工作人员具体行政行为的侵害，依法向人民法院提起行政诉讼请求保护其合法权益的法定期限。《行政诉讼法》第 39 条规定：公民、法人或者其他组织直接向人民法院提起诉讼的，应当在知道做出具体行政行为之日起 3 个月内提出。法律另有规定的除外。

12.2.4 常用的法律法规

1. 合同法

合同法是《中华人民共和国合同法》的简称。合同是平等主体的自然人、法人、其他组织之间设立、变更、终止民事权利义务关系的协议。

合同法是一部规范合同的订立、效力、履行、变更和转让、权利义务终止、违约责任的法律。

2. 招投标法

招投标法是《中华人民共和国招标投标法》的简称。招投标法是规范招投标活动的一部法律，它规范了招标、投标、开标、评标和中标活动。招投标法明确了招投标活动中的相关法律责任。

3. 著作权法

著作权法是《中华人民共和国著作权法》的简称。著作权法明确了什么是作品、适用范围、著作权、著作权许可使用和转让合同。著作权法也规范了涉及著作权的出版、表演、录音录像和播放活动，还规定了相关的法律责任和执法措施。

4. 政府采购法

政府采购法是《中华人民共和国政府采购法》的简称。政府采购法以立法的方式强制规定了有关政府采购的相关活动，该法明确了政府采购当事人、政府采购方式、政府采购程序、政府采购合同、质疑与投诉、监督检查以及法律责任。

5. 劳动法

《劳动法》是国家为了保护劳动者的合法权益，调整劳动关系，建立和维护适应社会主义市场经济的劳动制度，促进经济发展和社会进步，根据宪法而制定颁布的法律。从狭义上讲，我国《劳动法》是指1994年7月5日八届人大通过，1995年1月1日起施行的《中华人民共和国劳动法》；从广义上讲，《劳动法》是调整劳动关系的法律法规，以及调整与劳动关系密切相关的其他社会关系的法律规范的总称。其内容主要包括：劳动者的主要权利和义务；劳动就业方针政策及录用职工的规定；劳动合同的订立、变更与解除程序的规定；集体合同的签订与执行办法；工作时间与休息时间制度；劳动报酬制度；劳动卫生和安全技术规程等。

6. 知识产权法

知识产权法是指因调整知识产权的归属、行使、管理和保护等活动中产生的社会关系的法律规范的总称。知识产权法的综合性和技术性特征十分明显，在知识产权法中，既有私法规范，也有公法规范；既有实体法规范，也有程序法规范。但从法律部门的归属上讲，知识产权法仍属于民法，是民法的特别法。民法的基本原则、制度和法律规范大多适用于知识产权，并且知识产权法中的公法规范和程序法规范都是为确认和保护知识产权这一私权服务的，不占主导地位。

12.2.5 刑法修正案（七）

随着科技的发展与网络信息技术等的普及，利用信息技术侵犯公民个人权利和扰乱经济活动秩序的事件时有发生。这些行为将影响信息化的进程，甚至影响国家安全和社会稳定。

为了解决这些问题，2009年2月全国人大常委会通过了《中华人民共和国刑法修正案（七）》，此后，"两高"研究室共同对其涉及的罪名适用问题进行了研究，经过多次征求意见、反复修改形成一致认识。经2009年9月21日最高人民法院审判委员会第1474次会议、2009年9月28日最高人民检察院第十一届检察委员会第20次会议审议通过，

《最高人民法院、最高人民检察院关于执行<中华人民共和国刑法>确定罪名的补充规定（四）》于 2009 年 10 月 16 日公布施行。

其中，"出售、非法提供公民个人信息罪"和"非法获取公民个人信息罪""非法获取计算机信息系统数据、非法控制计算机信息系统罪"和"提供侵入、非法控制计算机信息系统程序、工具罪"，就是为了打击利用信息技术进行违法犯罪所设立的罪名。

第 13 章 专 业 英 语

13.1 服务（Service）

为满足顾客的需要，供方和顾客之间接触的活动以及供方内部活动所产生的结果。包括供方为顾客提供人员劳务活动完成的结果；供方为顾客提供通过人员对实物付出劳务活动完成的结果；供方为顾客提供实物使用活动完成的结果。（GB/T 15624.1-2003 服务标准化工作指南 第 1 部分 总则）

Results produced from activities between the supply-side and customers and within the supply-side, in order to meet customer needs, including results from the supply-side providing personnel labor activity to the customer, results from the supply-side providing personnel labor activity of material objects to the customer, and results from the supply-side providing utility activity of material objects to the customer. （GB/T 15624.1-2003 ***Guidelines for standardization of Service, Part one General Provisions***）

13.2 信息技术（Information Technology）

用于管理和处理信息所采用的各种技术的总称，主要应用计算机科学和通信技术来设计、开发、安装和实施信息系统及应用软件。IT 也常被称为信息和通信技术，主要包括计算机技术、通信技术和传感技术。

A generic term for an assortment of technologies used in information management and processing, mainly utilizing computer science and communication technology to design, develop, install and implement information system and application software. IT is also frequently referred to as information and communication technology, including computer technology, communication technology and sensor technology.

13.3 信息技术服务（Information Technology Service）

供方为需方提供如何开发、应用信息技术的服务，以及供方以信息技术为手段提供支持需方业务活动的服务。（GB/T 29264-2012 信息技术服务 分类与代码）

注 1：主要表现为面向信息技术的服务和基于信息技术的服务。

注 2：依赖于 IT 或要求掌握与 IT 相关的管理、设计、开发、集成实施、运维等技术、方法或手段，以满足客户应用需求为目标，面向信息系统全生命周期各个环节提供的有关设计、开发、集成实施、运维服务，或面向客户业务运营需求、以 IT 为手段、提供支撑业务流程活动的运营服务。

The supplier provides to the demander services in regards to how to develop and apply information technology, as well as support to its business activities via means of information technology. [GB/T 29264-2012 *IT Service classification and codes*]

Note1: Mainly represented by IT-oriented service and IT-based service

Note2: Dependent on IT or mastery of technology, means, or methods of IT-related management, design, development, integration and implementation, operation and maintenance etc., aimed at satisfying customer's application needs, providing service of design, development, integration implementation, operation and maintenance etc., towards various links of a full information system life cycle; or providing operation and management service of supporting business process activities, via means of IT, towards customer's service operation needs.

13.4　信息系统（Information System）

信息系统是由计算机硬件、网络和通信设备、计算机软件、信息资源、信息用户和规章制度组成的以处理信息流为目的的人机一体化系统。

Information system is a human-machine integrative system composed of computer hardware, network and communication equipment, computer software, information resources, information users and regulations and rules, with a purpose of processing information data.

13.5　业务流程（Business Process）

业务流程是为达到特定的价值目标而由不同的人分别共同完成的一系列活动。活动之间不仅有严格的先后顺序限定，而且活动的内容、方式、责任等也都必须有明确的安排和界定，以使不同活动在不同角色之间进行流转成为可能。

Business process is a series of activities completed by different personnel, respectively doing their tasks, in order to achieve specific value objectives. There are not only strict sequential limits among these activities, but their contents, methods, and responsibilities all require explicit arrangement and definition, to enable possible transfer of different activities in many roles.

13.6　面向信息技术的服务（IT-Oriented Service）

以咨询培训、集成开发以及运行维护等方式，提供对信息系统的建设与支撑服务。

Utilizing methods of consultancy and training, integrated development, and operation and maintenance etc., to provide construction and supportive service for information systems.

13.7 基于信息技术的服务（IT-Driven Service）

利用信息系统为需方的业务提供设施、平台、软件、信息等服务。

Via information systems, provide facility, platform, software, and information etc., services for businesses on the demand-side.

13.8 信息系统集成服务（Information System Integration Service）

基于需方业务需求提供的信息系统设计服务、集成实施服务，以及为需方软硬件系统及业务正常运行提供的支持服务。

Services provided, based on business needs on the demand-side, such as information system design and integrated implementation, as well as supportive services for the normal operation of software/hardware system and business on the demand-side.

13.9 集成实施服务（Integration Implementation Service）

通过结构化的综合布缆系统、计算机网络技术和软件技术，将各个分离的设备、功能和信息等集成到相互关联的、统一和协调的系统之中的服务。

Service that, through structural cabling system, computer network technology and software technology, incorporates separated equipment, function and information into a correlative, unified and coordinated system.

13.10 运行维护服务（Operation Maintenance Service）

采用信息技术手段及方法，依据需方提出的服务级别要求，对其所使用的信息系统运行环境、业务系统等提供的综合服务。

Adopting IT means and methods, based on service level needs required by the demander, provides comprehensive services like information system operating environment and business system etc. that the demander uses.

13.11 运营服务（Operation Service）

根据需方的需求提供租用软件应用系统、业务支撑平台、信息系统基础设施等的部分或全部功能的服务。

注：多数情况下，运行维护和运营是同时存在的两个活动，同一信息技术服务供方可同时提供运行维护服务和运营服务。

Based on needs of the demand-side, provides services, in part or total functions, of leasing software application system, business support platform, information system infrastructure etc.

Note: In most cases, operation and maintenance and operation and management are two coexisting activities, which can be delivered simultaneously by the same IT service provider.

13.12 信息技术服务管理（Information Technology Service Management(ITSM)）

为满足业务需求对信息技术服务进行的管理。（GB/T 24405.1-2009 信息技术 服务管理 第 1 部分 规范）

Management administrated upon IT service to meet business needs. （GB/T 24405.1-2009 *IT Service Management Part one Specifications*）

13.13 信息技术治理（Information Technology Governance）

专注于信息技术体系及其绩效和风险管理的一组治理规则，由领导关系、组织结构和过程组成，以确保信息技术能够支撑组织的战略目标。

A set of governance rules concentrating on IT systems and its performance and risk control, consisting of leading-subordinating relationship, organizational structure, and processes, it's applied to make sure that information technology can support strategic objectives of organizations.

13.14 过程 Process

使用资源将输入转化为输出的任何一项或一组活动均可视为一个过程。（GB/T 19000-2008 质量管理体系 基础和术语）

Any one or any group of activities utilizing resources to transfer input into output can be viewed as a process. （GB/T 19000-2008 *Quality Management System Basics and Terms*）

【论文题】

试题一：论 IT 服务项目的知识管理

IT 服务的过程也是知识创造价值的过程，把 IT 服务活动中相关的知识通过整理、分析进行知识提炼，纳入知识库，通过知识的复用、共享有助于提升组织的管理效率，降低 IT 服务成本，增值知识资产，提高运行维护服务的核心竞争力。作为系统规划与管理师，通过有效知识管理，将运维生产过程中产生的各类信息所包含的知识能够最大限度地提取、保留，通过评审后加以应用，能够提高运维响应速度和服务质量。

请围绕"IT 服务项目的知识管理"论题，分别从以下三个方面进行论述。

（1）结合你承担的 IT 服务项目，从知识获取、知识共享、知识入库、知识评审等四方面论述知识管理应实施的活动。

（2）概要论述 IT 服务的知识识别，以及你在项目中的实施方法。

（3）叙述你所参与的 IT 服务项目采取的知识管理风险控制，并加以评价。

试题二：论 IT 服务的规划与设计

规划设计阶段是 IT 服务的重要阶段，规划设计从服务需求出发，终点是计出符合业务需求和成果的服务方案。在需求阶段，客户结合服务目录的定义和自身要求，提出服务级别需求，服务供方根据服务需求，进行服务模式设计、服务级别设计、服务要素设计等关键活动，同时兼顾成本控制和定价，最终形成服务级别协议、运营级别协议和支持合同。

请围绕"服务规划设计"论题，分别从以下方面进行论述。

（1）概要叙述你参与进行规划设计的一项新服务或者变更服务的内容（新服务或者变更服务的名字，服务时间，服务对象以及服务的描述）。

（2）结合你承担的服务规划设计任务，论述一下在规划设计阶段所要做的工作有哪些？

（3）就上述新服务或者变更的服务，请草拟一份和用户之间的服务级别协议。

参 考 文 献

[1] 柳纯录. 系统集成项目管理工程师教程. 北京：清华大学出版社，2009.
[2] 谭志彬，柳纯录. 系统集成项目管理工程师教程. 第2版. 北京：清华大学出版社，2016.
[3] 柳纯录. 信息系统项目管理师教程. 北京：清华大学出版社，2005.
[4] 柳纯录. 信息系统项目管理师教程. 第2版. 北京：清华大学出版社，2008.
[5] 周平，左天祖，马洪杰，等. ITSS®系列培训IT服务工程师. 北京：电子工业出版社，2012.
[6] 周平，左天祖，刘瑞慧，等. ITSS®系列培训IT服务项目经理. 北京：电子工业出版社，2012.
[7] 周平，江毅，张旭，熊健淞，等. ITSS®系列培训IT服务经理. 北京：电子工业出版社，2016.
[8] 梁昭，白璐，沈琦. 信息技术服务教程. 北京：电子工业出版社，2011.
[9] 陆宝华，王晓宇. 信息安全等级保护技术基础培训教程. 北京：电子工业出版社，2010.
[10] 陆宝华. 信息安全等级保护基本要求培训教程. 北京：电子工业出版社，2010.
[11] 张友生. 系统分析师教程. 北京：清华大学出版社，2010.
[12] 黄梯云. 管理信息系统. 4版. 北京：高等教育出版社，2009.
[13] 黄梯云，李一军. 管理信息系统. 6版. 北京：高等教育出版社，2016.
[14] 金敏力，田兆福. 管理信息系统. 北京：科学出版社，2009.
[15] 王欣. 管理信息系统. 北京：中国水利水电出版社，2004.
[16] 薛华成. 管理信息系统. 6版. 北京：清华大学出版社，2012.
[17] 邓仲华. 信息系统分析与设计. 北京：科学出版社，2003.
[18] 王珊，萨师煊. 数据库系统概论. 5版. 北京：高等教育出版社，2014.
[19] （美）肯尼斯C.劳顿，简P.劳顿. 管理信息系统. 11版. 北京：机械工业出版社，2011.
[20] 中国电子技术标准化研究院. 大数据标准化白皮书V2.0.2015.
[21] 中国电子技术标准化研究院. 云计算标准化白皮书V3.0.2014.
[22] 中国电子技术标准化研究院. 物联网标准化白皮书. 2016.
[23] 中共中央办公厅，国务院办公厅. 国家信息化发展战略纲要. 2016.
[24] （南非）布鲁克斯著，IT服务管理指标. 丰祖军 译. 北京：清华大学出版社，2008.
[25] 王仰富，刘继承. 中国企业IT治理之道. 北京：清华大学出版社，2010.
[26] （美）塞利格. 实施IT治理. 北京：中国经济出版社，2011.

[27]（美）肯尼斯 C.劳顿，简 P.劳顿. 管理信息系统. 第 13 版. 北京：机械工业出版社，2015.

[28]（美）彼得.维尔，珍妮.W.罗斯. IT 治理. 北京：商务印书馆，2012.

[29] GB/T 24405.1《信息技术 服务管理 第 1 部分：规范》

[30] GB/T 24405.2《信息技术 服务管理 第 2 部分：实践导则》

[31] ISO 27001 《信息安全管理体系 要求》

[32] ISO9000/GB/T19000《质量管理体系 基础和术语》

[33] ISO9001/GB/T19001《质量管理体系 要求》

[34] ISO9004/GB/T19004《追求组织的持续成功 质量管理方法》

[35] GB/T29264-2012《信息技术服务 分类与代码》

[36] GB/T 4754-2011《国民经济行业分类》

[37] GB/T28827.1-2012《信息技术服务 运行维护 第 1 部分：通用要求》

[38] GB/T28827.2-2012《信息技术服务 运行维护 第 2 部分：交付规范》

[39] GB/T28827.3-2012《信息技术服务 运行维护 第 3 部分：应急响应规范》

[40] SJ/T11564.4-2015《信息技术服务 运行维护 第 4 部分：数据中心规范》

[41] SJ/T11445.2-2012《信息技术服务 外包 第 2 部分：数据（信息）保护规范》

[42] SJ/T11435-2016《信息技术服务 服务管理 技术要求》

[43] SJ/T11623-2016《信息技术服务 从业人员能力规范》

[44] ITSS.1-2015《信息技术服务 运行维护 服务能力成熟度模型》